BBC 初级实用商务汉语

Basic Business Chinese(BBC)

〔美〕 刘美如（Meiru Liu） 著

北京大学出版社
PEKING UNIVERSITY PRESS

图书在版编目（CIP）数据

BBC初级实用商务汉语/（美）刘美如著. —北京：北京大学出版社，2006.3
（北大版新一代对外汉语教材·商务汉语教程系列）
ISBN 978-7-301-10399-9

Ⅰ. B… Ⅱ. 刘… Ⅲ. 商务-汉语-对外汉语教学-教材 Ⅳ. H195.4

中国版本图书馆CIP数据核字（2006）第004352号

书　　　　名：	BBC初级实用商务汉语
著作责任者：	〔美〕刘美如（Meiru Liu）著
责 任 编 辑：	张进凯
标 准 书 号：	ISBN 978-7-301-10399-9/H·1643
出 版 发 行：	北京大学出版社
地　　　　址：	北京市海淀区成府路205号 100871
网　　　　址：	http://cbs.pku.edu.cn
电　　　　话：	邮购部 62752015　发行部 62750672　编辑部 62753334
电 子 信 箱：	zpup@pup.pku.edu.cn
排 　版 　者：	北京渲染人图文设计中心　13381128105
印 　刷 　者：	北京大学印刷厂
经 　销 　者：	新华书店
	889毫米×1194毫米　16开本　28.25印张　680千字
	2006年3月第1版　2014年11月第3次印刷
印　　　　数：	3001~6000册
定　　　　价：	100.00元（附赠3张CD）

未经认可，不得以任何方式复制或抄袭本书之部分或全部内容。
版权所有，翻版必究

THE ABBREVIATIONS OF CHINESE GRAMMATICAL TERMS
中文语法缩写词

Adv:	副词	Adverb		MA:	变动副词	Movable Adverb
S/SUB:	主语	Subject		ADJ:	形容词	Adjective
N:	名词	Noun		SP:	表意词	Specifier
PR:	代词	Pronoun		DPR:	指示代词	Demonstrative
PREP:	介词	Preposition		QW:	疑问词	Question Word
AV:	助动词	Auxiliary Verb		NU:	数词	Numeral
SV:	状态动词	Stative Verb		O:	宾语	Object
C/CONJ:	连词	Conjunction		EX:	感叹词	Exclamation
P:	小品词	Particle		TM:	时间词	Time Word
CV:	等动词	Co-Verb		V:	动词	Verb
PH:	短语	Phrase		VO:	动宾	Verb Object
IE:	习惯语	Idiomatic Expression		PW:	地点词	Place Word
VP:	动词短语	Verb Phrase		NP:	名词短语	Noun Phrase
Art.	冠词	Articles		MW:	量词	Measure Word

THE ABBREVIATIONS OF CHINESE TITLE TERMS USED IN COMMUNICATIVE SPEECH DRILLS
中文称呼缩写词

Xs:	先生	Xiānsheng / Mr.		Tz:	同志	Tóngzhì / comrade
Jl.	经理	jīnglǐ / manager		Tt:	太太	Tàitai / Mrs.
Zc.	总裁	zǒngcái / president		Zhl.	助理	zhùlǐ / assistant
Nsh.	女士	nǚshì / Ms.		Xj:	小姐	Xiǎojie / Miss

目 录 Catalogue

前言 1
PREFACE 1

UNIT ONE   BUSINESS ORIENTATION
第一单元　商务入门 1
　　LESSON 1   INTRODUCTION ABOUT CHINESE LANGUAGE
　　第一课　关于中文的知识 3
　　LESSON 2   BUSINESS GREETINGS AND INTRODUCTION
　　第二课　商务场合中的问候语及介绍 27

UNIT TWO   BUSINESS INTERACTION
第二单元　商务社交 43
　　LESSON 3   BUSINESS FORMS OF ADDRESS
　　第三课　商务场合中的称谓 45
　　LESSON 4   BUSINESS COMPANIES, POSITIONS, TITLES, RANK AND BUSINESS
　　　　　　　　CARD
　　第四课　商务公司、头衔、职位和名片 65
　　LESSON 5   BUSINESS WORK UNIT, LOCATION, PHONE NUMBER AND NATION-
　　　　　　　　ALITY
　　第五课　商务公司所在地、电话、国籍 83

UNIT THREE   BUSINESS COMMUNICATION
第三单元　商务交际 109
　　LESSON 6   BUSINESS STUDIES AND SUBJECTS
　　第六课　商务学习和科目 111
　　LESSON 7   BUSINESS WORK EXPERIENCE
　　第七课　商务工作经历 129
　　LESSON 8   BUSINESS CAREER
　　第八课　商务职业 153

UNIT FOUR BUSINESS ACTIVITIES
第四单元 商务活动..177
LESSON 9   BUSINESS CONTACTS
第九课   商务联系...179
LESSON 10 BUSINESS VISIT
第十课   商务参观访问...199
LESSON 11 BUSINESS BANQUET AND BUSINESS ARRANGEMENT
第十一课   商务宴会和商务活动安排...219
LESSON 12   BUSINESS TRIP RELATED ACTIVITIES
第十二课   商务旅行相关活动..243
LESSON 13 INTERNATIONAL TRADE FAIR
第十三课   国际商品展销会..269

UNIT FIVE   BUSINESS TRANSACTIONS
第五单元   商务交易...299
LESSON 14 NEGOTIATING A BUSINESS TRANSACTION
第十四课   商贸洽谈..301
LESSON15   PLACING A TRADE ORDER AND DATE OF COMMODITIES DELIVERY
第十五课   商贸订货及商品交货日期..329
LESSON16   MARKETING PRODUCTS AND FUTURE COOPERATION
第十六课   商务营销洽谈与日后合作..361

APPENDIX
附录...391
NEW WORDS AND EXPRESSIONS...393
PROPER NOUNS...411
ENRICHMENT...415
SUPPLEMENTARY BUSINESS EXPRESSIONS..425
BIBLIOGRAPHY..436

前　言

本教材介绍

　　自中国改革开放,特别是中国加入世贸,赢得在北京举办2008年奥林匹克运动会及在上海举办2010年世界博览会以来,中国改革的步伐加快,国门越敞越宽,良好的投资环境更吸引了越来越多的外商的涌入。其蓬勃繁荣的经济为世界所瞩目。向往着去中国淘金、就业、经商、留学、游学、旅游的人与日俱增,出现了前所未有的中国热,中文热,中国文化热。因此学中文,尤其是学习商贸中文便成了学生、学者、商人、游客的热门话题。这种与日俱增的汉语风、中文热以及对各种对外汉语教材的需求,特别是对初级商务汉语教材的需求,更是求"材"若渴。编写一套适宜的教材来满足国内外对外汉语教材市场的需求对于汉语教师来说已是责无旁贷。

　　目前,在美国出版的商务中文教材的使用对象多偏重于中高级或高级汉语水平学习者。虽然达到中高级水平的中文学习者仍有待于继续提高经贸中文交际技能,但基于目前国际上零起点中文学习者人数激增的大环境,帮助零起点学习者掌握商务中文交际能力似乎更加迫在眉睫。

　　本人教授零起点学习者商务中文的尝试始于美国波特兰州立大学国际管理研究生院的中文项目。近十年的教学实践证明,此种尝试不无收获,不无可行。该研究生院中文课程设置的特点为强化、实用、速成并以商务交际为目的。初级班的学生全部为零起点学习者,强化训练十个月总共二百一十个课时(每周五课时)。前一百个课时的训练主要以听说交际为主,借助拼音,不教汉字。在后一百多个学时中陆续介绍并教授学生已经能懂、会说,并能熟练应用的词句的汉字表达方式。经过近十年的反复试验,作者认为开设零起点的商务中文课程不是不行,而是可行。把对学习普通中文的中高级学习者听说读打写的要求按照零起点学习者的特殊学习目的和水平分层次轻重缓急酌情处理。初级阶段商务中文的教学重点应放在语言的应用而非语言的用法上面,将商务语言及文化赋予初级中文的教学中,以期达到事半功倍之效。

本教材的使用对象

　　本教材是为初级商务中文课程设计编写的,使用对象为意在提高商务交际交流水平并从未学过中文亦无国际商贸知识的零起点学习者或初中级中文学习者,适用于美国大学系统一年制商务强化课型、商务速成课程或两年制非强化商务课程,亦适用于培训跨国公司派往中国工作的雇员,公司内与中国客户打交道的管理、购销和营销人员,外包、合资及商贸业务谈判代表以及计划前往中国或已在中国留学、游学、旅游或工作的学习者。

本教材的内容

　　本教材的编写以教授国际商务中文为目的,跳出了以教授普通中文为目的的教材中偏重于日常生活用语或校园生活的框架。全书包括五个内容单元共十六篇交际实用型课文。

　　教材中的所有题材均以国际商务中的实用交际话题为主线,凸显商贸活动中的日常商务知识,商务社交,商务活动以及商务交易内容。每课皆以功能实用目的开头,使学生从一开始就清楚他们要从该课中学到什么。每课中强密度、高频率、大容量的强化训练素材及其功能性、基础性、实用性、实际性、灵活性、速成性及应用性的语言及文化内容旨在最大限度地让学生与他们所学的语言及文化融会贯通,学以致用,立竿见影。教材中的词汇、课文、句法结构的语言交流练习、语言交际演说操练、商务交际活动及其难易程度都尽可能地适合零起点学习者的实际水平,并使其通过语言的学习充分了解中国商务文化习俗及其相关的国际商贸知识。

本教材的编写框架

传统普通基础中文教材大多将大量的语音语调练习贯穿于各课的教学与练习中。本教材则突破了这一语言教材的编写模式,将所有关于标准中文的知识、中文语音语调的介绍及练习都放在第一课集中学习,强化掌握。这样使初学者对普通话的正确发音及语流声调从一开始就在对中文感性认识的基础上经过大量反复集中强化式的模仿训练上升到理性掌握灵活应用及准确的发音上,从而使他们对不正确不完美的发音从一开始就受到应有的重视和及时的纠正。大量有针对性的难点发音练习旨在帮助不同语言背景的学习者克服发音中的困难,让他们尽快在短时间内克服普通话发音和声调上的困难,为日后讲一口流利的普通话并能在各种商务场合自如运用所学语言进行交际打下坚实的语音基础。

商贸这条主线贯穿于本教材一系列商务活动的始终。每课课文的篇幅及难易程度循序渐进,课文内容深入浅出,精心设计的生词词语及大量的丰富扩展词语和补充商务词语为跨越式超强度的语言训练提供了不可多得的素材,远远超出了普通初级中文教材中要求初学者所掌握的词汇量。课堂教学以学生为主,教师为辅,精讲多练,突出商务语境。在教师的组织指导下,学生们在其创造设计的各种商务语境活动中分别扮演不同的商务角色并把所学的语言技能和技巧灵活地运用到真实的商务交际活动中。尽管本教材的对象为零起点学习者,但其强密度高容量的语段演练语料及严格的任务型训练方法都能激发学习者的潜力,调动他们的学习热情和积极性,从而达到事半功倍的语言效用。每课后面都介绍了与该课内容相关的中国商务文化和国际商贸小知识,使学生在学习语言的同时,充分了解孕育他们所学语言的文化背景和风俗习惯,从而避免在日后的商务活动中由于文化上的误解而造成经济上的重大损失。本书除了汉语拼音课文和练习外,还为教师和具有一定普通中文基础的学习者提供了汉字课文和语段演练材料。翻译爱好者还可利用本书提供的双语课文以及专为交际活动设计的事实陈述和演练语段进行中英口笔互译的技巧训练。

每课的内容

1. 该课功能实用目的:阐述学习者在学完本课之后应达到的具体目标。
2. 交际交流:由两组分别以拼音、汉字和英文形式组成的情景会话构成。
3. 生词词语:该课出现的生词词汇,由拼音、汉字、英文注释和该词语的词性组成。
4. 丰富扩展词语:由商务语境中的日常用语和习惯用语表达法组成。
5. 补充商务词语:为学习者提供该课句型语段演练和讨论的语料素材并为这些商务词语在后面课文和练习中的再次出现进行铺垫,提高使用和重复频率。
6. 语法及商务文化小知识:解释该课出现的语法现象及语言点并附有例句;介绍与该课内容相关的中国商务文化背景、商务礼仪、风俗习惯及国际商贸小知识,开阔学习者关于中国商务文化和国际商贸的视野。
7. 交际语段演练:提供低起点、高频率、大容量、强密度的会话、句型练习、语段演练、事实陈述、访谈式问答、替换练习、脑筋急转弯式语言操练、转换练习、演说训练、金字塔式句型扩展训练以及集结积累型语言操练等诸模式。这些训练模式旨在激发学习者强烈的学习欲望、最大限度地挖掘他们的学习潜能、有效地巩固他们从该课所学的课文内容、商务词语、语法结构以及相关的中国商务文化和国际商贸知识。

8. 交际活动：学习者在所提供的商务语境中复习、测试、灵活应用该课所学的内容、语言技能以及中国商务文化和国际商贸知识并用该项练习中提供的相关短文进行会话、问答、访谈、听写、交流、讨论、复述及口笔译练习。

鸣谢

借此机会我要向所有帮助我完成本书的人致谢。首先我要感谢陈青海博士和袁芳远博士对本书写作所给予的鼓励、鞭策和支持。我要特别鸣谢狄志良博士（Dr. Keith Dede）在繁忙的教学中抽出宝贵时间为本书的定稿进行全面细致的校正。我还要真心感谢印京华博士对本书的语音部分提出的宝贵意见并允许我向本书读者推荐使用其中文标准语音发音网页。我还要感激我教过的所有国际管理研究生院的学生，正是由于对他们的教学实践才激发了我尝试运用强化型实用速成交际法教授商务中文，从而才得以产生了编写此书的灵感和经验。我要衷心感谢波特兰州立大学国际管理研究生院院长 Sully Taylor 博士以及其他领导和教职员工为此书的编写所给予的关切和鼓励。在此我还要感谢彭深川博士（Dr. Jonathan Pease）和威哲扬博士（Dr. Stephen Wadley）多年来对我在中文教学方面的支持和帮助。另外，我还要真心感谢本书的责任编辑张进凯先生对本书编辑工作的认真负责态度和专业敬业精神。最后，我对我在太平洋两岸的家庭深表感激，特别要感谢我先生对初稿和终稿的仔细审阅和提出的宝贵意见。

编者
2005年秋于美国波特兰

PREFACE

Introduction

Since China's opening to the outside world, and especially with China's entering to WTO, winning sponsorship of the 2008 Olympic Games in Beijing and the 2010 World Fairs in Shanghai, China has opened its door wider to foreign investment and business people, and its prosperous and vigorous economy and its excellent business environment and achievements have been enticing worldwide attention. More and more people show greater interest in working or doing business in China, thus creating an unprecedented "hot door"booming business in learning Chinese language and culture, especially for business purposes. This constitutes a greater challenge and need on the increasingly growing market for the teaching materials, especially for choices of business Chinese textbooks at the elementary level.

The business Chinese textbooks that are currently available in the U.S. market are either intermediate-advanced or very advanced in terms of their contents or daily-life topics. While students improve their business Chinese language skills at intermediate and advanced levels, there is an urgent need in teaching business Chinese communication skills at the elementary level. According to a research by Dr. Qinghai Chen, over 30 Business Chinese courses are active in the universities and colleges in the U.S., but only five textbooks have been developed to serve this purpose, of which, however, none are for business Chinese at lower levels.

The feasibility of offering Business Chinese at lower levels, particularly, to beginners, is made possible in a course the author has been teaching over the past ten years, which is called "Chinese for Business Purposes" at Portland State University. It is an intensive, functional and communicative business Chinese course for MIM (Master of International Management) students, most of whom have no previous Chinese language learning experience. The course lasts 10 months with a total of 210 contact hours. During the first 100 hours, only oral skills are required with the help of pinyin (an alphabetical system developed in China as a learning tool) while no Chinese characters are introduced. The author's experience and experiment in teaching Chinese for business purpose to beginners has proved that CBP (Chinese for Business Purposes) can also be taught at the beginning level, and the balanced requirements among listening, speaking, reading and writing that are usually applied in CGP (Chinese for Generic Purposes) for intermediate and advanced learners can be treated in order of importance and urgency in regard to business Chinese for beginners. The focus of teaching and learning at this stage should be placed on language use rather than language usage, and on a culturally appropriate manner rather than perfection of language used.

Level of students and targeted learners

Basic Business Chinese is designed for beginning business Chinese course offered to beginning

and intermediate-low level learners of Chinese who have no knowledge of the language or to beginners with a survival competence in the language. It is designed to suit the pedagogical needs of intensive language training for one academic year which fits in American university system or in international business programs like MIM. It can also be used for those who wish to acquire oral linguistic skills in Chinese business communication, and those who do business or work as expatriates in China. No prior knowledge of Chinese or international business is required for the learner.

Content of the textbook

The purpose of the textbook is teaching Chinese for international business. As such, the content is very different from those of ordinary Chinese textbooks in which a large proportion is devoted to topics of daily life or to life on campus. *Basic Business Chinese* includes five units and sixteen lessons.

The author endeavors to combine those functional topics with a focus on the subjects of international business, daily routines and activities for business purposes. The lesson objectives are listed at the beginning of each lesson so that students will know what is expected of them. Emphasis placed on these aspects and the content is such that the students are exposed to a broad range of knowledge that is functional, survival, useful, realistic and practical. The textbook's vocabulary, sentence structures, communicative exchanges, communicative speech drills, communicative activities as well as level of difficulty are all designed as suitable as possible for beginners.

Structure of the textbook

Unlike traditional Chinese textbooks for beginners in which the first several lessons are devoted to the learning of the Chinese phonetic alphabet, *Basic Business Chinese* concentrates on all aspects of Chinese phonetic knowledge, practice and exercises in the first lesson with a brief introduction of the standard Chinese language as well as the learning of Chinese pronunciation through pinyin Romanization. It is designed mainly for the benefit of beginners. Students learning Chinese as a foreign language have more difficulties in the pronunciation of vowels and consonants, in tones and intonation. Instead of spreading phonological exercises throughout the rest of the lessons, the author concentrates a large number of phonological exercises in the first lesson in an attempt to provide the students with an overall picture of the standard Chinese phonetic system and thus help them get over the phonetic obstacles in the shortest possible time. Of course, the students still need to consolidate their phonological knowledge and practice throughout the rest of the lessons with abundant exercises that are aimed at improving the specific phonetic problems of students from different countries. Through strict learning, teaching and training practice, students can solve these phonological problems and lay a solid foundation for mastering standard Chinese Putonghua.

The lessons begin from business greetings and introductions to business trips and negotiations. With a careful yet intensive introduction of key vocabulary and expressions, the rest of the lessons move through successive stages so that the number of new words and the length of the texts have both exceeded those of the ordinary Chinese textbooks for beginners. The teaching process throughout the book is student-centered. Students are required to accomplish both the in-class and the after-class activities before they proceed. The teacher plays a role as a facilitator, participator, guide and organizer of class and business setting activities. Students are very much involved to real world business situations and business settings and thus being able to learn and even master business Chinese that once seems so impossible for beginners.

The textbook provides ample spoken materials, communicative exchanges, communicative speech drills and task-based speech and discussion topics for communicative activities for intensive training, which help the teacher to stimulate the students' strong desire and potential to learn the language. Chinese business culture and information on international business that are relevant to each lesson is provided. This is because international business and international management are both extremely culture-relevant and culture-conscious. A cultural misunderstanding may cause greater damage to business functions than a linguistic defect. For the convenience for instructors and learners who have learned generic Chinese before and who want to learn business Chinese through characters, the book has provided texts and speech drills in both pinyin and Chinese characters.

Each lesson consists of the following contents:

1. Functional objectives of the lesson: this section states the specific goals the students are expected accomplish upon completion of the lesson.

2. Communicative exchanges: two situational conversational texts are presented in pinyin, character and English.

3. New words and expressions: new words are introduced in pinyin, character and English as well as their parts of speech.

4. Enrichment: this section is composed of useful daily and common expressions in business settings.

5. Supplementary business expressions: contains additional business expressions for the purpose of substitution and drilling practice in the lesson. The students will find them easier when they come across these terms in the subsequent lessons.

6. Grammar and business cultural notes: this section explains grammatical points and sample sentences that have appeared in the conversational texts in the lesson as well as background knowledge information about business Chinese and international business culture and etiquette in order to broaden the students' knowledge on China and its common business practice and rituals.

7. Communicative speech drilling: this section presents ample conversational, discourse presentation; statement making; questions and answers; substitution exercises; production, transformation and speech drillings; pyramid-style expanded sentences and building up sequences; etc. These kinds of communicative exchanges are designed to reinforce the students' knowledge about the subject matter as well as grammatical structure in the lesson.

8. Communicative activities: in this section, several business settings/situations are presented to review, test and apply the language skills and knowledge of Chinese business culture and international business the students have learned in the lesson.

Acknowledgement

I would like to take this opportunity to acknowledge my gratitude to individuals who have contributed their intelligence and effort in one way or another to the completion of this book. I'm grateful to Dr. Qinghai Chen and Dr. Fangyuan Yuan for their encouragement, urge and professional support in the writing of this textbook. My special thanks go to Dr. Keith Dede for his kind and thorough proofreading of the whole manuscript, and also to Dr. John Jinghua Yin for his valuable comments and suggestions on the use of syllables in Standard Chinese and for allowing me to refer the users of this textbook to his Chinese phonetic web page. My appreciation also goes to all my students at MIM program who have made remarkable and rapid progress in learning Chinese with the help of the intensive, functional and communicative approach I've employed in teaching Chinese as a foreign language for business purpose. My sincere thanks also go to Dr. Sully Taylor, Director of MIM and other leaders, faculty and staff in the MIM program at Portland State University for their encouragement and support in the writing of this book. I'd also like to thank Dr. Jonathan Pease and Dr. Stephen Wadley for their support, help and expertise in the area of teaching Chinese. My sincere thanks also go to Mr. Jinkai Zhang, the editor of this textbook for his conscientious working style and expertise in editing. Finally, my deepest appreciation goes to my families on both sides of the Pacific, especially to my husband for his careful proofreading of the final manuscript and for his intellectual contributions in our many discussions about the book.

Meiru Liu, Ph.D.
Portland State University
lium@pdx.edu

UNIT ONE BUSINESS ORIENTATION
第一单元 商务入门

FUNCTIONAL INTRODUCTION

In Unit One, you will be learning about the Standard Chinese language, Chinese grammar, Chinese word order, Chinese grammatical terms to be used in this textbook, Chinese writing system, Chinese pronunciation and pinyin Romanization system which includes Chinese initials, finals and tones, phonetic exercises designed to master the spoken Chinese pinyin system, different greetings in general social situations and expressions for introduction in business settings.

LESSON 1 INTRODUCTION ABOUT CHINESE LANGUAGE
第一课　关于中文的知识

FUNCTIONAL OBJECTIVES

Upon completion of Lesson 1, you will be able to：
- Obtain functional knowledge about Standard Chinese；
- Distinguish Chinese spoken and written forms；
- Understand Chinese pronunciation and *pinyin* Romanization (PPR)；
- Recognize, discriminate and produce the sounds of Standard Chinese；
- Know how to pronounce Chinese initials, finals, their combinations and tone changes in these combinations；
- Distinguish the four Chinese tones and pronounce them correctly in a single word, compound phrase and sentence；
- Write the *pinyin* Romanization of any of its sounds；
- Understand Chinese grammar and word order；
- Become familiar with grammatical terms used in this textbook；
- Complete the PPR exercises at the end of this lesson.

 About the Standard Chinese Language

　　The Chinese language（*Zhōngwén, Huáyǔ or Pǔtōnghuà*）is the chief language of China, and also one of the most popular and developed languages in the world.

　　China is a country consisting of 56 nationalities, and has a population of 1.3 billion. Before China opened its door to the outside world in the late 1970s, many people in the West believed (some still believe today) that Chinese is one language or Chinese language is Cantonese. In fact, Chinese is not just one language, but a family of languages and Cantonese is just one of the seven major dialects of the Chinese language. Although different dialects differ immensely in pronunciation, they share the same written form. The seven modern languages of China known as dialects are growing on the branches of the Chinese family cultural tree deeply rooted in the land of Confucius. They share as strong a family resemblance as do English, German, French, Spanish, Italian, Portuguese, and are about as different from on another.

　　The Standard Chinese spoken nationally is based on the pronunciation of the Northern dialect which is spoken by over 70 percent of the population. It is known as *Pǔtōnghuà*(普通话), which literally means *Common Speech* in the People's Republic of China; *Guóyǔ*（国语）or *Huáyǔ*（华语）, which literally means *National Language* in Taiwan, Hong Kong, Singapore and other overseas Chinese communities, and *Mandarin Chinese* in English speaking countries. Many Chinese

use the term to describe the Chinese language as *Zhōngwén*（Chinese 中文）or *Hànyǔ*（*Hàn* language 汉语 –*Han* is the largest of the 56 nationalities in China consisting of more than 90 percent of the population）Both *Zhōngwén* and *Hànyǔ* are literally interchangeable and are more often used by native Chinese speakers than *Pǔtōnghuà* or *Mandarin* when they ask non-native speakers if they speak Chinese. *Pǔtōnghuà*, based primarily on the Beijing dialect but takes elements from other Chinese languages, is taught in schools and spoken by television and radio broadcasters throughout China, and it is the spoken language which is most understood by Chinese speakers. However, it is often spoken with some concessions to local speech and accent, particularly in pronunciation.

Compared to the other six Chinese languages, *Pǔtōnghuà* has fewer tones and fewer final consonants (*Cantonese* has 8 tones compared to only 4 in Standard Chinese *Pǔtōnghuà*). These six Chinese languages, known as six major Chinese dialects, are mainly used in regions south of the Yangtze River valley. They are, the *Wú* language（吴语）which includes the Shanghai dialect; Hunanese which is officially known as *Xiāng* language（湘语）; the *Gàn* language（赣语）which is mainly spoken in Jiangxi Province; *Cantonese/Guǎngdōng* language（粤语）which is the language of Guangdong Province, Hong Kong, Macau and also is widely spoken in Chinese communities in the United States, Europe and other Asian and Southeast Asian countries; *Fujianese* dialect, which is officially known as *Mǐn* language（闽语）and is spoken by people of Fujian Province and Taiwan (in Fujian it is called Fujian dialect, in Taiwan, it is called Taiwan dialect, both from the same *Mǐn* dialect); and *Hakka / Kèjiā*（客家语）, which is officially known as *Kèjiā* dialect and is spoken by people living in a region north and northwest of Guangdong Province as well as by a minority in Taiwan. The last three mentioned dialects, *Cantonese*, *Mǐnnán* and *Kèjiā*, are all widely spoken throughout Southeast Asia.

Apart from these seven major Chinese languages, there are also some non-Chinese languages spoken by Chinese ethnic minorities, e.g. Tibetan, Mongolian, which do not belong to the Chinese language family and are not related to the seven Chinese languages discussed above.

🔊 Chinese Grammar and Word Order

The Standard Chinese grammar is relatively simple compared to the grammar of Germanic and Romance languages. Learners will find it much easier to learn Chinese upon knowing that there are no conjugations in Chinese such as are found in other languages. Chinese verbs have fewer forms than English verbs, and nowhere near as many irregularities. A simple verb form applies to anybody, singular or plural; and also applies to any time range: past, present or future. Chinese grammar relies heavily on word order which is quite fixed. The word order of a statement sentence is mostly the same as word order in English. The common patterns are Subject+Verb+Object, e.g. "I speak Chinese", "*Wǒ*（*I*）*Shuō*（*speak*）*Zhōngwén*（*Chinese*）我说中文". In English, when asking a question, the question word is always placed in the beginning of the question sentence and reverses the order of the predicate verb and the subject noun, e.g. "What do you speak?" Whereas in Chinese, both a statement sentence and a question sentence keep the same word order. In Chi-

LESSON 1

INTRODUCTION ABOUT CHINESE LANGUAGE

nese, "What do you speak" is structured as "You speak what?"/ "Nǐ (You) shuō (speak) shénme (what)/你说什么?"

In English, the most important information or the topic or theme of a sentence is usually placed at the end of a sentence e.g. "It is very important to master Chinese tones." In Chinese, however, the most important information or the topic of a sentence usually comes first, e.g. "To master Chinese tones is very important Jīngtōng Zhōngwén de shēngdiào hěn zhòngyào 精通中文的声调很重要。"

In English, all adverbial phrases such as time, place, manner and purpose of doing things, with whom one does something, etc. are mostly placed at the end of a sentence, e.g. "I'll come tomorrow"; "I'm going to study Chinese in Beijing"; "I like to speak Chinese with Chinese people". In Chinese, these adverbial phrases are always placed after the subject and before the verb, with time phrases as an exception, which can occur either at the beginning of a sentence or after the subject and before the verb, depending on the degree of emphasis of the time phrase in the sentence, e.g. "I tomorrow come" or "Tomorrow I come"; "I in Beijing study Chinese"; "I with Chinese people speak Chinese". These are just a few examples of differences between English and Chinese word order. In spite of these differences, many learners of Standard Chinese find that Chinese, especially standard spoken Chinese, is not as hard for a non-native speaker to learn as one might imagined.

Although many people believe that Standard Chinese grammar is relatively simple compared to grammars of other languages, it is still in the process of being perfected and learners need be paying special attention to some rules that are different from English and other Germanic and Romance Families of languages.

The following are a few things that learners of Standard Chinese need to know before they start learning the language:

1) Chinese nouns always keep one form and there are neither singular nor plural forms.
2) Chinese verbs, likewise, have only one form, which is just as you say "I be Chinese", "You be American", "He be French", "I speak Chinese", "He speak Chinese", etc.
3) Standard Chinese is not a tense language and thus Chinese verbs do not indicate past, present or future. Tenses are expressed by using additional grammar words that are called particles, time adverbial phrases or simply the context. The grammar word indicating a completion of an action or past event can be placed at the end of a sentence if the object in the sentence is a simple or single one without any modifiers. However, the grammar particle has to be placed right after the verb in a sentence if the object in the sentence is no long simple or single where there are one or more modifiers before it. (The grammar word *le* also has other functions, such as indicating a change of situation, status or condition, etc.)
4) Prepositions such as "at", "in", "on" are normally not used before Chinese time adverbial phrases, e.g. "My friend this weekend arrive"; "They morning 10:00 o'clock have Chinese class."

5) The largest time or place unit always precedes the smaller one, e.g. "He 2004 March 25, Thursday afternoon 5:00 o'clock arrive"; "He in USA, Oregon, Portland, PSU, MIM study Chinese", etc.

6) There must always be a measure word or classifier between a number and a noun (two + *běn* 本 + dictionary; two + *ge* 个 + student; this + *běn* 本 + dictionary), between a demonstrative pronoun and a noun (that + *ge* 个 + student; which + *běn* 本 + dictionary; which + *ge* 个 + student, etc.)

 ## Some Grammatical Terms Used In This Textbook

The definition and explanation of some grammatical terms and main grammatical concepts to be used in this textbook will hopefully make it easier for Chinese language learners to grasp the language in a shortest possible time:

Subject (主语) is the topic of a sentence. Nouns, noun phrases and verbal phrases can function as the subject in Chinese sentences.

Verb (谓语动词) is a 'doing / action word.

Object (宾语) is a noun or its equivalent acted upon by 1) a verb whose meaning is incomplete unless followed by something, e.g. in "I speak Chinese", "Chinese" is the object of the verb "speak"; or 2) a preposition, e.g. in "No one can be above the law", "the law" is the object of the preposition "above."

Adverbial (状语) is mostly represented by nouns indicating time, place and other adverbials in a sentence.

Prepositional phrase (介词短语) is a preposition followed by a noun or equivalent such as place names, e.g. "in China"; "in the morning", etc..

Nouns (名词) always remain the same form regardless of singular or plural in number, e.g. "Wǒ yǒu yí ge xuésheng. 我有一个学生(I have one student.)"; "Wǒ yǒu shí ge xuésheng.我有十个学生。(I have ten students.)"

Articles (冠词), definite or indefinite such as *the*, *a* or *an* in English do not exist in Chinese, be it specific or general: "Tā kàn shū le. 他看书了。(He has read the book or He read the book.)"; "Tā qù kàn péngyou. 他去看朋友。(He is going to see a friend.)"

Adjectives (形容词) are always placed before nouns as modifiers. The possessive grammar word *de* 的 is normally inserted between the adjective and the noun. The rules for using the possessive grammar word *de* are 1) if the adjective is modified by an adverb, e.g. "hěn hǎo de péngyou 很好的朋友 (very good friend)"; 2) if a two-syllable adjective is used to modify a noun, e.g. "piàoliang de fángzi 漂亮的房子(a beautiful house)"; 3) if the adjective is a single word, there is no need to put *de* between the adjective and the noun, e.g. "hǎo péngyou 好朋友 (good friend)", etc.

Verb-adjective (动形词) is a characteristic of the Standard Chinese. In English, all adjec-

LESSON 1

INTRODUCTION ABOUT CHINESE LANGUAGE

tives in sentences are preceded by the verb *to be*, whereas in Chinese there is no need to put *to be* before an adjective in a sentence, e.g. "Zhōngguó rén hěn yǒuhǎo 中国人很友好 (The Chinese people are friendly)"; "Xiàtiān rè 夏天热 (the summer is hot)" These adjectives functioning grammatically as verbs in Chinese are called verb-adjectives which tend to be modified by adverbs such as *hěn* 很 (very); *tǐng* 挺 (rather); *fēicháng* 非常 (extremely), etc..

Measure words (classifier)（量词） are one of the distinctive characteristics of the Standard Chinese language, and are usually used between 1) a numeral and a noun; 2) a demonstrative pronoun, such as *zhè* 这 (this) or *nà* 那 (that) or *nǎ* 哪 (which) and a noun. The most commonly used or catch-all measure word is *ge*. Although precise measure words are required, if one forgets the precise measure word, one can always use *ge* 个 instead. It is commonly agreed that it's better to use the measure word *ge* 个 than nothing where measure words are required in sentences.

Chinese Written Characters

Chinese written characters are symbols which stand for the meaningful syllables of the spoken language. Most languages in the world are written with an alphabet. Although the letters can be different from those of English or *Pinyin*, yet the principle is all the same: one letter stands more or less for each consonant or vowel sound. Chinese, however, is written with characters (*Hànzì* 汉字) which stand for the whole syllable. There are about thirteen hundred phonetically distinct syllables in everyday use. Chinese characters are often referred to as "ideographs," which suggests that they stand directly for ideas. This is misleading. It is better to think of the characters as standing for the meaningful syllables of the spoken language.

It is widely believed that Chinese written characters, which are now in current use, are the world's oldest written language with a history of 3,500 years. They began as pictures carved in oracle bones, widely known as pictographs. They are also known as "square characters" because they are square-shaped. Over several thousand years, Chinese characters evolved from pictographs into square-formed characters consisting of strokes, with their structures becoming systemized and simpler.

Different from the alphabetic script which is spelled out in letters, Chinese characters are written in various strokes. Out of the thirty odd strokes, only eight are basic ones and all the others are their variants. The strokes in a character are written according to some fixed rules. Once the basic strokes and the rules of stroke-order are grasped, the writing of characters will become easy. Structurally, Chinese characters consist mostly of two or more basic structural components while some other character components stand by themselves. In the single-component characters, the strokes are written or arranged as a compact integral, but most of the characters are compound ones which are composed of two or more components. Some of the components are used as RADICALS in Chinese dictionaries. So it is of key importance to know the components or RADICALS before you learn how to use a Chinese dictionary. These character components, just like the 26 English letters, are limited in number and the basic strokes that form these components are relatively even more limited. A stroke can be defined as one single unbroken line drawn by the writer from the time the pen touches the paper until the pen lifts off the paper. Writing characters in the correct order is essential for the character to look correct. The basic rules are followed:

1. Top before bottom

三 三 三

2. Left before right

八 八

These rules conflict whenever one stroke is to the bottom and left of another. Several additional rules resolve many of these conflicts.

3. Left vertical stroke (usually) before top horizontal stroke

口 口 口

4. Bottom horizontal stroke last

王 王 王 王

5. Center stroke before wings

小 小 小

6. Horizontal strokes before intersecting vertical strokes

十 十

7. Left-falling strokes before right-falling strokes

文 文 文 文

A final rule can contradict the others:

8. Minor strokes (often) last

玉 玉 玉 玉 玉

Despite these conflicts between rules, most learners quickly acquire a natural feel for the proper stroke order. In terms of component order, most Chinese characters are combinations of simpler, component characters. Usually the two parts are written at top and bottom

古 古

or left and right

仁 仁

so that the main two stroke order rules readily apply. Occasionally these rules also conflict with respect to components. When one component is at the bottom-left, and the other at the top-right, the top-right component is sometimes written first.

迷 迷

When there are several components, top components are written first.

品 品

These rules usually imply each component is written in its entirety before another component is

LESSON 1
INTRODUCTION ABOUT CHINESE LANGUAGE

written. Exceptions may arise when one component divides another,

街 街 街

encompasses another,

囚 囚 囚

or the individual components are no longer discernible in modern writing.

It can be seen that there are rules for the construction of characters and it is helpful to master these rules in learning how to read and write Chinese characters.

Minimal literacy in Chinese calls for knowing about one thousand characters. These thousand characters, in combination of phrased and grouping words, give a reading vocabulary of several thousand words. Full literacy calls for knowing some three thousand characters. In order to reduce the amount of time needed to learn Chinese characters, a group of Chinese linguists started reforming Chinese language by 1) changing the phonetic symbols into *Pīnyīn* Romanization; 2) reducing the average number of strokes per character by half – simplifying Chinese characters. According to a statistics, the language reform in the People's Republic of China in late 1950s resulted in simplifying altogether 515 characters along with around 1,500 characters that share certain simplified radicals. Today, simplified Chinese characters (also known as short-formed characters) are used in the People's Republic of China whereas the traditional characters (also known as unsimplified or long-formed characters) are used in Taiwan, Hong Kong, and Macau and by some overseas Chinese.

One reason often provided for the retention of Chinese characters is that they can be read, with the local pronunciation, by speakers of all the seven Chinese languages. This is because the Chinese characters help to keep alive distinctions of meaning between words, which are fading in the spoken language.

Pīnyīn Romanization will be used throughout this textbook for the purpose of providing a simple written representation of pronunciation. The following section introduces Chinese pronunciation and *Pinyin* Romanization (PPR).

Pronunciation And Pinyin Romanization (PPR)

Ever since China adopted its official *Pīnyīn* Romanization system – a standard form of pronouncing Chinese written characters and a tool to teach the correct pronunciation of speaking the standard *Pǔtōnghuà* – it has become one of the most popular spoken languages in the world. It is often said that Chinese language is a monosyllabic language, the notion of which contains a great deal of truth in it. On average, every other word in ordinary conversation is a single-syllable word. Although most words in dictionaries have two or even more syllables, one can almost always break them down into single-syllable units in meaning, and many can stand alone as words themselves.

Standard *Pǔtōnghuà* is a vowel-dominated language. A syllable can be a single vowel, a compound vowel or a vowel preceded by a consonant. A traditional syllable is divided into two parts: the initial called *shēngmǔ* is the beginning consonant, and the final called *yùnmǔ* follows the initial or stands by itself. Every syllable is represented by a Chinese character. For example, in *shān* (山/mountain) sh is the initial and an is the final, whereas in *ān* (安/peace), there is no initial and the final stands by itself to constitute a single vowel syllable. The initial consists of only one consonant and the final may consist of one, two or three single vowels and a consonant (-n or -ng).

Most, if not all, business Chinese learners are adults. One of the advantages an adult has over a child in learning Chinese is the ability to make good use of a written representation of it. In this textbook the students will learn the *Pīnyīn* Romanization system at the same time they are learning the sound system of Standard Chinese while the non-alphabetic system of written characters is provided as a separate component of the textbook.

Initials

The 23 initials (including *w* and *y* that are considered as semi-vowels in most textbooks) in standard *Pǔtōnghuà* are compared below with similarities in some English sounds. Some Chinese initials are quite similar to English sounds, others less so. The small case letters in bold below are the Chinese initials:

b   like *b* in *bore* but voiceless.

p   like *p* in *put*, but is invariably produced with a strong puff of air.

m   like *m* in *money*.

f   like *f* in *five*.

d   like *d* in *door* but voiceless. It is pronounced with the tip of the tongue more to the front of the mouth than the d in English.

t   like *t* in *team*. It is produced with a stronger puff of air and with the tip of the tongue more to the front of the mouth than the *t* in English.

n   like *n* in *need*.

l   like *l* in *look*

z   like *ds* in *clouds* but is voiceless and is produced with the tip of the tongue more to the front of the mouth.

c   like ts in cats. It is the aspirated counterpart of *z* and pronounced with a stronger puff of air and with the tip of the tongue more to the front of the mouth.

s   like *s* in *sound*, but in pronouncing it, the tip of the tongue is more to the front of the mouth.

zh   like *dge* in *judge*, but is pronounced with the tip of the tongue drawn more to the back of the mouth and is a voiceless consonant produced with the tip of the tongue pressed against the hard palate and with the air puffed out from between the tongue and the hard palate.

LESSON 1

INTRODUCTION ABOUT CHINESE LANGUAGE

ch like *ch* in *teach*, but with the tongue further back and the mouth in a round shape and strong puff of air.

sh like *sh* in *English*, but the tongue further back.

r like *r* in *round*, but with the tongue loosely rolled in the middle of the mouth and the voiced counterpart of sh.

g like *g* in *girl* but voiceless.

k like *k* in *kick*, but produced with a stronger aspiration.

h like *h* in *heart*, but produced by raising the back of the tongue toward the soft palate and releasing the air through the channel thus made.

j like *j* in *jeep*, but with the tongue near the teeth, and the mouth in a relaxed manner, and the tip of the tongue is much lower than when pronouncing the English word jeep.

q is the aspirated counterpart of *j* and is similar to the *t* and *y* combination in "*don't you*", but is produced with a stronger puff of air. In pronouncing it, raise the front of the tongue to the hard palate, place the tip of the tongue against the back of the lower teeth. It is a bit like the ch in cheese but with the tongue further forward.

x is similar to the *s* and *y* combination of "*bless you*" in English. The tip of the tongue is much lower than when pronouncing *sh* in English word *she*.

w like *w* in *wood*, but it can be produced with slight friction.

y like *y* in *yesterday*, but it can be produced with slight friction.

Finals

The 38 finals in Standard Chinese *Pǔtōnghuà* are compared below with similarities in some English sounds. Some Chinese finals are quite similar to English sounds, other less so. The small case letters in bold below are the Chinese finals:

a　　like *a* in *father*

ai　　like *ai* in *aisle*, and is pronounced between *a* and *ei*.

ao　　like *ow* in *power*.

an　　like *an* in *fan*, *a* with *–n* ending.

ang　like *ong* in *long*, is a with *–ng* ending.

o　　like *oor* in *poor*.

ou　　like *oa* in *goal*.

ong　like *ong* in *ding–dong*.

e　　like *ir* in *girl*. When *e* is preceded by another vowel to constitute a compound vowel, it will either occur in a neutral tone syllable which is equivalent to the unstressed a (the indefinite article) in English, e.g. in *ie*, or is equivalent to *e* in *yes*, e.g. in *ue*, *üe*.

ei　　like *ay* in *way*, but *e* in *ei* is very short.

en　　like *en* in *lend*, is the combination of *e+n* and is pronounced as the unstressed indefinite article *an* in English.

eng	like *on* in *won't*, is the combination of *e+ng*.
er	is pronounced with the tongue in the same position as pronouncing *e* but the tip of the tongue turns up toward the hard palate. It is similar to *er* in *butter* in American English pronunciation. *Er* is never preceded by initials.
i	like *ea* in *beat* (after initials *b*, *p*, *d*, *t*, *l*, *m*, *n*, *y*). When i is preceded by initials *j*, *q*, *x*, *z*, *c*, *s*, *zh*, *ch*, *sh*, *r*, it is pronounced the way the initials precede it are pronounce, and make sure these initials need be prolonged in pronunciation whey they are followed by *I*, which is homorganic voicing at initial. The vowel *i* never has combinations with *g*, *k*, *h*, and *w* in Chinese words. When the single vowel *i* is not preceded by other initials at the beginning of a syllable, the semi vowel *y* replaces *i*, e.g. *ya* instead of *ia*, *yan* instead of *ian*, *yao* instead of *iao*, *yin* instead of *in*, *ye* instead of *ie*, *yong* instead of *iong*.
ia	like *eah* in *yeah*—a combination of *i* and *a*, in which *a* is pronounced louder and clearer than *i*.
iao	is a combination of *i* and *ao*, in which *ao* is pronounced louder and clearer than *i*.
ian	like the Japanese currency word *Yen*, a combination of *i +an*, in which *an is* pronounced louder and clearer than *i*.
iang	like *young*, a combination of *i+ang*, in which ang is pronounced louder and clearer than *i*.
ie	like *ye* in *yes* but without friction, is a combination of *i +e*.
iu	like *you*, is the combination of *i +u*.
in	like *in* in *pin*, is a combination of *i +n*.
ing	like *ing* in *sing*, is a combination of *i +ng*.
iong	is a combination of *i +ong*.
iou	like o in the name of the famous cellist Yoyo Ma, is a combination of *i +ou*
u	like *oo* in *wood*, but it does not occur after initials *j*, *q*, *x*, *y*. When *u* is not preceded by other initials at the beginning of a syllable, *w* replaces *u*, e.g. *wan* instead of *uan*, *wo* instead of *uo*, *wang* instead of *uang*, *wai* instead of *uai*. There are no such combinations as *wi* and *wun* in Chinese words.
ua	is a combination of *u+a*, in which *a* is pronounced louder and clearer than *u*.
uo	like *war*, is a combination of *u+o*, in which o is pronounced louder and clearer than *u*.
uai	like *why*, is a combination of *u+ai*, in which *ai* is pronounced louder and clearer than *u*.
uei	is a combination of *u+ei*, in which *ei* is pronounced louder and clearer than *u*.
ui	like *qui* in *quit*, is a combination of *u+i*, in which *i* is pronounced louder and clearer than *u*.
uan	like *one*, is a combination of *u+an*, in which *an* is pronounced louder and clearer than *u*.
ueng	is a combination of *u+eng*, in which *eng* is pronounced louder and clearer than *u*.
un / uen	like *ueen* in *queen*, is a combination of *u+n* with a very weak *en* in between.
uang	like *wan* in *want*, is a combination of *u+ang*.
ü	like *ü* in German phonology. It is pronounced with the same tongue position as when pro-

LESSON 1

INTRODUCTION ABOUT CHINESE LANGUAGE

nouncing *i*, but the shape of lips are same as when pronouncing *u*. When *ü* follows initials *j*, *q*, *x* and semi vowel *y*, it is written as *u* without the two dots over it, e.g. *ju*, *juan*, *qu*, *quan*, *que*, *xu*, *xuan*, *xue*, *yu*, *yuan*, *yue*, *yun*, but it is still pronounced as *ü*.

üe is a combination of *ü+e* (equivalent to *e* in *yes*), and the two dots in the letter *ü* remain when spelled with the initials *n* and *l*.

üan is a combination of *ü+an*, in which *an* is pronounced louder and clearer than *ü*.

ün is a combination of *ü+n*, It is only spelled with *j*, *q*, *x*, *y* and is written as *un* and never written with two dots.

Syllables spelled with "u", but pronounced with "ü":

- *ju*, *juan*, *jue*, *jun*
- *qu*, *quan*, *que*, *qun*
- *xu*, *xuan*, *xue*, *xun*
- *yu*, *yuan*, *yue*, *yun*

Syllables where "u" and "ü" must not be mixed up:

- *lu*, *lü*, *lüe*
- *nu*, *nü*, *nüe*

Tale of Chinese Phonetic Alphabet / Hànyǔ Pīnyīn Zìmǔ Biǎo 汉语拼音字母表

Tones

One of the most striking features of standard *Pǔtōnghuà* is the use of tones to distinguish the meaning of individual syllables. All languages, including Chinese, make use of sentence intonation to indicate how complete sentences are to be understood. In English, for instance, the rising pattern in "He's back?" tells us that it is meant as a question, The Chinese tones, however, are quite a different matter. Each tone belongs to individual syllables, but not to the sentence as a whole. There are four basic tones commonly known as the 1st (level tone), which is marked with a line ("a" + "–" = "ā"). This is a high, even and constant tone. The 2nd (rising tone), which is marked with a rising line ("a" + "ˊ" = "á"). This is a rising tone that grows stronger. The 3rd (low tone ∨), which is marked with a hook ("a" + "ˇ" ="ǎ"). This tone is first falling and fading, then rising and growing strong. The 4th (falling tone), which is marked with a falling line ("a" + "ˋ" = "à"). This is a quickly falling and fading tone. There is also a 5th tone, which also known as neutral tone. In Chinese it is always very important to pronounce words with the correct tone. In transliterated Chinese, tone markings are written over the central vowels in most syllables. Some syllables have no specific tone, which is known as neutral tone, and then no sign is put above any vowel.

In Standard Chinese *Pǔtōnghuà*, only approximately 400 basic monosyllables can be combined to make words in Chinese, thus, the use of tones is a way to substantially increase the number of available monosyllables. There is a definite tone in every syllable in isolation, and syllables with different tones may mean different things even though they share the same initial and final. For example, the only difference between the verb "to buy", *mǎi*, and the verb "to sell", *mài*, is the difference between the low tone and the falling tone. For another example, *ma* pronounced with the level 1st tone means "mother", but *ma* pronounced with the rising 2nd tone means "hemp", *ma* pronounced with the low 3rd tone means "horse", and *ma* pronounced with the falling 4th tone means "curse". The values of the four tones are shown in the five-degreed pitch-graph as follows:

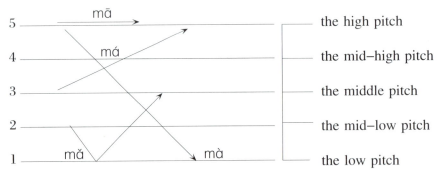

The level 1st tone is a high pitch, level tone. It is pitched at 5 and kept at the same level for a while. The rising 2nd tone starts from the middle pitch and rises to the high pitch. It is pitched at about 3 and raised quickly. The low 3rd tone starts from the mid-low pitch and falls to the low pitch. It drops nearly to the bottom and then rises to the mid-high pitch, somewhere near 2.5. The falling 4th tone is a complete falling tone which falls from the high-pitch 5 right to the low-pitch bottom 1.

Neutral Tones

Neutral tones are toneless in some Chinese syllables which are pronounced in a short fashion and weakly, just like unstressed syllables in English, e.g. *of in one of my students*. With a neutral tone, there is no tone mark over the vowel. Neutral tones are usually shown in the following word and phrases:

1) Grammar words such as *le*, *de*
2) The second syllable in some compound words: e.g. *zhuōzi* (table), *nǐmen* (you)
3) A second syllable which is a repetition of the first one, e.g. *māma* (mother), *bàba* (father), *gēge* (elder brother), *jiějie* (elder sister)
4) The measure word ge when it is not emphasized, e.g. *sān ge rén* (three people), *wǔ ge Hànzì* (five Chinese characters).

In unstressed syllables the tone may be hardly noticeable. In such cases, no marking is put above any vowel. You may regard this as "tone zero". The tone will usually end up more or less where the previous syllable ended.

LESSON 1
INTRODUCTION ABOUT CHINESE LANGUAGE

Tone Change

Tones may change depending on the adjacent tones and meaning groups in a connected speech. The following tone combinations show some basic rules of the tone change:

	Shuō	Lái	Xiě	Qù
Tā	– –	– /	– V	– \
Shéi	/ –	/ /	/ V	/ \
Wǒ	\ –	\ /	/ V	\ \
Bù	\ –	\ /	\ V	/ \
	tiān	nián	qǐ	kuàir
Yī	\ –	\ /	\ V	/ \

The above tone combination chart shows:

1) When a 3rd tone is followed by another 3rd tone and they are in one meaning group, the first 3rd tone changes to the 2nd tone, e.g. Nǐ hǎo → Ní hǎo (Hello/Hi).
2) When three 3rd tones follow one another and they are in one meaning group, the second 3rd tone changes to the 2nd tone, e.g. Wǒ hěn hǎo → Wó hén hǎo (I'm fine).
3) In some 3rd –3rd tone compound words, even after the second 3rd tone syllable has become neutral, the preceding 3rd tone still changes to the 2nd tone, e.g. xiǎojiě → xiáojie (Miss)
4) When a 3rd tone follows the 1st, 2nd and 4th tones, it changes slightly to a mild falling tone (see the above tone change chart).
5) When the 4th tone negation word bù is followed by another 4th tone, bù then changes to the 2nd tone, e.g. Wǒ bú huì shuō Zhōngwén (I cannot speak Chinese).
6) When the number word yī (one) is used in isolation or follows other syllables, it remains the first tone, e.g. yī, shi yī). However, when it precedes the 1st, 2nd and 3rd tones, yī changes to the 4th tone, e.g. yìxiē, yì diǎn yì dī; when it precedes the 4th tone, yī changes to the 2nd tone, e.g. yílù píng'ān (Bon Voyage), yíjiàn zhōngqíng (Fall in love at the first sight).

In real communication, tones are often not given their full value. A smooth conversation can be conducted with the help of pronunciation of syllables, stress, context, facial expressions and other forms of body language. If one listens carefully and imitates, one can be able to pick them up eventually. In this textbook, all the vocabulary, dialogues, texts and exercises in pīnyīn Romanization are marked with tones. The neutral tones do not carry tone marks. If there are tone changes, the marked tones will reflect the changes. In unstressed syllables the tone may be hardly noticeable. In such cases, no marking is put above any vowel. You may regard this as "tone zero", the neutral tone. The tone will usually end up more or less where the previous syllable ended.

Sequences of Tones

When you pronounce a sequence of tones, the tones will not always remain the same. The most common details to be noted are:

- The word *yī* (meaning one) is usually of 1st tone. However this word will be pronounced with 2nd tone when directly preceding a tone 4th. It will be pronounced with tone 4th when directly preceding a tone 2nd or 3rd. Example: *yī gè* is pronounced as *yí gè*, while 2nd *yī běn* is pronounced as *yì běn.*
- The word *bu* (meaning not) is usually of 4th tone. However this word will be pronounced with 2nd tone when directly preceding a tone 4th. Example: *bù shì* (meaning is not) is pronounced as *bú shì.*
- Every syllable that is usually pronounced with 3rd tone, will turn into a 2nd tone when directly preceding another 3rd tone. This rule will apply for entire sequences of words! Example: *liǎng běn shū* (meaning two books) is pronounced as *liáng běn shū.*
- If a sentence contains a long sequence of 3rd tones, the phrase may be split into parts separated by a brief pause. Tones are then chosen within each part of the sentence. Example: *wǒ xiǎng mǎi liǎng běn shū* (meaning "I want to buy two books") may be pronounced as *wó xiáng mǎi + liáng běn shū* rather than *wó xiáng mái liáng běn shū* (spoken without any pause!).

All Possible Syllables in Standard Chinese

It is not possible to create Chinese syllables by grouping characters at random. The phonemes of Standard Chinese can only be combined into a fixed number of possible syllables. The following is a list of 411 syllables. For actual pronunciations for most of the listed syllables, please visit the web site at http://www.uvm.edu/~chinese/pinyin.htm created by Dr. John Jinghua Yin of University of Vermont.

- a, ai, an, ang, ao
- ba, bai, ban, bang, bao, bei, ben, beng, bi, bian, biao, bie, bin, bing, bo, bu
- ca, cai, can, cang, cao, ce, cei, cen, ceng, cha, chai, chan, chang, chao, che, chen, cheng, chi, chong, chou, chu, chua, chuai, chuan, chuang, chui, chun, chuo, ci, cong, cou, cu, cuan, cui, cun, cuo
- da, dai, dan, dang, dao, de, dei, den, deng, di, dian, diao, die, ding, diu, dong, dou, du, duan, dui, dun, duo
- e, ê, ei, en, eng, er
- fa, fan, fang, fei, fen, feng, fo, fou, fu
- ga, gai, gan, gang, gao, ge, gei, gen, geng, gong, gou, gu, gua, guai, guan, guang, gui, gun, guo
- ha, hai, han, hang, hao, he, hei, hen, heng, hm, hng, hong, hou, hu, hua, huai, huan, huang, hui, hun, huo

LESSON 1

INTRODUCTION ABOUT CHINESE LANGUAGE

- ji, jia, jian, jiang, jiao, jie, jin, jing, jiong, jiu, ju, juan, jue, jun
- ka, kai, kan, kang, kao, ke, kei, ken, keng, kong, kou, ku, kua, kuai, kuan, kuang, kui, kun, kuo
- la, lai, lan, lang, lao, le, lei, leng, li, lia, lian, liang, liao, lie, lin, ling, liu, lo, long, lou, lu, luo, luan, lun, lü, lüe
- m, ma, mai, man, mang, mao, mei, me, men, meng, mi, mian, miao, mie, min, ming, miu, mo, mou, mu
- n, na, nai, nan, nang, nao, ne, nei, nen, neng, ng, ni, nian, niang, niao, nie, nin, ning, niu, nong, nou, nu, nuo, nuan, nü, nüe
- o, ou
- pa, pai, pan, pang, pao, pei, pen, peng, pi, pian, piao, pie, pin, ping, po, pou, pu
- qi, qia, qian, qiang, qiao, qie, qin, qing, qiong, qiu, qu, quan, que, qun
- ran, rang, rao, ren, reng, ri, rong, rou, ru, rua, ruan, rui, run, ruo
- sa, sai, san, sang, sao, se, sei, sen, seng, sha, shai, shan, shang, shao, she, shei, shen, sheng, shi, shou, shu, shua, shuai, shuan, shuang, shui, shun, shuo, si, song, sou, su, suan, sui, sun, suo
- ta, tai, tan, tang, tao, te, teng, ti, tian, tiao, tie, ting, tong, tou, tu, tuan, tui, tun, tuo
- wa, wai, wan, wang, wei, wen, weng, wo, wu
- xi, xia, xian, xiang, xiao, xie, xin, xing, xiong, xiu, xu, xuan, xue, xun
- ya, yan, yang, yao, ye, yi, yin, ying, yo, yong, you, yu, yuan, yue, yun
- za, zai, zan, zang, zao, ze, zei, zen, zeng, zha, zhai, zhan, zhang, zhao, zhe, zhei, zhen, zheng, zhi, zhong, zhou, zhu, zhua, zhuai, zhuan, zhuang, zhui, zhun, zhuo, zi, zong, zou, zu, zuan, zui, zun, zuo

PRONUNICATION AND PINYIN ROMANIZATION (PPR) EXERCISES

1. Pronounce the following after the speaker on the CD:

1) Initials:

b(o)	p(o)	m(o)	f(o)
d(e)	t(e)	n(e)	l(e)
z(i)	c(i)	s(i)	
zhi(i)	ch(i)	sh(i)	r(i)
j(i)	q(i)	x(i)	
g(e)	k(e)	h(e)	
y(i)	w(u)		

2) Finals:

a　　ai　　ao　　an　　ang
o　　ou　　ong

e	ei	er	en	eng					
i	ia	iao	ian	iang	ie	iu	in	ing	iong
u	ua	uai	uan	uang	uo	ui	un		
ü	üan	üe	ün						

3) Tones:

ā	á	ǎ	à
lā	lá	lǎ	là
yī	yí	yǐ	yì
mī	mí	mǐ	mì
wū	wú	wǔ	wù
fū	fú	fǔ	fù

2. Discriminate the initials that can be easily confused:

1) b, p   d, t   g, k   z, c

bo po   da ta   ge ke   zi ci

bao pao   dai tai   gang kang   zong cong

bei pei   di ti   gu ku   zan can

ben pen   duo tuo   guan kuan   zun cun

2) zh, ch   j, q   c, s   ch, sh

zhi chi   jin qin   ci si   che she

zhui chui   jie qie   cang sang   chi shi

zhuang chuang   jiu qiu   cu su   chuan shuan

zhou chou   ju qu   ca sa   chen shen

3) q, x   zh, j   ch, q   sh, x

qi xi   zhi ji   chi qi   shi xi

qing xing   zhang jiang   chou qiu   sha xia

que xue   zhou jiu   chan qian   shen xin

quan xuan   zhun jun   chuan quan   shao xiao

4) z, j   c, q   s, x   z, zh

zi ji   ci qi   si xi   zi zhi

zheng jing   ca qia   sou xiu   za zha

zao jiao   cang qiang   san xian   zu zhu

zuan juan   cao qiao   sun xun   zong zhong

5) c, ch   s, sh

ci chi   si shi

cuo chuo   sa sha

cai chai   sou shou

cui chui   suan shuan

LESSON 1

INTRODUCTION ABOUT CHINESE LANGUAGE

3. Listen to the recording / teacher and cross out the wrong one from each pair of initials (Example: b/p 八/eight):

   1) b/p 皮/skin
   2) b/p 背/to carry on the back
   3) d/t 大/big
   4) d/t 对/right
   5) zh/ch 吃/to eat
   6) zh/ch 住/to live, to stay
   7) j/q 去/to go
   8) j/q 叫/to call
   9) c/s 层/floor
   10) c/s 扫/to sweep
   11) ch/sh 上/upper
   12) ch/sh 出/to come out
   13) q/x 想/to think
   14) q/x 晴/fine weather
   15) zh/j 纸/paper
   16) zh/j 几/several
   17) ch/q 长/long
   18) ch/q 墙/wall
   19) g/k 关/to close
   20) g/k 开/to open
   21) z/c 次/time
   22) z/c 坐/to sit
   23) sh/x 深/deep
   24) sh/x 新/new
   25) z/j 见/to see
   26) z/j 脏/dirty
   27) c/q 从/from
   28) c/q 请/please
   29) s/x 先/first
   30) s/x 三/three
   31) z/zh 租/to rent
   32) z/zh 张/sheet
   33) c/ch 村/village
   34) c/ch 春/spring
   35) s/sh 四/four
   36) s/sh 市/city, municipality

4. Listen to the recording/teacher and put a check mark √ before the words in which the two syllables have the same initials (Example: √批评(to criticize) 支持(to support)):

   1) 积极(active)   机器(machine)
   2) 刻苦(industrious)   赶快(hurry up)
   3) 普遍(universal)   宝贝(treasure)
   4) 态度(attitude)   探讨(probe into)
   5) 紫菜(sea weed)   自在(unrestrained)
   6) 支出(expense)   支柱(support, bolster)

5. Fill in the blanks with the initials according to the recording / teacher (Example: zài jiàn/Goodbye):

   1) ___ì___ǐ 自己(self)
   2) ___á___ì 杂志(magazine)
   3) ___ié___àng 结账(settle account)
   4) ___ái___ǎn 财产(property)
   5) ___óng___ián 从前(before)
   6) ___īng___u 清楚(clear)
   7) ___iān___eng 先生(Mr.)
   8) ___uí___í 随时(any time)
   9) ___òng___íng 送行(to see off)
   10) ___iàn___ī 电梯(lift/elevator)
   11) ___ē___àn 车站(station)
   12) ___íng___ǐng 情景(situation)

BBC 初级实用商务汉语 Basic Business Chinese(BBC)

6. Discriminate the finals which are easily confused:

1) a, e　　　　an, en　　　　ang, eng　　　　ai, ei
　 dá, dé　　　fān, fēn　　　páng, péng　　　bǎi, běi
　 hā, hē　　　gān, gēn　　　dǎng, děng　　　mǎi, měi
　 zá, zé　　　hǎn, hěn　　　shāng, shēng　　lái, léi
　 chā, chē　　zhān, zhēn　　zāng, zēng　　　gǎi, gěi

2) ao, ou　　　ou, uo　　　　ai, ie　　　　　iao, iu
　 hǎo hǒu　　 gòu guò　　　 jiājié　　　　　diāo diū
　 táo tóu　　 zǒu zuǒ　　　 xià xiè　　　　 niǎo niǔ
　 zǎo zǒu　　 shōu shuō　　 liǎ liè　　　　 jiào jiù
　 shǎo shǒu　 dōu duō　　　 qiā qiē　　　　 xiǎo xiū

3) ua, uo　　　u, ü　　　　　ü, iu　　　　　uo, üe
　 huá huó　　 nǔ nǚ　　　　 jù jiù　　　　　luò lüè
　 guà guò　　 lǔ lǚ　　　　 xū xiū　　　　　chuō quē
　 zhuā zhuō　 zhù jù　　　　qū qiū　　　　　zhuó jué
　 shuā shuō　 wǔ yǔ　　　　 lǔ liù　　　　　shuō xuē

4) an, ang　　　en, eng　　　in, ing　　　　ian, iang
　 fàn fàng　　 fēn fēng　　 xìn xìng　　　　nián niáng
　 tán táng　　 shēn shēng　 lín líng　　　　liǎn liǎng
　 chǎn chǎng　zhēn zhēng　　mín míng　　　　jiàn jiàng
　 kàn fàng　　 rén réng　　 yín yíng　　　　xiān xiāng

5) uan, uang　　un, ong
　 guǎn guǎng　 dūn dōng
　 huān huāng　 hún hóng
　 chuán chuáng　chǔn chǒng
　 zhuàn zhuàng　sūn sōng

7. Listen to the recording/teacher and cross out the wrong finals (Example: a/e 和/and):

1) a / e　　　茶（tea）　　　　　2) a / e　　　这（this）
3) an / en　　人（person）　　　 4) an / en　　山（mountain）
5) ang / eng　称（to weigh）　　 6) ang / eng　忙（busy）
7) ai / ei　　给（to give）　　　 8) ai / ei　　开（open）
9) ao / ou　　手（hand）　　　　10) ao / ou　　早（early）
11) ou / uo　 过（past）　　　　 12) ou / uo　 够（enough）
13) ia / ie　 家（family）　　　 14) ia / ie　 写（to write）
15) iao / iu　小（small）　　　　16) iao / iu　球（ball）
17) ua / uo　 花（flower）　　　 18) ua / uo　 桌（table）
19) u / ü　　 女（female）　　　 20) u / ü　　 路（road）

20

LESSON 1
INTRODUCTION ABOUT CHINESE LANGUAGE

21）ü / iu	酒（wine）		22）ü / iu	局（office）
23）uo / üe	略（omit）		24）uo / üe	落（to fall）
25）an / ang	帮（help）		26）an / ang	谈（to talk）
27）en / eng	很（very）		28）en / eng	风（wind）
29）in / ing	请（please）		30）in / ing	新（new）
31）ian / iang	千（thousand）		32）ian / iang	讲（to speak）
33）uan / uang	逛（to stroll）		34）uan / uang	短（short）
35）un / ong	东（the east）		36）un / ong	准（accuracy）

8. Listen to the recording / teacher and put a check mark √ before the expressions with same finals in both syllables（Example：√发达 / developed 发射 / to launch）：

1）卡车（truck）　　　　　　　　　客车（passenger train）
2）衬衫（shirt）　　　　　　　　　谈判（to negotiate）
3）长城（the Great Wall）　　　　帮忙（to help）
4）装备（to equip）　　　　　　　佩戴（to wear）
5）糟糕（bad luck）　　　　　　　招手（to beckon）
6）落后（backward）　　　　　　　啰嗦（verbose）

9. Give the finals and tone-graphs according to the recording / teacher（Example：*xueshuo* / academic theory / doctrine）：

1）f___n_____ 妇女（woman）　　　　2）l___q_____ 录取（to enroll）
3）q___z_____ 确凿（irrefutable）　　4）y___l_____ 约略（about）
5）f___m_____ 繁忙（busily）　　　　6）ch___zh____ 城镇（city and town）
7）x___q_____ 心情（state of mind） 8）j___y_____ 讲演（lecture）
9）g___g_____ 观光（sightseeing）　 10）k___ch___ 昆虫（insect）
11）j___q____ 接洽（to contact）　　12）j___l_____ 交流（to exchange）

10. Tone discrimination：

1）Read the following 2nd and 3rd tone words in pairs：

bó bǒ　　pó pǒ　　mó mǒ　　duó duǒ　　tuó tuǒ　　luó luǒ
zhǒu zhóu　chǒu chóu　shǒu shóu　jiě jié　qiě qié　xiě xié

2）Listen to the recording / teacher and cross out the wrong one from each pair of syllables（Example：bá / **bǎ** 把 / a measure word）：

bái / bǎi　　　百（hundred）　　cháng / chǎng　　常（often）
qíng / qǐng　　请（please）　　　jí / jǐ　　　　　极（extreme）
láo / lǎo　　　老（old）　　　　méi / měi　　　　没（have not）
liáng / liǎng　两（two）　　　　guó / guǒ　　　　国（country）

3) Give the tone-graph to each syllable according to the recording / teacher （Example：rén /人 person）：

wan	完（finish）		wan	晚（late）
zuo	左（left）		zuo	昨（yesterday）
mai	买（to buy）		mai	埋（to bury）
lan	蓝（blue）		lan	懒（lazy）

4) Read the following 1st and 4th tone words in pairs：

gē gè   kē kè   hē hè   zāi zài   cāi cài   sāi sài
bèi bēi   pèi pēi   fèi fēi   jiào jiāo   qiào qiāo   xiào xiāo

5) Listen to the recording / teacher and cross out the correct one from each pair of syllalbes （Example：bā / b̶à̶ 八 / eight）：

bāo / bào	报（newspaper）		fāng / fàng	放（to put）
qiān / qiàn	千（thousand）		jīn / jìn	斤（a measure word）
shū / shù	书（book）		wēn / wèn	问（to ask）
mō / mò	墨（ink）		yē / yè	夜（night）

6) Give the tone-graph to each syllable according to the recording / teacher （Example：shì / 是 to be）：

dai	带（to bring）		dai	呆（to stay）
shou	收（to receive）		shou	售（to sell）
ji	鸡（chicken）		ji	寄（to send）
jiang	姜（ginger）		jiang	酱（sauce）

7) Dictation：give the tone-graphs to the following words（Example：xióngwěi 雄伟 / magnificent）：

youlan	游览（to tour）		youju	邮局（post office）
gongchang	工厂（factory）		gongyuan	公园（park）
maoyi	毛衣（woolen sweater）		maoyi	贸易（to trade）
laojia	劳驾（excuse me）		laojia	老家（native place）

11. Practice reading the following tongue twisters and nursery rhymes：

1) Sì shì sì, shí shì shí;
Sì bú shì shí, shí bú shì sì.
Shísì shì shísì, sìshí shì sìshí;
Shísì bú shì sìshí, sìshí bú shì shísì.
Xiān xué shísì, zài xué sìshí;
Xué sìshí bié shuō shísì, xué shísì bié shuō sìshí.

四是四，十是十；
四不是十，十不是四。
十四是十四，四十是四十；

LESSON 1
INTRODUCTION ABOUT CHINESE LANGUAGE

十四不是四十,四十不是十四。
先学十四,再学四十;
学四十别说十四,学十四别说四十。

Four is four, ten is ten;
Four is not ten, ten is not four.
Fourteen is fourteen, forty is forty;
Fourteen is not forty, forty is not fourteen.
First learn fourteen, then learn forty;
When you learn forty, don't say fourteen,
When you learn fourteen, don't say forty.

2) Xiǎo bái tù, bái yòu bái,
Liǎng zhī ěrduo shù qǐlái,
Bù chī luóbo bù chī cài,
Bèngbèngtiàotiào zhēn kě'ài.

小白兔,白又白,
两只耳朵竖起来,
不吃萝卜不吃菜,
蹦蹦跳跳真可爱。

Little white rabbit, white and white,
The two ears stand up on their end,
It eats neither turnip nor vegetables,
It jumps up and down and it's really cute.

3) Liǎng zhī lǎohǔ, liǎng zhī lǎohǔ,
Pǎo de kuài, pǎo de kuài,
Yì zhī méiyou wěiba,
Yì zhī méiyou ěrduo,
Zhēn qíguài, zhēn qíguài.

两只老虎,两只老虎,
跑得快,跑得快,
一只没有尾巴,
一只没有耳朵,
真奇怪,真奇怪。

Two tigers, two tigers,
Run fast, run fast,
One does not have tail,

One does not have ear,
They look really weird, really weird.

4) Yī èr sān sì wǔ,
   Shàng shān kàn lǎohǔ,
   Lǎohǔ méi kànjiàn,
   Kànjiàn dà sōngshǔ,
   Sōngshǔ yǒu jǐ zhī,
   Ràng wǒ shǔ yi shǔ,
   Yī èr sān sì wǔ,
   Wǔ zhī dà sōngshǔ.

   一二三四五，
   上山看老虎，
   老虎没看见，
   看见大松鼠，
   松鼠有几只，
   让我数一数，
   一二三四五，
   五只大松鼠。

   One two three four five,
   Let's go to the mountain to see tigers,
   We can find any tigers,
   Instead we see some big squirrels,
   How many squirrels are altogether,
   Let me count,
   One two three four five,
   Five big squirrels.

5) Huā māo yǒu yì shēn huā máo,
   Huī māo yǒu yì shēn huī máo.
   Huā māo xiǎng yào huī māo de huī máo,
   Huī māo xiǎng yào huā māo de huā máo.
   Huā māo yào bu liǎo huī māo de huī máo,
   Huī māo yě yào bu liǎo huā māo de huāmáo.
   Huā māo háishì yì shēn huā máo,
   Huī māo háishì yì shēn huī máo.
   花猫有一身花毛，
   灰猫有一身灰毛。

LESSON 1

INTRODUCTION ABOUT CHINESE LANGUAGE

花猫想要灰猫的灰毛,

灰猫想要花猫的花毛。

花猫要不了灰猫的灰毛,

灰猫也要不了花猫的花毛。

花猫还是一身花毛,

灰猫还是一身灰毛。

A flower cat has flower hair,

A grey cat has grey hair.

The flower cat wants to have the grey cat's grey hair,

The grey cat wants to have the flower cat's flower hair.

The flower cat cannot get the grey cat's grey hair,

The grey cat cannot get the flower cat's flower hair.

The flower cat still has its flower hair,

The grey cat still has its grey hair.

13. Simple Chinese greetings and useful phrases

1) Nǐ hǎo. 你好。(Hello! / how do you do?)

2) Zǎoshang hǎo. 早上好。(Good morning 〔early morning before 8 or 9 AM〕)

3) Shàngwǔ hǎo. 上午好。(Good morning 〔after 9 or 10 AM and before noon〕)

4) Xiàwu hǎo. 下午好。(Good afternoon.)

5) Wǎnshang hǎo. 晚上好。(Good evening.)

6) Wǎn'ān. 晚安。(Good night.)

7) Nǐ hǎo ma? 你好吗？(How are you?)

8) Wǒ hěn hǎo. 我很好。(I'm fine.)

9) Wǒ bù hǎo. 我不好。(I'm not fine.)

10) Hái kěyǐ. / Mǎmǎ hūhū. 还可以。/ 马马虎虎。(Just so so.)

11) Xièxie. 谢谢。(Thank you.)

12) Nǐ ne? 你呢？(And you?)

13) Wǒ yě hěn hǎo. 我也很好。(I'm also fine.)

14) Bú kèqi. 不客气。(You are welcome.)

15) Nǐ xìng shénme? 你姓什么？(What's your surname?)

16) Wǒ xìng ... 我姓……(My surname is...)

17) Nǐ jiào shénme? 你叫什么？(What's your name 〔either given or full name〕)

18) Wǒ jiào ... 我叫……(My name is...)

19) Nǐ shì nǎ guó rén? 你是那国人？(What's your nationality or Where are you from?)

20) Wǒ shì ...rén. 我是……人。(I'm from...)

21) Nǐ huì shuō Yīngyǔ / Yīngwén ma? 你会说英语/英文吗？(Do you know how to speak English?)
    Wǒ huì. 我会。(I do.)

22) Nǐ huì shuō Hànyǔ / Zhōngwén ma? 你会说汉语/中文吗？(Do you know how to speak Chinese?)
    Wǒ bú huì. 我不会。(I don't.)

23）Duìbuqǐ.（Sorry.）
　　Méi guānxi.（It doesn't matter. / No problem.）
24）Nǐ máng ma?（Are you busy?）
　　Wǒ máng.（I am）/ Wǒ bù máng.（I'm not.）
25）Nǐ yào hē shénme?（What do you want to drink?）
　　Wǒ yào hē（chá, shuǐ, kāfēi, kěkǒukělè, qīxǐ, xuěbì …）（I want to drink tea / water / coffee / Coka cola / Seven up / sprite, etc.）
26）lǎoshī（teacher）
27）xiānsheng（Mr. or husband）
28）tàitai（Mrs. or wife）
29）xiǎojie（Miss）
30）nǔshì（Ms.）
31）fūren（Madam）
32）tóngzhì（comrade）
33）Zàijiàn.（Goodbye.）
34）Míngtiān jiàn.（See you tomorrow.）

LESSON 2 BUSINESS GREETINGS AND INTRODUCTION
第二课　商务场合中的问候语及介绍

FUNCTIONAL OBJECTIVES

Upon completion of Lesson 2, you will be able to:

- Greet someone and respond to a greeting in social and business settings;
- Identify yourself and someone else by surname, given name and full name;
- Introduce yourself and someone else by surname, given name and full name;
- Carry on a simple conversation with greetings and name inquiry.

COMMUNICATIVE EXCHANGES

SITUATIONAL CONVERSATION 1:
MEETING FOR THE FIRST TIME
情景会话1：初次见面

Pinyin Text:

A: Nǐ hǎo!
B: Nǐ hǎo!

A: Nǐ hǎo ma?
B: Wǒ hěn hǎo, xièxie. Nǐ ne?
A: Wǒ yě hěn hǎo. Xièxie.

B: Nǐ máng ma?
A: Wǒ hěn máng. Nǐ ne?
B: Wǒ bù máng.

A: Jiàn dào nǐ zhēn gāoxìng.
B: Jiàn dào nǐ wǒ yě hěn gāoxìng.

A: Zàijiàn.
B: Zàijiàn.

Character Text:

A: 你好!
B: 你好!

A: 你好吗?
B: 我很好,谢谢。你呢?
A: 我也很好,谢谢。

B: 你忙吗?
A: 我很忙。你呢?
B: 我不忙。

A: 见到你真高兴。
B: 见到你我也很高兴。

A: 再见。
B: 再见。

English Text:

A: Hello.
B: Hello.

A: How are you?
B: I'm very well. Thank you, and you?
A: I'm also very well. Thank you.

LESSON 2
BUSINESS GREETINGS AND INTRODUCTION

B： Are you busy?
A： I'm busy, and you?
B： I'm not busy.

A： I'm really glad to meet you.
B： I'm also very glad to meet you.

A： Good-bye.
B： Good-bye.

SITUATIONAL CONVERSATION 2：GETTING TO KNOW EACH OTHER
情景会话 2：相互认识了解

Pinyin Text：

A： Qǐngwèn, nín xìng shénme?
B： Wǒ xìng Wáng. Nín guìxìng?
A： Wǒ xìng Lǐ.
B： Nǐ jiào shénme míngzi?
A： Wǒ jiào Lǐ Jīng. Nín ne?
B： Wǒ jiào Wáng Shāng.
A： Nín jīngshāng ma?

B: Wǒ jīngshāng. Nín ne?
A: Wǒ yě jīngshāng.
B: Tài hǎo le, wǒmen dōu shì shāngrén.
A: Duì, wǒmen dōu shì shāngrén, yě shì tóngháng.
B: Nín juéde jīngshāng nán ma?
A: Wǒ juéde jīngshāng hěn nán.
B: Wǒ juéde jīngshāng bú tài nán.

Character Text:

A: 请问,您姓什么?
B: 我姓王。您贵姓?
A: 我姓李。
B: 您叫什么名字?
A: 我叫李经。您呢?
B: 我叫王商。
A: 您经商吗?
B: 我经商。您呢?
A: 我也经商。
B: 太好了,我们都是商人。
A: 对,我们都是商人,也是同行。
B: 您觉得经商难吗?
A: 我觉得经商很难。
B: 我觉得经商不太难。

English Text:

A: May I ask, what's your surname?
B: My surname is Wang. What's your honorable surname?
A: My surname is Li.
B: What's your name?
A: My name is Li Jing, and yours?
B: My name is Wang Shang.
A: Are you in business?
B: Yes, I am. And you?
A: I'm engaged in business, too.
B: That's great, we are both business people.
A: Right, we are both business people, and we are people of the same profession, too.
B: Is it hard to do business?
A: It is hard.
B: I feel doing business is not very hard.

LESSON 2
BUSINESS GREETINGS AND INTRODUCTION

 NEW WORDS AND EXPRESSIONS

wènhòu	问候	V	greet; greetings
nǐ	你	PR	you
hǎo	好	ADJ	good, well
ma	吗	P	a question marker
wǒ	我	PR	I, me
hěn	很	ADV	very
xièxie	谢谢	V	to thank; thanks
ne	呢	P	a modal particle after a noun or a pronoun indicating "What about so and so?"
yě	也	ADV	also; too
máng	忙	ADJ	busy
bù	不	ADV	not; no
jiàndào	见到	VP	to see
zhēn	真	ADJ/ADV	real; really
gāoxìng	高兴	ADJ	happy
zàijiàn	再见	V	goodbye
qǐngwèn	请问	V	May I ask...; excuse me...
nín	您	PR	polite form of you (singular)
xìng①	姓	V/N	to be surnamed; surname
shénme②	什么	QW	what
guì	贵	ADJ	expensive; honorable
jiào	叫	V	to be called; to be named
míngzì	名字	N	name
jīng shāng	经商	VP	to be engaged in trade; be in business
tài	太	ADV	too
le	了	P	to be placed at the end of an exclamation or a sentence or after a verb
wǒmen	我们	PR	we; us
dōu	都	ADV	both/all
shì	是	CV	to be (am, is, are); yes; that's right
shāngrén	商人	N	business man/business person

① *Xing* is used in this lesson as a verb. In later lessons you will learn to use it also as a noun.
② *shenme* is used as *question word* (QW). Later, you will learn to use it in other ways.

tóngháng	同行	N	a person of the same trade or occupation / profession
juéde	觉得	V	to feel (that) ...; to think (that)...
nán	难	ADJ	to be difficult / hard

PROPER NOUNS

1. Lǐ Jīng — 李经 — Lǐ is the surname, Jīng is the given name
2. Wáng Shāng — 王商 — Wáng is the surname, Shāng is the given name.

ENRICHMENT

Zǎoshang hǎo.	早上好	Good morning
Xiàwu hǎo.	下午好	Good afternoon.
Wǎnshang hǎo.	晚上好	Good evening.
Wǎn'ān.	晚安	Good night.
Zàihuì.	再会	See you later (more often used in Shanghai dialect)

SUPPLEMENTARY BUSINESS EXPRESSIONS

wàiguó shāngrén	外国商人	foreign business person
shēngyìrén	生意人	business person (less formal than shāng rén)
mǎimairén	买卖人	business person (very informal way of saying shāngrén)
zuò mǎimai	做买卖	to do business (informal way of saying jīng-shāng)
zuò shēngyi	做生意	to do business (more formal than zuò mǎimai and less formal than jīngshāng)

LESSON 2
BUSINESS GREETINGS AND INTRODUCTION

gǎo màoyì	搞*贸易	to be engaged in trade
gǎo yíngxiāo	搞营销	to be engaged in marketing (products)
gǎo xiāoshòu	搞销售	to be engaged in sales
gǎo jìnchūkǒu màoyì	搞进出口贸易	to be engaged in imports and exports trade

*gǎo 搞: In spoken Chinese, the verb gǎo 搞 can be used in place of many kinds of verbs. It changes its meaning with the objects it takes. Usually the meaning of this word is "to make", "to get", or "to work".

GRAMMAR AND BUSINESS CULTURE NOTES

1. Nǐ hǎo! 你好！Hello; How do you do.

The expression Nǐ hǎo is often used in spoken Chinese in both formal and informal social and business situations when people greet each other. In the former, it means "How do you do"; and in the latter, it simply means Hello／Hi regardless of whether it is in the morning, in the afternoon or in the evening. The answer by the responder is also the same Nǐ hǎo. Note that whenever a 3rd tone precedes another 3rd tone, the first 3rd tone is changed to a 2nd tone, e.g. we should say Nǐ hǎo, instead of Nǐ hǎo.

2. Wǒ yě hěn hǎo. 我也很好。I'm fine, too.

Here yě denotes that two things are the same, e.g.
Nǐ máng, wǒ yě máng. 你忙，我也忙。You are busy, I'm busy, too.
Nǐ gāoxìng, wǒ yě hěn gāoxìng. 你高兴，我也很高兴。You are happy, I'm happy, too.
Nǐ jīngshāng, wǒ yě jīngshāng. 你经商，我也经商。You are doing business, I'm doing business, too.

3. Ma／ne 吗／呢 particle

Both ma and ne are elements which may be added to a word, phrase or sentence to indicate some particular function or aspect. They are also called markers. Ma turns any statement into yes／no question.

4. Shì 是 to be

It is called a Co-Verb, also known as equal verb, which connects or equates two nouns or nominal expressions. Co-Verbs resemble in function the English verb is in the sentence "That woman is my boss."

5. Wǒ máng.／Jīngshāng nán ma? 我忙。／经商难吗？I'm busy.／Is it hard to do business?

Both máng and nán here are called Verb-Adjectives which are characteristics of the Standard Chinese. In English, all adjectives in sentences are preceded by the verb to be, whereas in Chinese there is no need to put to be before an adjective in a sentence, e.g."Zhōngguó rén hěn yǒuhǎo"

33

中国人很友好（The Chinese people are friendly）；"Xiàtiān rè"夏天热（the summer is hot）. These adjectives functioning grammatically as verbs in Chinese are called verb-adjectives which tend to be modified by adverbs such as *hěn* 很（very）；*tǐng* 挺（rather）；*fēicháng* 非常（extremely）, etc.

6. Bù 不 No; not

It is the negative of verbs, co-verbs and verb-adjectives, e.g. *búshì*; *bùmáng*; *bùnán*, etc. The tone for the syllable *bù* depends on the tone of the following syllable. When followed by a syllable with a 1st High, a 2nd Rising, or a 3rd Low tone, a 4th Falling tone is used （bù）. When followed by a syllable with a 4th Falling, a 2nd Rising tone is used（*bù*）. "Bù" is the basic form. It means "no" when it stands alone.

7. Nín guì xìng? 您贵姓? What's your honorable surname?

Nín is the polite equivalent of *nǐ* （you）. *Guìxìng* is a polite noun phrase equivalent to *xìng* （surname）in a very polite way. It is used when asking the surname of a stranger, an older person or a person with a high position or someone you simply want to be very polite with. The polite word *guì* 贵 is also used as a show of respect to address relative things concerning the other party. For example: *guì guó*, *guì gōngsī*, *guì fāng*,（your honorable country / company / side）etc.

8. Chinese names 中国人的姓名

A Chinese personal name consists of two parts: a surname and a given name. Chinese people do not have middle names. The order is the reverse of English names: surname first, given name last. Married women in China do not carry their husbands' surnames.

9. Jiào 叫 means "to be called." "Nǐ jiào shénme míngzi?" is the equivalent of "What is your name?"

10. Qǐngwèn 请问 means "excuse me, may I ask..."

When we ask a stranger about something, we usually begin with *Qǐngwèn* 请问, which is also the Chinese word for "please" before asking a question in a very polite way. *Qǐngwèn* is not used when apologizing, such as "I'm sorry," for which we use *duìbuqǐ* 对不起 instead.

11. The most common pattern for Chinese names is a single-syllable surname followed by a two-syllable given name:

Liú Jiālíng	刘佳玲
Zhāng Juànshēng	张眷生
Wáng Jīnghuá	王京华
Wú Tiānmíng	吴天明
Jiāng Mínzé	江民泽
Zēng ShīKǒng	曾师孔

It is not uncommon, however, that the given name consists of a single syllable:

Zhāng Chéng	张程
Liú Jiā	刘佳
Wáng Jiàn	王健

LESSON 2
BUSINESS GREETINGS AND INTRODUCTION

There are also several two-syllable surnames, which are usually followed by either single-syllable or double-syllable given names:

Sīmǎ Guāng	司马光	Sīmǎ Xiàngrú	司马相如
Zhūgě Liàng	诸葛亮	Zhūgě Zhìyì	诸葛志毅
Ōuyáng Xiū	欧阳修	Ōuyáng Fènqiáng	欧阳奋强
Shàngguān Xīng	上官星	Shàngguān Yúnzhū	上官云珠

12. GREETING THE CHINESE WAY

The Chinese way of saying "How do you do?" or "Hello" is simply "Nǐ hǎo," which literally means "You are well." The question type of the same greeting goes like: "Nǐ hǎo ma?" which literally means "Are you well?" or "How are you?" Chinese people will be pleasantly surprised and appreciate it when you greet them with these phrase-like sentences at any time of the day or with a person of any social status. They may go out of their way to try to help you or make it easier for you to stay, live, work, travel or do business in the country.

Other common greetings include "Qù nǎr?" which means "Where are you going?", or "Chī le ma?" which means "Have you eaten?" Although these two greetings are in the form of questions, however, they do not need be answered. They are in some way like "How are you" used in the U.S. which is seldom answered with exact information about one's health. The rule of thumb to cope with these greetings is simply to say either "Going there" (Qù nǎr) or "I've eaten (Chī le)." When greeted this way, you should not take it seriously by assuming the other person really cares about where you plan to go or has the intention to invite you to a meal. You can just treat it as another way of saying "Hello."

13. HAND-SHAKING

Touching, hugging or kissing people is not a customary practice among the Chinese people. Handshaking, which was imported from the West, is generally the accepted form of salutation. We usually shake hands with the right hand, but sometimes with both hands to show a warm feeling. When someone shakes his/her hands with you with a great force, it indicates that he is powerful, and confident to win in the competition; or shows his/her sincerity rather than perfunctoriness to you. However, Chinese handshakes differ in two ways from those common in the West. First, Chinese tend to shake hands very lightly, which is known as "dead fish" style, instead of gripping the hand firmly and pumping vigorously as often seen in the West. If you encounter a handshake like this, you should immediately soften your grasp, shake, and let go or simply accept the handshake as a business formality. Second, a handshake can last as long as ten seconds, instead of the brisk three-second contact common in the West. Our recommendation in this regard is the combination of the both styles, which is gaining much popularity these days. It starts with a traditional handshake as each party extends his/her hand, concluding in a slight bow over the two clasped, shaking hands – a perfect global bridge.

The principle of "lady first" also applies to hand-shaking, and you should hold out your hand after a lady stretches out hers. If you are shaking hands with a high-ranking official or a leader, you'd better hold out your hand after him. Occasionally you may come across non-handshake, which occurs when you extend your hand in greeting and the other party does not seem to take it. In this embarrassing situation, the most appropriate way is to simply hold back your hand and nod your head slightly to the other party who is likely to nod his/her head to you.

COMMUNICATIVE SPEECH DRILLS

A. Compose Chinese sentences with any combination of *xìng* and *búxìng* by choosing elements from each column:

Example: Wǒ xìng Lǐ, wǒ bú xìng Wáng. Nǐ ne?
 (My surname is Li, not Wang. What about yours?)

Example: Nǐ xìng Liú, wǒ xìng Chén. Tā ne?
 (Your surname is Liu, my surname is Chen. What about his?)

| Wǒ Nǐ Tā | (bú) xìng | Zhào. Lín. Gāo. Zhāng. Sòng. Péng. Hú. | Wǒ Nǐ Tā | (bú) xìng | Lú. Sūn. Huáng. Chén. Qū. Liáng. Wú. | Nǐ Tā | ne? |

| 我 你 他/她 | （不）姓 | 赵。 林。 高。 张。 宋。 彭。 胡。 | 我 你 他/她 | （不）姓 | 卢。 孙。 黄。 陈。 曲。 梁。 吴。 | 你 他/她 | 呢? |

LESSON 2

BUSINESS GREETINGS AND INTRODUCTION

B. State your (or someone else's) surname and given name, then respectfully ask another person his or her honorable surname.)

PN+*xìng* Surname，*jiào*+ Given name. Qǐngwèn, nín guìxìng?

Wǒ Nǐ Tā	xìng	Zhào. Lín. Gāo. Zhāng. Sòng. Péng. Hú.	Wǒ Nǐ Tā	jiào	Lú Míng. Sūn Dàwěi. Huáng Shān. Chén Zǐyí. Qū Zhé. Liáng Guóqiáng. Wú Jìn.	Qǐngwèn, nín guìxìng?

我 你 他/她	姓	赵。 林。 高。 张。 宋。 彭。 胡。	我 你 他/她	叫	卢明。 孙大伟。 黄山。 陈子怡。 曲折。 梁国强。 吴晋。	请问，您贵姓？

C. State your (or someone else's) surname and full name, then respectfully ask another person his or her full name.)

Wǒ Nǐ Tā	xìng	Zhào. Lín. Gāo. Zhāng. Sòng. Péng. Hú.	Wǒ Nǐ Tā	jiào	Lú Míng. Sūn Dàwěi. Huáng Shān. Chén Zǐyí. Qū Zhé. Lǐ Jīng. Wú Jìn.	Nǐ Tā	jiào shénme míngzi?

我 你 他/她	姓	赵。 林。 高。 张。 宋。 彭。 胡。	我 你 他/她	叫	卢明 孙大伟。 黄山。 陈子怡。 曲折。 李经。 吴晋。	你 他/她	叫什么名字？

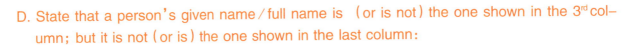

D. State that a person's given name/full name is (or is not) the one shown in the 3rd column; but it is not (or is) the one shown in the last column:

Example: Wǒ bú jiào Lǐ Jīng, wǒ jiào Wáng Shāng.
(My name is not *Lǐ Jīng*, my name is *Wáng Shāng*.)

Example: Tā jiào Zǐyí, bú jiào Dàwěi.
(Her given name is Zǐyí, not Dàwěi.)

PN or Noun + (*bú*) jiào+ Given/Full Name, PN+(*bú*) jiào+Given/Full Name

| Wǒ Nǐ Tā | (bú) jiào | Zhào Jīngshēng. Lín Chōng. Gāo Lóngwěi. Zhāng Yuè. Sòng Lìlì. Péng Huìzhōng. Hú Yàoguāng. | Wǒ Nǐ Tā | (bú) jiào | Lú Míng. Sūn Dàwěi. Huáng Shān. Chén Zǐyí. Qū Zhé. Lǐ Jīng. Wú Jìn. |

| 我 你 他/她 | （不）叫 | 赵京生。 林冲。 高龙伟。 张月。 宋丽丽。 彭惠中。 胡耀光。 | 我 你 他/她 | （不）叫 | 刘明。 孙大伟。 黄山。 陈子怡。 曲折。 李经。 吴晋。 |

E. Introduce one's surname, full name and occupation, then ask someone else's occupation as well.

Example: Wǒ xìng Lǐ, jiào Lǐ Jīng. Wǒ Jīngshāng. Nǐ ne? Nǐ Jīngshāng ma?

PN *xìng* Surname, *jiào* Name, PN *jīngshāng*. PN *ne*? PN *jīngshāng ma*?

| Wǒ Nǐ Tā | xìng | Zhào, Lín, Gāo, Zhāng, Sòng, Péng, Hú, | jiào | Jīngshēng. Chōng. Lóngwěi. Yuè. Lìlì. Huìzhōng. Yàoguāng. | Wǒ Nǐ Tā | jīngshāng. | Nǐ ne? Tā ne? | Nǐ jīngshāng ma? Tā jīngshāng ma? |

LESSON 2
BUSINESS GREETINGS AND INTRODUCTION

我 你 他/她	姓	赵， 林， 高， 张， 宋， 彭， 胡，	叫	京生。 冲。 龙伟。 月。 丽丽。 惠中。 耀光。	我 你 他/她	经商。	你呢？ 他/她呢？	你经商吗？ 他/她经商吗？

F. State one's occupation, then ask for someone else's occupation and whether or not this occupation is difficult.

Example: Wǒ jīngshāng. Nǐ yě jīngshāng ma? Jīngshāng nán ma?

PN *jīngshāng*. PN yě *jīngshāng ma*? *Jīngshāng nán ma*?

Wǒ Nǐ Tā Wǒmen Nǐmen Tāmen	jīngshāng.	Wǒ Nǐ Tā Wǒmen Nǐmen Tāmen	yě jīngshāng ma?	Jīngshāng nán ma? /Jīngshāng hěn nán. /Jīngshāng bù nán.

我 你 他/她 我们 你们 他们	经商。	我 你 他/她 我们 你们 他们	也经商吗？	经商难吗？ /经商很难。 /经商不难。

G. State what one feels. Example: Wǒ juéde jīngshāng hěn nán/bù hěn nán. (I feel doing business is very difficult/not very difficult.

NP + *juéde* + NP + VP/ADJ.

Wǒ Nǐ Tā Wǒmen Nǐmen Tāmen	juéde	jīngshāng shuō Zhōngwén gǎo màoyì zuò shēngyi gǎo yíngxiāo zuò jìnchūkǒu màoyì	(bù) hěn/tài	nán. róngyì yǒu yìsi (interesting) yǒuyòng (useful) zhòngyào (important) lèi

我		经商	难。
你		说中文	容易。
他/她	觉得	搞贸易	（不）很/太 有意思。（interesting）
我们		做生意	有用。（useful）
你们		搞营销	重要。（important）
他们		做进出口贸易	累。

H. Conversation Drills: Student A and B converse using their own names.

A. Wǒ jiào _____.   Nǐ jiào shénme míngzi?
B. Wǒ jiào _____.   Nín guìxìng?
A. Wǒ xìng _____.   Wǒ _____ . Nǐ ne?
B. Wǒ yě _____.   Wǒmen shì _____.
A. Jiàndào nǐ _____.
B. _____ wǒ yě hěn gāoxìng. Zàijiàn.
A. _____.

B then begins the conversation with another student.

A. 我叫_____。   你叫什么名字？
B. 我叫_____。   您贵姓？
A. 我姓_____。   我_____。你呢？
B. 我也_____。   我们是_____。
A. 见到你_____。
B. _____我也很高兴。再见。
A. _____。

B then begins the conversation with another student.

J. Conversation Drill: Student A and B converse using their own names.

A. Nǐ hǎo ma?
B. Wǒ hěn hǎo, xièxie. Nǐ ne?
A. Wǒ _____, xièxie.
B. Wǒ xìng _____, jiào _____. Qǐngwèn, nín guìxìng? Nín jiào shénme míngzi?
A. Wǒ xìng _____, jiào _____. Nǐ jīngshāng ma?
B. Wǒ bù _____. Qǐngwèn, nǐ jīngshāng ma?
A. Wǒ _____.
B. Jīngshāng nán ma?
A. Jīngshāng _____.

LESSON 2

BUSINESS GREETINGS AND INTRODUCTION

A. 你好吗?
B. 我很好,谢谢,你呢?
A. 我_____,谢谢。
B. 我姓_____,叫_____。请问,您贵姓? 您叫什么名字?
A. 我姓_____,叫_____。你经商吗?
B. 我不_____。请问,你经商吗?
A. 我_____。
B. 经商难吗?
A. 经商_____。

COMMUNICATIVE ACTIVITIES

1. Briefly introduce yourself in a formal business setting.
2. Briefly introduce one of your business partners.
3. Role-play: A mock job interview for a business position.
4. Role-play: At Guangzhou Spring / Fall Trade Fair, you come across a former classmate you have not seen for years and you both do not remember each other's surname and name. Both of you are representing your companies to attend the trade fair. How do you carry on a conversation with one another and with other business people in this business setting?
5. Conduct conversation, dictation, communicative exchanges, oral reproduction and interpretation / translation based on the following discourse:

　　李小姐叫李经,她现在经商。王先生叫王商,他也经商。李经和王商都是商人,他们都经商。李经小姐搞进出口贸易,她很忙。王商先生搞营销,他不太忙。李经觉得经商很难,不容易。王商觉得经商不太难,很容易。他们现在是同行,一个做进出口贸易,一个搞营销。他们两个人是好朋友。他们都喜欢自己的工作。

UNIT TWO BUSINESS INTERACTION
第二单元 商务社交

FUNCTIONAL INTRODUCTION

In Unit Two, you will be learning about business forms of address, business positions, titles, ranks, business cards, business work units, business locations, phone numbers and people's identities and nationalities as well as numbers that are used in real business situations and functional ways.

LESSON 3 BUSINESS FORMS OF ADDRESS
第三课 商务场合中的称谓

FUNCTIONAL OBJECTIVES

Upon completion of Lesson 3, you will be able to:

- Identify yourself or someone else by his/her correct title/position;
- Affirm or negate someone's identity;
- Ask and answer yes/no questions;
- Count from 1 to 10 in isolation and use the numbers in functional ways;
- Ask someone else's phone numbers;
- To tell your home, business and cell phone numbers.

COMMUNICATIVE EXCHANGES

SITUATIONAL CONVERSATION 1:
GETTING TO KNOW EACH OTHER BY TITLES
情景会话 1:怎么称呼对方

Pinyin Text：

A： Nín shì Wáng Xiānsheng ma?
B： Wǒ shì Wáng Shāng. Qǐngwèn, nín shì shéi?
A： Wǒ xìng Lǐ, jiào Lǐ Jīng.
B： Nǐ hǎo, Lǐ Xiǎojie.
A： Nǐ hǎo, Wáng Xiānsheng. Huānyíng nǐ lái Zhōngguó.
B： Xièxie. Wǒ lái jièshào yíxiàr, zhè shì wǒ tàitai.
A： Nǐ hǎo, Wang Taitai.
C： Nǐ hǎo, Lǐ Nǚshì. Rènshi nǐ hěn gāoxìng.
A： Rènshi nǐ wǒ yě hěn gāoxìng.

Character Text：

A： 您是王先生吗？
B： 我是王商。请问，您是谁？
A： 我姓李，叫李经。
B： 你好，李小姐。
A： 你好，王先生。欢迎你来中国。
B： 谢谢。我来介绍一下儿，这是我太太。
A： 你好，王太太。
C： 你好，李女士。认识你很高兴。
A： 认识你我也很高兴。

English Text：

A： Are you Mr. Wang?
B： I'm Wang Shang. May I ask who you are?
A： My surname is Li, my name is Li Jing.
B： How do you do, Miss. Li.
A： How do you do, Mr. Wang. Welcome to China.
B： Thank you. Let me introduce to you, this is my wife.
A： How do you do, Mrs. Wang.
C： How do you do, Miss. Li. I'm very glad to know you.
A： I'm very glad to know you, too.

LESSON 3
BUSINESS FORMS OF ADDRESS

SITUATIONAL CONVERSATION 2:
AT A BUSINESS PARTY
情景会话 2：在商务社交会上

Pinyin Text:

A： Wáng Xiānsheng, Wáng tàitai, nǐmen hǎo!
B、C： Lǐ Xiǎojie, nǐ hǎo! Qǐngwèn, tā shì shéi?
A： Tā shì wǒ de tóngshì, yě shì wǒ de hǎo péngyou, Zhāng Shìmào.
B： Nín hǎo, Zhāng Xiānsheng, hěn róngxìng rènshi nín.
D： Wáng Xiānsheng, Wáng fūren hǎo! Wǒ yě hěn róngxìng rènshi nǐmen.
A： Wáng Xiānsheng, nín hē kāfēi ma?
B： Duìbuqǐ, wǒ bù hē kāfēi.
A： Kěkǒukělè ne?
B： Wǒ yě bù hē kěkǒukělè.
A： Qǐngwèn, nín yào hē shénme?
B： Wǒ yào hē chá.
A： Shénme chá? Hóngchá háishi lǜchá?
B： Qǐng gěi wǒ yì bēi lǜchá ba.
A： Wáng tàitai, nín yě hē chá ma?
C： Bù, xièxie. Wǒ yào hē shuǐ.

A： Bīng shuǐ háishi rè shuǐ?
C： Qǐng gěi wǒ yì bēi bīng shuǐ ba.
A： Shìmào, nǐ yào hē shénme?
D： Yǒu Qīngdǎo Píjiǔ ma?
A： Yǒu.
D： Qǐng gěi wǒ yì bēi Qīngdǎo Píjiǔ ba.

Character Text：

A： 王先生，王太太，你们好！
B、C： 李小姐，你好！请问，他是谁？
A： 他是我的同事，也是我的好朋友，张世贸。
B： 您好，张先生。很荣幸认识您。
D： 王先生，王夫人好！我也很荣幸认识你们。
A： 王先生，您喝咖啡吗？
B： 对不起，我不喝咖啡。
A： 可口可乐呢？
B： 我也不喝可口可乐。
A： 请问，您要喝什么？
B： 我要喝茶。
A： 什么茶？红茶还是绿茶？
B： 请给我一杯绿茶吧。
A： 王太太，您也喝茶吗？
C： 不，谢谢。我要喝水。
A： 冰水还是热水？
C： 请给我一杯冰水吧。
A： 世贸，你要喝什么？
D： 有青岛啤酒吗？
A： 有。
D： 请给我一杯青岛啤酒吧。

English Text：

A： Hello, Mr. and Mrs. Wang!
B&C： Hello, Miss. Li. May I ask, who is he?
A： He is my colleague and also my friend, Zhang Shimao.
B： How do you do, Mr. Zhang. It's my honor to know you.
D： How do you do, Mr. and Mrs. Wang. It's also my honor to know you.

LESSON 3

BUSINESS FORMS OF ADDRESS

A: Mr. Wang, do you drink coffee?
B: Sorry, I don't drink coffee.
A: What about Coca Cola?
B: I don't drink Coca Cola either.
A: May I ask, what would you like to drink?
B: I'd like to drink tea.
A: What kind of tea would you like to drink? Black tea or green tea?
B: Please give me a cup of green tea.
A: Mrs. Wang, would you also like to drink tea?
C: No, thanks. I'd like to drink some water.
A: Ice water or hot water?
C: Please give me a cup of ice water.
A: Shimao, what would you like to drink?
D: Do you have Tsingtao (Qingdao) beer?
A: Yes, we do.
D: Please give me a bottle of Tsingtao beer.

 NEW WORDS AND EXPRESSIONS

xiānsheng①	先生	N	Mr., sir (very polite)
shéi	谁	PR/QW	who, whom
xiǎojie	小姐	N	Miss, lady (poite)
huānyíng	欢迎	V	welcome
jièshào	介绍	N/V	introduction; to introduce
yíxià(r)	一下儿	NUM	used to extend the action or to specify "once"; "one time"; "briefly"; for a moment, etc.
tàitai	太太	N	Mrs., wife, married woman, lady
nǚshì	女士	N	Ms.; female person
háishì	还是	QW	or (in alternative/choicetype questions)
rènshi	认识	V	to know; to be acquainted
tóngshì	同事	N	colleague; co-worker

① When addrssing someone directly, use the full name or surname plus *Xiānsheng*, e.g. Wáng Xiānsheng; Wáng Shāng Xiānsheng. However, it means Sir when used alone. People do not use titles, such as *Xiānsheng*, *Tàitai*, *Fūren*, *Xiǎojie*, etc. when referring to themselves.

BBC 初级实用商务汉语 Basic Business Chinese (BBC)

péngyou	朋友	N	friend
róngxìng	荣幸	ADJ / N	be honored
hē	喝	V	to drink
kāfēi	咖啡	N	coffee
kěkǒukělè	可口可乐	N	Coca Cola
yào	要	AV / V	to want
chá	茶	N	tea
hóngchá	红茶	NP	black tea
lǜchá	绿茶	NP	green tea
bēi	杯	N	cup
shuǐ	水	N	water
bīng shuǐ	冰水	NP	ice-cold water
rè shuǐ	热水	NP	hot water
gěi	给	V	to give
bīng kāfēi	冰咖啡	NP	ice-cold coffee
rè kāfēi	热咖啡	NP	hot coffee
yǒu	有	V	to have
ba	吧	P	grammar word indicating "I presume"; "I suppose"
píjiǔ	啤酒	N	beer

PROPER NOUNS

Zhāng Shìmào	张世贸	Zhang is the surname, Shimao is the given name.
Qīngdǎo Píjiǔ	青岛啤酒	Qingdao / Tsingtao beer

ENRICHMENT

hēipí	黑啤	black beer
shēngpí	生啤	raw beer

LESSON 3
BUSINESS FORMS OF ADDRESS

zhāpí	扎啤	draft beer
yì tīng kělè	一听可乐	a can of coca cola
yì píng píjiǔ	一瓶啤酒	a bottle of beer
yì bēi lǜchá	一杯绿茶	a cup of green tea
yì wǎn dòujiāng	一碗豆浆	a bowl of soybean milk
guǒzhī	果汁	fruit juice
júzizhī	橘子汁	orange juice
píngguǒzhī	苹果汁	apple juice
lízhī	梨汁	pear juice
táozhī	桃汁	peach juice
cǎoméizhī	草莓汁	strawberry juice
hóngguǒzhī	红果汁	haw berry juice
lìzhīzhī	荔枝汁	lichee juice
bōluózhī	菠萝汁	pineapple juice
chéngzhī	橙汁	orange juice / OJ
pútaozhī	葡萄汁	grape juice

SUPPLEMENTARY BUSINESS EXPRESSIONS

xíngzhèng zhǔguǎn	行政主管	CEO
bùmén zhǔguǎn	部门主管	department chief
zǒngcái	总裁	president (of a company / corporation)
fùzǒngcái	副总裁	vice-president (of a company / corporation)
zǒngcái zhùlǐ	总裁助理	assistant to the president (of a company / corporation)
zǒngjīnglǐ	总经理	general manager
zǒngjīnglǐ zhùlǐ	总经理助理	assistant to general manager
jīnglǐ	经理	manager
fùjīnglǐ	副经理	vice manager

51

bùmén jīnglǐ	部门经理	department manager
zhùlǐ jīnglǐ	助理经理	assistant manager
jīnglǐ zhùlǐ	经理助理	assistant to the manager
dǒngshìzhǎng	董事长	chairman of the board
dǒngshì	董事	director; trustee
yèwù dàibiǎo	业务代表	business representative
màoyì dàibiǎo	贸易代表	trade representative
tánpàn dàibiǎo	谈判代表	(trade) negotiation representative
yíngxiāo dàibiǎo	营销代表	marketing representative

GRAMMAR AND BUSINESS CULTURE NOTES

1. Question word shéi 谁 who/whom

The question word *shéi* 谁 (who) can appear at the beginning or at the end of the question depending on how you want your question to be structured. e.g.

Shéi shì Zhāng Shìmào Xiānsheng? 谁是张世贸先生？

or

Zhāng Shìmào Xiānsheng shì shéi? 张世贸先生是谁？

2. Measure word 量词

Discussing quantities of things in Chinese can be a little complicated in that a measure word must be used between a number and its noun. Measure words are also used between *zhè* or *zhèi*/*nà* or *nèi* 这/那 (this/that) and *nǎ* 哪 (which) and its noun. In this lesson, we come across one measure word *bēi* in *yì bēi lǜ chá* 一杯绿茶 (one cup of green tea). Different categories of nouns require different measure words. For instance, *ge* 个 is used for human beings whereas *běn* 本 is used for books, etc. and *zhī* 支 is used for pens or things that look like a stick. e.g.

Tā yǒu wǔ   ge   Zhōngguó péngyou. 他有五个中国朋友。
　　　　Number　measure word　noun
He has five Chinese friends.

Wǒ hē sān   bēi   kāfēi. 我喝三杯咖啡。
　　　Number　measure word　noun
I drink three cups of coffee.

At this stage, if you cannot remember which measure word goes with which category of

LESSON 3

BUSINESS FORMS OF ADDRESS

nouns, it'd better to use *ge* 个 than nothing. *ge* 个 carries the 4th tone in isolation, but becomes toneless when used in a phrase or sentence. More measure words will be introduced as we proceed in this book.

3. Verb *huānyíng* welcome

If you want to say "Welcome to China" in Chinese, you must say: *Huānyíng nǐ lái Zhōng-guó*/欢迎你来中国, which literally means in Chinese "Welcome you come to China".

4. *lái*/来 come

The sentence pattern *lái*/来+V is used to show the intent of an action, but does not change the meaning of that action. The verb *lái*/来 can also be placed between a verbal phrase (or prepositional phrase) and a verb (or verbal phrase). In this sort of sentence the phrases before *lái*/来 normally indicate method, aspect, or attitude while those after *lái*/来 frequently express purpose. For example:

Wǒ *lái* jièshào yíxiàr. / Let me introduce (someone to you).

Wǒ *lái* kàn yíxiàr. / Let me take a (quick) look.

Wǒmen *lái* Zhōngguó zuò shēngyì. / We come here (for the purpose of) to do business.

5. Use of *yíxià*(r)/一下(儿) (briefly)

The general measure of action *yíxiàr*/一下(儿) is used to extend the action or to specify "once," "one time", "briefly", "for a moment", etc.

Qǐng nǐ lái yíxià(r).　　请你来一下(儿)。Please come over.

Qǐng nǐ kàn yíxià(r).　　请你看一下(儿)。Please take a look.

Qǐng nǐ shuō yíxià(r).　　请你说一下(儿)。Please say it.

6. Use of *ba* 吧 particle

The particle *ba* 吧 "I presume / I suppose" can be used to indicate a tentative statement, a mild question or "please".

Nín shì Měiguó lái de Zhāng Xiānsheng ba?　您是美国来的张先生吧？You must be Mr. Zhang from the United States or You are Mr. Zhang from the United States, I presume?

Wǒmen zǒu ba.　　我们走吧。Let's go.

Nǐ lái jièshào ba.　　你来介绍吧。You introduce please.

7. Rènshi nín hěn gāoxìng. 认识您很高兴。(Very glad to know you.)

The expression *Rènshi nín hěn gāoxìng*.认识您很高兴 (very glad to know you); *Jiàn dào nín hěn gāoxìng* 见到您很高兴 (very glad to meet you); *Rènshi nín hěn róngxìng* 认识您很荣幸 (it's my honor to know you); or *Jiàn dào nín hěn róngxìng* 见到您很荣幸 (it's my honor to meet you), etc. can be used as greetings at the first meeting or during social discourses to express admiration or pleasure in making the acquaintance.

8. *háishì* 还是 or (in question sentence)

The English word "or" is rendered in Chinese in a choice-type question by the word *háishì* 还是. *háishì* 还是 applies only to alternative questions in Chinese, whereas in a Chinese statement sentence, the English word "or" becomes *huòzhě* 或者.

53

9. Topic Structure

It is very common in the Chinese language to put the topic of the sentence first. For example:

1) Rènshi nǐ   wǒ hěn   gāoxìng. 认识你我很高兴。
   topic
   Lit. To know   you I   very glad / pleased.
   I'm very glad / pleased to meet you / to have met you.

2) Lái   Zhōngguó wǒ hěn   gāoxìng. 来中国我很高兴。
   topic
   Lit. To come to China   I   very happy.
   I'm so happy to come to China / that I've come to China.

10. 中国人的称谓 The Chinese forms of address and titles

Chinese titles closely parallel "Mr."; "Miss"; "Ms."; "Mrs." in English. Please note, however, that all Chinese titles follow either the full name or surname rather than preceding it. In the People's Republic of China (PRC), a married woman does not take her husband's family name. If Miss Li Jing married Mr. Zhang Shimao, she becomes Mrs. Zhang Shimao, but at the same time she remains Li Jing. If Li Jing is from Taiwan, Hong Kong or any other overseas countries, however, she may add her husband's surname to her full name and refer herself as Zhang Li Jing, whereas at work, she is very likely to be called Miss Li or Ms. Li. Titles like *xiānsheng* 先生, *tàitai* 太太, *xiǎojie* 小姐, *nǚshì* 女士, *fūren* 夫人 are seldom used among Chinese people in PRC since 1949. Instead, 同志 is applied to all these titles regardless of sex or marital status. Since the implementation of reform and the open door policy in the late 1970s and early 1970s, because of the increasing number of foreign business people, investors and tourist come to China and China's close links to the outside world, these titles are becoming more and more popular, especially among business and tourist circles. There are, however, both official titles and titles of respect in addition to these common titles we have discussed in this lesson. Professional titles or designated positions such as, *jīnglǐ* 经理 manager, *dǒngshìzhǎng* 董事长 chairman of the board, *jiàoshòu* 教授 professor, *lǎoshī* 老师 teacher, etc. are used as formal forms of address. When these professional titles or designated positions are used, first names are usually omitted. For example: if Mr. Zhang Shimao is a manager of a company, he can be addressed and referred to as *Zhāng Jīnglǐ* 张经理 instead of *Zhāng Xiānsheng* 张先生。

LESSON 3

BUSINESS FORMS OF ADDRESS

COMMUNICATIVE SPEECH DRILLS

A. Compose Chinese sentences with any combination of *yào +V+O* and *búyào +V+O* by choosing elements from each column:

Example: Wǒ yào hē shuǐ. Wǒ bú yào hē píjiǔ. Nǐ ne?
（I want to drink water. I don't want to drink beer. What about you?）

Example: Wǒ bú yào hē shuǐ. Wǒ yào hē píjiǔ. Nǐ ne?
（I don't want to drink water. I wantto drink beer. What about you?）

Lǐ Jīng Wáng Shāng Lǐ XJ. Wǒ Tā Tāmen Wáng XSh. Liú TT. Chén NSh.	yào hē	qìshuǐ bīng shuǐ Qīngdǎo Píjiǔ Xīngbākè Kāfēi lǜ chá guǒzhī hóng chá kěkǒukělè xuěbì qīxǐ kāfēi	Lǐ Jīng Wáng Shāng Li XJ. Wǒ Tā Tāmen Wáng XSh. Chén NSh. Liú TT.	(bú) yào hē	qìshuǐ píjiǔ shuǐ guǒzhī kāfēi rè chá kěkǒukělè xuěbì qīxǐ hóng chá Qīngdǎo Píjiǔ	Nǐ ne?

Qǐngwèn, nǐ yào hē shénme?

李经 王商 李小姐 我 他／她 他们 王先生 刘太太 陈女士	要喝	汽水 冰水 青岛啤酒 星巴克咖啡 绿茶 果汁 红茶 可口可乐 雪碧 七喜 咖啡	李经 王商 李小姐 我 他／她 他们 王先生 陈女士 刘太太	（不)要喝	汽水 啤酒 水 果汁 咖啡 热茶 可口可乐 雪碧 七喜 红茶 青岛啤酒	你呢?

请问，你要喝什么？

Note: XJ. = Xiǎojie 小姐   XSh.= Xiānsheng 先生   TT.= Tàitai 太太   NSh.= Nǚshì 女士

BBC 初级实用商务汉语 Basic Business Chinese(BBC)

B. Introduce someone to someone else at a social gathering and ask who the third party is.

Example: Wǒ lái jièshào yíxiàr, zhè shì wǒ de hǎo péngyou Zhāng Shìmào. Qǐngwèn, tā shì shéi?

Tā shì wǒmen gōngsī de màoyì dàibiǎo. Rènshi nǐ wǒ hěn gāoxìng.

Wǒ lái jièshào yíxiàr, zhè shì wǒ（de） wǒmen（de）	zǒngcái. jīnglǐ. tóngshì. tóngxué. hǎo péngyou. nán péngyou. tóngxiāng. tàitai. xiānsheng. nǚ péngyou. tóngwū/shìyǒu. Zhōngguó péngyou. Měiguó péngyou. fūren.	Qǐngwèn, tā shì shéi?

我来介绍一下儿,这是我(的) 我们(的)	总裁。 经理。 同事。 同学。 好朋友。 男朋友。 同乡。 太太。 先生。 女朋友。 同屋／室友。 中国朋友。 美国朋友。 夫人	请问,他／她是谁?

LESSON 3

BUSINESS FORMS OF ADDRESS

Tā shì Nàikè Gōngsī (de)	xíngzhèng zhǔguǎn. zǒngcái. fùzǒngcái. zǒngjīnglǐ. jīnglǐ. bùmén jīnglǐ. bùmén zǒngcái. dǒngshìzhǎng. dǒngshì. yèwù dàibiǎo. tánpàn dàibiǎo. màoyì dàibiǎo. shìchǎng yíngxiāo dàibiǎo. jīnglǐ zhùlǐ. zhùlǐ jīnglǐ. Zhāng zǒng.	Nín hǎo, Zhāng Zǒng. Rènshi nín wǒ hěn gāoxìng. Jiàndào nín wǒ zhēn gāoxìng. Hěn róngxìng rènshi nín. Rènshi nín wǒ hěn róngxìng.

他/她是耐克公司（的）	行政主管。 总裁。 副总裁。 总经理。 经理。 部门经理。 部门总裁。 董事长。 董事。 业务代表。 谈判代表。 贸易代表。 市场营销代表。 经理助理。 助理经理。 张总。	您好，张总。 认识您我很高兴。 见到您我很高兴。 很荣幸认识您。 认识您我很荣幸。

57

C. Transformation and Response Drills. Convert the teacher's choice-type question into a negative statement of both alternatives using ye (either / neither) and then give a positive answer.

Example: Nǐ yào hē bīngchá háishì rèchá?
（Would you like to drink ice tea or hot tea？）
Wǒ bù hē bīngchá yě bù hē rèchá. Wǒ hē bīng kāfēi.
（I drink neither ice tea nor hot tea. I drink ice coffee.）

Example: Nǐ shì Nàikè Gōngsī de zǒngcái háishì zǒngjīnglǐ?
（Are you Nike's President or General Manager？）
Wǒ bú shì zǒngcái yě bú shì zǒngjīnglǐ. Wǒ shì Nàikè Gōngsī de dǒngshìzhǎng.
（I'm neither the President nor General Manager. I'm Nike's Chairman of the Board.）

Transformation Drills C1：

Qǐngwèn, nǐ yào hē	hóng pútaojiǔ Bǎishì Kělè Xīngbākè Kāfēi hóngchá lǜchá Xuěbì Qīngdǎo Píjiǔ píngguǒzhī	háishi	huāchá KěkǒuKělè Xīyǎtú Kāfēi wūlóngchá bái pútaojiǔ? Qīxǐ Bǎiwēi Píjiǔ táozhī

请问，你要喝	红葡萄酒 百事可乐 星巴克咖啡 红茶 绿茶 雪碧 青岛啤酒 苹果汁	还是	花茶 可口可乐 西雅图咖啡 乌龙茶 白葡萄酒？ 七喜 百威啤酒 桃汁

Response Drills C2：

Wǒ bù hē	hóng pútaojiǔ Bǎishì Kělè Xīngbākè Kāfēi hóngchá lǜchá Xuěbì Qīngdǎo Píjiǔ pínguǒzhī	yě bù hē	huāchá Kěkǒukělè Xīyǎtú Kāfēi wūlóngchá bái pútaojiǔ. Qīxǐ Bǎiwēi Píjiǔ táozhī	Wǒ yào hē píngzhuāngshuǐ.

LESSON 3

BUSINESS FORMS OF ADDRESS

| 我不喝 | 红葡萄酒
百事可乐
星巴克咖啡
红茶
绿茶
雪碧
青岛啤酒
苹果汁 | 也不喝 | 花茶。
可口可乐。
西雅图咖啡。
乌龙茶。
白葡萄酒。
七喜。
百威啤酒。
桃汁。 | 我要喝瓶装水。 |

Transformation Drills C3：

Qǐngwèn, nín shì Nàikè Gōngsī de	dǒngshìzhǎng xíngzhèng zhǔguǎn zǒngcái fùzǒngcái zǒngjīnglǐ jīnglǐ bùmén jīnglǐ jīnglǐ zhùlǐ yèwù dàibiǎo màoyì dàibiǎo yíngxiāobù jīnglǐ	háishi	jīnglǐ zhùlǐ? wàimàobù jīnglǐ? bùmén zhǔguǎn? fùzǒngjīnglǐ? jīnglǐ zhùlǐ? zhùlǐ jīnglǐ? zǒngcái? tánpàn dàibiǎo? xiāoshòubù jīnglǐ? gòumǎibù jīnglǐ? jìnchūkǒubù jīnglǐ?

| 请问,您是耐克公司的 | 董事长
行政主管
总裁
副总裁
总经理
经理
部门经理
经理助理
业务代表
贸易代表
营销部经理 | 还是 | 经理助理?
外贸部经理?
部门主管?
副总经理?
经理助理?
助理经理?
总裁?
谈判代表?
销售部经理?
购买部经理?
进出口部经理? |

Response Drills C4:

| Wǒ bú shì | dǒngshìzhǎng
xíngzhèng zhǔguǎn
zǒngcái
fùzǒngcái
zǒngjīnglǐ,
jīnglǐ
bùmén jīnglǐ
jīnglǐ zhùlǐ
yèwù dàibiǎo
màoyì dàibiǎo
yíngxiāobù jīnglǐ | yě bú shì | zhùlǐ jīnglǐ
wàimàobù jīnglǐ
bùmén zhǔguǎn
fù zǒngjīnglǐ
jīnglǐ zhǔlǐ,
fùjīnglǐ
zǒngcái
tánpàn dàibiǎo
xiāoshòubù jīnglǐ
gòumǎibù jīnglǐ
jìnchūkǒubù jīnglǐ | wǒ shì Nàikè Gōngsī（de）guójìbù zhǔrèn. |

| 我不是 | 董事长
行政主管
总裁
副总裁
总经理，
经理
部门经理
经理助理
业务代表
贸易代表
营销部经理 | 也不是 | 助理经理
外贸部经理
部门主管
副总经理
经理助理
副经理
总裁
谈判代表
销售部经理
购买部经理
进出口部经理 | 我是耐克公司（的）国际部主任。|

D. Production Drills. In this drill one student introduces him / herself by his / her surname and full name at a business / social gathering, and another student welcomes him / her + place word.

Example：Wǒ xìng Wáng, jiào Wáng Shāng.
（My surname is Wang and my name is Wang Shang.）
Wáng Xiānsheng, huānyíng nǐ lái Zhōngguó.
（Mr. Wang, welcome you to China.）

LESSON 3
BUSINESS FORMS OF ADDRESS

Wǒ xìng	Fāng, jiào Fāng Jiànguó.
	Zhào, jiào Zhào Míng.
	Chén, jiào Chén Hóng.
	Lǐ, jiào Lǐ Jīng.
	Liú, jiào Liú Niàn.
	Wáng, jiào Wáng Shāng.
	Zhāng, jiào Zhāng Shìmào.
	Tián, jiào Tián Dàlì.
	Yáng, jiào Yáng Shìxióng.
	Gāo, jiào Gāo Dàlǐ.
	Mǎ, jiào Mǎ Yàzhōu.
	Hú, jiào Hú Niànzhōng.

我姓	方，叫方建国。
	赵，叫赵明。
	陈，叫陈宏。
	李，叫李经。
	刘，叫刘念。
	王，叫王商。
	张，叫张世贸。
	田，叫田大利。
	杨，叫杨世雄。
	高，叫高大理。
	马，叫马亚洲。
	胡，叫胡念中。

Nín hǎo, Wáng Xiānsheng, huānyíng nín lái	Yīngguó
	Fǎguó
	Hánguó
	Rìběn
	Měiguó
	Zhōngguó.
	Élègāng.
	Bōtèlán.
	Běijīng.
	Shànghǎi.
	Jiùjīnshān.
	Nàikè Gōngsī.

BBC 初级实用商务汉语 Basic Business Chinese(BBC)

您好,王先生,欢迎您来	英国。 法国。 韩国。 日本。 美国。 中国。 俄勒冈。 波特兰。 北京。 上海。 旧金山。 耐克公司。

E. Conversation Drills: Student A and B converse using their own names, titles, positions and company names.

A. Qǐngwèn, nín shì Nàikè Gōngsī de _____ Jīnglǐ ma?
B. Wǒ jiào _____. Zhè shì wǒ de míngpiàn. Qǐngwèn, nín shì _____ ma?
A. _____ Wǒ shì Ādídásī Gōngsī de _____. Zhè shì wǒ de míngpiàn.
B. Nín hǎo, _____ Xiǎojie/Nǚshì/Xiānsheng/Zǒngjīnglǐ/Jīnglǐ.
A. Nín hǎo, _____ Xiǎojie/Nǚshì/Xiānsheng/Zǒngjīnglǐ/Jīnglǐ.
B. Rènshi nín wǒ hěn gāoxìng.
A. Rènshi nín wǒ yě hěn gāoxìng.
B. Wǒ lái jièshào yíxiàr, zhè shì wǒ (de) _____, jiào _____.
A. Nín hǎo, _____ Tàitai/Xiānsheng/Fūren/Nǚshì.
C. Nín hǎo, _____ Zǒngcái/Zǒngjīnglǐ/Jīnglǐ.
A. Huānyíng nǐmen lái Ādídásī Gōngsī.

Student A or B or C then begins the conversation with another student.

A. 请问,您是耐克公司的_____经理吗?
B. 我叫_____。这是我的名片。请问,您是_____吗?
A. 我是阿迪达斯公司的_____。这是我的名片。
B. 您好,_____小姐/女士/先生/总经理/经理。
A. 您好,_____小姐/女士/先生/总经理/经理。
B. 认识您我很高兴。
A. 认识您我也很高兴。
B. 我来介绍一下儿,这是我(的)_____,叫_____。
A. 您好,_____太太/先生/夫人/女士。
C. 您好,_____总裁/总经理/经理。
A. 欢迎你们来阿迪达斯公司。

Student A or B or C then begins the conversation with another student.

LESSON 3

BUSINESS FORMS OF ADDRESS

F. Conversation Drill: Student A and B converse at a business social gathering.

> A. Wáng Jīnglǐ, Wáng Tàitai, nǐmen hǎo. Huānyíng nǐmen lái Ādídásī Gōngsī.
> B. Nǐ hǎo, Lǐ zǒng (jīnglǐ).
> C. Nǐ hǎo, Lǐ xiǎojie. Hěn róngxìng rènshi nín.
> A. Wǒ yě hěn róngxìng rènshi nǐmen. Qǐngwèn, nǐmen yào hē shénme?
> B. Wǒ yào hē_____.
> A. Shénme_____? _____háishi_____?
> B. Wǒ yào hē_____.
> A. Nín ne? Wáng fūren. Nín yào hē shénme?
> C. Qǐng gěi wǒ yì bēi/píng/tīng_____ba.
> A. _____háishi_____?
> C. Wǒ yào hē_____. Xièxie.
> A. Bú kèqi.

Lǐ Zǒng = Lǐ zǒngjīnglǐ.

> A. 王经理，王太太，你们好。欢迎你们来阿迪达斯公司。
> B. 你好，李总(经理)。
> C. 你好，李小姐。很荣幸认识您。
> A. 我也很荣幸认识人你们。请问，你们要喝什么？
> B. 我要喝_____。
> A. 什么_____？_____还是_____？
> B. 我要喝_____。
> A. 您呢？王夫人？您要喝什么？
> C. 请给我一杯/瓶/听_____吧。
> A. _____还是_____？
> C. 我要喝_____。谢谢。
> A. 不客气。

COMMUNICATIVE ACTIVITIES

1. Briefly introduce yourselves in a formal business setting with your full name and company name and then exchange your business cards.
2. Briefly introduce one of your business partners with his/her full name and title/position.
3. Role-play: At the airport/At a welcoming party/At a banquet/At the beginning of a business negotiation/At a company's social gathering/At a restaurant/At the bar/A coffee shop, etc.

4. Role-play: You have a business meeting with a potential client at a trade fair / at the negotiation table. How do you carry on a conversation in this business situation?

5. Conduct conversation, dictation, communicative exchanges, oral reproduction and interpretation / translation based on the following discourse:

王先生叫王商，他是美国耐克公司亚洲部经理，他做市场营销工作。张世贸是他的同事，也是他的助手，他做进出口贸易。他们是好朋友。他们一起来中国做生意／经商。王先生有太太，他的太太是王芳女士。王先生不喜欢喝咖啡、可口可乐、百事可乐和七喜，他喜欢喝绿茶。王太太不喜欢喝茶，她喜欢喝冰水。张世贸不喜欢喝冰茶和热茶，也不喜欢喝冰咖啡和热咖啡。他喜欢喝冰啤酒，他很喜欢喝中国的青岛啤酒和燕京啤酒，可是他不喜欢喝美国的百威啤酒。

LESSON 4 BUSINESS COMPANIES, POSITIONS, TITLES, RANK AND BUSINESS CARD
第四课 商务公司、头衔、职位和名片

FUNCTIONAL OBJECTIVES

Upon completion of Lesson 4, you will be able to:
- Identify your business associate/partner by title, position and rank;
- Ask and tell where one works;
- Ask and tell what one does in a company/corporation;
- Introduce your business associate/partner to someone else;
- Learn how to exchange business cards;
- Be able to tell whether or not your work is busy or not busy.

COMMUNICATIVE EXCHANGES

SITUATIONAL CONVERSATION 1:
WHERE DO YOU WORK?
情景会话 1:你在哪儿工作?

BBC 初级实用商务汉语 Basic Business Chinese (BBC)

Pinyin Text:

A: Wáng Xiānsheng, nǐ zài nǎr gōngzuò?
B: Wǒ zài Měiguó gōngzuò.
A: Qǐngwèn, nǐ zài Měiguó shénme gōngsī gōngzuò?
B: Wǒ zài Měiguó Nàikè Gōngsī gōngzuò. Nǐ ne?
A: Wǒ zài Měiguó Yīngtè'ěr Gōngsī gōngzuò.
B: Qǐngwèn, nǐ zài Yīngtè'ěr shénme bùmén gōngzuò?
A: Wǒ zài Yīngtè'ěr Gōngsī guójìbù gōngzuò. Nǐ yě zài Nàikè Gōngsī guójìbù gōngzuò ma?
B: Bù, wǒ zài Nàikè Gōngsī Yàzhōubù gōngzuò.
A: Nǐ de gōngzuò máng ma?
B: Yǒu shíhou hěn máng, yǒu shíhou bú tài máng. Nǐ de ne?
A: Wǒ de gōngzuò fēicháng máng.
B: Qǐng duō bǎozhòng.
A: Nǐ yě shì.

Character Text:

A: 王先生,你在哪儿工作?
B: 我在美国工作。
A: 请问,你在美国什么公司工作?
B: 我在美国耐克公司工作。你呢?
A: 我在美国英特尔公司工作。
B: 请问,你在英特尔什么部门工作?
A: 我在英特尔公司国际部工作。你也在耐克公司国际部工作吗?
B: 不,我在耐克公司亚洲部工作。
A: 你的工作忙吗?
B: 有时候很忙,有时候不太忙。你的呢?
A: 我的工作非常忙。
B: 请多保重。
A: 你也是。

English Text:

A: Mr. Wang, where do you work?
B: I work in the United States.
A: May I ask, what company in the U.S. do you work at?
B: I work at Nike Corporation in the U.S. What about you?
A: I work at Intel Corporation in the U.S.

B: May I ask, what department at Intel do you work in?
A: I work in the International Department at Intel. Do you also work at the International Department at Nike?
B: No, I work in the Asian Department at Nike.
A: Is your work busy?
B: Sometimes it's very busy, sometimes it's not too busy. What about yours?
A: My work is extremely busy.
B: Please take care.
A: You too.

SITUATIONAL CONVERSATION 2:
WHAT DO YOU DO?
情景会话 2：你做什么工作？

Pinyin Text:

A: Wáng Xiānsheng, nǐ zuò shénme gōngzuò?
B: Wǒ shì Nàikè Gōngsī Yàzhōubù jīnglǐ. Zhè shì wǒ de míngpiàn.
A: Wáng jīnglǐ, jiǔyǎng, jiǔyǎng.
B: Nǎli, nǎli. Nín shì Yīngtè'ěr Gōngsī guójìbù de Liú Jīnglǐ ba?
A: Yǐqián wǒ shì jīnglǐ. Xiànzài wǒ shì Yīngtè'ěr Gōngsī guójìbù zǒngcái. Zhè shì wǒ de míngpiàn.
B: Lǐ Zǒngcái, qǐng duō guānzhào. Wǒ lái jièshào yíxiàr, zhè shì Nàikè Gōngsī Yàzhōubù fùjīnglǐ Zhāng Shìmào xiānsheng.
A: Hěn róngxìng rènshi nín, Zhāng fùjīnglǐ.
C: Wǒ yě hěn róngxìng rènshi nín, Liú Zǒngcái

BBC 初级实用商务汉语 Basic Business Chinese(BBC)

Character Text:

A: 王先生，你做什么工作？
B: 我是耐克公司亚洲部经理。这是我的名片。
A: 王经理，久仰，久仰。
B: 哪里，哪里。您是英特尔公司国际部的刘经理吧？
A: 以前我是经理。现在我是英特尔公司国际部总裁。这是我的名片。
B: 刘总裁，请多关照。我来介绍一下儿，这是耐克公司亚洲部副经理张世贸先生。
A: 很荣幸认识您，张副经理。
C: 我也很荣幸认识您，刘总裁。

English Text:

A: Mr. Wang, what work do you do?
B: I'm the Asian Department Manager at Nike. This is my business card.
A: Manager Wang, I've long been looking forward to meeting you.
B: You are too polite. You must be Manager Liu of the International Department at Intel?
A: I was a manager before. Right now I'm the President of the International Department at Intel. This is my business card.
B: President Liu, I appreciate your kind consideration（in our coming cooperation）. Let me introduce you, this is Mr. Zhang Shimao, Vice Manager of the Asian Department at Nike.
A: It's my honor to know you, Vice Manager Zhang.
C: It's also my honor to know you, President Liu.

NEW WORDS AND EXPRESSIONS

zài	在	CV/V	to be in / at / on
nǎr	哪儿	PR	where
gōngzuò	工作	N/V	work; to work
gōngsī	公司	N	company
bùmén	部门	N	department / section / division (in a company)
guójìbù	国际部	N	international department / section / division
Yàzhōubù	亚洲部	N	Asian department
yǒu shíhou	有时候	PH	sometimes

LESSON 4

BUSINESS COMPANIES, POSITIONS, TITLES, RANK and BUSINESS CARD

fēicháng	非常	ADV	extremely
bǎozhòng	保重	V	take good care (oneself)
zuò	做	V	to do; to make
jīnglǐ	经理	N	manager
zǒngcái	总裁	N	president (of a company / corporation)
míngpiàn	名片	N	business card / name card
jiǔyǎng	久仰	V	(polite expression) I've long been looking forward to meeting you; I'm very pleased to meeting you.

PROPER NOUNS

Nàikè Gōngsī	耐克公司	Nike Corporation
Yīngtè'ěr Gōngsī	英特尔公司	Intel Corporation
Měiguó	美国	the United States
Yàzhōu	亚洲	Asia

ENRICHMENT

| qǐng duō guānzhào | 请多关照 | please look after (someone / something): a common and polite expression to say by someone who is introduced to a business partner / client for the first time. |

SUPPLEMENTARY BUSINESS EXPRESSIONS

Names of Business Departments / Sections in a Company / Corporation		
Fēizhōubù	非洲部	African Department
Yàtàibù	亚太部	Asian–Pacific Department
Àozhōubù	澳洲部	Australian Department

69

Běiměibù	北美部	NorthòAmerican Department
Nánměi/Lāměibù	南美/拉美部	North–American Department
jìnkǒubù	进口部	Department of Imports
chūkǒubù	出口部	Department of Exports
jìnchūkǒubù	进出口部	Department of Imports & Exports
shìchǎngxiāoshòubù	市场销售部	Department of Marketing & Sales
gòuhuòbù	购货部	Department of Purchasing
yíngxiāobù	营销部	Department of Marketing
guójìmàoyìbù	国际贸易部	Department of International Trade
rénshìbù	人事部	Department of Human Resources
cáiwùbù	财务部	Department of Finance
wùliúbù	物流部	Department of Logistics and Supply Chain
gōngguānbù	公关部	Department of Public Relations

GRAMMAR AND BUSINESS CULTURE NOTES

1. Nǎr 哪儿 = nǎli 哪里 where

Nǎr 哪儿 means "where" in questions. The syllable "*r*" is a spoken way of saying "*nǎli 哪里*" by people from the northern part of China, especially by people from Beijing area. *nǎli 哪里* is mostly used by people from the southern part of China, including Taiwan.

Nǎr 哪儿 = nǎ li 哪里: means "where"; *zài nǎr / zài nǎli 在哪儿/在哪里* means "in / on / at where."

2. Nǎli nǎli 哪里哪里 in response to a compliment

It is polite to use the pronoun *Nǎli 哪里* or *Nǎli nǎli 哪里哪里* to express modesty in response to compliment.

3. Zài 在 to be in / at / on

Zài 在 is the verb "to be in / at / on," that is, "to be somewhere." *Zài* involves location, while *shi 是* involves identity "to be someone / something." *Zài* can be used as 1) the verb which means "to be somewhere," and it is followed by place words but no other verb(s), e.g.耐克公司在美国（Nike Corporation is in the U.S.）"*Nàikè Gōngsī zài Měiguó*"; 2) *Zài* used as a Preposition to set up the Main Action. In the following sentence:

| Wǒ | zài | Yīngtè'ěr Gōngsī | gōngzuò. 我在英特尔公司工作。|
| Subject | Preposition | Place words | Verb. |

Zài here plays the role of the English preposition "at" or "in". The *Zài* phrase（*zài Yīngtè'ěr*

LESSON 4

BUSINESS COMPANIES, POSITIONS, TITLES, RANK and BUSINESS CARD

Gōngsī) in Chinese, like the "at" or "in" phrase (at/in Intel) in English, gives more information about the main verb *gōngzuò*. That is, it tells where the main action takes place. When *Zài* functions as a preposition, as in this case, it is called a Co-Verb. In general, a Co-Verb shows a relationship between a noun and the main verb of the sentence. The Co-Verb and the noun form what is called a Co-Verbial phrase.

Negating a Co-Verbial Phrase. Compare the following:

Tā	gōngzuò. S/he works.
Tā bù	gōngzuò. S/he doesn't work.
Tā zài Yīngtè'ěr Gōngsī	gōngzuò. S/he works at Intel.
Tā bú zài Yīngtè'ěr Gōngsī	gōngzuò. S/he doesn't work at Intel.

In the last sentence, the negative adverb bú comes before the Co-Verb zài, rather than before the main verb *gōngzuò*. This makes sense. You are not saying "S/he doesn't WORK", but you are saying "S/he does NOT work AT INTEL." Literally "S/he does not at Intel work.", but s/he obviously works elsewhere.

4. Yǐqián/以前 (formerly, previously)

Yǐqián/以前 shows that some action or activity occurred at a non-specific (general) time before the present time.

5. Chinese etiquette in exchanging business/name cards

The handshake is always followed by a ritualistic exchange of business/name cards. Foreigners should always carry an ample supply of business/name cards, preferably with English text on one side and Chinese on the other. Seek the advice of a knowledgeable person on the choice of characters for your name and company, as some characters have better meanings than others. The proper procedure for exchanging business/name cards is to give and receive cards with both hands, holding the card corners between thumb and forefinger. When receiving a card, do no simply pocket it immediately, but take a few moments to study the card and what it says, even if it is only printed in Chinese. The business/name card represents the person who presents it, and it should be given respect accordingly. Once you receive someone's business/name card, you MUST not ask for it again because by doing this, you may be interpreted as not caring enough about the card, the business partner, or the business relationship. If you have misplaced the card that was given to you, the best face-saving way or rule of thumb is to say that you'd like to give the person's name and card to a friend or business associate of yours who may possibly use the card owner's service or business in the future.

When meeting several people, it is best if you first offer your business/name card to the one with the highest rank, and pass it to others from the higher to lower ranks. In China, people with high ranks are taken seriously. Therefore, some people, especially the staff members of some small companies, intentionally raise their posts when designing their business/name cards to arouse the interest of the other party.

BBC 初级实用商务汉语 Basic Business Chinese (BBC)

 COMMUNICATIVE SPEECH DRILLS

A. Compose Chinese sentences with any combination of *zài* and *búzài* by choosing elements from each column:

Example 1: Wǒ zài Nàikè Gōngsi gōngzuò, wǒ bú zài Yīngtè'ěr Gōngsī gōngzuò. Nǐ ne？ Nǐ zài shénme gōngsī gōngzuò？
（I work at Nike，I don't work at Intel. What about you？ What company do you work in？）

Example 2: Tā bú zài Nàikè Gōngsī gōngzuò, tā zài Yīngtè'ěr Gōngsī gōngzuò. Nǐ ne？ Nǐ zài shénme gōngsī gōngzuò？
（S/he does not work at Nike，s/he works at Intel. What about you？ What company do you work in？）

Zhāng ZG.	Huìpǔ GS.			Zhāng ZG.	Huìpǔ GS.		
Wáng ZC.	Dài'ěr GS.			Wáng ZC.	Dài'ěr GS.		
Lǐ JL.	Wēiruǎn GS.			Lǐ JL.	Wēiruǎn GS.		
Wǒ	Yīngtè'ěr GS.			Wǒ	Yīngtè'ěr GS.		
Nǐ	zài	Nàikè GS.	gōngzuò.	Nǐ（bú）	zài	Nàikè GS.	gōngzuò.
Tā	Ādídásī GS.			Tā	Ādídásī GS.		
Lǐ XS.	Shīlè GS.			Lǐ XS.	Shīlè GS.		
Liú TT.	Kēdá GS.			Liú TT.	Kēdá GS.		
Chén ZJ.	Bōyīn GS.			Chén ZJ.	Bōyīn GS.		
Mǎ XJ.	Tōngyòng Diànqì GS.			Mǎ XJ.	Tōngyòng Diànqì GS.		

Nǐ ne？ Nǐ zài shénme gōngsī gōngzuò？

ZG. = zhǔguǎn 主管； ZC. = zǒngcái 总裁； JL. = jīnglǐ 经理； ZJ. = zǒng jīnglǐ 总经理；
XS. = xiānsheng 先生； TT. = tàitai 太太； XJ. = xiǎojie 小姐； GS. = gōngsī 公司

LESSON 4

BUSINESS COMPANIES, POSITIONS, TITLES, RANK and BUSINESS CARD

张主管		惠普公司		张主管		惠普公司
王总裁		戴尔公司		王总裁		戴尔公司
李经理		微软公司		李经理		微软公司
我		英特尔公司		我		英特尔公司
你	在	耐克公司	工作。	你	(不)在	耐克公司	工作。
他／她		阿迪达斯公司		他／她		阿迪达斯公司
李先生		施乐公司		李先生		施乐公司
刘太太		柯达公司		刘太太		柯达公司
陈总经理		波音公司		陈总经理		波音公司
马小姐		通用电器公司		马小姐		通用电器公司

你呢？你在什么公司工作？

B. State your （or someone else's）work unit／department，then respectfully ask another person his or her work unit／department.

Example 1: Wǒ zài Nàikè Gōngsī Yàzhōubù gōngzuò, wǒ búzài guójìbù gōngzuò. Nǐ ne? Nǐ zài Yīngtè'ěr Gōngsī shénme bù gōngzuò?
（I work in Asian Department／Section at Nike，I don't work in International Department／Section. What about you? What Department／Section at Intel do you work in?）

Example 2: Wǒ bú zài Nàikè Gōngsī Yàzhōubù gōngzuò, wǒ zài guójìbù gōngzuò. Nǐ ne? Nǐ zài Yīngtè'ěr Gōngsī shénme bù gōngzuò?
（I don't work in Asian Department／Section at Nike，I work in International Department／Section. What about you? What Department／Section at Intel do you work in?）

Zhāng ZG.		Huìpǔ GS.		gōngguānbù
Wáng ZC.		Dài'ěr GS.		guójìbù
Lǐ JL.		Wēiruǎn GS.		shìchǎngyíngxiāobù
Wǒ		Yīngtè'ěr GS.		jìnchūkǒubù
Nǐ	(bú)zài	Nàikè GS.	(de)	guójìmàoyìbù	gōngzuò.
Tā		Ādídásī GS.		rénshìbù
Lǐ XSh.		Shīlè GS.		Yàtàibù
Liú TT.		Kēdá GS.		Fēizhōubù
Chén ZJ.		Bōyīn GS.		Běiměibù
Mǎ XJ.		Tōngyòng Diànqì GS.		Lāměibù

BBC 初级实用商务汉语 Basic Business Chinese (BBC)

Zhāng ZG.		Huìpǔ GS.			
Wáng ZC.		Dài'ěr GS.			
Lǐ JL.		Wēiruǎn GS.			
Wǒ		Yīngtè'ěr GS.			
Nǐ	zài	Nàikè GS.	(de)	_____	gōngzuò.
Tā		Ādídásī GS.			
Lǐ XSh.		Shīlè GS.			
Liú TT.		Kēdá GS.			
Chén FR.		Bōyīn GS.			
Mǎ XJ.		Tōngyòng Diànqì GS.			

Nǐ ne?	Nǐ zài Rìběn Suǒní Diànqì Gōngsī* shénme bù gōngzuò?	

*Suǒní Diànqì Gōngsī 索尼电器公司：Sony Electronics Corporation

张主管		惠普公司		公关部	
王总裁		戴尔公司		国际部	
李经理		微软公司		市场营销部	
我		英特尔公司		进出口部	
你	（不）在	耐克公司	（的）	国际贸易部	工作。
他/她		阿迪达斯公司		人事部	
李先生		施乐公司		亚太部	
刘太太		柯达公司		非洲部	
陈夫人		波音公司		北美部	
马小姐		通用电器公司		拉美部	

张主管		惠普公司			
王总裁		戴尔公司			
李经理		微软公司			
我		英特尔公司			
你	在	耐克公司	（的）	_____	工作。
他/她		阿迪达斯公司			
李先生		施乐公司			
刘太太		柯达公司			
陈夫人.		波音公司			
马小姐		通用电器公司			

你呢？	你在日本索尼电器公司什么部工作？

LESSON 4

BUSINESS COMPANIES, POSITIONS, TITLES, RANK and BUSINESS CARD

C. State the location of a company and ask the location of another company.
　　Example: Nàikè Gōngsī zài Měiguó. Qǐngwèn, Suǒní Diànqì Gōngsī zài nǎr?

Huìpǔ GS.		Měiguó,	
Dài'ěr GS.		Zhōngguó,	
Wēiruǎn GS.		Rìběn,	
Yīngtè'ěr GS.		Hánguó,	
Nàikè GS.	(bú) zài	Tàiguó,	qǐngwèn, _____ gōngsī zài nǎr / nǎ ge guójiā*?
Ādídásī GS.		Yuènán,	
Shīlè GS.		Yìndù,	
Kēdá GS.		Déguó,	
Bōyīn GS.		Fǎguó,	
Suǒní Diànqì GS.		Yīngguó,	
Sānxīng GS*.		Jiānádà	

*Sānxīng Gōngsī 三星公司: Samsung Electronics (of South Korea)　　*guójiā 国家: country

惠普公司		美国,	
戴尔公司		中国,	
微软公司		日本,	
英特尔公司		韩国,	
耐克公司	（不）在	泰国,	请问, _____ 公司在哪儿/哪个国家?
阿迪达斯公司		越南,	
施乐公司		印度,	
柯达公司		德国,	
波音公司		法国,	
索尼电器公司		英国,	
三星公司		加拿大,	

BBC 初级实用商务汉语 Basic Business Chinese (BBC)

D. **Transformation and Response Drills.** Convert the teacher's choice-type question into a negative statement of both alternatives using *yě* (either/neither) and then give a positive answer.

Example: Qǐngwèn, nǐ zài Nàikè Gōngsī gōngzuò háishi zài Yīngtè'ěr Gōngsī gōngzuò?
(Do you work at Nike or at Intel?)
Wǒ bú zài Nàikè Gōngsī gōngzuò, yě bú zài Yīngtè'ěr Gōngsī gōngzuò. Wǒ zài Wēiruǎn Gōngsī gōngzuò.
(I work neither at Nike nor at Intel. I work at Microsoft.)

Example: Qǐngwèn, nǐ shì Nàikè Gōngsī guójìbù de zǒngcái háishi zǒngjīnglǐ?
(Are you President or General Manager of International Department at Nike)
Wǒ bú shì zǒngcái, yě bú shì zǒngjīnglǐ. Wǒ shì Nàikè Gōngsī guójìbù de zhùlǐ jīnglǐ.
(I'm neither President nor General Manager. I'm Assistant Manager of International Department at Nike.)

Transformation Drills D1:

	Nàikè GS.		Ādídásī GS.	
	Yīngtè'ěr GS.		Wēiruǎn GS.	
	Bēnchí Qìchē GS.		Bǎomǎ Qìchē GS.	
	Suǒní Diànqì GS.		Dài'ěr Diànnǎo GS.	
Qǐngwèn, nǐ zài	Fēngtián Qìchē GS.	háishi zài	Běntián Qìchē GS.	gōngzuò?
	Huìpǔ GS.		Fùshìtōng GS.*	
	Kěkǒukělè GS.		Bǎishì kělè GS.	
	Bōyīn GS.		Tōngyòng Diànqì GS.	

*Fùshìtōng GS. 富士通公司: Fujitsu Corporation.

	耐克公司		阿迪达斯公司	
	英特尔公司		微软公司	
	奔驰汽车公司		宝马汽车公司	
	索尼电器公司		戴尔电脑公司	
请问，你在	丰田汽车公司	还是在	本田汽车公司	工作？
	惠普公司		富士通公司	
	可口可乐公司		百事可乐公司	
	波音公司		通用电器公司	

LESSON 4

BUSINESS COMPANIES, POSITIONS, TITLES, RANK and BUSINESS CARD

Response Drills D2:

> Wǒ bú zài _____ GS. gōngzuò, yě bú zài _____ GS. gōngzuò, wǒ zài _____ gōngsī gōngzuò.

> 我不在_____公司工作，也不在_____公司工作，我在_____公司工作。

Transformation Drills D3:

Qǐngwèn, nín shì Nàikè Gōngsī	gōngguānbù jìnchūkǒubù Fēizhōubù Běiměibù Lāměibù Yàtàibù shìchǎngbù yíngxiāobù gòuhuòbù guójìbù rénshìbù Ōuzhōubù	(de)	zǒngjīnglǐ fùzǒngjīnglǐ zhǔguǎn dǒngshì fùzǒngcái zǒngcái zhùlǐ jīnglǐ jīnglǐ zhùlǐ yèwù dàibiǎo tánpàn dàibiǎo yèwù zhǔguǎn fùzhǔguǎn	háishì dǒngshìzhǎng?

请问，您是耐克公司	公关部 进出口部 非洲部 北美部 拉美部 亚太部 市场部 营销部 购货部 国际部 人事部 欧洲部	（的）	总经理 副总经理 主管 董事 副总裁 总裁 助理经理 经理助理 业务代表 谈判代表 业务主管 副主管	还是董事长？

BBC 初级实用商务汉语 Basic Business Chinese (BBC)

Response Drills D4:

	zhǔguǎn		zhǔrèn.
	màoyì zhǔguǎn		wàimàobù jīnglǐ.
	zǒngcái		bùmén zhǔguǎn.
	fùzǒngcái		fùzǒngjīnglǐ.
Wǒ bú shì	zǒng jīnglǐ,	yě bú shì	zhùlǐ jīnglǐ.
	jīnglǐ		zǒng jīnglǐ zhùlǐ.
	jìnchūkǒubù jīnglǐ		zǒngcái zhùlǐ.
	jīnglǐ zhùlǐ		tánpàn dàibiǎo.
	yèwù dàibiǎo		xiāoshòubù jīnglǐ.
	dǒngshìzhǎng		duìwài màoyì dàibiǎo.
	fùjīnglǐ		jìnchūkǒubù fùjīnglǐ.
	guónèi màoyì dàibiǎo		gòumǎibù jīnglǐ.

Wǒ shì Měiguó Jiālìfúníyà Zhōu Yīngtè'ěr Gōngsī guójìbù fù zǒngcái. Wǒ jiào Liú Jīnróng*.

*Liú Jīnróng 刘金融：Liu is the surname, Jinrong is the given name.

	主管		主任。
	贸易主管		外贸部经理。
	总裁		部门主管。
	副总裁		副总经理。
我不是	总经理，	也不是	助理经理。
	经理		总经理助理。
	进出口部经理		总裁助理。
	经理助理		谈判代表。
	业务代表		销售部经理。
	董事长		对外贸易代表。
	副经理		进出口部副经理。
	国内贸易代表		购买部经理。

我是美国加利福尼亚州英特尔公司国际部副总裁。我叫刘金融。

LESSON 4

BUSINESS COMPANIES, POSITIONS, TITLES, RANK and BUSINESS CARD

E. Introducing someone to someone else with the person's business affiliate (company, department/section where s/he works), position and title.

Example: Wǒ lái jièshào yíxiàr, zhè shì Yīngtè'ěr Gōngsī guójìbù fùzǒngcái Liú Jīnróng Nǚshì. / 我来介绍一下儿,这是英特尔公司国际部副总裁刘金融女士。(Let me introduce, this is Ms. Jingrong Liu, Vice-President of Intel's International Department.

Wǒ lái jièshào yíxiàr, zhè shì	Nàikè Gōngsī Yàzhōubù jīnglǐ＿＿＿＿xiānsheng. Yīngtè'ěr Gōngsī guójìbù zǒngcái＿＿＿＿nǚshì. Wēiruǎn Gōngsī shìchǎngbù fùjīnglǐ＿＿＿＿xiǎojie. Huìpǔ Gōngsī guójìbù zǒngjīnglǐ＿＿＿＿fūren. Tàiyángwēi Gōngsī rénshìbù zhǔrèn*＿＿＿＿tàitai. Ādídásī Gōngsī Àozhōubù yèwù dàibiǎo＿＿＿＿zǒng (jīnglǐ). Fùshìtōng Gōngsī Ōzhōubù zhǔguǎn＿＿＿＿xiǎojie. Tōngyòng Diànqì Gōngsī shēngchǎnbù* zhùlǐ jīnglǐ＿＿＿＿xiānsheng.

*zhǔrèn 主任: director *shēngchǎnbù 生产部: Production department

我来介绍一下儿,这是	耐克公司亚洲部经理＿＿＿＿先生。 英特尔公司国际部总裁＿＿＿＿女士。 微软公司市场部副经理＿＿＿＿小姐。 惠普公司国际部总经理＿＿＿＿夫人。 太阳微公司人事部主任＿＿＿＿太太。 阿迪达斯公司欧洲部业务代表＿＿＿＿总(经理)。 富士通公司澳洲部主管＿＿＿＿小姐。 通用汽车公司生产部助理经理＿＿＿＿先生。

F. Conversation Drills I: Student A and B converse about their companies and where they work.

A. Nǐ hǎo, xiānsheng. Qǐngwèn, nǐ zài shénme gōngsī gōngzuò?
B. Nǐ hǎo, xiǎojie. Wǒ zài＿＿＿＿gōngzuò. Nǐ ne?
A. Wǒ zài＿＿＿＿gōngzuò. Qǐngwèn, nǐ zài＿＿＿＿Gōngsī shénme bùmén gōngzuò?
B. Wǒ zài＿＿＿＿Gōngsī＿＿＿＿gōngzuò. Nǐ ne?
A. Wo zài＿＿＿＿Gōngsī＿＿＿＿gōngzuò. Zhè shì wǒ de míngpiàn. Qǐng duō guānzhào.
B. ＿＿＿＿jīnglǐ, jiǔyǎng, jiǔyǎng. Wǒ hěn gāoxìng rènshi nǐ. Zhè shì wǒ de míngpiàn. Qǐng duō guānzhào.

79

BBC 初级实用商务汉语 Basic Business Chinese(BBC)

A. _____ zǒngcái, rènshi nǐ wǒ hěn gāoxìng, yě hěn róngxìng.
B. Bú kèqi. Qǐng duō bǎozhòng.
B. Nǐ yě shì.

Student A or B then begins the conversation with another student.

A. 你好,先生。请问,你在什么公司工作?
B. 你好,小姐。我在_____工作。你呢?
A. 我在_____工作。请问,你在_____公司什么部门工作?
B. 我在_____公司_____工作。你呢?
A. 我在_____公司_____工作。这是我的名片。请多关照。
B. _____经理,久仰,久仰。我很高兴认识你。这是我的名片。请多关照。
A. _____总裁,认识你我很高兴,也很荣幸。
B. 不客气。请多保重。
B. 你也是。

Student A or B then begins the conversation with another student.

G. Conversation Drills II: Student A and B converse about their positions in their companies.

A. _____Xiānsheng, nǐ zài_____Gōngsī zuò shénme gōngzuò?
B. Wǒ shì_____Gōngsī_____bù zǒngjīnglǐ. Zhè shì wǒ de míngpiàn. Qǐng duō guānzhào. _____Nǚshì, nǐ zài_____Gōngsī zuò shénme gōngzuò?
A. Wǒ zài_____Gōngsī guójìbù gōngzuò. Wǒ shì guójìbù de_____. Zhè shì wǒ de míngpiàn. Qǐng duō guānzhào.
B. Nǐ zài_____Gōngsī de gōngzuò máng ma?
A. Wǒ de gōngzuò fēicháng máng. Wǒ cháng* qù Zhōngguó chū chāi*. Nǐ de gōngzuò máng bu máng?
B. Wǒ de gōngzuò yǒu shíhou hěn máng, yǒu shíhou bú tài máng.
A. _____, qǐng duō bǎozhòng.
B. Nǐ yě shì.

*cháng/chángcháng 常/常常: often; chūchāi 出差: to take business trips.

LESSON 4

BUSINESS COMPANIES, POSITIONS, TITLES, RANK and BUSINESS CARD

A. _____先生，你在_____公司做什么工作？
B. 我是_____公司_____部总经理。这是我的名片。请多关照。_____女士，你在_____公司做什么工作？
A. 我在_____公司国际部工作。我是国际部的_____。这是我的名片。请多关照。
B. 你在_____公司的工作忙吗？
A. 我的工作非常忙。我常去中国出差。你的工作忙不忙？
B. 我的工作有时候很忙，有时候不太忙。
A. _____，请多保重。
B. 你也是。

COMMUNICATIVE ACTIVITIES

1. Introduce yourself, your company and your position at a formal business setting.
2. Introduce your business associate by his／her name, company and business title／position.
3. Role-play: At the beginning of a business negotiation meeting.
4. Role-play: At Guangzhou Spring／Fall Trade Fair, both you and your business client are representing your own company to buy／sell your products at the trade fair. Introduce yourselves by names, nationality, business affiliates, business positions and titles, etc.
5. Role-play: exchange your business card with your client／business counter part at a formal business setting, e.g. at a welcome party; at a negotiation table; at a trade fair, etc.
6. Conduct conversation, dictation, communicative exchanges oral reproduction and interpretation／translation based on the following discourse:

王商先生在美国俄勒冈州碧佛敦市的耐克公司总部工作。他不在中国的耐克公司工作。美国、中国、泰国、越南和韩国都有耐克公司。王商是美国耐克公司亚洲部的经理，不是总裁。他的同事张世贸先生也在美国耐克公司亚洲部工作，是亚洲部的副经理。刘金融女士不在美国耐克公司工作，她在美国加州英特尔公司国际部工作。以前她是英特尔公司国际部经理，现在她是英特尔公司国际部总裁。她很高兴也很荣幸认识美国耐克公司亚洲部的王商先生和张世贸先生。他们三个人都有名片。他们有中文和英文名片。王先生的工作有时候忙，有时候不忙。他在美国工作，也常去中国、泰国、越南和韩国出差。可是刘金融女士的工作非常忙。她常去中国四川省成都市出差，因为在中国四川省成都市有英特尔公司的晶片工厂（*jīngpiàn gōngchǎng* chip factory）。

LESSON 5 BUSINESS WORK UNIT, LOCATION, PHONE NUMBER AND NATIONALITY
第五课 商务公司所在地、电话、国籍

FUNCTIONAL OBJECTIVES

Upon completion of Lesson 5, you will be able to:
- Ask where one lives, works and comes from;
- Ask and tell one's nationality and location of work unit;
- Count from 1 to 10 in isolation and use them in functional ways;
- Ask someone else's phone numbers;
- To tell one's home, business and cell phone numbers.

COMMUNICATIVE EXCHANGES

SITUATIONAL CONVERSATION 1:
WHERE'S THE HEADQUARTER OF YOUR COMPANY?
情景会话1:贵公司总部在哪儿?

Pinyin Text:

A: Wáng Jīnglǐ, qǐngwèn, guì gōngsī zǒngbù zài nǎr?

B: Nàikè Gōngsī zǒngbù zài Měiguó Élègāng Zhōu Bìfódūn Shì. Qǐngwèn, Yīngtè'ěr Gōngsī zǒngbù zài nǎr?

A: Zài Měiguó Jiāzhōu Guīgǔ. Wáng jīnglǐ, nǐ shì Měiguórén ma?

B: Bù, wǒ bú shì Měiguórén.

A: Nàme, nǐ shì nǎ guó rén?

B: Wǒ shì Hánguórén.

A: Nǐ shì Hánguó nǎr de rén? (Nǐ shì Hánguó nǎli rén?)

B: Wǒ shì Hánguó Shǒu'ěrrén. Nǐ ne, Lǐ zǒngcái? Nǐ yě shì Hánguórén ba?

A: Bù, wǒ bú shì Hánguórén. Wǒ shì Rìběnrén. Wǒ shì Rìběn Dōngjīngrén.

B: Zhāng fùjīnglǐ, qǐngwèn nǐ shì Hánguórén háishi Rìběnrén?

Zhang: Wǒ bú shì Hánguórén, yě bú shì Rìběnrén. Wǒ shì Zhōngguórén. Wǒ de lǎojiā zài Zhōngguó Běijīng. Xiànzài wǒ zhù zài Měiguó Élègāng Zhōu Bōtèlán Shì. Nǐ ne, Liú fùzǒngcái? Nǐ shì nǎ guó rén?

Liu: Wǒ shì Jiānádàrén. Wǒ de lǎojiā zài Jiānádà Wēngēhuá. Xiànzài wǒ zhù zài Měiguó Jiāzhōu Jiùjīnshān Shì.

Character Text:

A: 王经理,请问,贵公司总部在哪儿?

B: 耐克公司总部在美国俄勒冈州碧佛敦市。请问,英特尔公司总部在哪儿?

A: 在美国加州硅谷。王经理,你是美国人吗?

B: 不,我不是美国人。

A: 那么,你是哪国人?

B: 我是韩国人。

A: 你是韩国哪儿的人?(你是韩国哪里人?)

B: 我是韩国首尔人。你呢,李总裁? 你也是韩国人吧?

A: 不,我不是韩国人。我是日本人。我是日本东京人。

B: 张副经理,请问,你是韩国人还是日本人?

Zhang: 我不是韩国人,也不是日本人。我是中国人。我的老家在中国北京。现在我住在美国俄勒冈州波特兰市。你呢,刘副总裁? 你是哪国人?

Liu: 我是加拿大人。我的老家在加拿大温哥华。现在我住在美国加州旧金山市。

LESSON 5

BUSINESS WORK UNIT, LOCATION, PHONE NUMBER AND NATIONALITY

English Text:

A: Manager Wang, may I ask, where is your company's headquarters?

B: Nike's headquarter is in Beaverton, Oregon, U.S.A. May I ask, where is Intel's headquarters?

A: It is in the Silicon Valley in California, U.S.A. Manager Wang, are you an American?

B: No, I'm not an American.

A: Then, what's your nationality?

B: I'm a Korean.

A: Which part of Korea are you from?

B: I'm from Seoul, Korea. What about you, President Li? You are also a Korean, I presume?

A: No, I'm not a Korean. I'm Japanese. I'm from Tokyo, Japan.

B: Vice Manager Zhang, may I ask, are you Korean or Japanese?

Zhang: I'm neither Korean nor Japanese. I'm Chinese. My hometown is in Beijing, China. Right now I live in Portland, Oregon, U.S.A. What about you, Vice President Liu? What country are you from?

Liu: I'm Canadian. My hometown is in Vancouver, Canada. Right now I live in San Francisco, California, U.S.A.

SITUATIONAL CONVERSATION 2:
WHAT'S YOUR PHONE NUMBER?
情景会话 2：你的电话号码是多少？

Pinyin Text:

B: Nǐ hǎo. Zhè shì Nàikè Gōngsī Yàzhōubù. Qǐngwèn, nín zhǎo shéi?
A: Nǐ hǎo, xiǎojie. Wǒ zhǎo Yàzhōubù de Wáng jīnglǐ.
B: Duìbuqǐ, Wáng jīnglǐ xiànzài bú zài zhèr. Tā qù Zhōngguó chū chāi le.
A: Xiànzài tā zài Zhōngguó shénme dìfang? Tā zài Zhōngguó de diànhuà hàomǎ shì duōshǎo?
B: Xiànzài tā zài Zhōngguó Běijīng. Tā zhù zài Běijīng Guójì Fàndiàn. Tā fángjiān de diànhuà hàomǎ shì: líng yāo yāo bā liù yāo líng liù wǔ bā jiǔ liù qī jiǔ bā, zhuǎn yāo yāo bā líng (011-86-10-6589-6798, zhuǎn 1180).
A: Tā yǒu shǒujī ma?
B: Yǒu. Tā de shǒujī hàomǎ shì: yāo sān liù wǔ qī bā jiǔ èr sān liù bā (13657892368).
A: Nǐ zhīdao tā shénme shíhou huí Měiguó ma?
B: Xià ge xīngqī.
A: Xià ge xīngqī jǐ? Jǐ yuè jǐ hào?
B: Xià ge xīngqīwǔ, jiǔyuè sānshí hào.
A: Xièxie.
B: Bú kèqi.

Character Text:

B: 你好。这是耐克公司亚洲部。请问,您找谁?
A: 你好,小姐。我找亚洲部的王经理。
B: 对不起,王经理现在不在这儿。他去中国出差了。
A: 现在他在中国什么地方? 他在中国的电话号码是多少?
B: 现在他在中国北京。他住在北京国际饭店。他房间的电话号码是:011-86-10-6589-6798,转1180。
A: 他有手机吗?
B: 有。他的手机号码是:13657892368。
A: 你知道他什么时候回美国吗?
B: 下个星期。
A: 下个星期几? 几月几号?
B: 下个星期五,九月三十号。
A: 谢谢。
B: 不客气。

LESSON 5

BUSINESS WORK UNIT, LOCATION, PHONE NUMBER AND NATIONALITY

English Text:

B: Hello. This is the Asian Department at Nike. May I ask, whom would you like to speak to?

A: Hi, Miss. I'd like to speak to Manager Wang of the Asian Department.

B: Sorry, Manager Wang is not here now. He has gone to China for a business trip.

A: Which part of China is he in now? What's his phone number in China?

B: He is in Beijing right now. He is staying at Beijing International Hotel. His room phone number is: 011-86-10-6589-6798, Ext. 1180.

A: Does he have a cell phone?

B: Yes. His cell phone number is: 13657892368.

A: Do you know when he is going to come back to the States?

B: Next week.

A: What day of next week? What month and date?

B: It's next Friday, September the thirtieth.

A: Thank you.

B: You are welcome.

NEW WORDS AND EXPRESSIONS

Pinyin	Chinese	POS	English
zǒngbù	总部	N	headquarter
zhōu	州	N	state (of the U.S.); an administrative prefecture
Měiguórén	美国人	NP	American person/people
lǎojiā	老家	N	original home; hometown
xiànzài	现在	N	now; at present
zhù	住	V	to live; to stay (in some place)
zhǎo	找	V	to look for (something/someone)
duìbuqǐ	对不起	VP	sorry
chū chāi	出差	VP	to take a business trip
dìfang	地方	N	place
diànhuà	电话	N	telephone
hàomǎ	号码	N	number
duōshǎo	多少	QW	how much/many
fàndiàn	饭店	N	hotel
fángjiān	房间	N	room

zhuǎn	转	V	to transfer
shǒujī	手机	N	cellular phone
zhīdào	知道	V	to know
shénme shíhou	什么时候	PH	when
huí	回	V	to return
xià	下	N	next (month/week)
xīngqī	星期	N	week
jǐ	几	NUM	a few; several
yuè	月	N	month; moon
hào	号	N	date; number

PROPER NOUNS

Zhōngguó	中国	China
Běijīng	北京	Beijing
Guójì Fàndiàn	国际饭店	International Hotel
Jiāzhōu	加州	California
Jiùjīnshān	旧金山	San Francisco
Guīgǔ	硅谷	Silicon Valley
Élègāng Zhōu	俄勒冈州	the State of Oregon
Bìfódūn Shì	碧佛敦市	the City of Beaverton (in Oregon)
Bōtèlán Shì	波特兰市	the City of Portland (in Oregon)
Hánguó	韩国	South Korea
Shǒu'ěr	首尔	Seoul
Rìběn	日本	Japan
Dōngjīng	东京	Tokyo
Jiānádà	加拿大	Canada
Wēngēhuá	温哥华	Vancouver

LESSON 5

BUSINESS WORK UNIT, LOCATION, PHONE NUMBER AND NATIONALITY

ENRICHMENT

Chinese Provinces, Regions and Municipalities

Provinces	省 (Shěng)	Capital Cities	省会 (shěnghuì)
Ānhuī Shěng	安徽省	Héféi Shì	合肥市
Fújiàn Shěng	福建省	Fúzhōu Shì	福州市
Gānsù Shěng	甘肃省	Lánzhōu Shì	兰州市
Guǎngdōng Shěng	广东省	Guǎngzhōu Shì	广州市
Guìzhōu Shěng	贵州省	Guìyáng Shì	贵阳市
Hǎinán Shěng	海南省	Hǎikǒu Shì	海口市
Héběi Shěng	河北省	Shíjiāzhuāng Shì	石家庄市
Hēilóngjiāng Shěng	黑龙江省	Hā'ěrbīn Shì	哈尔滨市
Hénán Shěng	河南省	Zhèngzhōu Shì	郑州市
Húběi Shěng	湖北省	Wǔhàn Shì	武汉市
Húnán Shěng	湖南省	Chángshā Shì	长沙市
Jiāngsū Shěng	江苏省	Nánjīng Shì	南京市
Jiāngxī Shěng	江西省	Nánchāng Shì	南昌市
Jílín Shěng	吉林省	Chángchūn Shì	长春市
Liáoníng Shěng	辽宁省	Shěnyáng Shì	沈阳市
Qīnghǎi Shěng	青海省	Xīníng Shì	西宁市
Shāndōng Shěng	山东省	Jǐnán Shì	济南市
Shānxī Shěng	山西省	Tàiyuán Shì	太原市
Shǎnxī Shěng	陕西省	Xī'ān Shì	西安市
Sìchuān Shěng	四川省	Chéngdū Shì	成都市
Táiwān Shěng	台湾省	Táiběi Shì	台北市
Yúnnán Shěng	云南省	Kūnmíng Shì	昆明市
Zhèjiāng Shěng	浙江省	Hángzhōu Shì	杭州市
Municipalities	**直辖市 (Zhíxiáshì)***		
Běijīng Shì	北京市		
Chóngqìng Shì	重庆市		
Shànghǎi Shì	上海市		
Tiānjīn Shì	天津市		

BBC 初级实用商务汉语 Basic Business Chinese(BBC)

* Although these four cities *Běijīng Shì* 北京市 and *Tiānjīn Shì* 天津市 are physically located in *Héběi* Provice，*Chóngqìng Shì* 重庆市 in *Sìchuān* Province，and *Shànghǎi Shì* 上海市 in *Jiāngsū* Province，these cities are the four largest cities in China and are separate political entities known in Chinese as *zhíxiáshì*（municipalities），directly under the central government and，and completely autonomous. They are commonly shown on maps as *Běijīng Shì* 北京市，*Chóngqìng Shì* 重庆市，*Shànghǎi Shì* 上海市，and *Tiānjīn Shì* 天津市。

Autonomous Regions	自治区（Zìzhìqū）		
Guǎngxī Zhuàngzú Zìzhìqū	广西壮族自治区	Nánníng Shì	南宁市
Nèiměnggǔ Zìzhìqū	内蒙古自治区	Hūhéhàotè Shì	呼和浩特市
Níngxià Huízú Zìzhìqū	宁夏回族自治区	Yínchuān Shì	银川市
Xīzàng Zìzhìqū	西藏自治区	Lāsà Shì	拉萨市
Xīnjiāng Wéiwú'ěr Zìzhìqū	新疆维吾尔自治区	Wūlǔmùqí Shì	乌鲁木齐市
Special Administrative Regions	特区（Tèbéi Xíngzhèngqū／Tèqū）		
Àomén Tèbéi Xíngzhèngqū	澳门特别行政区 Macao Special Administrative Region		
Xiānggǎng Tèbéi Xíngzhèngqū	香港特别行政区 HongKongSpecial Administrative Region		

LESSON 5
BUSINESS WORK UNIT, LOCATION, PHONE NUMBER AND NATIONALITY

 SUPPLEMENTARY BUSINESS EXPRESSIONS

Zhōngguó Fǎngzhīpǐn Jìnchūkǒu Zǒnggōngsī China Textile Import & Export Corporation	中国纺织品进出口总公司
Zhōngguó Gōngyìpǐn Jìnchūkǒu Zǒnggōngsī China Art ǐ Crafts Import & Export Corporation	中国工艺品进出口总公司
Zhōngguó Qīnggōngyèpǐn Jìnchūkǒu Zǒnggōngsī China Light Industrial Products Import & Export Corporation	中国轻工业品进出口总公司
Zhōngguó Liángyóu Jìnchūkǒu Zǒnggōngsī China Grain and Oil Import & Export Corporation	中国粮油进出口总公司
Zhōngguó Jīxiè Jìnchūkǒu Zǒnggōngsī China Machinery Import & Export Corporation	中国机械进出口总公司
Zhōngguó Yíqì Jìnchūkǒu Zǒnggōngsī China Instrument Import & Export Corporation	中国仪器进出口总公司
Zhōngguó Diànzǐ Jìnchūkǒu Zǒnggōngsī China Electronics Import & Export Corporation	中国电子进出口总公司
Zhōngguó Huàgōng Jìnchūkǒu Zǒnggōngsī China Chemical Products Import & Export Corporation	中国化工进出口总公司
Zhōngguó Nóngfù Chǎnpǐn Jìnchūkǒu Zǒnggōngsī China Agricultural and By-products Import & Export Corporation	中国农副产品进出口总公司
Zhōngguó Yīyào Jìnchūkǒu Zǒnggōngsī China Medicine Import & Export Corporation	中国医药进出口总公司

Běijīng Guójì Fàndiàn	北京国际饭店	Beijing International Hotel
Xiāngshān Fàndiàn	香山饭店	Xiangshan (Fragrant Hill) Hotel
Lánshēng Fàndiàn	兰生饭店	Radisson Hotel
Jiànguó Fàndiàn	建国饭店	Jianguo Hotel
Qiánmén Fàndiàn	前门饭店	Qianmen (Front Gate) Hotel
Wángfǔ Fàndiàn	王府饭店	Wangfu Hotel
Běijīng Fàndiàn	北京饭店	Beijing Hotel
Xī'ěrdùn Fàndiàn	希尔顿饭店	Hilton Hotel
Xǐláidēng Fàndiàn	喜来登饭店	Sheraton Hotel

Lìdū Jiàrì Fàndiàn	丽都假日饭店	Holiday Inn
Chángchéng Fàndiàn	长城饭店	the Great Wall Sheraton Hotel
Yǒuyì Bīnguǎn	友谊宾馆	Friendship Guest House
Wǔzhōu Dàjiǔdiàn	五洲大酒店	Continental Hotel
Xiānggélǐlā Fàndiàn	香格里拉饭店	Shangrila Hotel

GRAMMAR AND BUSINESS CULTURE NOTES

1. Use of rén 人 person; people

Rén 人 means "person" or "persons." The phrase "Měiguo rén／美国人", for example, can be translated as "An American (person)." However, when referring to the people of a whole nation, we say "rénmín／人民". For example: "Zhōngguó rénmín／中国人民" is translated as "the Chinese people (of the whole nation);" "Rénmínbì／人民币" is translated as *the people's currency* which is used by the people of the Chinese nation.

2. Use of něi/nǎ 哪 which

něi/nǎ 哪, meaning "which" in questions, is always attached to another word as in něi/nǎ guó 哪国 in the sentence "Nǐ shì něi/nǎ guó rén?"

Nǎr 哪儿 = nǎ li 哪里 where

3. Nǎr 哪儿 means "where" in questions.

The syllable "r" is a spoken way of saying "nǎli 哪里" by people from the northern part of China, especially by people from Beijing area. nǎli 哪里 is mostly used by people from the southern part of China, including Taiwan.

4. Nǎrde 哪儿的人 = nǎli (de) 哪里(的)人 which means "a person from where."

The place words (with "de") may precede nouns to modify them: e.g.
Zhōngguó   nǎrde   rén?   (China where's person)
China   where's person

5. Xiànzài 现在 now

Xiànzài 现在 is a time adverbial, meaning "now," which is commonly used when talking about movable things or people that are (not) nearby: Xiànzài wǒ bú zhùzai Měiguó, wǒ zhùzai Zhōngguó. 现在我不住在美国,我住在中国。(I do not live in the U.S. now, I live in China.)

For time adverb or adverbial in Chinese sentences, they are placed either at the beginning of a sentence or between the subject noun and predicate verb. For example: Xiànzài wǒ bú zhùzai Měiguó, wǒ zhùzai Zhōngguó. 现在我不住在美国,我住在中国。(I do not live in the U.S. now, I live in China.) is the same as saying: Wǒ xiànzài bú zhùzai Měiguó, wǒ zhùzai

LESSON 5

BUSINESS WORK UNIT, LOCATION, PHONE NUMBER AND NATIONALITY

Zhōngguó./我现在不住在美国,我住在中国。(I do not live in the U.S. now, I live in China.)

6. Lǎojiā 老家 hometown; native place

Lǎojiā 老家 is translated as "old home" "original home" or "native place". When talking about your own or another person's lǎojiā as in" Wǒ de lǎojiā zài Jiānádà Wēngēhuá 我的老家在加拿大温哥华 (I'm originally from Vancouver, Canada or My family home is in Vancouver, Canada.), the possessive marker de 的 is optional and is not normally used when it is preceded by a pronoun such as wǒ, nǐ, tā, wǒmen, nǐmen, tāmen and followed by nouns referring to member(s) of the family and people with closely relations. For example: Wǒ fùmǔ 我父母 (my parents); Nǐ gēge 你哥哥 (your elder brother; Tā péngyou 朋友 (his/her friend), etc. However, when two or more words are used to indicate the possessor, i.e, nǐ fùmǔ de lǎojiā 你父母的老家 (your parents' original home), the possessive marker de 的 must be used.

7. Zài 在 to be in/at/on...

Zài 在 is 1) the Chinese verb used to express "to be (somewhere)" and it is followed by place words, i.e., Nàikè Gōngsī zǒngbù zài Měiguó élègāng Zhōu Bōtèlán Shì/耐克公司总部在美国俄勒冈州碧佛敦市 (The headquarter of Nike Corporation is in Beaverton, Oregon.); 2) the Chinese preposition used to express "in/on/at (somewhere), and it is always followed by place words plus verb(s), i.e.

| Wǒ | zài | Yīngtè'ěr Gōngsī | gōngzuò. 我在英特尔公司工作。|
| Subject | Preposition | Place words | Verb. |

I work at Intel Corporation.

8. The aspect particle le/了(2)

The aspect particle le/了 (also called "perfect aspect") may be placed after a verb to show the completion or realizing of an action. For example:

Wáng Jīnglǐ qù Zhōngguó chūchāi le. 王经理去中国出差了。(Manager Wang has been to China on a business trip.)

Tā qù nǎr le? 他去哪儿了?(Where has he gone?)

If there are other words/phrases (i.e. objects) after the verb, and they are not very long, le/了 may be placed either after the verb or after the object. e.g.

*Tā qù Zhōngguó Shāndōng Qīngdǎo le. 他去中国山东青岛了。(He has gone to Qingdao, China.)

  or

*Tā qù le Zhōngguó Shāndōng Qīngdǎo. 他去了中国山东青岛。(He has gone to Qingdao, China.)

*Depending on the context, these two sentences can either mean "He went to Qingdao, Shandong, China" or "He has gone to Qingdao, Shandong, China." Note that le cannot be added to every verb. There are other usages of le which indicates a guess, a change of state, etc. and they will be introduced later on.

Note: le/了 does not indicate past tense, even though completed actions are often in the past. It should be realized that a verb in the perfect aspect can refer to an action which will be completed at some future time. (English has the future perfect tense, e.g. "They will have come.") Therefore le / 了 should not be used after a verb simply because the action took place in the past. When the action in the past is a habitual one, then it is not necessary to emphasize its completion, and therefore le / 了 is not used after the verb.

9. Time Elements in Chinese

The proper sequence of time elements in Chinese is very logical. Always begin with the largest unit then work successively down through smaller units: year, month, day, AM / PM, hour, minutes, and seconds. The larger unit always precedes the smaller nián yuè rì / hào (rì is a written form which is more formal word than hào.) Chinese has specific words for "this year"; "today"; "this month"; "this week"; etc. Carefully note and learn from the following examples:

Years: yì nián (one year), liǎng nián, (two years), sān nián (three years), etc. yī jiǔ jiǔ liù nián (the year of 1996); èr líng líng sì nián (the year 2004); jīnnián (this year); míngnián (next year); hòunián (the year after next); qù nián (last year); qián nián (the year before the last); nǎ / něi nián (which year); nà / nèi nián (that year); etc.

Months: yī yuè (January); èr yuè (February); sān yuè (March), etc.; zhè / zhèi ge yuè (this month); xià ge yuè (next month); xià xià ge yuè (the month after next); shàng ge yuè (last month); shàng shàng ge yuè (the month before last); jǐ yuè (which month); etc.

Dates: yī hào (the first day of the month); èr hào (the second day of the month), jǐ hào (which date); etc.

Days: yì tiān (one day); liǎng tiān (two days); sān tiān (three days); jīntiān (today); míngtiān (tomorrow); hòu tiān (the day after tomorrow); zuó tiān (yesterday); qián tiān (the day before yesterday); zhè / zhèi tiān (this day); nà / nèi tiān (that day); etc. (Tiān is a new vocabulary item, it has not been introduced.)

Note: The words tiān and nián do not need to use the measure word ge. after nunerical word or demonstrative pronoun, such as zhè, nà, nǎ, etc.

Last month / week: shàng ge yuè / xīngqī (shàng means "on, above", etc.) literally means the month / week above this one which is last month / week.

Next month / week: xià ge yuè / xīngqī (xià means "below") literally means the month below this one, which is next month / week.

Months, dates and days of the year:

nǎ nián / which year	jǐ yuè / which month	jǐ hào / what date	xīngqī jǐ / what day
yī jiǔ jiǔ sān nián	yī yuè	yī hào	xīngqīyī
yī jiǔ jiǔ sì nián	èr yuè	èr hào	xīngqī'èr
yī jiǔ jiǔ wǔ nián	sān yuè	sān hào	xīngqīsān
yī jiǔ jiǔ liù nián	sì yuè	sì hào	xīngqīsì
yī jiǔ jiǔ qī nián	wǔ yuè	wǔ hào	xīngqīwǔ
yī jiǔ jiǔ bā nián	liù yuè	liù hào	xīngqīliù
yī jiǔ jiǔ jiǔ nián	qī yuè	qī hào	xīngqī rì / tiān
èr líng líng líng nián	bā yuè	bā hào	xīngqīyī

LESSON 5

BUSINESS WORK UNIT, LOCATION, PHONE NUMBER AND NATIONALITY

èr líng líng yī nián	jiǔ yuè	jiǔ hào	xīngqī'èr
èr líng líng èr nián	shí yuè	shí hào	xīngqīsān
èr líng líng sān nián	shí yī yuè	shíyī hào	xīngqīsì
èr líng líng sì nián	shí'èr yuè	shí'èr hào	xīngqīwǔ

10. NAME OF COUNTRIES

Names of countries are arbitrarily translated into Chinese. Some are based on their pronunciation while others are not. Some of the country names have the word *guó* (normally when the country name has only one syllable, *guó* then must be added to the one syllable country name) in them while others do not. By adding *rén* (person/people) to country/place names, we refer to the people who live in that country/place. e.g.

Country / Region / City   Its People

Fǎguó	France	Fǎguórén	French
Déguó	Germany	Déguórén	German
Àodàlìyà	Australia	Àodàlìyàrén	Australian
Yīngguó	Britain	Yīngguórén	British
Rìběn	Japan	Rìběnrén	Japanese
Yìdàlì	Italy	Yìdàlìrén	Italian
Xiānggǎng	Hong Kong	Xiānggǎngrén	Hong Kongese
Běijīng	Beijing	Běijīngrén	Beijingese

11. COMMUNICATIONS IN CHINA

The international access code for China is +86. The outgoing code is 00 followed by the relevant country code (e.g. 0044 for the United Kingdom). The internal telephone system used to be very antiquated, but has been upgraded in most of the big cities. One should note that most numbers are not listed with their city code and, unlike most countries, the number of digits in Chinese phone numbers is not fixed; it can be as few as six and as many as ten. Telephone numbers in the Beijing area consists of eight digits. When making a call outside the country it is often easier and cheaper to dial AT&T on 10811. Mobile phone networks are on the other hand fairly advanced, operators use GSM networks and have roaming agreements with most non-North American international operators. In hotels, local calls are generally free or will be charged only a nominal fee. Internet cafes are available in most main cities. In spoken Chinese, the number one/1 (*yī*) is generally pronounced as yāo to distinguish it from seven/7 (*qī*) or when there a series of number one/1 (*yī*) occurring in one telephone number, e.g. 503-811-7111.

 COMMUNICATIVE SPEECH DRILLS

A. Transformation and Response Drills: Student 1 changes Student 2's question by dropping the question word *ma* and then makes a V+bù+V type question; Student 3 then answers Student 2's question.

(S1) Nǐ zhīdao Nàikè Gōngsī zǒngbù zài nǎr ma?
(S2) Nǐ zhīdào bù zhīdào Nàikè Gōngsī zǒngbù zài nǎr?
(S3) Wǒ zhīdao. Nàikè Gōngsī zǒngbù zài Měiguó Élègāng Zhōu Bǐfódūn Shì.

(S1) 你知道耐克公司总部在哪儿吗？
(S2) 你知道不知道耐克公司总部在哪儿？
(S3) 我知道。耐克公司总部在美国俄勒冈州碧佛敦市。

B. State that someone does not work at a certain place / company but works some place else / some other company.

Example: Tā bú zài Jiāzhōu de Yīngtè'ěr Gōngsī gōngzuò, tā zài Élègāng Zhōu de Yīngtè'ěr Gōngsī gōngzuò.

Tā bú zài	Měiguó de Nàikè Gōngsī gōngzuò.
	Tàiguó de Nàikè Gōngsī gōngzuò.
	Déguó de Ādídásī Gōngsī gōngzuò.
	Jiāzhōu de Yīngtè'ěr Gōngsī gōngzuò.
	Hánguó de Sānxīng Gōngsī gōngzuò.
	Shànghǎi de Wēiruǎn Gōngsī gōngzuò.
	Rìběn de Suǒní Diànqì Gōngsī gōngzuò.
	Élègāng de Tàiyángwēi Gōngsī gōngzuò.
	Zhōngguó de Bēnchí Qìchē Gōngsī gōngzuò.

LESSON 5

BUSINESS WORK UNIT, LOCATION, PHONE NUMBER AND NATIONALITY

他/她不在	美国的耐克公司工作。 泰国的耐克公司工作。 德国的阿迪达斯公司工作。 加州的英特尔公司工作。 韩国的三星公司工作。 上海的微软公司工作。 日本的索尼电器公司工作。 俄勒冈的太阳微公司工作。 中国的奔驰汽车公司工作。

Tā zài	Zhōngguó de Yīngtè'ěr Gōngsī gōngzuò. Yìnní de Nàikè Gōngsī gōngzuò. Yuènán de Nàikè Gōngsī gōngzuò. Měiguó de Ādídásī Gōngsī gōngzuò. Zhōngguó de Nàikè Gōngsī gōngzuò. Xīyǎtú* de Wēiruǎn Gōngsī gōngzuò. Zhōngguó de Sānxīng Gōngsī gōngzuò. Déguó de Bēnchí Qìchē Gōngsī gōngzuò. Jiāzhōu de Tàiyángwēi Gōngsī gōngzuò.

*Xīyǎtú = Seattle

他/她在	中国的英特尔公司工作。 印尼的耐克公司工作。 越南的耐克公司工作。 美国的阿迪达斯公司工作。 中国的耐克公司工作。 西雅图的微软公司工作。 中国的三星公司工作。 德国的奔驰汽车公司工作。 加州的太阳微公司工作。

C. Transformation Speech Drills. Convert the teacher's choice-type question into a negative statement of both alternatives using *yě*, and then add more information about the individual in question, e.g. his nationality, which part of the country is he from, where his hometown is, etc.

(T) Nǐ shì Hánguórén háishi Rìběnrén?
(S) Wǒ bú shì Hánguórén, yě bú shì Rìběnrén, wǒ shì Zhōngguórén.
(T) Nǐ shì Zhōngguó Shénme dìfāng de rén?
(S) Wǒ shì Zhōngguó Shāndōng Shěng Qīngdǎo Shì rén.
(T) Qǐngwèn, nǐ de lǎojiā yě zài Shāndōng Qīngdǎo ma?
(S) Bù, wǒ de lǎojiā bú zài Shāndōng Qīngdǎo, wǒ de lǎojiā zài Shànghǎi. Xiànzài wǒ gēn wǒ tàitai dōu zhù zài Shāndōng Qīngdǎo, yīnwèi (because) wǒmen dōu zài nàr de Nàikè Gōngsī gōngzuò.

(T)你是韩国人还是日本人?
(U)我不是韩国人,也不是日本人,我是中国人。
(V)你是中国什么地方的人?
(S)我是中国山东省青岛市人。
(T)请问,你的老家也在山东青岛吗?
(S)不,我的老家不在山东青岛,我的老家在上海。现在我跟我太太都住在山东青岛,因为(because)我们都在那儿的耐克公司工作。

D. Expansion Drills: Expand the given questions and answers and substitute the names, companies, departments and phone numbers given.

Nǐ zhǎo shéi?
Nǐ yào zhǎo shéi?
Xiǎojie, nǐ yào zhǎo shéi?
Qǐngwèn, xiǎojie, nǐ yào zhǎo shéi?
Qǐngwèn, xiǎojie, nǐ yào zhǎo Wáng xiānsheng ma?
Qǐngwèn, xiǎojie, nǐ yào zhǎo Nàikè Gōngsī de Wáng xiānsheng ma?
Qǐngwèn, xiǎojie, nǐ yào zhǎo Nàikè Gōngsī Yàzhōubù de Wáng xiānsheng ma?
Qǐngwèn, xiǎojie, nǐ yào zhǎo Nàikè Gōngsī Yàzhōubù de zǒngjīnglǐ Wáng xiānsheng ma?
Qǐngwèn, xiǎojie, nǐ yào zhǎo Měiguó Nàikè Gōngsī Yàzhōubù de zǒngjīnglǐ Wáng xiānsheng ma?
Qǐngwèn, xiǎojie, nǐ yào zhǎo Měiguó Élègāng Zhōu Nàikè Gōngsī Yàzhōubù de zǒngjīnglǐ Wáng xiānsheng ma?
Qǐngwèn, xiǎojie, nǐ yào zhǎo Měiguó Élègāng Zhōu Bìfódūn Nàikè Gōngsī Yàzhōubù de zǒngjīnglǐ Wáng xiānsheng ma?

Wǒ zhǎo Wáng xiānsheng.
Wǒ yào zhǎo Wáng xiānsheng.
Wo yào zhǎo Nàikè Gōngsī de Wáng xiānsheng.
Wǒ yào zhǎo Nàikè Gōngsī Yàzhòubù de Wáng xiānsheng.
Wǒ yào zhǎo Nàikè Gōngsī Yàzhōubù de zǒngjīnglǐ Wáng xiānsheng.
Wǒ yào zhǎo Měiguó Nàikè Gōngsī Yàzhōubù de zǒngjīnglǐ Wáng xiānsheng.
Wǒ yào zhǎo Měiguó Élègāng Zhōu Nàikè Gōngsī Yàzhōubù de zǒngjīnglǐ Wáng xiānsheng.
Wǒ yào zhǎo Měiguó Élègāng Zhōu Bìfódūn Nàikè Gōngsī Yàzhōubù de zǒngjīnglǐ Wáng xiānsheng.

LESSON 5

BUSINESS WORK UNIT, LOCATION, PHONE NUMBER AND NATIONALITY

你找谁？
你要找谁？
小姐，你要找谁？
请问，小姐，你要找谁？
请问，小姐，你要找王先生吗？
请问，小姐，你要找耐克公司的王先生吗？
请问，小姐，你要找耐克公司亚洲部的王先生吗？
请问，小姐，你要找耐克公司亚洲部的总经理王先生吗？
请问，小姐，你要找美国耐克公司亚洲部的总经理王先生吗？
请问，小姐，你要找美国俄勒冈州耐克公司亚洲部的总经理王先生吗？
请问，小姐，你要找美国俄勒冈州碧佛敦市耐克公司亚洲部的总经理王先生吗？

我找王先生。
我要找王先生。
我要找耐克公司的王先生。
我要找耐克公司亚洲部的王先生。
我要找耐克公司亚洲部的总经理王先生。
我要找美国耐克公司亚洲部的总经理王先生。
我要找美国俄勒冈州耐克公司亚洲部的总经理王先生。
我要找美国俄勒冈州碧佛敦市耐克公司亚洲部的总经理王先生。

E. Response Drills：Respond to the teacher's questions in the affirmative; also add the cued word.

	jiā		
	péngyou		
	péngyou jiā		
Qǐngwèn, tā	gōngsī	de	diànhuà hàomǎ shì duōshǎo?
	gōngzuò		
	bàngōngshì*		
	fàndiàn		
	fángjiān		
	bùmén		

*bàngōngshì 办公室：office

BBC 初级实用商务汉语 Basic Business Chinese (BBC)

请问,他/她 { 家 / 朋友 / 朋友家 / 公司 / 工作 / 办公室 / 饭店 / 房间 / 部门 } 的 电话号码是多少?

Duìbuqǐ, wǒ bù zhīdào tā { jiā / péngyou / péngyou jiā / gōngsī / gōngzuò / bàngōngshì / fàndiàn / fángjiān / bùmén } de diànhuà hàomǎ shì duōshǎo.

Kěshì, wǒ zhīdao tā de shǒujī hàomǎ shì: 9717252285.

对不起,我不知道他/她 { 家 / 朋友 / 朋友家 / 公司 / 工作 / 办公室 / 饭店 / 房间 / 部门 } 的电话号码是多少。

可是我知道他/她的手机号码是:9717252285。

LESSON 5
BUSINESS WORK UNIT, LOCATION, PHONE NUMBER AND NATIONALITY

F. Substitution Drills: Substitute the cued names of countries and their capital cities.

Qǐngwèn, Wáng jīnglǐ xiànzài zài zhèr ma?		
Duì bu qǐ, Wáng jīnglǐ xiànzài bú zài zhèr, tā qù	Hánguó Shǒu'ěr Rìběn Dōngjīng Yuènán Xīgòng Tàiguó Màngǔ Zhōngguó Běijīng Yìndù Xīndélǐ Yìnní Yǎjiādá Fǎguó Bālí Déguó Bólín Yīngguó Lúndūn	chū chāi le.

请问，王经理现在在这儿吗？		
对不起，王经理现在不在这儿，他去	韩国首尔 日本东京 越南西贡 泰国曼谷 中国北京 印度新德里 印尼雅加达 法国巴黎 德国柏林 英国伦敦	出差了。

101

G. State that someone does not stay in a certain hotel, but stay in a given hotel.

Xuéshengmen		Yǒuyì Bīnguǎn,
Wǒ		Běijīng Guójì Fàndiàn,
Nǐ		Xiāngshān Fàndiàn,
Tā		Lánshēng Fàndiàn,
Wǒmen		Jiànguó Fàndiàn,
Nǐmen	xiànzài bú zhùzài	Qiánmén Fàndiàn,
Tāmen		Běijīng Fàndiàn,
Wáng Jl.		Xī'ěrdùn Fàndiàn,
Lǐ XJ.		Xǐláidēng Fàndiàn,
Liú TT.		Lìdū Jiàrì Fàndiàn,
Zhāng XS.		Chángchéng Fàndiàn,

_____ xiànzài zhùzài Wángfǔ Fàndiàn.

学生们		友谊宾馆，
我		北京国际饭店，
你		香山饭店，
他／她		兰生饭店，
我们		建国饭店，
你们	现在不住在	前门饭店，
他们		北京饭店，
王经理		希尔顿饭店，
李小姐		喜来登饭店，
刘太太		丽都假日饭店，
张先生		长城饭店，

_____ 现在住在王府饭店。

H. Asking questions with the cued TW（time word）and country & city names given.

	shénme shíhou		Měiguó Élègāng	
	jǐ yuè jǐ hào		Zhōngguó Shànghǎi	
Nǐ zhīdao tā	nǎ tiān*	huí	Rìběn Dàbǎn*	ma?
	nǎ ge xīngqī*		Hánguó Shǒu'ěr	
	nǎ ge yuè*		Yuènán Hénèi*	
	xīngqī jǐ		Tàiguó Màngǔ	

*nǎ tiān 哪天: which day; *nǎ ge xīngqī 哪个星期: which week; *nǎ ge yuè 哪个月: which month; *Dàbǎn 大阪: Osaka; *Hénèi 河内: Hanoi

LESSON 5

BUSINESS WORK UNIT, LOCATION, PHONE NUMBER AND NATIONALITY

你知道他／她	什么时候 几月几号 哪天 哪个星期 哪个月 星期几	回	美国俄勒冈 中国上海 日本大阪 韩国首尔 越南河内 泰国曼谷	吗？

I. **Number Drills**：Practice saying year，month，date，day based on the real dates.

Jīntiān shì_____nián_____yuè_____hào, xīngqī_____.
Míngtiān shì_____nián_____yuè_____hào, xīngqī_____.
Hòutiān shì_____nián_____yuè_____hào, xīngqī_____.
Dà hòutiān shì_____nián_____yuè_____hào, xīngqī_____.
Zuótiān shì_____nián_____yuè_____hào, xīngqī_____.
Qiántiān shì_____nián_____yuè_____hào, xīngqī_____.
Dà qiántiān shì_____nián_____yuè_____hào, xīngqī_____.
Wǒ de shēngri* shì_____nián_____yuè_____hào.
Wǒ fùqin* de shēngri shì_____nián_____yuè_____hào.
Wǒ mǔqin* de shēngri shì_____nián_____yuè_____hào.
Wǒ gēge* de shēngri shì_____nián_____yuè_____hào.
Wǒ jiějie* de shēngri shì_____nián_____yuè_____hào.
Wǒ dìdi* de shēngri shì_____nián_____yuè_____hào.
Wǒ mèimei* de shēngri shì_____nián_____yuè_____hào.
Wǒ xiānsheng/tàitai de shēngri shì_____nián_____yuè_____hào.
Wǒ érzi* de shēngri shì_____nián_____yuè_____hào.
Wǒ nǚ'ér* de shēngri shì_____nián_____yuè_____hào.
Wǒ nán/nǚ péngyou de shēngri shì_____nián_____yuè_____hào.

*shēngri 生日：birthday； *érzi 儿子：son； *fùqin 父亲：father； *mǔqin 母亲：mother；
*gēge 哥哥：elder brother； *jiějie 姐姐：elder sister； *dìdi 弟弟：younger brother；
*mèimei 妹妹：younger sister； *nǚ'ér 女儿：daughter

BBC 初级实用商务汉语 Basic Business Chinese(BBC)

今天是_____年_____月_____号，星期_____。
明天是_____年_____月_____号，星期_____。
后天是_____年_____月_____号，星期_____。
大后天是_____年_____月_____号，星期_____。
昨天是_____年_____月_____号，星期_____。
前天是_____年_____月_____号，星期_____。
大前天是_____年_____月_____号，星期_____。
我的生日是_____年_____月_____号。
我父亲的生日是_____年_____月_____号。
我母亲的生日是_____年_____月_____号。
我哥哥的生日是_____年_____月_____号。
我姐姐的生日是_____年_____月_____号。
我弟弟的生日是_____年_____月_____号。
我妹妹的生日是_____年_____月_____号。
我先生/太太的生日是_____年_____月_____号。
我儿子的的生日是_____年_____月_____号。
我女儿的生日是_____年_____月_____号。
我男/女朋友的生日是_____年_____月_____号。

J. Conversation Drills：Student A and B converse using their own country，state，city，company and department names.

A. Qǐngwèn, nǐ zài shénme gōngsī gōngzuò?
B. Wǒ zài_____gōngzuò.
A. Nǐ zài Měiguó de_____háishi zài Zhōngguó de_____gōngzuò?
B. Wǒ zài_____de_____gōngzuò.
A. _____gōngsī de zǒngbù zài nǎr?
B. _____de zǒngbù zài_____(guó),_____Zhōu_____Shì.
A. Qǐngwèn,_____de diànhuà hàomǎ shì duōshao?
B. _____de diànhuà hàomǎ shì_____.
A. Nàme, nǐ bàngōngshì diànhuà hé shǒujī hàomǎ shì duōshao?
B. Wǒ bàngōngshì de diànhuà hàomǎ shì_____, shǒujī hàomǎ shì_____.
A：Xièxie.
B：Bú kèqi.

Student A or B then begins the conversation with another student.

LESSON 5

BUSINESS WORK UNIT, LOCATION, PHONE NUMBER AND NATIONALITY

A. 请问，你在什么公司工作？
B. 我在_____工作。
A. 你在美国的_____还是在中国的_____工作？
B. 我在_____的_____工作。
A. _____公司的总部在哪儿？
B. _____的总部在_____（国），_____州_____市。
A. 请问，_____的电话号码是多少？
B. _____的电话号码是_____。
A. 那么，你办公室电话和手机号码是多少？
B. 我办公室的电话号码是_____，手机号码是_____。
A：谢谢。
B：不客气。

Student A or B then begins the conversation with another student.

K. Conversation Drill: Student A and B converse using their own names.

A. Qǐngwèn, nín shì_____rén háishi_____rén?
B. Wǒ bú shì_____rén, yě bú shì_____rén, wǒ shì_____rén.
A. Nǐ shì_____(guó) Shénme dìfāng de rén?
B. Wǒ shì_____(guó)_____Zhōu /Shěng_____Shì rén.
A. Nǐ de lǎojiā yě zài_____Zhōu /Shěng_____Shì ma?
B. Bù, wǒ de lǎojiā zài_____Zhōu /Shěng_____Shì. Nǐ de lǎojiā ne?
A. Wǒ de lǎojiā zài_____Zhōu /Shěng_____Shì. Xiànzài wǒ zhù zài
    _____(guó)_____Zhōu /Shěng_____Shì. Nǐ ne?
B. Xiànzài wǒ zhù zài_____(guó)_____Zhōu /Shěng_____Shì. Wǒ zài nàr gōngzuò.
A. Wǒ péngyou yě zài nà ge chéngshì gōngzuò. Qǐngwèn, nǐ de diànhuà hàomǎ shì duōshǎo?
B. Wǒ de gōngzuò diànhuà hàomǎ shì_____, shǒujī hàomǎ shì_____.

*chéngshì 城市：city

BBC 初级实用商务汉语 Basic Business Chinese (BBC)

A. 请问,您是_____人还是_____人?
B. 我不是_____人,也不是_____人,我是_____人。
A. 你是_____(国)什么地方的人?
B. 我是_____(国)_____州/省_____市人。
A. 你的老家也在_____州/省_____市吗?
B. 不,我的老家在_____州/省_____市。你的老家呢?
A. 我的老家在_____州/省_____市。现在我住在_____(国)_____州/省_____市。你呢?
B. 现在我住在_____(国)_____州/省_____市。我在那儿工作。
A. 我朋友也在那个城市工作。请问,你的电话号码是多少?
B. 我的工作电话号码是_____,手机号码是_____。

COMMUNICATIVE ACTIVITIES

1. Tell what company you work for and where it and its headquarter is located.
2. Briefly introduce yourself or someone else by name, nationality, state/province and city of the country where you or someone else is from.
3. State location of your or someone else's hometown, birth, current residence and work place(s).
4. State that your colleague has gone to a certain country for a business trip, tell what country/state or province/city he has gone to, what hotel he is staying and how to contact him.
5. Tell where each member of your family resides, works and possibly his/her phone numbers.
6. Share with your classmates the birth year, month and dates of yourself, your friends, your family members, etc.
7. Role play: Introduce as much detail as possible about yourself, i.e. your full name, nationality, place of the country, your old hometown, your current residing place and working place, your home/work/cell phone numbers, the department in which you work in the company, your birth date and birth place, etc.; and then ask a classmate next to you for the same information by saying "Nǐ ne?"
8. At a job interview, give a one-minute brief introduction about yourself.
9. Conduct conversation, dictation, communicative exchanges, oral reproduction and interpretation/translation based on the following discourse:

　　王商先生在美国俄勒冈州碧佛敦市耐克公司总部工作。他是亚洲部经理。他不是越南人,也不是美国人,他是中国人。他是中国台湾人。他的老家在中国福建省福州市。现在他住在美国俄勒冈州波特兰市。这个星期他不在美国俄勒冈州碧佛敦市。他去中国出差了。现在他在中国北京,住在北京国际饭店。他在中国北京国际饭店的电话号码是:011-86-10-6589-6798,转

LESSON 5
BUSINESS WORK UNIT, LOCATION, PHONE NUMBER AND NATIONALITY

1180。他也有手机。他的手机号码是：13657892368。下个星期二他去中国广东省广州市的耐克公司分公司检查（*jiǎnchá* inspect）工作。他住在广州的希尔顿饭店。他下个星期三去福建省福州市去看看他的父母。他住在他父母家。他在美国的助手说他下个星期五回美国。他在中国的工作非常忙。

UNIT THREE   BUSINESS COMMUNICATION
第三单元 商务交际

FUNCTIONAL INTRODUCTION

In Unit Three, you will be learning about communicative ways of stating one's business educational background, business-related studies and subject matters, past business work experience and business career as well as knowledge about working as an expatriate for a multinational corporation in China and how to apply for a position as an expatriate.

LESSON 6 BUSINESS STUDIES AND SUBJECTS
第六课　商务学习和科目

FUNCTIONAL OBJECTIVES

Upon completion of Lesson 6, you will be able to：

- Ask where and what subjects one studies and studied；
- Ask and tell the location of one's school/college/university
- Ask and tell one's business major and orientation；
- Ask and tell if one likes the subjects s/he studies；
- Ask what one wants to study and why ；
- Ask and tell what one wants to do in the future，etc.；
- Know how to use the grammar word "le" for something that has already taken place or a completion of an action.

COMMUNICATIVE EXCHANGES

SITUATIONAL CONVERSATION 1：
WHERE AND WHAT DO YOU STUDY?
情景会话1:你在哪儿上学？你学习什么？

BBC 初级实用商务汉语 Basic Business Chinese (BBC)

Pinyin Text:

A: Wáng xiānsheng, qǐngwèn, xiànzài nín hái zài Nàikè Gōngsī gōngzuò ma?

B: Bù, yǐqián wǒ zài Nàikè Gōngsī gōngzuò, xiànzài wǒ tuō chǎn shàng xué.

A: Shì ma? Xiànzài nín zài nǎr shàng xué?

B: Xiànzài wǒ zài Měiguó Élègāng Zhōu Bōtèlán Shì Bōtèlán Zhōulì Dàxué Guójì Guǎnlǐ Yánjiūshēngyuàn shàng xué.

A: Tài hǎo le! Nín xuéxí shénme?

B: Wǒ xuéxí guójì guǎnlǐ hé Zhōngwén. Tīngshuō nín yǐqián xuéxí gōngshāng guǎnlǐ, duì ma?

A: Duì. Yǐqián wǒ zài Měiguó Huáshèngdùn Zhōu Xīyǎtú Shì Huáshèngdùn Dàxué shàng xué. Bì yè yǐhòu wǒ yìzhí zài Wēiruǎn Gōngsī gōngzuò, xiànzài shì Wēiruǎn Gōngsī Yàtàibù jīnglǐ.

B: Nà shíhou nǐ yě xuéxí Zhōngwén ma?

A: Duì, wǒ xuéle sì nián Zhōngwén, kěshì hái juéde bú gòu yòng.

B: Zhēn de? Zhōngwén hǎo xué ma?

A: Zhōngwén bù hǎo xué, kěshì hěn yǒu yìsi, yě hěn yǒuyòng.

B: Méicuòr. Wǒ yídìng yào nǔlì xuéhǎo Zhōngwén.

Character Text:

A: 王先生,请问,现在您还在耐克公司工作吗?

B: 不,以前我在耐克公司工作,现在我脱产上学。

A: 是吗? 现在您在哪儿上学?

B: 现在我在美国俄勒冈州波特兰市波特兰州立大学国际管理研究生院上学。

A: 太好了! 您学习什么?

B: 我学习国际管理和中文。听说您以前学习工商管理,对吗?

A: 对。以前我在美国华盛顿州西雅图市华盛顿大学上学。毕业以后我一直在微软公司工作,现在是微软公司亚太部经理。

B: 那时候你也学习中文吗?

A: 对,我学了四年中文,可是还觉得不够用。

B: 真的? 中文好学吗?

A: 中文不好学,可是很有意思,也很有用。

B: 没错儿。我一定要努力学好中文。

English Text:

A: Mr. Wang, may I ask, do you still work at Nike?

B: No. I used to work at Nike, now I'm released from work to go to school.

A: Really? Where do you go to school now?

LESSON 6

BUSINESS STUDIES AND SUBJECTS

B: Right now I study at Master of International Management （MIM）Program at Portland State University in Portland，Oregon，U.S.A.

A: That sounds great! What do you study?

B: I study international management and Chinese. I heard you studied for an MBA in the past，is that right?

A: Right. In the past I studied at University of Washington in Seattle，Washington. After graduation，I've been working at Microsoft Corporation. I'm now Manager of the Asia-Pacific Department at Microsoft.

B: Did you study Chinese at that time?

A: Yes，I studied Chinese for four years，but I feel it is not enough.

B: Really? Is Chinese easy to learn?

A: Chinese is not easy to learn，but it is very interesting and useful，too.

B: I couldn't agree more. I'll certainly study hard and learn Chinese well.

SITUATIONAL CONVERSATION 2:
WHAT DO YOU LIKE TO STUDY AND WHY?
情景会话2:你喜欢学习什么？为什么？

Pinyin Text:

A: Qǐngwèn, nǐ zài Guójì Guǎnlǐ Yánjiūshēngyuàn dōu xuéxí shénme kèchéng?

B: Wǒ xuéxí guójì guǎnlǐ, guójì shāngwù, Yàtài jīngjì, guójì kuàijì, guójì jīnróng, guójì hé Yàtài yíngxiāo, guójì hé Yàtài màoyì, guójì cèlüè, guójì rénlì zīyuán shénmede.

A: Nǐ zuì xǐhuan xuéxí shénme kèchéng?

B: Wǒ zuì xǐhuan xuéxí guójì hé Yàtài yíngxiāoxué, yīnwèi hěn rèmén, hěn yǒuyòng, yě hěn yǒu fāzhǎn. Nǐ ne? Nǐ yǐqián xuéxí shénme kèchéng?

A: Wǒ bì yè yǐhòu yìzhí xiǎng cóngshì guójì màoyì jìnchūkǒu gōngzuò, gēn Zhōngguó rén zuò shēngyì, suǒyǐ wǒ fēicháng xǐhuan xuéxí guójì jìnchūkǒu màoyì, gèng xǐhuan xuéxí Zhōngwén.

B: Nàme nǐ xǐhuan bù xǐhuan nǐ xiànzài de gōngzuò?

A: Xǐhuan, kěshì wǒ xiǎng yǐhòu zài Zhōngguó de Wēiruǎn Gōngsī gōngzuò, cóngshì jìnchūkǒu màoyì de gōngzuò.

Character Text：

A: 请问,你在国际管理研究生院都学习什么课程?

B: 我学习国际管理,国际商务,亚太经济,国际会计,国际金融,国际和亚太营销,国际和亚太贸易,国际策略,国际人力资源什么的。

A: 你最喜欢学习什么课程?

B: 我最喜欢学习国际和亚太营销学,因为很热门,很有用,也很有发展。你呢?你以前喜欢学习什么课程?

A: 我毕业以后一直想从事国际贸易进出口工作,跟中国人做生意,所以我非常喜欢学习国际进出口贸易,更喜欢学习中文。

B: 那么你喜欢不喜欢你现在的工作?

A: 喜欢,可是我想以后在中国的微软公司工作,从事进出口贸易的工作。

English Text：

A: May I ask, what courses do you study at MIM?

B: I study international management, international business, Asia and Pacific economics, international accounting, international finance, international and Asia marketing, international and Asia-Pacific trade, international strategy, international human resources, etc.

A: What course do you like to study most?

B: I like to study international and Asia-Pacific marketing most, because it is very popular, very useful, and has a lot of potential. What about you? What courses did you like to study before?

A: After graduation I've long been thinking of engaging in international trade and doing business with Chinese, therefore I like to study international import and export trade very much, and I like to study Chinese even more.

B: Then, do you or do you not like your current work?

A: I do, but I want to work in Microsoft in China, engaging in imports and exports.

LESSON 6

BUSINESS STUDIES AND SUBJECTS

NEW WORDS AND EXPRESSIONS

Pinyin	Chinese	Part of Speech	English
hái / huán	还	ADV / V	still; yet; return; give back
yǐqián	以前	ADV	previously; before; in the past
tuō chǎn	脱产	VP	be released from production to take on other duty
shàng xué	上学	VP	go to school
zhōulì dàxué	州立大学	NP	state university
guójìguǎnlǐ	国际管理	NP	international management
yánjiūshēngyuàn	研究生院	NP	graduate school
xuéxí	学习	V	to study; to learn
gōngshāng guǎnlǐ	工商管理	NP	industrial and business administration
bì yè	毕业	VP	graduate; graduation
yǐhòu	以后	N	after
yìzhí	一直	ADV	all along
bú gòu	不够	VP	not enough
yòng	用	V	to use
hǎoxué	好学	ADJ	easy to learn
yǒu yìsi	有意思	ADJ	interesting
yǒuyòng	有用	ADJ	useful
méicuòr	没错儿	VP	that's right
nǔlì	努力	ADJ	hardworking; diligently
kèchéng	课程	N	(school) course
shāngwù	商务	N	business affairs; commerce
jīngjì	经济	N	economy; economics
kuàijì	会计	N	accounting
jīnróng	金融	N	finance; banking
yíngxiāo	营销	N	marketing
màoyì	贸易	N	trade
cèlüè	策略	N	strategy; tactics
rénlìzīyuán	人力资源	NP	human resources
shénmede	什么的	PR	etcetera
zuì	最	ADV	the most
xǐhuān	喜欢	V	to like
yīnwèi	因为	CONJ	because
rèmén	热门	ADJ	popular
yǒu fāzhǎn	有发展	VP	to have potential / development
cóngshì	从事	V	to engage in
jìnchūkǒu	进出口	VP	import and export

zuòshēngyì	做生意	VP	do business
suǒyǐ	所以	CONJ	so; therefore
kěshì	可是	CONJ	but

PROPER NOUNS

Bōtèlán Zhōulì Dàxué	波特兰州立大学	Portland State University
Huáshèngdùn Dàxué	华盛顿大学	University of Washington
Huáshèngdùn Zhōu	华盛顿州	State of Washington
Xīyǎtú Shì	西雅图市	City of Seattle
Wēiruǎn Gōngsī	微软公司	Microsoft Corporation
Yàtài	亚太	Asia and Pacific

ENRICHMENT

Top Business Schools and Programs in the U.S.

Sītǎnfú Dàxué Shāngxuéyuàn	斯坦福大学商学院	Stanford University Business School
Bīnxīfǎníyà Dàxué Wòdùn Shāngxuéyuàn	宾西法尼亚大学沃顿商学院	University of Pennsylvania（Wharton）
Hāfó Dàxué Shāngxuéyuàn	哈佛大学商学院	Harvard University Business School
Kāngnài'ěr Dàxué Yuēhànxùn Guǎnlǐxué Yánjiū shēngyuàn	康奈尔大学约翰逊管理学研究生院	Yuàn Cornell University（Johnson）
Gēlúnbǐyà Dàxué Shāngxuéyuàn	哥伦比亚大学商学院	Columbia University Business School
Zhījiāgē Dàxué Shāngxuéyuàn	芝加哥大学商学院	University of Chicago Business School
Xīběi Dàxué Kǎiluògé Shāngxuéyuàn	西北大学凯洛格商学院	Northwestern University（Kellogg）

LESSON 6

BUSINESS STUDIES AND SUBJECTS

Máshěng Lǐgōng Xuéyuàn Sīlóng Shāngxuéyuàn	麻省理工学院斯隆商学院	Massachusetts Institute of Technology (Sloan)
Yēlǔ Dàxué Guǎnlǐ Xuéyuàn	耶鲁大学管理学院	Yale University Business School
Jiāzhōu Dàxué Bókèlì Fēnxiào Hāsī Shāngxuéyuàn	加州大学伯克利分校哈斯商学院	UC Berkeley (Haas)

SUPPLEMENTARY BUSINESS EXPRESSIONS

	Names of Business Courses	
guójì guǎnlǐ	国际管理	international management
guójì jīngjì	国际经济	international economics
guójì zhèngzhì	国际政治	international politics
guójì shāngwù	国际商务	international business
Yàtài jīngjì	亚太经济	Asian–Pacific economics
guójì kuàijì	国际会计	international accounting
guójì jīnróng	国际金融	international finance
guójì yíngxiāo	国际营销	international marketing
Yàtài yíngxiāo	亚太营销	Asian–Pacific marketing
guójì màoyì	国际贸易	international trade
Yàtài màoyì	亚太贸易	Asian–Pacific trade
guójì cèlüè	国际策略	international strategy
guójì rénlì zīyuán guǎnlǐ	国际人力资源管理	international human resources management
guójì wùliú guǎnlǐ	国际物流管理	international/logistics management/supply and chain management
Yàtài shídài	亚太时代	Age of the Pacific
guójì shāngwù tánpàn	国际商务谈判	international business negotiation
quánqiú kěchíxù fāzhǎn	全球可持续发展	global sustainability

GRAMMAR AND BUSINESS CULTURE NOTES

1. yǐqián / yǐhòu 以前 / 以后 before / after; in the past, previously; later

yǐqián / yǐhòu 以前 / 以后 are used to express relative time. Time when is expressed by using the pattern: V, VO or TW followed by *yǐqián* "before" or *yǐhòu* "after" or - *de shíhou* (more usage of - *de shíhou* will be explained in future lessons.) In English before or after is placed before a phrase or a sentence (e.g. *Before* he graduates…; *After* he graduates…). But in Chinese, *yǐqián / yǐhòu* 以前 / 以后 always occurs at the end of a phrase or a sentence. For example:

Bìyè yǐhòu wǒ yìzhí zài Wěiruǎn Gōngsī gōngzuò. (毕业以后我一直在微软公司工作 / "I've been working at Microsoft since graduation.")

Lái Měiguó yǐqián tā zài Běijīng Dàxué jiāo shū. (来美国以前她在北京大学教书 / She taught at Beijing University before she came to the States.)

yǐqián / yǐhòu 以前 / 以后 can also be used to express general relative time. *Yǐqián*: "formerly, previously" and *yǐhòu*: "later on, afterwards", both show that some action or activity occurred at a non-specific (general) time before or after the present time. In this case, *yǐqián* or *yǐhòu* should be placed at the beginning of a sentence. For example:

Yǐqián wǒ zài Nàikè Gōngsī gōngzuò. (以前我在耐克公司工作 / Previously I worked at Nike.)

Yǐhòu wǒ háiyào jìxù xuéxí Zhōngwén. (以后我还要继续学习中文 / Later I want to continue studying Chinese.)

2. zài 在 to be in / at / on some place +V+O

zài 在 used as a co-verb to set up the main action. In the sentence "Wǒ zài Měiguó Élègāng Zhōu Bōtèlán Shì Bōtèlán Zhōulì Dàxué Guójì Guǎnlǐ Yánjiūshēng Yuàn shàngxué (我在美国俄勒冈州波特兰市波特兰州立大学国际管理研究生院上学 / I go to school at Master of International Management at Portland State University in Portland, Oregon U.S.A.), *zài* 在 plays the role of the English preposition "at." The *zài* 在 phrase in the sentence gives more information about the main verb "*shàngxué*", that is, it tells where the main action takes place. When *zài* 在 functions as a preposition, as in this case, it is called a co-verb. In general, a co-verb shows a relationship between a noun and the main verb of the sentence. The co-verb and the noun form what is called a co-verbal phrase.

Negating a co-verb phrase. Compare the following sentences:

Wǒ	shàngxué.	I attend / go to school.
Wǒ bú	shàngxué.	I don't attend / go to school.
Wǒ zài Bōtèlán Zhōulì Dàxué	shàngxué.	I attend / go to PSU.
Wǒ bú zài Bōtèlán Zhōulì Dàxué	shàngxué.	I don't attend / go to PSU.

In the last sentence, the negative adverb "*bù*" comes before the co-verb "*zài*," rather than before the main verb "*shàngxué*." This makes sense. You are not saying "*I do not go to PSU*,"

LESSON 6
BUSINESS STUDIES AND SUBJECTS

but you are saying "*I do not go to PSU.*" Literally "*I do not at PSU go to,*" but I obviously go to a school elsewhere.

3. Verb-Object(VO) compounds

shàngxué, "attending / go to school" and "*xuéxí Zhōngwén*" are VO's. *Shàng*, "to go to" and "*xuéxí*," "to study / learn" are the verbs. "*Xué*"(an abbreviation of "*xuéxiào*") and "*Zhōngwén*"(Chinese language) are the generalized objects. Certain verbs in Chinese have a close relationship with a generalized object which does not exist in English.

Chinese Usage	Literal Translation	English Usage
shàngxué	go up to school	go to school
kàn shū	look at books	read
jiāo shū	teach books	teach

4. Use of yìzhí(zài) 一直(在) all along; to have always been(doing something)

When you want to emphasize the continuation of an event, use yì zhí (normally in front of "*zài*") to mean "all the time;" "all along." For example:

Bìyè yǐhòu wǒ yìzhí zài zhǎo gōngzuò. 毕业以后我一直在找工作。

(I've been looking for a job after graduation.)

However, if you want to say "I've been working at Microsoft since graduation," you must say: *Bìyè yǐhòu wǒ yìzhí zài Wěiruǎn Gōngsī gōngzuò* (毕业以后我一直在微软公司工作). Since "*zài*" is used "*zài wěiruǎn gōngsī*" to mean "in Microsoft," the continuous indicator "*zài*" must not be used. Thus you cannot say: *Bìyè yǐhòu wǒ yìzhí zài Wěiruǎn Gōngsī zài gōngzuò.*

5. The coverb gēn+ N + V+O with

The CV "gēn" has been used previously as the conjunction "and" or "with," when joining nouns or noun phrases. But in the conversation, the combination of "A gēn B+ V+O"(person A with person B do something):

Tāmen	gēn	Zhōngguórén	zuò shēngyì.
Person 1	with	Person 2	V. O.

(They do business with Chinese people.)

Wǒmen	gēn	lǎoshī	liànxí	shuō	Zhōngwén.
Person 1	with	Person 2	V.		O.

(We practice Chinese with the teacher.)

6. tīngshuō 听说(it is heard that...)

In order to confirm the truth or lack of truth of a given statement, or, to express a personal opinion in a tactful way, parenthetical phrases such as *tīngshuō* 听说(it's heard that...), *jùshuō* 据说(it is said that...), *tīng biéren shuō* 听别人说(it is heard from other people that...), *yǒurén shuō* 有人说(someone said that...), etc. are frequently placed either at the beginning or in the middle of the sentence. e.g.

Tīngshuō nǐ yǐqián xuéxí gōngshāng guǎnlǐ, duì ma? (I heard you studied business administration, right?)

The question tag *duì ma*? or *shì ma*? is frequently appended to the sentence to invite a confirmation of the statement. If the answer is going ot be affirmative, *duì* or *shì de* can be used by the answerer, otherwise *bú shì* or *bú duì* can be used for the negative.

7. Completion of action with *le* / 了

When the particle *le* / 了 follows verbs of action, it indicates a completion of the action.

For example: *Tā lái Měiguó le.* (He has come or He came to the U.S.) Sometimes an adverb makes the completed action more evident: *Tā yǐjīng lái Měiguó le.* (He has already come to the U.S.) Note the particle *le* is placed at the end of the sentence. If the object after the verb is not a simple object, but it is preceded by a modifier, as in *wǒ xué le sì nián Zhōngwén* 我学了四年中文, then the particle *le* should be placed right after the verb followed by the modified object. For example:

Tā chīfàn le.(He has eaten./He ate.)
Tā chī le māma zuò de fàn.(He ate the meal cooked by his mother.)

*méi is used as negation of completion of action: when the negative particle méi (or *méiyou*) is prefixed to the verb, it negates the action of the verb. For example:

Tā méi lái Měiguó.(He did not come to the U.S.)
Tá méi xué Zhōngwén.(He did not study Chinese.)

COMMUNICATIVE SPEECH DRILLS

A. Substitution Drills: Substitute the cued Adverb *hái* (*zài*) with appropriate V + O.

Nǐ	Wēiruǎn GS.		
Tā	Yánjiūshēngyuàn		
Nǐmen	Shànghǎi	zuò shēngyì	
Tāmen	Xīyǎtú	gōngzuò	
Wáng XJ. háizài	Zhōngguó	shàng xué	ma?
Liú LS.	Huádà	xuéxí	
Zhāng JI.	Bōdà	jiāo shū	
Lǐ TT.	Nàikè GS.		

*LS. = lǎoshī 老师=teacher

*Huádà 华大= Huáshèngdùn Dàxué 华盛顿大学=Washington University; *jiāo shū 教书 = teach

LESSON 6

BUSINESS STUDIES AND SUBJECTS

你		微软公司		
他/她		研究生院		
你们		上海	做生意	
他们		西雅图	工作	
王小姐	还在	中国	上学	吗?
刘老师		华大	学习	
张经理		波大	教书	
李太太		耐克公司		

B. State that someone worked at a certain place / company in the past, but now works some place else / some other company.

Example: Yǐqián wǒ zài Nàikè Gōngsī gōngzuò, xiànzài wǒ tuōchǎn shàngxué (I used to work at Nike, now I go to school full time).

Yǐqián tā zài	Měiguó de Nàikè Gōngsī gōngzuò,	xiànzài tā zài	Huádà tuō chǎn shàng xué. (Shāngxuéyuàn*)
	Tàiguó de Nàikè Gōngsī gōngzuò,		
	Déguó de Ādídásī Gōngsī gōngzuò,		
	Jiāzhōu de Yīngtè'ěr Gōngsī gōngzuò,		
	Hánguó de Sānxīng Gōngsī gōngzuò,		
	Shànghǎi de Wēiruǎn Gōngsī gōngzuò,		
	Rìběn de Suōní Diànqì Gōngsī gōngzuò,		
	Élègāng de Tàiyángwēi Gōngsī gōngzuò,		
	Zhōngguó de Bēnchí Qìchē Gōngsī gōngzuò,		

*Shāngxuéyuàn: business school

以前他/她在	美国的耐克公司工作,	现在他/她在	华大 脱产上学。(商务院)
	泰国的耐克公司工作,		
	德国的阿迪达斯公司工作,		
	加州的英特尔公司工作,		
	韩国的三星公司工作,		
	上海的微软公司工作,		
	日本的索尼电器公司工作,		
	俄勒冈的太阳微公司工作,		
	中国的奔驰汽车公司工作,		

BBC 初级实用商务汉语 Basic Business Chinese(BBC)

C. Substitution Drills: Substitute the cued names of courses.

Wǒ		guójì zhèngzhì.
Nǐ		guójì jīngjì.
Tā		guójì màoyì.
Liú ZC.		guójì wùliú guǎnlǐ.
Yáng XSh.	xuéxí	guójì guǎnlǐ.
Lǐ TZ.		guójì kuà wénhuà jiāojì.
Zhāng XJ.		guójì yíngxiāo.
Fāng ZhI.		guójì shāngwù.
Tāmen		guójì kuàijì.
Xuéshengmen		guójì jīnróng/cáiwù.

Z. = zǒngcái 总裁; TZ. = tóngzhì 同志; ZhI. = zhùlǐ 助理;

我		国际政治。
你		国际经济。
他 / 她		国际贸易。
刘总裁		国际物流管理。
杨先生	学习	国际管理。
李同志		国际跨文化交际。
张小姐		国际营销。
方助理		国际商务。
他们		国际会计。
学生们		国际金融 / 财务。

D. Expansion Drills.

Wǒ gōngzuò.
Wǒ yǐqián gōngzuò.
Wǒ yǐqián zài Zhōngguó gōngzuò.
Wǒ yǐqián zài Zhōngguó Běijīng gōngzuò.
Wǒ yǐqián zài Zhōngguó Běijīng de Wēiruǎn Gōngsī gōngzuò.
Wǒ yǐqián zài Zhōngguó Běijīng de Wēiruǎn Gōngsī yíngxiāobù gōngzuò.
Wǒ yǐqián gēn wǒ de tóngxué zài Zhōngguó Běijīng de Wēiruǎn Gōngsī yíngxiāobù gōngzuò.
Wǒ yǐqián gēn wǒ de tóngxué yíkuàir zài Zhōngguó Běijīng de Wēiruǎn Gōngsī yíngxiāobù gōng zuò.
Wǒ yǐqián bù gēn wǒ de tóngxué yíkuàir zài Zhōngguó Běijīng de Wēiruǎn Gōngsī yíngxiāobù gōngzuò.

LESSON 6

BUSINESS STUDIES AND SUBJECTS

Xiànzài wǒ shàng xué.
Xiànzài wǒ shàng dàxué.
Xiànzài wǒ zài Měiguó shàng xué.
Xiànzài wǒ zài Měiguó Élègāng Zhōu shàng xué.
Xiànzài wǒ zài Měiguó Élègāng Zhōu Bōtèlán Shì shàng xué.
Xiànzài wǒ zài Měiguó Élègāng Zhōu Bōtèlán Shì Bōzhōudà shàng xué.
Xiànzài wǒ zài Měiguó Élègāng Zhōu Bōtèlán Shì Bōtèlán Zhōulì Dàxué shàng xué.
Xiànzài wǒ zài Měiguó Élègāng Zhōu Bōtèlán Shì Bōtèlán Zhōulì Dàxué Yánjiūshēng yuàn shàng xué.
Xiànzài wǒ zài Měiguó Élègāng Zhōu Bōtèlán Shì Bōtèlán Zhōulì Dàxué Guójì Guǎnlǐ Yánjiūshēng Yuàn shàng xué.

我工作。
我以前工作。
我以前在中国工作。
我以前在中国北京工作。
我以前在中国北京的微软公司工作。
我以前在中国北京的微软公司营销部工作。
我以前跟我的同学在中国北京的微软公司营销部工作。
我以前跟我的同学一块儿在中国北京的微软公司营销部工作。
我以前不跟我的同学一块儿在中国北京的微软公司营销部工作。

现在我上学。
现在我上大学。
现在我在美国上学。
现在我在美国俄勒冈州上学。
现在我在美国俄勒冈州波特兰市上学。
现在我在美国俄勒冈州波特兰市波州大上学。
现在我在美国俄勒冈州波特兰市波特兰州立大学上学。
现在我在美国俄勒冈州波特兰市波特兰州立大学研究生院上学。
现在我在美国俄勒冈州波特兰市波特兰州立大学国际管理研究生院上学。

BBC 初级实用商务汉语 Basic Business Chinese(BBC)

E. Substitution Drills: Substitute the cued names of countries or companies.

| Bì yè yǐhòu tā yìzhí zài | Zhōngguó Jìnchūkǒu Màoyì Gōngsī
Tàiguó de Nàikè Gōngsī
Déguó de Ādídásī Gōngsī
Jiāzhōu de Yīngtè'ěr Gōngsī
Hánguó de Sānxīng Gōngsī
Shànghǎi de Wēiruǎn Gōngsī
Rìběn de Suǒní Diànqì Gōngsī
Élègāng de Tàiyángwēi Gōngsī
Déguó de Bēnchí Qìchē Gōngsī
Měiguó de Huìpǔ Gōngsī | gōngzuò. |

| 毕业以后他/她一直在 | 中国进出口贸易公司
泰国的耐克公司
德国的阿迪达斯公司
加州的英特尔公司
韩国的三星公司
上海的微软公司
日本的索尼电器公司
俄勒冈的太阳微公司
德国的奔驰汽车公司
美国的惠普公司 | 工作。 |

F. State that someone wants to engage in certain profession/business.

| Bì yè yǐhòu tā xiǎng cóngshì | yíngxiāo
guǎnlǐ
Yàtài màoyì
Yàtài yíngxiāo
guójì kuàijì
jìnchūkǒu màoyì
guójì jīnróng / cáiwù
kěchíxù fāzhǎn
xìnxī jìshù
cáikuài*
rénshì guǎnlǐ
Yàtài* dìqū jìnchūkǒu màoyì | gōngzuò. |

*cáikuài 财会: finance and accounting; *dìqū 地区: region

LESSON 6
BUSINESS STUDIES AND SUBJECTS

毕业以后他／她想从事	营销 管理 亚太贸易 亚太营销 国际会计 进出口贸易　　　　工作。 国际金融／财务 可持续发展 信息技术 财会 人事管理 亚太地区进出口贸易

G. Conversation Drills：Student A and B converse on their future career plans：

A.　Qǐngwèn, bì yè yǐhòu nǐ jìhuà cóngshì shénme gōngzuò?
B.　Wǒ jìhuà cóngshì＿＿＿＿＿＿＿＿＿gōngzuò.
A.　Nǐ xǐhuan zài nǎr gōngzuò?
B.　Wǒ xǐhuan zài＿＿＿＿＿＿＿＿＿gōngzuò.
A.　Nǐ zuì xǐhuan zài shénme gōngsī gōngzuò?
B.　Wǒ zuì xǐhuan zai＿＿＿＿＿＿＿＿＿gōngsī gōngzuò.
A.　Nǐ bù xiǎng qù Zhōngguó gōngzuò ma?
B.　Xiǎng. Wǒ jìhuà gēn wǒ de＿＿＿＿＿＿＿＿＿yíkuàir qù Zhōngguó gōngzuò. Nǐ ne？
　　Nǐ bì yè yǐhòu yǒu shénme jìhuà?
A：　Bì yè yǐhòu wǒ jìhuà xiān gōngzuò liǎng nián, zài qù tuōchǎn shàng xué.
B：　Nàme nǐ jìhuà qù nǎ ge xuéxiào shàng xué?
A：　Wǒ jìhuà qù Měiguó Élègāng Zhōu Bōtèlán Shì Bōtèlán Zhōulì Dàxué Guójì Guǎnlǐ Yánjiūshēngyuàn shàng xué.
B：　Nà ge xuéxiào hěn yǒumíng ma?
A：　Bù hěn yǒumíng, kěshì tīngshuō zài nà ge xuéxiào nǐ kěyǐ xuéxí guójì guǎnlǐ kèchéng, yě kěyǐ xuéxí Zhōngwén huò Rìwén.
B：　Tīng qilai zhēn búcuò.

Student A or B then begins the conversation with another student.

A. 请问，毕业以后你计划从事什么工作？
B. 我计划从事_____工作。
A. 你喜欢在哪儿工作？
B. 我喜欢在_____工作。
A. 你最喜欢在什么公司工作？
B. 我最喜欢在_____公司工作。
A. 你不想去中国工作吗？
B. 想。我计划跟我的_____一块儿去中国工作。你呢？你毕业以后有什么计划？
A：毕业以后我计划先工作两年，再去脱产上学。
B：那么你计划去哪个学校上学？
A：我计划去美国俄勒冈州波特兰市波特兰州立大学国际管理研究生院上学。
B：那个学校很有名吗？
A：不很有名，可是听说在那个学校你可以学习国际管理课程，也可以学习中文或日文。
B：听起来真不错。

Student A or B then begins the conversation with another student.

COMMUNICATIVE ACTIVITIES

1. Tell where one used to work and where one works now.
2. Briefly introduce your goals after graduating from business school.
3. State why you want to go to graduate school full time.
4. Tell where your international business school is located and what subject courses are offered.
5. Tell what courses you like to study and what courses you do not like to study and why?
6. Share why you like or dislike to be engaged in certain business/profession?
7. Tell how long you have studied Chinese and why it is important (not important) to study the language.
8. Role play: Introduce as detailed as possible 1) the schools you attended, subjects you studied and your work experience in the past; 2) your future career plans, etc.; and then ask a classmate next to you for the same information by saying "Nǐ ne?"
9. At a job interview, give a two-minute brief introduction about your education background and work experience.
10. Conduct conversation, dictation, communicative exchanges, oral reproduction and interpretation/translation based on the following discourse:

LESSON 6

BUSINESS STUDIES AND SUBJECTS

　　王先生从前在美国俄勒冈州的耐克公司工作，现在他在美国俄勒冈州波特兰市波特兰州立大学国际管理研究生院上学。在国际管理研究生院，他主修（zhǔxiū major in）国际管理，国际商务，亚太经济，国际会计，国际金融，国际和亚太营销，国际和亚太贸易，国际策略，国际人力资源，全球可持续发展，国际信息管理，国际物流管理，国际跨文化交际和中文。他觉得学习这些课程非常有用。毕业以后他想从事国际贸易进出口工作，跟中国人做生意，所以他非常喜欢学习国际进出口贸易，更（gèng even more）喜欢学习中文。他的女朋友是从美国华盛顿州西雅图市华盛顿大学毕业的。毕业以后一直在著名的微软公司工作。现在她是微软公司亚太部经理。王先生的中文不如（bùrú not as good as）他女朋友的中文好，因为王先生刚开始学习中文，可是（ér whereas however）他的女朋友已经学了四年中文了。她希望（xīwàng hope）王先生学好中文，将来（jiānglái in the future）跟她一起作为（zuòwéi as）微软公司的外派雇员到中国北京或上海去工作。

LESSON 7 BUSINESS WORK EXPERIENCE
第七课 商务工作经历

FUNCTIONAL OBJECTIVES

Upon completion of Lesson 7, you will be able to:

- Ask and tell one's past work experience;
- Ask and tell if Chinese is important for one's work/career;
- Ask and tell what kind of work one is looking for and why;
- Ask and tell if one likes/dislikes his/her work;
- Ask where one wants to work and why;
- Ask and tell one's future business career plans, etc.;
- Know how to use the grammar word "le" for an action that has happened and may still be happening; and for an action that has happened and may not continue.

COMMUNICATIVE EXCHANGES

SITUATIONAL CONVERSATION 1:
WHERE DID YOU WORK IN THE PAST?
情景会话1:以前你在哪儿工作?

BBC 初级实用商务汉语 Basic Business Chinese (BBC)

Pinyin Text:

A: Liú Nǚshì, nín yìzhí zài Yīngtè'ěr Gōngsī gōngzuò ma?

B: Bù, yǐqián wǒ zài Huìpǔ Gōngsī gōngzuò, cóng èr líng líng líng nián kāishǐ zài Yīngtè'ěr Gōngsī gōngzuò.

A: Nà shíhou nín zài Jiāzhōu de Huìpǔ Gōngsī gōngzuò háishi zài Huáshèngdùn Zhōu de Huìpǔ Gōngsī gōngzuò?

B: Dōu bú zài. Wǒ zài Huìpǔ Gōngsī Zhōngguó fēngōngsī gōngzuòle liǎng nián.

A: Huìpǔ Zhōngguó fēngōngsī zài nǎr?

B: Zài Běijīng.

A: Nín zài Zhōngguó Běijīng gōngzuòle liǎng nián? Nà nín de Pǔtōnghuà yídìng búcuò.

B: Nǎli, nǎli! Wǒ néng tīngdǒng Hànyǔ, yě huì shuō Hànyǔ, kěshì wǒ bú huì xiě Hànzì.

A: Nín juéde bú huì xiě Hànzì bú yàojǐn ba?

B: Dāngrán yàojǐn! Wǒ juéde rúguǒ gēn Zhōngguórén dǎ jiāodào, zuò shēngyì, Zhōngwén de tīng, shuō, dú, dǎ, xiě dōu hěn yǒuyòng. Nǐ shuō ne?

A: Méicuòr. Wǒ zài Huádà xuéle sì nián Zhōngwén, kěshì wǒ de Zhōngwén háishi mǎmahūhū.

B: Wǒ juéde nǐ de Zhōngwén yǐjing hěn hǎo le!

A: Duōxiè.

B: Bú kèqi.

Character Text:

A: 刘女士,您一直在英特尔公司工作吗?

B: 不,以前我在惠普公司工作,从2000年开始在英特尔公司工作。

A: 那时候您在加州的惠普公司工作还是在华盛顿州的惠普公司工作?

B: 都不在。我在惠普公司中国分公司工作了两年。

A: 惠普中国分公司在哪儿?

B: 在北京。

A: 您在中国北京工作了两年?那您的普通话一定不错。

B: 哪里,哪里! 我能听懂汉语,也会说汉语,可是我不会写汉字。

A: 您觉得不会写汉字不要紧吧?

B: 当然要紧!我觉得如果跟中国人打交道、做生意,中文的听、说、读、打、写都很有用。你说呢?

A: 没错。我在华大学了四年中文,可是我的中文还是马马虎虎。

LESSON 7
BUSINESS WORK EXPERIENCE

B： 我觉得你的中文已经很好了！
A： 多谢。
B： 不客气。

English Text：

A： Ms. Liu, have you always been working at Intel?
B： No, I used to work at HP Corporation and have been working at Intel since 2000.
A： At that time did you work at HP in California or HP in the state of Washington?
B： Neither. I worked at HP China branch for two years.
A： Where is HP China branch?
B： It's in Beijing.
A： You worked in Beijing China for two years? Then you must speak good standard Chinese.
B： Not very good! I can understand Chinese by listening, and can also speak Chinese, but I don't know how to write Chinese characters.
A： You must feel that it doesn't matter if one does not know how to write Chinese characters?
B： Of course it is important! I feel if you want to deal with Chinese people and do business with Chinese people, Chinese listening, speaking, reading, typing, and writing are all very useful. What do you think?
A： That's right. I studied Chinese for four years at UW, but my Chinese is still just so so.
B： I think your Chinese is already very good!
A： Many thanks.
B： You are welcome.

SITUATIONAL CONVERSATION 2:
WHAT'S YOUR FUTURE CAREER PLAN?
情景会话2：毕业以后你计划做什么工作？

BBC 初级实用商务汉语 Basic Business Chinese (BBC)

Pinyin Text:

A: Qǐngwèn, nǐ shénme shíhou bì yè?

B: Jīnnián bā yuè zhōngxún.

A: Bì yè yǐhòu nǐ jìhuà zuò shénme gōngzuò?

B: Bì yè yǐhòu wǒ xiǎng xiān qù Zhōngguó yóuxué, yìbiān lǚyóu, yìbiān jìxù xuéxí Zhōngwén, ránhòu zài zhǎo gōngzuò.

A: Nǐ bù xiǎng yí bì yè jiù zhǎo gōngzuò ma?

B: Xiànzài zài Měiguó zhǎo gōngzuò bú tài róngyì, suǒyi wǒ xiǎng qù Zhōngguó kànkan yǒu shénme gōngzuò jīhuì.

A: Wǒ yǒu yí wèi péngyou xiànzài zài Zhōngguó Shànghǎi gōngzuò. Tā shì Měiguó yì jiā kuàguó gōngsī de wàipài gùyuán.

B: Nǐ péngyou zài Shànghǎi zuò shénme gōngzuò?

A: Tā zuò jìnchūkǒu gōngzuò, shì gōngsī de Yàtài jīngmào tánpàn dàibiǎo.

B: Wǒ zài guójì guǎnlǐ yánjiūshēngyuàn zhǔxiū Yàtài jīngmào, suǒyǐ bì yè yǐhòu yě xiǎng cóngshì màoyì gōngzuò.

A: Shì ma? Tīngshuō wǒ péngyou de gōngsī zhèngzài zhāopìn wàipài gùyuán, nǐ xiǎng bu xiǎng shēnqǐng?

B: Dāngrán xiǎng. Míngtiān wǒ jiù yòng diànzǐ yóujiàn bǎ jiǎnlì fāgěi tāmen gōngsī de rénlì zīyuánbù.

A: Nà hǎo, wǒ zài bǎ nǐ de qíngkuàng gēn wǒ péngyou jièshào jièshào, nǐ kàn zěnmeyàng?

B: Fēicháng gǎnxiè.

A: Bú yòng kèqi. Zhù nǐ chénggōng!

LESSON 7

BUSINESS WORK EXPERIENCE

Character Text：

A： 请问，你什么时候毕业？
B： 今年八月中旬。
A： 毕业以后你计划做什么工作？
B： 毕业以后我想先去中国游学，一边旅游，一边继续学习中文，然后再找工作。
A： 你不想一毕业就找工作吗？
B： 现在在美国找工作不太容易，所以我想去中国看看有什么工作机会。
A： 我有一位朋友现在在中国上海工作。他是美国一家跨国公司的外派雇员。
B： 你朋友在上海做什么工作？
A： 他做进出口工作，是公司的亚太经贸谈判代表。
B： 我在国际管理研究生院主修亚太经贸，所以毕业以后也想从事贸易工作。
A： 是吗？听说我朋友的公司正在招聘外派雇员，你想不想申请？
B： 当然想。明天我就用电子邮件把简历发给他们公司的人力资源部。
A： 那好，我再把你的情况跟我朋友介绍介绍，你看怎么样？
B： 非常感谢。
A： 不用客气。祝你成功！

English Text：

A： May I ask, when do you graduate?
B： In the middle of August this year.
A： What do you plan to do after graduation?
B： After graduation I want to first go to China to travel and study; that is, to study Chinese while traveling. After that, I'll look for work.
A： Don't you want to find a job as soon as you graduate?
B： It is not easy to find a job in the U.S. nowadays. Therefore I want to go to China to see if there are any work opportunities.
A： I have a friend who is working in Shanghai, China now. He is an expatriate of an American multinational corporation.
B： What kind of work does your friend in Shanghai do?
A： He is doing importing and exporting work. He is an Asia-pacific economics and trade negotiation representative of his company.
B： I'm majoring in Asia-Pacific Economics and Trade at MIM, therefore I'm thinking of engaging in trade work after graduation.
A： Is that right? I heard my friend's company is hiring expatriates right now, don't you want to apply?
B： Of course I want to. I'll email my CV to their company's human resources department tomorrow.

A: That sounds good. I'll tell my friend about you, what do you think?
B: Thank you so much.
A: You are welcome. Wishing you success!

NEW WORDS AND EXPRESSIONS

cóng...kāishǐ	从……开始	PREP+V	start from…
nà shíhou	那时候	TW	at that time
háishi	还是	CONJ	or; still
fēngōngsī	分公司	NP	branch company
pǔtōnghuà	普通话	N	Mandarin; Common Speech
yídìng	一定	ADV	surely; definitely
búcuò	不错	ADJ	not bad
nǎlǐ	哪里	ADV	far from good (polite reply to a compliment); where
tīng	听	V	listen to
dǒng	懂	V	understand
huì	会	AV	know how to; meeting
shuō	说	V	to speak
xiě	写	V	to write
Hànzì	汉字	N	Chinese characters
yàojǐn	要紧	ADJ	(it) matters; important
dāngrán	当然	ADV	of course
gēn...dǎjiāodào	跟……打交道	PREP+VP	to deal with…
dú	读	V	read
dǎ	打	V	type
mǎmǎhūhū	马马虎虎	IE	just so so
yǐjing	已经	ADV	already
zhōngxún	中旬	N	the middle 10 days of a month
jìhuà	计划	N / V	to plan; to have a plan; project
xiǎng	想	AV / V	intend; think of (doing something)
yóuxué	游学	VO	travel and study
yìbiān...yìbiān...	一边……一边……	CONJ	while...
jìxù	继续	V	continue
ránhòu	然后	CONJ	then, aftar, afterward, whereafter
yī...jiù...	一……就……	CONJ	as soon as

134

LESSON 7
BUSINESS WORK EXPERIENCE

róngyì	容易	ADJ	easy
jīhuì	机会	N	opportunity; chance
kuàguó gōngsī	跨国公司	NP	transnational corporation
wàipài gùyuán	外派雇员	NP	expatriate; non-local assigned employee
jìnchūkǒu	进出口	VP	import and export
jīngmào	经贸	N	economy and trade
tánpàn	谈判	N / V	negotiation
dàibiǎo	代表	N	representative; deputy
zhǔxiū	主修	V	major in
zhāopìn	招聘	V	to hire; recruit
shēnqǐng	申请	V	to apply
diànzǐ yóujiàn	电子邮件	NP	email
bǎ	把	PREP	grammar word in "ba" structure
jiǎnlì	简历	N	resume
fā(gěi)	发(给)	V	to send (to) someone
rénlì zīyuán bù	人力资源部	NP	human resources department
qíngkuàng	情况	N	situation; things; conditions
gǎnxiè	感谢	V	thank
zhù	祝	V	to wish
chénggōng	成功	IE	to success

PROPER NOUNS

Huìpǔ Gōngsī	惠普公司	HP Corporation

ENRICHMENT

Pǔtōnghuà	普通话	Common Speech; Mandarin
Huáyǔ	华语	Chinese language
Guóyǔ	国语	national language

Hàyǔ	汉语	Chinese (language)
mǔyǔ	母语	mother tongue
wàiyǔ	外语	foreign language
Yīngyǔ	英语	English
Fǎyǔ	法语	French
Déyǔ	德语	German
Éyǔ	俄语	Russian
Rìyǔ	日语	Japanese
Xībānyáyǔ	西班牙语	Spanish
Mǎláixīyàyǔ	马来西亚语	Malay
Yìdàlìyǔ	意大利语	Italian
yóulǎn	游览	to visit; to tour around; sight-see/seeing; excuse
yóulì	游历	journey; tour; travel
diànzǐ yóujiàn	电子邮件	e-mail
diànzǐ wǎngyè	电子网页	web page
huánqiúwǎng	环球网	world wide web (www); internet
guójì hùliánwǎng / yīntèwǎng	国际互联网 / 因特网	internet; world wide web (www)
diànzǐ xìnxī	电子信息	electronic information
diànzǐ yóuxì	电子游戏	electronic games
shàng wǎng	上网	get online

SUPPLEMENTARY BUSINESS EXPRESSIONS

kuàguó gōngsī	跨国公司	transnational corporation
guóyíng gōngsī	国营公司	state-owned company/enterprise
mínyíng gōngsī	民营公司	civilian/collectively-owned company/enterprise
sīyíng gōngsī	私营公司	private company/enterprise
Zhōngwài hézī gōngsī	中外合资公司	Sino-foreign joint-venture company/enterprise
dúzī gōngsī	独资公司	wholely foreign-owned company/enterprise
sānzī qǐyè	三资企业	foreign, private and joint-venture enterprises
jìnchūkǒu gōngsī	进出口公司	import-export company

LESSON 7

BUSINESS WORK EXPERIENCE

gāokējì gōngsī	高科技公司	hi-tech company
lièthóu gōngsī	猎头公司	head-hunting company
pīfā gōngsī	批发公司	whole-sale company
língshòu gōngsī	零售公司	retail company
dàilǐ gōngsī	代理公司	agent company
dàixiāo gōngsī	代销公司	companies that sell goods on commission basis
fángdìchǎn gōngsī	房地产公司	real estate company
kuàijì shìwùsuǒ	会计事务所	accounting firm
lǜshī shìwùsuǒ	律师事务所	attorney at law
jīnróngjīgòu	金融机构	financial institution
guójì guǎnlǐ yánjiū shēngyuàn	国际管理研究生院	Master of International Management (MIM)
gōngshāng guǎnlǐ yánjiūshēngyuàn	工商管理研究生院	Master of Business Administration (MBA)
cáijīngxuéyuàn/dàxué	财经学院/大学	college/university of finance and economics
jīnróng xuéyuàn	金融学院	college of finance/banking
wàimào xuéyuàn	外贸学院	college of foreign trade
jīngmào dàxué	经贸大学	university of economics and trade
shāngxuéyuàn	商学院	business school
wùzī liútōng xuéyuàn	物资流通学院	college of logistics
jīngmào tánpàn dàibiǎo	经贸谈判代表	business and trade negotiation representative
shāngwù tánpàn dàibiǎo	商务谈判代表	business negotiation representative
yèwù tánpàn dàibiǎo	业务谈判代表	business negotiation representative
shǒuxí tánpàn dàibiǎo	首席谈判代表	top negotiation representative

GRAMMAR AND BUSINESS CULTURE NOTES

1. The adverb dōu 都 both; all

   dōu 都 is translated as *both* when referring to two persons or things, and as *all* when referring to more than two. Since it is an adverb, it must be placed after the subject and before the verb in the sentence. It can be separated from the verb by another adverb, such as *hěn*. For example:

137

Zhōngwén de tīng, shuō, dú, dǎ, xiě *dōu* hěn yǒuyòng. 中文的听、说、读、打、写都 很有用 Chinese listening, speaking, reading, typing and writing are all useful.

2. bù dōu 不都 / dōu bù 都不 – not all; not both/none; neither

bù dōu 不都 (not all or not both) and *dōu bù* 都不 (none or neither) refer to the nouns occurring before them. For example:

Tāmen dōu xuéxí Zhōngwén. 他们都学习中文。They all study Chinese.

Tāmen bù dōu xuéxí Zhōngwén. 他们不都学习中文。Not all/both of them study Chinese.

Tāmen dōu bù xuéxí Zhōngwén. 他们都不学习中文。None/neither of them study Chinese.

3. Grammar word le 了 (2)

The grammar word *le* 了 indicates that:

1) an action happened in the past and *le 了* is placed after verbs of action to express a completion of the action. For example:

Tā lái le ma? 他来了吗？ Did / Has he come?

Tā lái le. 他来了。He came / has come.

Tā méi lái. 他没来。He hasn't / didn't come.

Note that *méi / méi you* is used to negate completed action.

2) an action has happened and may still be happening. For example:

Tā qù Zhōngguó le. 他去中国了。 He has gone to China (He has not come back yet.)

3) an action has happened and may not continue. For example:

Wǒ zài Huìpǔ Gōngsī gōngzuò *le* liǎngnián 我在惠普公司工作了两年。/ I worked at HP for two years.

This sentence means that the person worked for HP for two years but s/he did not continue up to the present point of time. If s/he has, up to this point of time, been working for HP for two years and s/he is still working for the company and most likely will go on working for the company, therefore the sentence is different:

Wǒ zài Huìpǔ Gōngsī gōngzuò *le* liǎngnián *le* 我在惠普公司工作了两年 了。/ I've been working for HP for two years (I'm still working for the company).

4. Auxiliary verbs

Auxiliary verbs such *huì* 会 know how to/*néng* 能 capable of /*kěyǐ* 可以 may/*děi* 得 have to/*bìxū* 必须 must/*yīnggāi* 应该 should or ought to are pure auxiliary verbs and can only be followed by verb-object compounds in a sentence. For example:

Wǒ huì shuō Zhōngwén. 我会说中文。I know how to speak Chinese.

Wǒ néng shuō Zhōngwén. 我能说中文。I'm able to speak Chinese.

Wǒ kěyǐ shuō Zhōngwén. 我可以说中文。I may (be permitted) speak Chinese.

Wǒ děi shuō Zhōngwén. 我得说中文。I have to speak Chinese.

Wǒ bìxū shuō Zhōngwén. 我必须说中文。I must speak Chinese.

Wǒ yīnggāi shuō Zhōngwén. 我应该说中文。I should/ought to speak Chinese.

Auxiliary verbs such as *xiǎng* 想 think (of doing sth.)/*xǐhuan* 喜欢 like (to do sth.) /*ài* 爱 love (to do sth.) / *yào* 要 want(to do sth.) can function as auxiliary verbs in a sentence, but they can

LESSON 7
BUSINESS WORK EXPERIENCE

also be followed by object noun / noun phrase when they function as pure verbs. For example:

Tā xiǎng chīfàn. Tā xiǎngjiā. 他想吃饭/他想家。He wants to eat / He's homesick.

Tā xǐhuan (or: ài) shuō Zhōngwén. Tā xǐhuan (or: ài) Zhōngwén. 他喜欢 (爱) 说中文/他喜欢 (爱) 中文。He likes (loves) to speak Chinese / He likes (loves) Chinese.

Tā yào yòng qián. Tā yào qián. 他要用钱 / 他要钱。He wants to use the money/He wants money.

5. yì...jiù... 一……就…… as soon as

This structure connects two actions with the second action immediately following the first. For example:

Tā yí bìyè jiù zhǎo gōngzuò. 她一毕业就找工作。She'll look for a job as soon as she graduates.

Tā yì yǒu gōngzuò jiù mǎi xīn qìchē. 他一有工作就买新汽车。He'll buy a new car as soon as he has a job.

6. bǎ 把 structure (1)

This structure is commonly used in Chinese. The basic structure is as follows:
Subject (N1) + 把 + Object (N2) + Verb + [Object (N3)]*/ le 了.
* [Object (N3)] is optional.

In the *bǎ 把* structure, the noun following *bǎ 把* is both the object to *bǎ 把* and the object to the verb. Most sentences of the *bǎ 把* structure denote the subject's diposal of or impact upon the object, with the result of the disposal or impact indicated in the complement following the verb. e.g.

Míngtiān wǒ bǎ jiǎnlì fā gěi nǐ. 明天我把简历发给你。
     N1   N2   V   N3

I'll send you my resume tomorrow.

Wǒ yǐjīng bǎ diànzǐ yóujiàn fā gěi nǐ le. 我已经把电子邮件发给你了。
N1   N2   V   N3

I've already sent you an email.

7. Modulations of yī 一 one

The basic tone of the numeral *yī* 一 is the first tone. When read alone, or in counting or in numbers, its basic tone is used. However, the tone of *yī* 一 may vary with the tone of the syllable that comes after it: if followed by the 1st, 2nd or the 3rd tone, *yī* 一 is pronounced as the 4th tone; if it is followed by a 4th, it is pronounced as the 2nd tone. e.g.

yì jiā	一家	one family
yì yuán	一元	one (Chinese) dollar
yì běn	一本	one copy of...
yí kuàir	一块儿	together

139

BBC 初级实用商务汉语 Basic Business Chinese (BBC)

COMMUNICATIVE SPEECH DRILLS

A. Substitution Drills: Substitute the cued company/school names.

Tā cóng èr líng líng líng nián kāishǐ zài	Měiguó de Nàikè Gōngsī Tàiguó de Nàikè Gōngsī Déguó de Ādídásī Gōngsī Jiāzhōu de Yīngtè'ěr Gōngsī Hánguó de Sānxīng Gōngsī Huádà Shànghǎi de Wēiruǎn Gōngsī Rìběn de Suǒní Diànqì Gōngsī Élègāng de Tàiyángwēi Gōngsī Zhōngguó de Bēnchí Qìchē Gōngsī	gōngzuò/shàng xué.
他/她从2000年开始在	美国的耐克公司 泰国的耐克公司 德国的阿迪达斯公司 加州的英特尔公司 韩国的三星公司 华大 上海的微软公司 日本的索尼电器公司 俄勒冈的太阳微公司 中国的奔驰汽车公司	工作/上学。

B. State that someone worked at a certain place/company for a certain number of years/months.

Example: Wǒ zài Huìpǔ Gōngsī Zhōngguó Fēngōngsī gōngzuòle liǎngnián.
(I worked at HP China branch company for two years).

Gāo Jīnglǐ zài	Měiguó de Nàikè Gōngsī Tàiguó de Nàikè Gōngsī Déguó de Ādídásī Gōngsī Jiāzhōu de Yīngtè'ěr Gōngsī Hánguó de Sānxīng Gōngsī Shànghǎi de Wēiruǎn Gōngsī Rìběn de Suǒní Diànqì Gōngsī Élègāng de Tàiyángwēi Gōngsī Zhōngguó de Bēnchí Qìchē Gōngsī	gōngzuòle_____nián.

LESSON 7

BUSINESS WORK EXPERIENCE

高经理在	美国的耐克公司 泰国的耐克公司 德国的阿迪达斯公司 加州的英特尔公司 韩国的三星公司 上海的微软公司 日本的索尼电器公司 俄勒冈的太阳微公司 中国的奔驰汽车公司	工作了_____年。

C. Substitution Drills: Substitute the cued names of languages / dialects, etc.

Nín zài_____gōngzuò le liǎng nián, nà(me) nín de	Mǎláixīyàyǔ/wén Xībānyáyǔ/wén Rìyǔ/wén Yìdàlìyǔ/wén Yīngyǔ/wén Fǎyǔ/wén Déyǔ/wén Pǔtōnghuà Guóyǔ Guǎngdōnghuà Shànghǎihuà kǒuyǔ shūmiànyǔ Tàiyǔ/wén Hànyǔ/Zhōngwén	yídìng búcuò / hěn hǎo / fēicháng bàng.

Tàiyǔ 泰语：Tai; Mǎláixīyàyǔ/wén 马来西亚语／文：Malay; wén 文：language (same as "yǔ"); fēicháng bàng 非常棒：terrific/great

您在_____工作了两年,那（么）	您的	马来西亚语/文 西班牙语/文 日语/文 意大利语/文 英语/文 法语/文 德语/文 普通话 国语 广东话 上海话 口语 书面语 泰语 汉语/中文	一定	不错/很好/非常棒。

D. Expansion Drills.

Tā xué Zhōngwén.
Tā xuéxí Zhōngwén.
Tā zài Huádà xuéxí Zhōngwén.
Tā zài Huádà gēn lǎoshī xuéxí Zhōngwén.
Tā zài Huádà gēn Zhōngwén lǎoshī xuéxí Zhōngwén.
Tā zài Huádà gēn cóng Zhōngguó lái de lǎoshī xuéxí Zhōngwén.
Tā zài Huádà gēn cóng Zhōngguó lái de Zhōngwén lǎoshī xuéxí Zhōngwén.
Tā zài Xīyǎtú Huádà gēn cóng Zhōngguó lái de Zhōngwén lǎoshī xuéxí Zhōngwén.
Tā zài Huázhōu Xīyǎtú Huádà gēn cóng Zhōngguó lái de Zhōngwén lǎoshī xuéxí Zhōngwén.
Tā zài Měiguó Huázhōu Xīyǎtú huádà gēn cóng Zhōngguó lái de Zhōngwén lǎoshī xuéxí Zhōngwén.
Tā bú zài Měiguó Huázhōu Xīyǎtú Huádà gēn cóng Zhōngguó lái de Zhōngwén lǎoshī xuéxí Zhōngwén.
Tā bú zài Měiguó Huázhōu Xīyǎtú Huádà gēn cóng Zhōngguó lái de Zhōngwén lǎoshī xuéxí Zhōngwén ma?
Tā zài bú zài Měiguó Huáshèngdùn Zhōu Xīyǎtú Huádà gēn cóng Zhōngguó lái de Zhōngwén lǎoshī xuéxí Zhōngwén?
Tā zài Měiguó Huáshèngdùn Zhōu Xīyǎtú Shì Huáshèngdùn Dàxué gēn cóng Zhōngguó nèidì* lái de Zhōngwén lǎoshī xuéxí Zhōngwén
háishì zài Měiguó Huáshèngdùn Zhōu Xīyǎtú Shì Huáshèngdùn Dàxué gēn cóng Zhōngguó Táiwān Táiběi Shì lái de Zhōngwén lǎoshī xuéxí Zhōngwén?

*nèidì 内地：mainland

LESSON 7

BUSINESS WORK EXPERIENCE

他/她学中文。
他/她学习中文。
他/她在华大学习中文。
他/她在华大跟老师学习中文。
他/她在华大跟中文老师学习中文。
他/她在华大跟从中国来的老师学习中文。
他/她在华大跟从中国来的中文老师学习中文。
他/她在西雅图华大跟从中国来的中文老师学习中文。
他/她在华州西雅图华大跟从中国来的中文老师学习中文。
他/她在美国华州西雅图华大跟从中国来的中文老师学习中文。
他/她不在美国华州西雅图华大跟从中国来的中文老师学习中文。
他/她不在美国华州西雅图华大跟从中国来的中文老师学习中文吗？
他/她在不在美国华盛顿州西雅图市华大跟从中国来的中文老师学习中文？
他/她在美国华盛顿州西雅图市华盛顿大学跟从中国内地来的中文老师学习中文
还是在美国华盛顿州西雅图市华盛顿大学跟从中国台湾台北市来的中文老师学习中文？

D1. Review: Students, close your books and see who can answer the following questions based on Drills D.

1. Tā xuéxí shénme?
2. Tā xuéxí shénme wén?
3. Tā gēn shéi xuéxí Zhōngwén?
4. Tā xuéxí Zhōngwén háishi Rìwén?
5. Tā gēn nǎ ge lǎoshī xuéxí Zhōngwén?
6. Tā zài nǎr xuéxí Zhōngwén?
7. Tā zài nǎ ge dàxué xuéxí Zhōngwén?
8. Tā de dàxué zài shénme zhōu? Shénme shì? Shénme guójiā?
9. Tā gēn Zhōngguó nèidì háishi Zhōngguó Táiwān lái de lǎoshī xuéxí Zhōngwén?
10. Tā zài Huáshèngdùn Zhōu de Huáshèngdùn Dàxué xuéxí Zhōngwén háishi zài Mìsūlǐ Zhōu de Huáshèngdùn Dàxué xuéxí Zhōngwén?

1. 他/她学习什么？
2. 他/她学习什么文？
3. 他/她跟谁学习中文？
4. 他/她学习中文还是日文？
5. 他/她跟哪个老师学习中文？
6. 他/她在哪儿学习中文？
7. 他/她在哪个大学学习中文？
8. 他/她的大学在什么州？什么市？什么国家？
9. 他/她跟中国内地还是中国台湾来的老师学习中文？
10. 他/她在华盛顿州的华盛顿大学学习中文还是在密苏里州的华盛顿大学学习中文？

E. Transformation Drills I:

Wǒ néng tīngdǒng Pǔtōnghuà, yě huì shuō Pǔtōnghuà, kěshì	wǒ bú huì (bù dǒng)	xiě Hànzì. yòng diànnǎo* dǎ Hànzì. xiě fántǐzì*. yòng máobǐ* xiě Hànzì. Shànghǎihuà. Guǎngdōnghuà. kàn Zhōngwénbào. yòng Zhōngwén xiě wénzhāng*.

*fántǐzì 繁体字: traditional/complicated characters;   diànnǎo 电脑: computer;
máobǐ 毛笔: brush pen;   wénzhāng 文章: essays/articles

我能听懂普通话，也会说普通话，可是	我不会（不懂）	写汉字。 用电脑打汉字。 写繁体字。 用手笔写汉字。 上海话。 广东话。 看中文报。 用中文写文章。

F. Transformation Drills II:

Wǒ juéde rúguǒ gēn Zhōngguórén	dǎ jiāodào, zuò shēngyì, zuò mǎimai, jiāo péngyou*, shuō Zhōngwén, jié hūn*, yíkuàir gǎo hézī qǐyè*, yíkuàir kāi gōngsī*, yíkuàir chī fàn, yíkuàir mǎi dōngxi,

Zhōngwén de tīng, shuō, dú, dǎ, xiě hé fāyīn dōu hěn yǒuyòng/yàojǐn/zhòngyào.

*jiāo píngyóu 交朋友: make friends with...;   jiéhūn 结婚: marry;   gǎo hézī qǐyè 搞合资企业: enage in joint-venture business;   kāi gōngsī 开公司: run a company

LESSON 7

BUSINESS WORK EXPERIENCE

我觉得如果跟中国人	打交道, 做生意, 做买卖 交朋友, 说中文, 结婚, 一块儿搞合资企业, 一块儿开公司, 一块儿吃饭, 一块儿买东西,
中文的听、说、读、打、写和发音都很有用/要紧/重要。	

G. Substitution Drills I: Substitute the cued adverb + adjective with an emphatic particle *le*.

Wǒ juéde nǐ de Zhōngwén yǐjīng	fēicháng hǎo hěn búcuò hěn bàng* hěn liúlì hěn biāozhǔn* tài hǎo hěn dìdao* hěn yǒu jìnbù* hěn hǎotīng dà yǒu tígāo*	le.

*biāozhǔn 标准: standardized;   *bàng 棒: terrific/great;   *dìdao 地道: authentic;
*yǒu jìnbù 有进步: has make great progress;   *tígāo 提高: improvement

我觉得你的中文已经	非常好 很不错 很棒 很流利 很标准 太好 很地道 很有进步 很好听 大有提高	了。

145

H. Substitution Drills II: Substitute the cued verb + object noun.

Qǐngwèn, nǐ shénme shíhou	qù Yīngtè'ěr Chéngdū Jīngpiànchǎng* gōngzuò? kāishǐ xuéxí xiě Hànzì? qù Shànghǎi chū chāi? kāishǐ gōngzuò? qù Běijīng jìxù xuéxí Zhōngwén? qù Zhōngguó yóuxué? bì yè? kāishǐ jiāo xuésheng xiě Hànzì? kāishǐ shàng wǎng? gěi tā fā diànzǐ yóujiàn? qù Zhōngguó hé Rìběn shíxí? mǎi xīn qìchē? kāishǐ tuō chǎn shàng xué?

*jīngpiànchǎng 晶片厂: chip factory

请问,你什么时候	去英特尔成都晶片厂工作? 开始学习写汉字? 去上海出差? 开始工作? 去北京继续学习中文? 去中国游学? 毕业? 开始教学生写汉字? 开始上网? 给他/她发电子邮件? 去中国和日本实习? 买新汽车? 开始脱产上学?

LESSON 7
BUSINESS WORK EXPERIENCE

I. Substitution Drills III：Substitute the cued verb + object noun.

Bì yè yǐhòu, wǒ xiǎng xiān (qù)	xiūxi xiūxi, qù kànkan fùmǔ, qù lǚyóu, mǎi qìchē, gōngzuò, xué xiě Hànzì, yóuxué, shíxí, xiě jiǎnlì*, qù Běijīng, dāng* jīnglǐ, dú yán*, jié hūn,	zài	kāishǐ gōngzuò. qù kànkan péngyou. huí lǎojiā kànkan. mǎi fángzi. qù gèdì* lǚxíng. xué dǎ Hànzì. zhǎo gōngzuò. gōngzuò. fā diànzǐ yóujiàn. qù Shànghǎi. dāng zǒngcái. dāng lǎoshī. dù mìyuè*.

*gèdì 各地：various/different places;   *jiǎnlì 简历：resume;   *dāng 当:to become;
*dú yán 读研：study for a graduate degree;   *dù mìyuè 度蜜月：spend the honeymoon

毕业以后，我想先(去)	休息休息， 去看看父母， 去旅游， 买汽车， 工作， 学写汉字， 游学， 实习， 写简历， 去北京 当经理， 读研， 结婚，	再	开始工作。 去看看朋友。 回老家看看。 买房子。 去各地旅行。 学打汉字。 找工作。 工作。 发电子邮件。 去上海。 当总裁。 当老师。 度蜜月。

BBC 初级实用商务汉语 Basic Business Chinese (BBC)

J. Substitution Drills IV: Substitute the cued couplet yìbiān... yìbiān...

| Tā (xiǎng) | yìbiān | zuò fàn,
jiāo shū,
shíxí,
kàn diànshì,
kāi qìchē,
dǎ zì,
kàn shū,
shàng xué,
zuò shēngyì,
tuōchǎn xuéxí,
tīng yīnyuè,
yóuxué,
chī fàn, | yìbiān | kàn diànshì*.
shàng xué.
zhǎo gōngzuò.
zuò gōngkè*.
tīng Zhōngwén.
tīng yīnyuè*.
chī fàn.
gōngzuò.
xué Zhōngwén.
zhǎo tā xǐhuan de gōngzuò.
dǎ yóuxì*.
qù gèdì kànkan.
hē shuǐ/jiǔ/guǒzhī/chá/kāfēi. |

*yīnyuè 音乐: music;   *kàn diànshì 看电视: watch TV;
*zuò gōngkè 做功课: do homework;   *dǎ yóuxì 打游戏: play games

| 他/她 (想) | 一边 | 做饭,
教书,
实习,
看电视,
开汽车,
打字,
看书,
上学,
做生意,
脱产学习,
听音乐,
游学,
吃饭, | 一边 | 看电视。
上学。
找工作。
做功课。
听中文。
听音乐。
吃饭。
工作。
学中文。
找他/她喜欢的工作。
打游戏。
去各地看看。
喝水/酒/果汁/茶/咖啡。 |

LESSON 7

BUSINESS WORK EXPERIENCE

K. Substitution Drills V：Substitute the cued couplet yí / yì... jiù...

| Tā (jìhuà) | (yì) | yǒu jīhuì,
xiěhǎo jiǎnlì,
xué xiě Hànzì,
yǒu fángzi,
yǒu gōngzuò,
bì yè,
shàng xué,
dào* Shànghǎi,
yǒu qián,
qù Běijīng,
xià fēijī,
qù fànguǎn,
hē jiǔ,
(bù) hē kāfēi, | jiù | qù Zhōngguó gōngzuò.
fā diànzǐ yóujiàn.
xué dǎ Hànzì.
jié hūn.
mǎi qìchē.
gōngzuò.
bù gōngzuò le.
qù Pǔdōng kànkan.
tuì xiū*.
qù chī Běijīng kǎoyā.
qù fàndiàn.
yào yòng kuàizi chī fàn.
hēzuì*.
bù xiǎng kàn shū. |

*dào 到：arrive/get to；　*tuìxiū 退休：retire；　*hē zuì 喝醉：get drunk

| 他/她计划 | （一） | 有机会
写好简历
学写汉字
有房子
有工作
毕业
上学
到上海
有钱
去北京
下飞机
去饭馆
喝酒
（不）喝咖啡 | 就 | 去中国工作。
发电子邮件。
学打汉字。
结婚。
买汽车。
工作。
不工作了。
去浦东看看。
退休。
去吃北京烤鸭。
去饭店。
要用筷子吃饭。
喝醉。
不想看书。 |

BBC 初级实用商务汉语 Basic Business Chinese (BBC)

L. Substitution Drills VI: Substitute the cued names of companies.

Lǐ XSh. (bú)shì yì jiā	Xīyǎtú gāokējì* gōngsī Bōtèlán màoyì gōngsī Tiānjīn jìnchūkǒu gōngsī Běijīng jìnchūkǒu gōngsī Shànghǎi hézī qǐyè Guǎngzhōu dúzī qǐyè Zhōngguó sānzī qǐyè Měiguó kuàguó gōngsī Hánguó gōngsī Rìběn diànqì gōngsī Déguó qìchē gōngsī Tàiguó jiātíng gōngsī* Xiānggǎng yínháng Àomén sīyíng gōngsī	de	gōngchéngshī*. kuàijì. fùzǒngjīnglǐ. yèwù dàibiǎo. fǎrén dàibiǎo*. tánpàn dàibiǎo. zǒngcái. wàipài gùyuán. jīnglǐ. dǒngshìzhǎng. dǒngshì. lǎobǎn*. hángzhǎng*. yèwù jīnglǐ.

*fǎrén dàibiǎo 法人代表: legal representative; *gāokējì 高科技: hi-tech;
*gōngchéngshī 工程师: engineer; *jiātíng gōngsī 家庭公司: family-owned company;
*lǎobǎn 老板: owner / boss; *hángzhǎng 行长: head of a bank

李先生(不)是一家	西雅图高科技公司 波特兰贸易公司 天津进出口公司 北京进出口公司 上海合资企业 广州独资企业 中国三资企业 美国跨国公司 韩国公司 日本电器公司 德国汽车公司 泰国家庭公司 香港银行 澳门私营公司	的	工程师。 会计。 副总经理。 业务代表。 法人代表。 谈判代表。 总裁。 外派雇员。 经理。 董事长。 董事。 老板。 行长。 业务经理。

LESSON 7

BUSINESS WORK EXPERIENCE

M. Substitution Drills VII: Substitute the cued noun and verb with the *bǎ* structure.

Qǐng nǐ bǎ	xìn wǔfàn* qìchē gōngkè qián mǎi de dōngxi diànzǐ yóujiàn jiǎnlì diànnǎo jiā jīntiān de kǎoshì bào shang* de xīnwén* xiànjīn nǐ de qíngkuàng gēn wǒ	sòngdào yóujú*. sòngdào bàngōngshì. kāidào gōngsī. jiāogěi lǎoshī jiāogěi nǐ fùmǔ. sònggěi nǐ de nán péngyou. fāgěi bùmén jīnglǐ. fāgěi rénlìzīyuánbù. màigěi nǐ de tóngxué. bāndào chénglǐ* lái. fāgěi xuésheng. gàosu* dàjiā*. cúnrù* yínháng. jièshao jièshao.

*wǔfàn 午饭: lunch;   *yóujú 邮局: post office;
*bāndào 报道: move to;   *chénglǐ 城里: downtown/inner city;
*bàoshang 报上: in the newspaper;   *xīnwén 新闻: news;   *gàosu 告诉: tell;
*dàjiā 大家: everyone/all;   *cúnrù 存入: deposit into (bank)

请你把	信 午饭 汽车 功课 钱 买的东西 电子邮件 简历 电脑 家 今天的考试 报上的新闻 现金 你的情况跟我	送到邮局。 送到办公室。 开到公司。 交给老师。 交给你父母。 送给你的男朋友。 发给部门经理。 发给人力资源部。. 卖给你的同学。 搬到城里来。 发给学生。 告诉大家。 存入银行。 介绍介绍。

BBC 初级实用商务汉语 Basic Business Chinese (BBC)

COMMUNICATIVE ACTIVITIES

1. Tell where, how long you've been working in your company.
2. Tell how long you've been studying Chinese and how good your Chinese is.
3. State why you want to work as an expatriate at a transnational corporation and which country you'd like to be sent to.
4. Briefly describe the process of finding a job in the U.S. What do you need to prepare?
5. State in one minute for what purpose you study Chinese and whether or not it is useful and why.
6. Role play: Share your future career plans with one of your classmates, and then ask him or her for the same information by saying "*Nǐ de ne?*"
7. State reasons why you want to engage in international trade business or any other business you'd like to engage for your career?
8. Conduct conversation, dictation, communicative exchanges, oral reproduction and interpretation/translation based on the following discourse:

　　来英特尔公司以前，刘女士在美国惠普公司中国北京分公司工作了两年。她说普通话说得很好，也能听懂很多中文，可是她不会写汉字。国际管理研究生院请刘女士来学校做报告，谈谈她在惠普和英特尔公司工作的经验。她告诉国际管理研究生院的学生，今后要想跟中国人打交道、做生意，交际交流，就必须学好中文，而且中文的听、说、读、打、写都很有用，也很要紧。她鼓励 (gǔlì encourage) 学生们毕业以后可以在美国的学校继续学习中文，也可以去中国游学或实习。这样一来 (this way)，他们可以一边旅游，一边实习，一边工作，一边继续学习中文。她也鼓励学生毕业以前就开始申请工作。最好是先到一家美国的跨国公司去工作，然后作为跨国公司的外派雇员再到中国去工作，这样就可以一举两得 (yì jǔ liǎng dé kill two birds with one stone)，又学中文，又工作，有时间还可以在中国各地参观，旅游，跟中国人练习说中文，了解中国的风土人情 (fēngtǔ rén qíng natural conditions and social customs of a place) 和文化。

LESSON 8 BUSINESS CAREER
第八课 商务职业

FUNCTIONAL OBJECTIVES

Upon completion of Lesson 8, you will be able to：

- Ask and tell why you are applying for the expatriate position;
- Ask and tell which country you'd like to be sent to as an expatriate;
- Ask and tell about your language qualification for the position;
- Ask and answer questions about one's age;
- Ask and answer questions about the number of one's family members;
- Ask and answer questions using particle "*le*;"
- Ask and answer questions using "*shi...de*" pattern;
- Know one wants to do something long time ago.

COMMUNICATIVE EXCHANGES

SITUATIONAL CONVERSATION 1:
BUSINESS JOB INTERVIEW FOR AN EXPATRIATE POSITION
情景会话 1:外派雇员职位面谈

153

BBC 初级实用商务汉语 Basic Business Chinese(BBC)

Pinyin Text:

Receptionist: Zǎoshang hǎo, xiānsheng. Nín shì...?
Wang: Zǎoshang hǎo, xiǎojie. Wǒ jiào Wáng Dàwěi. Wǒ yào zhǎo rénlì zīyuánbù hǎiwàikē de Chén jīnglǐ. Wǒ shì lái yìngpìn gōngzuò de.
Receptionist: Chén jīnglǐ zhèngzài bàngōngshì děng nín. Qǐng gēn wǒ lái.
Receptionist: Chén jīnglǐ, zhè wèi shì lái yìngpìn de Wáng xiānsheng. Wáng xiānsheng, zhè wèi shì rénlìzīyuánbù hǎiwàikē de Chén jīnglǐ.
Wang: Nín hǎo, Chén jīnglǐ. Wǒ shì lái yìngpìn hé miàntán de. Wǒ jiào Wáng Dàwěi. Hěn gāoxìng jiàndào nín.
Chen: Nǐ hǎo, Wáng xiānsheng. Wǒ yě hěn gāoxìng jiàndào nǐ. Wǒ kànle nǐ fālai de jiǎnlì. Wǒ kěyǐ xiān wèn nǐ jǐ ge wèntí ma?
Wang: Dāngrán kěyǐ.
Chen: Nǐ wèi shénme yào shēnqǐng zhè fèn gōngzuò? Nǐ yǒu hǎiwài gōngzuò jīngyàn ma?
Wang: Yīnwèi wǒ de zhuānyè shì guójì guǎnlǐ hé guójì shāngmào, érqiě wǒ yě yǒu liǎng nián hǎiwài gōngzuò de jīngyàn, suǒyǐ wǒ juéde wǒ néng shèngrèn zhè fèn gōngzuò.
Chen: Wǒmen zài Zhōngguó, Yuènán, Hánguó hé Tàiguó dōu yǒu wàipài gùyuán. Qǐngwèn, nǐ zuì xǐhuan zài nǎ ge guójiā gōngzuò?
Wang: Rúguǒ ràng wǒ xuǎnzé, wǒ zuì xǐhuan zài Zhōngguó gōngzuò.
Chen: Nǐ huì shuō Hànyǔ ma?
Wang: Wǒ shàng dàxué de shíhou xuéle sì nián Zhōngwén, zài guójì guǎnlǐ yánjiūshēngyuàn xuéle yì nián shāngwù Hànyǔ. Wǒ de Hànyǔ pǔtōng huà hěn liúlì.
Chen: Nà tài hǎo le! Wǒmen jiù xūyào dǒng Zhōngwén de wàipài gùyuán. Gǎnxiè nǐ lái yìngpìn hé miàntán. Xià ge xīngqī wǒmen gěi nǐ dáfù.
Wang: Xièxiè. Zàijiàn, jīnglǐ xiānsheng.
Chen: Zàijià, Wáng xiānsheng.

Character Text:

Receptionist: 早上好,先生。您是……
Wang: 早上好,小姐。我叫王大伟。我要找人力资源部海外科的陈经理。我是来应聘工作的。
Receptionist: 陈经理正在办公室等您。请跟我来。
Receptionist: 陈经理,这位是来应聘的王先生。王先生,这位是人力资源部海外科的陈经理。
Wang: 您好,陈经理。我是来应聘和面谈的。我叫王大伟。很高兴见到您。

LESSON 8
BUSINESS CAREER

Chen：　　　　你好，王先生。我也很高兴见到你。我看了你发来的简历。我可以先问你几个问题吗？
Wang：　　　　当然可以。
Chen：　　　　你为什么要申请这份工作？你有海外工作经验吗？
Wang：　　　　因为我的专业是国际管理和国际商贸，而且我也有两年海外工作的经验，所以我觉得我能胜任这份工作。
Chen：　　　　我们在中国、越南、韩国和泰国都有外派雇员。请问，你最喜欢在哪个国家工作？
Wang：　　　　如果让我选择，我最喜欢在中国工作。
Chen：　　　　你会说汉语吗？
Wang：　　　　我上大学的时候学了四年中文，在国际管理研究生院学了一年商务汉语。我的汉语普通话很流利。
Chen：　　　　那太好了！我们就需要懂中文的外派雇员。感谢你来应聘和面谈。下个星期我们给你答复。
Wang：　　　　谢谢。再见，经理先生。
Chen：　　　　再见，王先生。

English Text:

Receptionist:　Good morning, Sir. You are...?
Wang:　Good morning, Miss. My name is Wang Dawei. I'd like to see Manager Chen of the Overseas Section at the Human Resources Department. I'm here for a job interview.
Receptionist:　Manager Chen is waiting for you in his office. Please follow me.
Receptionist:　Manager Chen, this is Mr. Wang who is here for a job interview. Mr. Wang, this is Manager Chen of the Overseas Section at the Human Resources Department.
Wang:　How do you do, Manager Chen. I'm here for a job interview. My name is WANG Dawei. I'm very glad to meet you.
Chen:　How do you do, Mr. Wang. I'm glad to meet you, too. I've read the CV you sent me. May I first ask you a few questions?
Wang:　Of course you may.
Chen:　Why did you apply for this position? Do you have overseas work experience?
Wang:　Because my major is international management and international business and trade, and I also have two years experience working overseas, therefore I feel I'm qualified for this position.
Chen:　We have expatriates in China, Vietnam, Korea and Thailand. May I ask, which country do you want to work in most?
Wang:　If you let me choose, I would like to work in China most.
Chen:　Can you speak Chinese?

Wang: I studied Chinese for four years while I was an undergraduate at university, and I also studied business Chinese for one year while I was a graduate student at Graduate School of Master of International Management. I speak fluent Chinese Putonghua.

Chen: That's great! We need expatriates who understand Chinese. Thank you very much for coming over for this interview. We'll reply to you next week.

Wang: Thank you. Goodbye, Mr. Manager.

Chen: Goodbye, Mr. Wang.

SITUATIONAL CONVERSATION 2:
WORKING AS AN EXPATRIATE IN CHINA
情景会话2:去中国做外派雇员

Pinyin Text:

Huáng Jīnglǐ: Wǒ lái jièshao yíxiàr, zhè wèi shì wǒmen IBM Běijīng Fēngōngsī de màoyì tánpàn dàibiǎo Wáng Dàwěi xiānsheng. Wáng xiānsheng, zhè wèi shì nín de zhùlǐ, Wú xiǎojie.

Wú: Huānyíng nín, Wáng Dàwěi xiānsheng.

Wáng: Nǐhǎo. Chūcì jiàn miàn, qǐng duō guānzhào.

Wú: Qǐngwèn, nín de fūren hé háizi yě dōu láile ma?

Wáng: Shì de, tāmen shì zuótiān gēn wǒ yìqǐ lái de.

Wú: Wáng xiānsheng, nín jiā li yǒu jǐ kǒu rén?

Wáng: Wǒ jiā li yǒu sì kǒu rén, yǒu wǒ tàitai, liǎng ge háizi gēn wǒ.

Wú: Háizi duō dà le? Shì nánhái háishi nǚhái?

Wáng: Lǎo dà shì nánhái, jīn nián shí suì; lǎo'èr shì nǚhái, jīn nián bā suì.

LESSON 8

BUSINESS CAREER

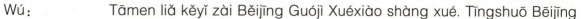

Wú： Tāmen liǎ kěyǐ zài Běijīng Guójì Xuéxiào shàng xué. Tīngshuō Běijīng Guójì Xuéxiào hěn yǒumíng.

Wáng： Shì a. Shuō shíhuà, wǒ jiùshì yīnwèi zhè suǒ xuéxiào cái lái Běijīng gōngzuò de.

Huáng Jīnglǐ： Wáng xiānsheng, wǒmen xiànzài xiān tántan nín de gōngzuò, hǎo bu hǎo?

Wáng： Hǎo a. Wǒ zǎo jiù xiǎng kāishǐ gōngzuò le.

Huáng Jīnglǐ： Tīngshuō nín de Zhōngwén hěn hǎo, wǒ xiǎng qǐng nín fùzé gēn Zhōngfāng Liánxiǎng Gōngsī de yèwù tánpàn, zěnmeyàng?

Wáng： Nín shì shuō Zhōngfāng gòumǎi IBM gèrén diànnǎo de tánpàn ma?

Huáng Jīnglǐ： Zhèng shì.

Wáng： Hǎo jí le!

Character Text：

黄经理： 我来介绍一下儿,这位是我们IBM北京分公司的贸易谈判代表王大伟先生。王先生,这位是您的助理,吴小姐。

吴： 欢迎您,王大伟先生。

王： 你好。初次见面,请多关照。

吴： 请问,您的夫人和孩子也都来了吗?

王： 是的,他们是昨天跟我一起来的。

吴： 王先生,您家里有几口人?

王： 我家里有四口人,有我太太、两个孩子跟我。

吴： 孩子多大了? 是男孩还是女孩?

王： 老大是男孩,今年10岁;老二是女孩,今年8岁。

吴： 他们俩可以在北京国际学校上学。听说北京国际学校很有名。

王： 是啊。说实话,我们就是因为这所学校才来北京工作的。

黄经理： 王先生,我们现在先谈谈您的工作,好不好?

王： 好啊。我早就想开始工作了。

黄经理： 听说您的中文很好,我想请您负责跟中方联想公司的业务谈判,怎么样?

王： 您是说中方购买IBM个人电脑的谈判吗?

黄经理： 正是。

王： 好极了!

English Text:

Manager Huang:	Let me introduce you, this is Mr. WANG Dawei, trade negotiation representative of our IBM Beijing Branch. Mr. Wang, this is your assistant, MissWu.
Wu:	Welcome, Mr. WANG Dawei.
Wang:	How do you do? Nice meeting you for the first time. I'd appreciate your kindness.
Wu:	May I ask, have your wife and children also come along?
Wang:	Yes, they all came with me yesterday.
Wu:	Mr. Wang, how many people are there in your family?
Wang:	There are four people in my family. They are my wife, two children and me.
Wu:	How old are your children? Are they boys or girls?
Wang:	The eldest is a boy, he is ten years old this year; the second child is a girl, she is eight years old this year.
Wu:	They both can go to Beijing International School in Beijing. I heard the Beijing International School is very famous.
Wang:	That's right. To tell you the truth, it is just because of this school that I come to work in Beijing.
Manager Huang:	Mr. Wang, shall we talk about your work first?
Wang:	Good. I've long been thinking of starting my work.
Manager Huang:	I heard your Chinese is very good. I'd like to ask you to take the charge of business negotiations with China's Levono Corporation. What do you think?
Wang:	Do you mean the negotiation on China's buying IBM personal computer production?
Manager Huang:	Exactly.
Wang:	That's wonderful!

 NEW WORDS AND EXPRESSIONS

zǎoshang	早上	N	(early) morning
hǎiwài	海外	N	overseas
kē	科	N	section, division
yìngpìn	应聘	VO	to apply for a job
zhèng	正	ADV	just, precisely
bàngōngshì	办公室	N	office

LESSON 8
BUSINESS CAREER

děng	等	V	wait (for someone/something)
gēn...lái	跟……来	VP	follow...
miàntán	面谈	V	to discuss face to face
kěyǐ	可以	AV	can, may
wèi shénme	为什么	PR	why
fèn	份	MW	portion, share, copy
jīngyàn	经验	N	experience
zhuānyè	专业	N	special field of research, profession, specialty, discipline
guójì	国际	N	international
érqiě	而且	CONJ	further more, and
néng	能	AV	can, be able to, be capable of
shèngrèn	胜任	V	be competent, qualified
guójiā	国家	N	country, state, nation
rúguǒ	如果	CONJ	if
ràng	让	V	let, allow
xuǎnzé	选择	V	select, opt
liúlì	流利	ADJ	fluent, smooth
dáfù	答复	V	answer, reply
chūcì	初次	NP	for the first time
jiàn miàn	见面	VP	to meet, to see
guānzhào	关照	V	to look after
lǎo dà	老大	NP	oldest child (in a family)
lǎo'èr	老二	NP	second oldest child (in a family)
liǎ	俩	NUM	two
yǒumíng	有名	ADJ	well-known, famous
shuō shíhuà	说实话	VP	to speak the truth
zǎo jiù	早就	ADV	long since, long ago
kāishǐ	开始	V	to begin, to start
fùzé	负责	V/ADJ	take the charge; be responsible for, be in charge
Zhōngfāng	中方	N	Chinese side
zěnmeyàng	怎么样	PH	how, how are things
gòumǎi	购买	V	purchase, buy
diànnǎo	电脑	N	computer
gèrén diànnǎo	个人电脑	NP	PC/personal computer
zhèngshì	正是	ADV	be exact, precise

PROPER NOUNS

IBM Diànnǎo Gōngsī	IBM电脑公司	IBM Corporation
IBM Běijīng Fēngōngsī	IBM北京分公司	IBM Beijing Branch Company
Liánxiǎng Gōngsī	联想公司	Lenovo Corporation
Běijīng Guójì Xuéxiào	北京国际学校	Beijing International School
Tàiguó	泰国	Thailand
Guójì Guǎnlǐ Yánjiūshēngyuàn	国际管理研究生院	Master of International Management Program (MIM)

ENRICHMENT

shēnqǐng gōngzuò	申请工作	apply for a job / work
shēnqǐng xuéwèi	申请学位	apply for an academic degree
shēnqǐngxìn	申请信	letter of application
shēnqǐngbiǎo	申请表	application form
shēnqǐngshū	申请书	application form
shēnqǐng bǔzhù	申请补助	apply for a subsidy
zhāopìn	招聘	to recruit, to invite application for
shòupìn	受聘	receive job offer
pìnyòng	聘用	appoint and employ
pìnqǐng	聘请	engage, invite
pìnshū	聘书	letter of appointment / contract
jiǎnzhāng	简章	general regulations, briefing, brochure
jiǎnjiè	简介	brief introduction, synopsis
píngguǒ diànnǎo	苹果电脑	apply (brand) computer
bǐjìběn diànnǎo	笔记本电脑	notebook computer
shǒutí diànnǎo	手提电脑	portable computer
táishì / zhuōshì diànnǎo	台式/桌式电脑	desktop computer
zhǎngshàng diànnǎo	掌上电脑	palm computer

LESSON 8

BUSINESS CAREER

shāngwù Hànyǔ	商务汉语	business Chinese
dáxiè	答谢	express appreciation, thanks
dá'àn	答案	solution, answer, key
dāying	答应	answer, reply, agree, promisewer
yìngdá	应答	reply, answer

SUPPLEMENTARY BUSINESS EXPRESSIONS

gòujìn	购进	purchase, buy in
gòuwù (zhōngxīn)	购物(中心)	shopping mall
cǎigòu	采购	choose and purchase
yóugòu	邮购	mail order
wǎngshàng gòuwù	网上购物	purchase or buy on the internet
xiūxián gòuwù	休闲购物	purchase at leisure
tuīxiāo	推销	promote sale of
shìxiāo	试销	place goods on trial sale
shìxiāo	适销	sell well
cùxiāo	促销	promotion sale
qīngxiāo	倾销	dump (goods, etc.)
zhìxiāo	滞销	be unsalable, unmarketable
chàngxiāo	畅销	sell well
dàixiāo	代销	sell on consignment
xiāoshòu	销售	sell, market
shòuhòu fúwù	售后服务	after sale service
pīfā	批发	whole sale
língshòu	零售	retail
shòuhuò	售货	sell goods
chūshòu	出售	sell, offer for sale
shòuchū	售出	sell out, sell goods
wàibāo	外包	outsourcing
wàimài	外卖	sell outside, take-out order

wàichū	外出	go out, go on business
wàiqǐ	外企	foreign enterprise
wàizī	外资	foreign capital
wàiháng	外行	layman, nonprofessional
ménwàihàn	门外汉	layman

GRAMMAR AND BUSINESS CULTURE NOTES

1. -de shíhou...的时候 when...; at the time when...

In a sentence with *–de shíhou*……的时候, the second action and the first action take place simultaneously rather than before or after the first action such as in ... *yǐqián* (……以前) or ... *yǐhòu* (……以后).

2. yǒu 有 to have

The verb *yǒu* has several usages but here it is used to show "possession." A simple answer to the question *Nín jiāli yǒu jǐ kǒu rén*? can be the affirmative of the verb. (e.g. *yǒu* / Yes.)

There is also an impersonal use of *yǒu* 有 which means "there is / are" in the following:
Wǒ jiāli yǒu sì kǒu rén 我家里有四口人。/ There are four people in my family.

3. Chinese nouns

In general, Chinese nouns have the same form for singular and plural. (e.g. *háizi* can be both child or children.) The pluralized marker *–men* may be added to personal nouns and personal titles in certain contexts.

4. jǐ 几 how many

The question word *–jǐ* is used in Beijing speech when the expected answer is less than ten. If the expected answer is more than ten, the question word "how many" will become *duōshao*. But in other parts of China jǐ is used regardless of the number expected in the answer.

5. –ge 个 (a most commonly used measure word)

It is the general measure word and is used with nouns that do not have a special measure word, and frequently with those that do.

6. nán 男 / male; nǚ 女 / female

Both *nán* / male and *nǚ* / female are bound words used with other nouns to make words that specify gender. (e.g. *nán háizi* / male child; *nǚ háizi* / female child; *nán péngyou* / boy friend; *nǚ péngyou* / girl friend; *nánde* / male; *nǚde* / female, etc.)

7. Usage of gēn / 跟 with; and

gēn / 跟 is the word for "and" when joining nouns or noun phrases; the previously used *yě* is

LESSON 8
BUSINESS CAREER

the word used for "and" when joining verbs, verb phrases and whole sentences.

8. Hǎo jíle 好极了 wonderful

The phrase / sentence means "excellent." This compliment is an idiomatic expression. In Chinese the suffix –jíle, "extremely," follows the stative verb. Other examples:

　　Hǎochī jíle. / Extremely delicious.

　　Máng jíle. / Extremely busy.

9. The shi...de structure 是……的 It is ...that...

This shi...de pattern is one of the most important in the Chinese language. It is used to stress various circumstances connected with the action of the main verb (such as the time, the place, the manner, the purpose, the conveyance, or the initiator of an action etc.) which we know has happened, rather than the action itself. It asks and / or answers WHEN, HOW, WHY, FROM WHERE, WITH WHOM, WHO, etc. The shi stands before the particular circumstance to be stressed, and the –de follows the main verb at the end of a sentence. The use of shi, however, is optional. In this lesson, time zuótiān and purpose lái yìngpìn are stressed. However, WHERE can also be asked and answered. The following is shi...de construction which is used to focus attention on:

　　1) place　　　　Tā shì cóng Zhōngguó lái de. / He came from China.
　　2) time　　　　Tāmen shì zuótiān lái de. / They came yesterday.
　　3) purpose　　　Tā shì lái zhèr xué Zhōngwén de. / She came here to study Chinese.
　　4) conveyance　 Tā shì zuò fēijī lái de. / She came by plane.
　　5) with whom　　Tā shì gēn tàitai hé háizi yìqǐ qù Zhōngguó de. / He went to China with his wife and children.
　　6) initiator　　　Shì tā ràng wǒ lái de. It was she who asked one to come

10. Modification of nouns by clauses with –de 的

The possessive particle –de can be used at the end of a phrase and before a noun. The phrase dǒng Zhōngwén de wàipài gùyuán 懂中文的外派雇员 is an example of the modification of nouns by clauses with the particle –de. There are three basic parts:

　　dǒng Zhōngwén de wàipài gùyuán　　the expatriate who knows Chinese
　　lǎoshī xiě de shū　　　　　　　　　 the book (which is) written by the teacher
　　tā gōngzuò de gōngsī　　　　　　　 the company (in which) he works

11. CHINESE KINSHIP TERMS

Family and family members place very much importance in the Chinese culture. Therefore in the Chinese language, each member of the family and relative has a specific term, making kinship terms more complicated than in English. The following are some frequently used kinship terms:

　　Chinese　　　　　　　English
　　bàba (fùqin)　　　　　dad / father
　　māma (mǔqin)　　　　mom / mother
　　yéye (zǔfù)　　　　　 grandpa / grandfather (on father's side)
　　nǎinai (zǔmǔ)　　　　grandma / grandmother (on father's side)

gūgu (gūmā)/ gūfu		aunt (father's sister) / uncle (father's sister's husband)
lǎoye (wàigōng/ wàizǔfù)		grandfather (on mother's side)
lǎolao (wàipó/ wài zǔmǔ)		grandmother (on mother's side)
gēge / sǎozi		elder brother / sister–in–law (elder brother's wife)
jiějie / jiěfu		elder sister / brother–in–law (elder sister's husband)
dìdi / dìmèi		younger brother / sister–in–law (younger brother's wife)
mèimei / mèifu		younger sister / brother–in–law (younger sister's husband)
bóbo / bómǔ / dàniáng		uncle(father's elder brother) / aunt(father's elder brother's wife)
shūshu / shěnshen		uncle (father's younger brother) / aunt (father's younger brother's wife)
jiùjiu (jiùfù)jiùmǔ		uncle (mother's brother) / aunt (mother's brother's wife)
āyí (yímā/yímǔ)yífù		aunt (mother's sister) / uncle (mother's sister's husband)
érzi / érxí		son / male child / daughter–in–law (son's wife)
nǚ'ér / nǚxu		daughter / female child / son–in–law (daughter's husband)

COMMUNICATIVE SPEECH DRILLS

A.Transformation Drills：

Nǐ hǎo,	xiǎojie, xiānsheng nǚshì fūren	qǐng zhuǎn	rénlìzīyuánbù. gōngguānbù. Yàtàibù. yíngxiāobù. guójìbù. Běiměibù. jìnchūkǒubù. Lāměibù. xiāoshòubù.	Wǒ yào zhǎo hǎiwài kē de Zhōng zǒng jīnglǐ.

LESSON 8

BUSINESS CAREER

你好，	小姐, 先生 女士 夫人	请转	人力资源部。 公关部。 亚太部。 营销部。 国际部。 北美部。 进出口部。 拉美部。 销售部。	我要找海外科的钟总经理。

B. Substitution Drills I: Substitute the cued "shì ...de" structure.

Wáng XJ. Lǐ TT. Gāo NSh. Qián XSh. Chén TZh. Wǒ Nǐ Tā Zhāng JI. Wú zǒngcái	shì lái	zhǎo kèhù cānjiā zhǎnxiāohuì tuīxiāo chǎnpǐn yíngxiāo zhǎo gōngzuò yìngpìn hé miànshì xué Zhōngwén hǎiwài gōngzuò kàn zhǎnlǎn kāi huì	de.

王小姐 李太太 高女士 钱先生 陈同志 我 你 他/她 张经理 吴总裁	是来	找客户 参加展销会 推销产品 营销 找工作 应聘和面试 学中文 海外工作 看展览 开会	的。

BBC 初级实用商务汉语 Basic Business Chinese (BBC)

C. Substitution Drills II: Substitute the cued attributive "V + de" structure.

Yínháng Jīnglǐ Kèhù Zǒngcái Mǎifāng Màifāng Gāo zhǔrèn	shōudào(kàn)le	nǐ	xiě de zhuǎnfā de sònglái de xiě de fālái de chuánzhēn de fālái de	zhīpiào. diànzǐ xìnjiàn. yàngpǐn. bàogào. huòwù. dìnghuòdān. jiǎnlì.
Kěyǐ xiān wèn nǐ jǐ ge wèntí ma?				

银行 经理 客户 总裁 买方 卖方 高主任	收到（看）了	你	写的 转发的 送来的 写的 发来的 传真的 发来的	支票。 电子信件。 样品。 报告。 货物。 订货单。 简历。
可以先问你几个问题吗？				

D. Expansion Drills.

> shāngmào
> guójì shāngmào
> hé guójì shāngmào
> guǎnlǐ hé guójì shāngmào
> guójì guǎnlǐ hé guójì shāngmào
> shì guójì guǎnlǐ hé guójì shāngmào
> zhuānyè shì guójì guǎnlǐ hé guójì shāngmào
> wǒ de zhuānyè shì guójì guǎnlǐ hé guójì shāngmào
> yīnwèi wǒ de zhuānyè shì guójì guǎnlǐ hé guójì shāngmào

LESSON 8

BUSINESS CAREER

jīngyàn
gōngzuò jīngyàn
hǎiwài gōngzuò jīngyàn
liǎng nián hǎiwài gōngzuò jīngyàn
yǒu liǎng nián hǎiwài gōngzuò jīngyàn
yě yǒu liǎng nián hǎiwài gōngzuò jīngyàn
wǒ yě yǒu liǎng nián hǎiwài gōngzuò jīngyàn
érqiě wǒ yě yǒu liǎng nián hǎiwài gōngzuò jīngyàn

gōngzuò
zhè fèn gōngzuò
shèngrèn zhè fèn gōngzuò
néng shèngrèn zhè fèn gōngzuò
wǒ néng shèngrèn zhè fèn gōngzuò
wǒ juéde wǒ néng shèngrèn zhè fèn gōngzuò
suǒyǐ wǒ juéde wǒ néng shèngrèn zhè fèn gōngzuò

商贸
国际商贸
和国际商贸
管理和国际商贸
国际管理和国际商贸
是国际管理和国际商贸
专业是国际管理和国际商贸
我的专业是国际管理和国际商贸
因为我的专业是国际管理和国际商贸

经验
工作经验
海外工作经验
两年海外工作经验
有两年海外工作经验
也有两年海外工作经验
我也有两年海外工作经验，
而且我也有两年海外工作经验，

工作
这份工作
胜任这份工作
能胜任这份工作
我能胜任这份工作。
我觉得我能胜任这份工作。
所以我觉得我能胜任这份工作。

E. Response Drills: Respond to the teacher's questions in the affirmative; also add the cued word.

| Nǐ yǒu | guójì màoyì gōngzuò
jìnchūkōu gōngzuò
gōngguān gōngzuò
guǎnlǐ gōngzuò
xiāoshòu gōngzuò
yíngxiāo gōngzuò
hǎiwài gōngzuò
dìnghuò gōngzuò
shāngwù tánpàn
cáiwù gōngzuò
kuàijì gōngzuò
rénshì guǎnlǐ gōngzuò | jīngyàn ma? | Wǒ yǒu_____nián_____ gōngzuò jīngyàn. |

| 你有 | 国际贸易工作
进出口工作
公关工作
管理工作
销售工作
营销工作
海外工作
订货工作
商务谈判
财务工作
会计工作
人事管理工作 | 经验吗? | 我有___年_____工作经验。 |

LESSON 8
BUSINESS CAREER

F. Transformation and Response Drills.

Qǐngwèn, nǐ zuì xǐhuan zài nǎ ge (jiā)	guójiā dìqū gōngsī bùmén yínháng jìnchūkǒu gōngsī. chéngshì kuàguó gōngsī. hézī gōngsī. dúzī gōngsī. wàiguó gōngsī.	gōngzuò?

Rúguǒ ràng wǒ xuǎnzé, wǒ zuì xǐhuan zài_____gōngzuò.

请问，你最喜欢在哪个（家）	国家 地区 公司 部门 银行 进出口公司 城市 跨国公司 合资公司 独资公司 外国公司	工作？

如果让我选择，我最喜欢在_____工作。

BBC 初级实用商务汉语 Basic Business Chinese(BBC)

G. Substitution Drills III: Substitute the cued time phrase "–de shíhou".

| Tā | dāng jīnglǐ
zài Zhōngguó shíxí
zài Nàikè Gōngsī gōngzuò
shàng yánjiūshēngyuàn
shàng dàxué
qù Zhōngguó yóuxué
shēnqǐng gōngzuò
yìngpìn
gōngzuò miànshì | de shíhou, | xuéle bùshǎo Zhōngwén.
fāle jǐ bǎi fēng diànzǐ yóujiàn.
jiànle hěn duō rén.
huídále hěn duō wèntí. |

| 他/她 | 当经理
在中国实习
在耐克公司工作
上研究生院
上大学
去中国游学
申请工作
应聘
工作面试 | 的时候, | 学了不少中文。
发了几百封电子邮件。
见了很多人。
回答了很多问题。 |

H. Substitution Drills IV: Substitute the cued attributive "V + de" structure.

| Wǒmen jiù xūyào dǒng Zhōngwén de | zǒngcái zhùlǐ.
fānyì.
hézī gōngsī jīnglǐ.
guójì màoyì gùwèn.
rénshì jīnglǐ.
wàipài gùyuán.
yèwù tánpàn dàibiǎo.
bùmén jīnglǐ.
Yàtài jīngmào dàibiǎo. |

LESSON 8
BUSINESS CAREER

我们就需要懂中文的	总裁助理。 翻译。 合资公司经理。 国际贸易顾问。 人事经理。 外派雇员。 业务谈判代表。 部门经理。 亚太经贸代表。

I. Substitution Drills IV: Substitute the cued subject noun.

Qǐngwèn,	nín (de)	hézī huǒbàn tánpàn dàibiáo kèhù gēn fānyì tàitai gēn nǚ'ér fūren gēn háizi tóuzī gùwèn* tuīxiāoshāng zhǎnxiāoshāng* zhǎnmàishāng* chǎngshāng gēn kèhù* zhùlǐ gēn fānyì	(dōu)	láile ma?

*tóuzī gùwèn 投资顾问: investment consultant; zhǎnxiāo shāng 展销商: exhibition business person (s); zhǎnmài shāng 展卖商: exhibitor and sales business person (s); chǎngshāng gēn kèhù 厂商跟客户: product producer and client

请问，	您（的）	合资伙伴 谈判代表 客户跟翻译 太太跟女儿 夫人跟孩子 投资顾问 推销商 展销商 展卖商 厂商跟客户 助理跟翻译	（都）	来了吗？

BBC 初级实用商务汉语 Basic Business Chinese (BBC)

J. Substitution Drills V: Substitute the cued "shì...de" structure.

Tā shì	tánpàn kāi qìchē zìjǐ yí ge rén gēn péngyou yìqǐ zuò fēijī zuótiān zuò shēngyì shàng xué xué Zhōngwén jīngshāng kàn zhǎnlǎn	lái de, bú shì _____ lái de.

他/她是	谈判 开汽车 自己一个人 跟朋友一起 坐飞机 昨天 做生意 上学 学中文 经商 看展览	来的, 不是 _____ 来的。

172

LESSON 8
BUSINESS CAREER

K. Conversation Drills: Student A and B converse using their own country, state, city, company and department names.

guāguājiào 呱呱叫: tiptop; terrific.

A. Wáng xiānsheng, nín jiā li yǒu jǐ kǒu rén?
B. Wǒ jiāli yǒu_____kǒu rén.
A. Nín jiā li yǒu shénme rén?
B. Wǒ jiā li yǒu_____gēn_____.
A. Nín yǒu jǐ ge nánhái, jǐ ge nǚhái?
B. Wǒ yǒu_____ge nánhái, _____nǚhái.
  (Wǒ méiyǒu háizi.)
A. Qǐngwèn, nín de háizi jǐ suì / duō dà le?
B. Lǎo dà jīnnián_____suì, lǎo'èr jīnnián_____suì.
A. Nín tàitai zài shénme gōngsī gōngzuò?
B. Tā bú zài gōngsī gōngzuò. Tā shì lǎoshī, zài xuéxiào jiāo shū.
A: Tā jiāo shénme kèchéng?
B: Tā jiāo Zhōngwén.
A: Qǐngwèn, tā zài nǎr jiāo Zhōngwén?
B: Tā zài_____jiāo Zhōngwén.
A: Tài bàng le! Tā de Zhōngwén yídìng guāguājiào.
B: Shì a, tā shì wǒ de tàitai, háizimen de māma, yě shǐ wǒ gēn háizimen de Zhōngwén lǎoshī.

A. 王先生,您家里有几口人?
B. 我家里有_____口人。
A. 您家里有什么人?
B. 我家里有_____跟_____。
A. 你有几个男孩,几个女孩?
B. 我有_____个男孩,_____女孩。
  (我没有孩子。)
A. 请问,您的孩子几岁/多大了?
B. 老大今年_____岁,老二今年_____岁。
A. 您太太在什么公司工作?
B. 她不在公司工作。她是老师,在学校教书。
A: 她教什么课程?
B: 她教中文。
A: 请问,她在哪儿教中文?
B: 她在_____教中文。
A: 太棒了! 她的中文一定呱呱叫。
B: 是啊,她是我的太太,孩子们的妈妈,也是我跟孩子们的中文老师。

173

L. Substitution Drills V: Substitute the cued company names.

Wǒ xiǎng qǐng nín fùzé gēn	Tàiguó Fúzhuāng GS*. Éfāng Shíyóu GS. Défāng Bēnchí Qìchē GS. Rìfāng Suǒní Diànqì GS. Měifāng Yīngtè'ěr GS. Zhōngfāng Hǎi'ěr GS. Liánxiǎng GS. Hánfāng Sānxīng GS. Xiàndài Qìchē GS*. Yīngfāng gāokējì GS*. diànnǎo ruǎnjiàn GS*.	de shāngwù tánpàn.

*fúzhuāng GS. 服装公司: apparel company; *gāokējì GS. 高科技公司: hi-tech company; diànnǎo ruǎnjiàn GS. 电脑软件公司: computer software company; *Sānxīng GS. 三星公司: Samsung corporation; *Xiàndài Qìchē GS.现代汽车公司: Handai Auto corporation.

我想请您负责跟	泰国服装公司 俄方石油公司 德方奔驰汽车公司 日方索尼电器公司 美方英特尔公司 中方海尔公司 联想公司 韩方三星公司 现代汽车公司 英方高科技公司 电脑软件公司	的商务谈判。

COMMUNICATIVE ACTIVITIES

1. Tell in detail about your major (what you studied) to a panel of job interviewers.
2. At a job interview, briefly describe your work experience as an expatriate overseas.
3. At a job interview, tell the interviewer(s) what kind of job you like most and why.

LESSON 8

BUSINESS CAREER

4. Describe your experience of learning Chinese: where and how long you have learned Chinese, how well you understand, speak, read, type and write Chinese, etc.; and tell why it is important to learn the language.

5. Tell in great details about your family, family members and their relationship with you, their age (if you like to disclose), whether or not they are going to school or work (what schools, what jobs, what companies, their birth places, etc.)

6. Try to convince the job interviewer (s) why you think you are qualified for the position you are applying for and what contribution you can make to the development of the company.

7. Role play: ask and answer questions about one's educational background, work experience, family and family members, what kind of position one wants to apply and why, whether or not one likes the position best, one's qualifications for the position, etc.

8. Suppose you are offered a position to work at a transnational corporation as an expatriate working in China, ask the human resources staff all possible questions you can think of regarding this position (if you have kids, do not forget to ask about what school(s) they go to, etc.)

9. Conduct conversation, dictation, communicative exchanges, oral reproduction and interpretation/translation based on the following discourse:

　　王大伟的家里有四口人，有他太太、一个儿子、一个女儿跟他。

　　他的儿子今年10岁，女儿今年8岁。他听说IBM公司正在招聘一位外派雇员，负责跟中方联想公司的谈判。他用电子邮件给IBM公司人力资源部发了一份简历，应聘这份工作。在求职信中他说，因为他的专业是国际管理和国际商贸，而且他有海外工作的经验，又会说中文，所以他觉得他能胜任这个工作。IBM公司对他很感兴趣，请他来面谈。工作面谈进行得很顺利 (shùnlì smooth)。两个星期以后，他就接到了IBM公司人力资源部的通知，他被录用 (lùyòng hired) 了！IBM公司要求他先到公司总部报到 (bàodào report for duty)，然后再到总部去接受两个月的培训 (péixùn training)，熟悉 (shúxi be familiar with) 一下业务，然后派他到中国北京负责跟中方谈判购买IBM个人电脑的谈判工作。谈判工作大约 (dàyuē approximately) 需要两年。王大伟非常高兴他能得到这份工作。这样一来，他又可以到他喜欢的北京去工作了，而且他的孩子也可以在北京的国际学校上学，既学习美国中小学的课程，又学习中文，真是一举两得的美差事 (měi chāishi a terrific assignment)。

UNIT FOUR BUSINESS ACTIVITIES
第四单元 商务活动

FUNCTIONAL INTRODUCTION

In Unit Four, you will be learning about how to establish business contacts with potential business clients/partners, business-related activities that need be carried out during one's business trip in China and how to behave and what to say and do in the process of these business activities, knowledge of business banquet etiquettes, how to make arrangement for business-related trips and activities as well as knowledge about international trade fairs.

LESSON 9   BUSINESS CONTACTS
第九课   商务联系

FUNCTIONAL OBJECTIVES

Upon completion of Lesson 9, you will be able to:

· Inquire about price of products;
· Describe style, quality and design of products;
· Bargain about price of products;
· Ask and tell where one visits and stays during the visit;
· Ask and tell how long one plans to stay in China for a business trip;
· Ask and tell how one goes for a business trip to China;
· Ask and tell what business activities will take place during a business trip to China, etc.

COMMUNICATIVE EXCHANGES

SITUATIONAL CONVERSATION 1:
BUSINESS INQUIRY ABOUT THE CLIENT AND ITS PRODUCTS
情景会话1：询问商务往来客户及产品

Pinyin Text：

A： Qǐngwèn, guì gōngsī zuìjìn yǒu nǎxiē xīn chǎnpǐn?
B： Zhè shì wǒmen gōngsī de chǎnpǐn mùlù hé jiàgébiǎo, qǐng nín kànkan ba.
A： Zhèxiē xīn chǎnpǐn hěn piàoliang, shìyàng hé huāsè zài Měiguó dōu hěn liúxíng, jiùshi jiàgé bù piányi.
B： Wǒmen Zhōngguórén cháng shuō: hǎo huò bù piányi, piányi méi hǎo huò.
A： Shénme yìsi?
B： Yìsi shì shuō：hǎo de chǎnpǐn dōu bù piányi, piányi de chǎnpǐn dōu bù hǎo.
A： Nà yě bù yídìng. Rúguǒ wǒmen mǎi hěn duō chǎnpǐn, jiàgé néng bu néng dī yìdiǎr?
B： Rúguǒ nǐmen duì wǒmen de xīn chǎnpǐn gǎn xìngqu, wǒmen kěyǐ kǎolǜ gěi nǐmen yōuhuì de jiàgé. Nín kàn zěnmeyàng?
A： Nà tài hǎo le. Yì yán wéi dìng.
B： Yì yán wéi dìng.

Character Text：

A： 请问,贵公司最近有哪些新产品?
B： 这是我们公司的产品目录和价格表,请您看看吧。
A： 这些新产品很漂亮,式样和花色在美国都很流行,就是价格不便宜。
B： 我们中国人常说:好货不便宜,便宜没好货。
A： 什么意思?
B： 意思是说:好的产品都不便宜,便宜的产品都不好。
A： 那也不一定。如果我们买很多产品,价格能不能低一点儿?
B： 如果你们对我们的新产品感兴趣,我们可以考虑给你们优惠的价格。您看怎么样?
A： 那太好了。一言为定。
B： 一言为定。

English Text：

A： May I ask, what kind of new products has your honorable company produced recently?
B： This is our company's product catalog and price list, please take a look.
A： These new products are very beautiful, their pattern, design and color are all very popular in the U.S., but their price is not cheap.
B： We Chinese people often say: good goods are not cheap, cheap goods are not good.
A： What does it mean?
B： It means that good products are all not cheap, cheap products are all not good.

LESSON 9

BUSINESS CONTACTS

A: That's not necessarily so. If we buy more, can you be able to lower the price?
B: If you are interested in our new products, we can consider offering you a favorable price. What do you say?
A: It sounds great. That's settled.
B: That's settled.

SITUATIONAL CONVERSATION 2: BUSINESS VISIT ITINERARY ARRANGEMENT
情景会话2:商务考察活动安排

Pinyin Text:

A: Zhè cì qù Zhōngguó shāngwù lǚxíng, nǐmen jìhuà zěnme zǒu?

B: Wǒmen zuò Měiguó Xīběi Hángkōng Gōngsī de fēijī cóng Bōtèlán Guójì Jīchǎng jīng Rìběn Dōngjīng xiān dào Zhōngguó Běijīng qù; zài cóng Běijīng Shǒudū Guójì Jīchǎng zuò fēijī dào Shànghǎi qù.

A: Nǐmen jìhuà zài Zhōngguó zhù jǐ tiān? Zhù zài nǎ gè fàndiàn?

B: Yígòng liǎng ge xīngqī: dì yī ge xīngqī zài Běijīng, zhù zài Běijīng Guójì Fàndiàn; dì èr ge xīngqī zài Shànghǎi, zhù zài Shànghǎi Hépíng Fàndiàn.

A: Nǐmen zài Běijīng yǒu shénme huódòng ānpái?

B: Wǒmen jìhuà xiān cānguān kǎochá zài Běijīng de jǐ jiā kuàguó gōngsī, bǐfāng shuō, Wēiruǎn Gōngsī、Huìpǔ Gōngsī、IBM Gōngsī、Nàikè Gōngsī hé Yīngtè'ěr Gōngsī, zài qù yóulǎn Chángchéng, Gùgōng, Yíhéyuán, Běihǎi Gōngyuán, Tiāntán děng míngshèng gǔjì, qù Wángfǔjǐng Dàjiē gòu wù, ránhòu qù Quánjùdé Kǎoyādiàn pǐncháng zhùmíng de Běijīng kǎoyā.

A： Zài Shànghǎi ne?
B： Zài Shànghǎi, wǒmen jìhuà cānguān yóulǎn Pǔdōng Kāifāqū hé nàli de yìxiē guójì gōngsī, kuàguó gōngsī hé sānzī qǐyè.
A： Nǐmen bú dào Wàitān, Nánjīng Lù, Jīnmào Dàshà hé Dōngfāng Míngzhū Diànshì tǎ qù kànkan ma?
B： Rúguǒ yǒu shíjiān, wǒmen dāngrán yào qù. Wǒmen hái yào pǐncháng Shànghǎi cài hé Shànghǎi xiǎochī, guānkàn zájì jiémù, qù Nánjīng Lù de bǎihuò shāngdiàn gòu wù, fǎngwèn Zhōngguó péngyou shénmede.
A： Zhù nǐmen lǚtú yúkuài.
B： Xièxie.

Character Text：

A： 这次去中国商务旅行，你们计划怎么走？
B： 我们坐美国西北航空公司的飞机从波特兰国际机场经日本东京先到中国北京去；再从北京首都国际机场坐飞机到上海去。
A： 你们计划在中国住几天？住在哪个饭店？
B： 一共两个星期：第一个星期在北京，住在北京国际饭店；第二个星期在上海，住在上海和平饭店。
A： 你们在北京有什么活动安排？
B： 我们计划先去参观考察在北京的几家跨国公司，比方说，微软公司、惠普公司、IBM 公司、耐克公司和英特尔公司，再去游览长城、故宫、颐和园、北海公园、天坛等名胜古迹，去王府井大街购物，然后去全聚德烤鸭店品尝著名的北京烤鸭。
A： 在上海呢？
B： 在上海，我们计划参观游览浦东开发区和那里的一些国际公司、跨国公司和三资企业。
A： 你们不到外滩、南京路、金茂大厦和东方明珠电视塔去看看吗？
B： 如果有时间，我们当然要去。我们还要品尝上海菜和上海小吃，观看杂技节目，去南京路的百货商店购物，访问中国朋友什么的。
A： 祝你们旅途愉快。
B： 谢谢。

English Text：

A： This time you take a business trip to China, how do you plan to go?
B： We take the U.S. Northwest Airlines from Portland International Airport via Tokyo, Japan to go to Beijing, China first; then from Beijing Capital International Airport to go to Shanghai.
A： How many days do you plan to stay in China? What hotel will you stay at?

LESSON 9

BUSINESS CONTACTS

B: Altogether two weeks: the first week is in Beijing, we stay at Beijing International Hotel; the second week is in Shanghai, we stay at Peace Hotel.

A: What activities do you have in Beijing?

B: First, we plan to visit and make on-the-spot investigation of several multinational corporations in Beijing, such as Microsoft, HP, IBM, Nike and Intel, then we are going to sight-see at places of historical interests and scenic spots, such as the Great Wall, Palace Museum, Summer Palace; Beihai Park, Temple of Heaven, etc. We'll go to Wangfujing Street for shopping, and after that, we are going to Quanjude Roast Duck Restaurant to savor famous Beijing roast duck.

A: What about in Shanghai?

B: In Shanghai, we plan to visit and tour Pudong Development Area and some international corporations, multinational corporations and foreign, private and joint-venture enterprises there.

A: Aren't you going to see the Bund, Nanjing Road, Jinmao Tower, and Oriental Bright Pearl TV Tower?

B: If we have time, we certainly want to go. We also want to savor Shanghai cuisine and Shanghai snacks, watch acrobatics, go shopping in department stores on Nanjing Road, and visit Chinese friends, and so on.

A: Wishing you a pleasant journey.

B: Thank you.

NEW WORDS AND EXPRESSIONS

zuìjìn	最近	N	recently; lately; soon
chǎnpǐn	产品	N	product; produce
mùlù	目录	N	catalogue; table of contents; directory
jiàgébiǎo	价格表	N	price list
piàoliang	漂亮	ADJ	beautiful
shìyàng	式样	N	style; type; model
huāsè	花色	N	design and color
liúxíng	流行	V	popular; prevalent
piányi	便宜	ADJ	cheap; inexpensive; small advantage
cháng	常	ADV	often; constant
hǎo huò bù piányi, piányi méi hǎo huò 好货不便宜,便宜没好货		IE	good stuff is not cheap, cheap stuff is not good
yìsi	意思	N	meaning; idea
dī	低	ADJ	low; let droop

BBC 初级实用商务汉语 Basic Business Chinese (BBC)

pinyin	汉字	词性	English
gǎn xìngqu	感兴趣	VP	be interested in
kǎolǜ	考虑	V	think over; consider
yōuhuì	优惠	ADJ	preferential; favorable
yì yán wéi dìng	一言为定	IE	that's settled then
shāngwù lǚxíng	商务旅行	NP	business trip
zěnme zǒu	怎么走	VP	how to go (to somewhere)
zuò	坐	V	sit
xīběi	西北	N	northwest
hángkōng gōngsī	航空公司	NP	airlines
fēijī	飞机	N	airplane; aircraft
jīchǎng	机场	N	airport
jīng	经	V	via; by way of
shǒudū	首都	N	capital (of country)
yígòng	一共	ADV	altogether; in all
dì yī	第一	NUM	first; primary; foremost
huódòng	活动	N	activity
cānguān	参观	V	visit (place); tour
kǎochá	考察	V	inspect; make on-the-spot investigation
yóulǎn	游览	V	go sightseeing; visit; tour
míngshèng gǔjì	名胜古迹	NP	places of historical interest and scenic beauty
pǐncháng	品尝	V	taste; sample; savor
zhùmíng	著名	ADJ	famous
kāifāqū	开发区	N	development zone
sānzī qǐyè	三资企业	NP	foreign, private and joint-venture enterprises
diànshìtǎ	电视塔	N	TV tower
Shànghǎicài	上海菜	N	Shanghai-style dish
xiǎochī	小吃	N	snack; refreshment
guānkàn	观看	V	watch; view
zájì	杂技	N	acrobatics
jiémù	节目	N	program; item
bǎihuò shāngdiàn	百货商店	NP	department store
fǎngwèn	访问	V	to visit or interview (a person)
lǚtú	旅途	N	journey; trip; route
yúkuài	愉快	ADJ	happy; cheerful

LESSON 9

BUSINESS CONTACTS

 PROPER NOUNS

Měiguó Xīběi Hángkōng Gōngsī	美国西北航空公司	Northwest Airlines (U.S.A.)
Běijīng Shǒudū Guójì Jīchǎng	北京首都国际机场	Beijing Capital International Airport
Bōtèlán Guójì Jīchǎng	波特兰国际机场	Portland International Airport
Běijīng Guójì Fàndiàn	北京国际饭店	Beijing International Hotel
Shànghǎi Hépíng Fàndiàn	上海和平饭店	Shanghai Peace Hotel
IBM Gōngsī	IBM 公司	IBM Corporation
Chángchéng	长城	the Great Wall
Gùgōng	故宫	Palace Museum
Yíhéyuán	颐和园	Summer Palace
Běihǎi Gōngyuán	北海公园	Beihai Park
Tiāntán	天坛	Temple of Heaven
Wángfǔjǐng	王府井	prince's residence(in old days); a famous street flanked by stores east of Tian'anmen Sqaure in Beijing
Běijīng kǎoyā	北京烤鸭	Beijing roast duck
Quánjùdé Kǎoyādiàn	全聚德烤鸭店	Quanjude Roast Duck Restaurant
Pǔdōng	浦东	special economic developed zone in
Pǔdōng Kāifāqū	浦东开发区	Pudong Development District
Wàitān	外滩	the Bund
Nánjīng Lù (shāngyèjiē)	南京路(商业街)	Nanjing Road (commercial street)
Jīnmào Dàshà	金茂大厦	Jinmao Office Building Tower
Dōngfāng Míngzhū Diànshìtǎ	东方明珠电视塔	Oriental Bright Pearl TV Tower

ENRICHMENT

jiàrì lǚxíng	假日旅行	holiday travel
huódòng ānpái	活动安排	activity arrangement / plan
xíngchéng ānpái	行程安排	travel plan; itinerary
kèchéng ānpái	课程安排	course plan; curriculum
shísù ānpái	食宿安排	board and lodging arrangement
lǚxíng ānpái	旅行安排	travel plan / arrangement
qiàtán ānpái	洽谈安排	arrangement for trade talks / negotiation
cānguān ānpái	参观安排	visit / tour arrangement or plan
pǐncháng xiǎochī	品尝小吃	taste / savor / sample snacks or refreshment
pǐncháng tèsè shípǐn	品尝特色食品	taste / sample distinguished foodstuff
pǐncháng Zhōngcān	品尝中餐	taste / sample Chinese-style food / meal
pǐncháng Xīcān	品尝西餐	taste / sample western-style food / meal
wényì jiémù	文艺节目	performance / programs for entertainment
wényì yǎnchū	文艺演出	performance; show
wényì biǎoyǎn	文艺表演	performance; act; play; show
guānkàn jiémù	观看节目	watch performance or items on program
guānkàn yǎnchū	观看演出	watch show / performance
guānkàn rìchū	观看日出	watch sunrise
guānkàn cāozuò	观看操作	watch / observe operation
guānkàn biǎoyǎn	观看表演	watch performance/exhibition/show
lǚtú yúkuài	旅途愉快	Have a pleasant journey / trip
lǚtú shùnlì	旅途顺利	Have a smooth journey / trip
lǚtú píng'ān	旅途平安	Have a safe and sound journey / trip
yílù píng'ān	一路平安	Bon voyage

LESSON 9
BUSINESS CONTACTS

 SUPPLEMENTARY BUSINESS EXPRESSIONS

xīn chǎnpǐn	新产品	new product
xīn jìshù	新技术	new technology / technique
xīn gōngyì	新工艺	new technology / craft
xīn shèbèi	新设备	new equipment / facilities
chǎnpǐn mùlù	产品目录	product catalogue
chǎnpǐn jiàgé	产品价格	product price
chǎnpǐn pǐnzhǒng	产品品种	product variety / assortment
chǎnpǐn zhǒnglèi	产品种类	product type / variety
chǎnpǐn yàngběn	产品样本	product catalog
chǎnpǐn yàngpǐn	产品样品	product sample
chǎnpǐn shìyàng	产品式样	product test sample
chǎnpǐn huāsè	产品花色	product design and color
chǎnpǐn zhìliàng	产品质量	product qualiy
yōuhuì jiàgé	优惠价格	preferential / favorable price
dǎzhé jiàgé	打折价格	discounted price
shìxiāo jiàgé	试销价格	trial sale price
zhíxiāo jiàgé	直销价格	outlet / direct selling price
cùxiāo jiàgé	促销价格	promote-selling price
chūchǎng jiàgé	出厂价格	(product) leave the factory price
miǎnshuì jiàgé	免税价格	tax-exempt price
xiāoshòu jiàgé	销售价格	selling price
pīfā jiàgé	批发价格	wholesale price
língshòu jiàgé	零售价格	retail price
piányi jiàgé	便宜价格	cheap / inexpensive price
hélǐ jiàgé	合理价格	reasonable price
nèixiāo jiàgé	内销价格	internal / domestic selling price
wàixiāo jiàgé	外销价格	Price for sales abroad or elsewhere within the country
gōngwù lǚxíng	公务旅行	official business travel / trip

shāngwù cānguān	商务参观	business visit / tour
shāngwù kǎochá	商务考察	business inspection / on-the-spot investigation
kāifāqū	开发区	development area
jīngjì jìshù kāifāqū	经济技术开发区	economic and technological development area
jīngjì tèqū	经济特区	special economic zone
tèbié xíngzhèngqū	特别行政区	special administrative region (SAR: Hong Kong and Macao)
kāifā xībù	开发西部	develop the west
xībù kāifā	西部开发	west development
yōuhuì zhèngcè	优惠政策	preferential / favorable policies
miǎnshuìqū	免税区	tax-exempt areas
zhāo shāng	招商	attract business (investment)
yǐnjìn tóuzī	引进投资	introduce investment (from elsewhere)

GRAMMAR AND BUSINESS CULTURE NOTES

1. **kànkan 看看 to take a look**

    A reduplicated verb lends a note of casualness forming a mild imperative from a statement or question. Also it is used to state something anticipated. e.g. *Qǐng nín kànkan ba/* 请您看看吧 (to take a look), or *xiǎngxiang /* 想想 (to think it over).

2. **xiān...zài...ránhòu... 先……再……然后…… first...then...after that...**

    By using this construction, we can show the sequencing of three events. e.g.:
    Wǒmen xiān qù Rìběn Dōngjīng, zài qù Zhōngguó Běijīng, ránhòu qù Shànghǎi. 我们先去日本东京,再去中国北京,然后去上海。We first go to Tokyo Japan, then go to Beijing China, and after that, to Shanghai.

3. **dào...(to)qù / lái 到……去/来 to go/come to ...place**

    This construction is used to indicate motion and direction. e.g.
    Nǐ dào nǎr qù? 你到哪儿去？Where are you going?
    Wǒ dào Běijīng qù. 我到北京去。I'm going to Beijing.

    This can be expanded by adding a purpose for coming or going: Wǒ yào dào Běijīng qù cānguān Měiguó de kuàguó gōngsī. 我要到北京去参观美国的跨国公司。I want to go to Beijing to visit the American multinational corporations.

4. **jīng 经 (short for jīngguò 经过) by way of; via**

    The verb or coverb jīng 经 means "by way of, via," or "through" as in "Xuéshengmen zuò

LESSON 9

BUSINESS CONTACTS

fēijī cóng Bōtèlán jīng (guò) Rìběn Dōngjīng dào Zhōngguó Běijīng qù." 学生们坐飞机从波特兰经(过)日本东京到中国北京去。The students are going by plane to Beijing China from Portland via Tokyo Japan.

5. cóng (from)......qù / lái 从...去 /来 go to/come from...place

This construction indicates motion and direction. e.g.

Tāmen cóng Běijīng dào Shànghǎi qù. 他们从北京到上海去。They go to Shanghai from Beijing.

Tā cóng Zhōngguó dào Měiguó lái. 她从中国到美国来。She comes to the U.S. from China.

6. zuò 坐 / to ride on

This is a verb of conveyance; it indicates what one is riding on. e.g.

Wǒmen zuò fēijī dào Zhōngguó qù. 我们坐飞机到中国去。We go to China by plane.

Tāmen zuò huǒchē cóng Shànghǎi dào Sūzhōu qù. 他们坐火车从上海到苏州去。They go to Suzhou from Shanghai by boat.

7. The particle dì 第 is the prefix to numbers for making ordinals. e.g.

| dì wǔ tiān | 第五天 | the fifth day |
| dì yī ge xīngqī | 第一个星期 | the first week |

8. The different usage of kàn 看, cānguān 参观, and fǎngwèn 访问 to see, to visit and tour a (place), to visit (a person or a place) and interview a person

In Chinese, some words are similar in English meaning while actually very different in usage. For example, all *kàn* 看, *cānguān* 参观, and *fǎngwèn* 访问 are defined as "to visit" in most dictionaries, which are inadequate and misleading. *kàn* 看 usually connotes a non-formal or non-official visit of someone. *cānguān* 参观 means to visit and tour a place, usually a building, an institution, or an establishment, but never a city, a country, or a person. *fǎngwèn* 访问 on the other hand, means to visit and interview a person, usually connotes some kind of formal official visit and may not be used to refer to the casual drop-by of a friend. In some instances, *fǎngwèn* 访问 may be used with a place when it is used only when the general purpose of such a visit is to meet with, such as to meet with or to interview an official person/people in that place. e.g.

cānguān kuàguó gōngsī 参观跨国公司 visit multinational corporations

fǎngwèn Wēiruǎn Gōngsī Zǒngcái 访问微软公司总裁 visit/interview CEO of Microsoft Corporation

kàn yí wèi péngyou 看一位朋友 visit a friend

If the purpose of a trip is simply for sightseeing and some shopping activities, when we can use *yóulǎn* 游览 to tour (a place). e.g.

yóulǎn míngshènggǔjì 游览名胜古迹 tour places of historical interests and scenic spots

BBC 初级实用商务汉语 Basic Business Chinese (BBC)

COMMUNICATIVE SPEECH DRILLS

A. Substitution Drills: Substitute the cued company/school names.

Qǐngwèn, guì gōngsī zuìjìn yǒu nǎxiē	xīn	chǎnpǐn? yàngběn? yàngpǐn? gōngyì*? jìshù? huāyàng? shèjì? kuǎnshì? fúzhuāng yàngpǐn? shèbèi?

*gōngyì 工艺: technicques; craftwork

请问,贵公司最近有哪些	新	产品? 样本? 样品? 工艺? 技术? 花样? 设计? 款式? 服装样品? 设备?

B. Substitution Drills II: Substitute the cued nouns "A hé B + SVO".

Zhè shì wǒmen gōngsī de	chǎnpǐn jièshào hé shuōmíng, chǎngfáng hé shèbèi, xīn shèjì hé huāyàng, xīn chǎnpǐn yàngběn hé yàngpǐn, chǎnpǐn mùlù hé jiàgébiǎo, xīn kuǎnshì fúzhuāng hé xiémào*, sīchóu tángzhuāng hé shuìyī*, sīchóu wéijīn* hé pījiān*, chǎnpǐn mùlù hé bàojiàdān,	qǐng nín kànkan ba.

*wéijīn 围巾: scarf;   *pījiān 披肩: shawl;   *xiémào 鞋帽: shoes and hats;   *shuìyī 睡衣: pyjamas

LESSON 9

BUSINESS CONTACTS

| 这是我们公司的 | 产品介绍和说明，
厂房和设备，
新设计和花样，
新产品样本和样品，
产品目录和价格表，
新款式服装和鞋帽，
丝绸唐装和睡衣，
丝绸围巾和披肩，
产品目录和报价单， | 请您看看吧。 |

C. Substitution Drills III: Substitute the cued adjectives + SVO.

| Zhè xiē xīn chǎnpǐn hěn | piàoliang,
hǎokàn,
měiguān,
yǎzhì,
dàfang,
nàiyòng,
shíyòng | zài Měiguó hěn | liúxíng,
chàngxiāo,
qiǎngshǒu,
shòuhuānyíng,
shòuxǐ'ài,
yǒu shìchǎng,
shìxiāo, | zhìliàng yě | hěnhǎo,
búcuò,
yōuliáng,
shàngchéng,
shǔyīshǔ'èr,
dì yī liú,
zuìjiā, |
| jiùshì jiàgé bù piányi. |||||||

| 这些新产品很 | 漂亮，
好看，
美观，
雅致，
大方，
耐用，
实用， | 在美国很 | 流行，
畅销，
抢手，
受欢迎，
受喜爱，
有市场，
适销， | 质量也 | 很好，
不错，
优良，
上乘，
数一数二，
第一流，
最佳， |
| 就是价格不便宜。 |||||||

D. Expansion Drills.

xìngqù
gǎn xìngqù
chǎnpǐn gǎn xìngqù
xīn chǎnpǐn gǎn xìngqù
wǒmen de xīn chǎnpǐn gǎn xìngqù
duì wǒmen de xīn chǎnpǐn gǎn xìngqù
nǐmen duì wǒmen de xīn chǎnpǐn gǎn xìngqù
rúguǒ nǐmen duì wǒmen de xīn chǎnpǐn gǎn xìngqù
rúguǒ nǐmen duì wǒmen de xīn chǎnpǐn gǎn xìngqù, wǒmen
rúguǒ nǐmen duì wǒmen de xīn chǎnpǐn gǎn xìngqù, wǒmen kěyǐ
rúguǒ nǐmen duì wǒmen de xīn chǎnpǐn gǎn xìngqù, wǒmen kěyǐ kǎolǜ
rúguǒ nǐmen duì wǒmen de xīn chǎnpǐn gǎn xìngqù, wǒmen kěyǐ kǎolǜ gěi nǐmen
rúguǒ nǐmen duì wǒmen de xīn chǎnpǐn gǎn xìngqù, wǒmen kěyǐ kǎolǜ gěi nǐmen yōuhuì
Rúguǒ nǐmen duì wǒmen de xīn chǎnpǐn gǎn xìngqù, wǒmen kěyǐ kǎolǜ gěi nǐmen yōuhuì de jiàgé.

兴趣
感兴趣
产品感兴趣
新产品感兴趣
我们的新产品感兴趣
对我们的新产品感兴趣
你们对我们的新产品感兴趣
如果你们对我们的新产品感兴趣
如果你们对我们的新产品感兴趣，我们
如果你们对我们的新产品感兴趣，我们可以
如果你们对我们的新产品感兴趣，我们可以考虑
如果你们对我们的新产品感兴趣，我们可以考虑给你们
如果你们对我们的新产品感兴趣，我们可以考虑给你们优惠
如果你们对我们的新产品感兴趣，我们可以考虑给你们优惠的价格。

LESSON 9

BUSINESS CONTACTS

E. Substitution Drills IV: Substitute the cued nouns in "if clause," + SVO to make a complete complex sentence.

Rúguǒ nǐmen duì wǒmen de	fǎngzhīpǐn diànzǐ chǎnpǐn yùndòng xiémào yùndòng fúzhuāng* tóngzhuāng* xīn huāyàng Qīngdǎo Píjiǔ xīn chǎnpǐn Sūzhōu sīchóu sīchóu fúzhuāng sīchóu tángzhuāng sīchóu wéijīn Zhōngshì fúzhuāng* gōngyìpǐn* wánjù*	gǎn xìngqù,
wǒmen kěyǐ kǎolǜ gěi nǐmen yōuhuì (de) jiàgé.		

*tóngzhuāng 童装: children's clothes; *wánjù 玩具: toy; *yùndòng fúzhuāng 运动服装: sportswear; *Zhōngshì fúzhuāng 中式服装: Chinese style clothes; *gōngyìpǐn 工艺品: arts and crafts

如果你们对我们的	纺织品 电子产品 运动鞋帽 运动服装 童装 新花样 青岛啤酒 新产品 苏州丝绸 丝绸服装 丝绸唐装 丝绸围巾 中式服装 工艺品 玩具	感兴趣，
我们可以考虑给你们优惠（的）价格。		

F. **Substitution Drills V:** Substitute the cued country names and purpose of going to these countries.

Zhè cì qù	Zhōngguó Hánguó Yuènán Yìndù Rìběn Fǎguó Déguó Tàiguó Jiānádà Yìnní	shāngwù lǚxíng, gōngzuò, chū chāi, guānguāng, yóuxué, shàng xué, kàn zhǎnlǎn lǚyóu/lǚxíng, shāngwù kǎochá, fǎngwèn,	nǐ jìhuà zěnme zǒu?

这次去	中国 韩国 越南 印度 日本 法国 德国 泰国 加拿大 印尼	商务旅行， 工作， 出差， 观光， 游学， 上学， 看展览， 旅游/旅行， 商务考察， 访问，	你计划怎么走？

G. **Substitution Drills VI:** Substitute the cued names of airlines, place A, B, C and D.

Example: Wǒmen zuò Měiguó Xīběi Hángkōng Gōngsī de fēijī cóng Bōtèlán Guójì Jīchǎng jīng Rìběn Dōngjīng xiān dào Zhōngguó Běijīng qù; zài cóng Běijīng Shǒudū Guójì Jīchǎng zuò fēijī dào Shànghǎi qù.

Wǒmen zuò_____	de fēijī cóng _____	jīng _____	xiān dào _____	qù,
zài cóng _____	zuò fēijī dào _____ qù.			

LESSON 9

BUSINESS CONTACTS

我们坐 _____ 的飞机从 _____ 经 _____ 先到 _____ 去，

再从 _____ 坐飞机到 _____ 去。

H. State what you plan to do first, what you plan to do next, and what you plan to do after that using the cued adverbs xiān... zài... ránhòu... to introduce purpose of going different places.

Example: Wǒmen jìhuà xiān qù cānguān kǎochá, zài qù yóulǎn míngshèng gǔjì, ránhòu qù pǐncháng Běijīng Kǎoyā.

Wǒmen					
Nǐmen					
Tāmen					
Xuéshengmen					
Wàishāng	jìhuà xiān _____ , zài _____ , ránhòu _____ .
Wàipài gùyuán					
Tánpàn dàibiǎo					
Yóukè					
Liúxuéshēng*					

*liúxuéshēng 留学生: students who study abroad/overseas students

我们					
你们					
他们					
学生们					
外商	计划先 _____ , 再 _____ , 然后 _____ 。
外派雇员					
谈判代表					
游客					
留学生					

BBC 初级实用商务汉语 Basic Business Chinese (BBC)

I. Conversation Drills: Student A and B converse using negative question form.

Nǐmen bú dào Wàitān, Nánjīng Lù, Jīnmào Dàshà hé Dōngfāng Míngzhū Diànshìtǎ qù kànkan ma?		
____,____,____	____	?
____,____,____	____	?
____,____,____	____	?
____,____,____	____	?
____,____,____	____	?
Rúguǒ yǒu shíjiān, wǒmen dāngrán yào qù.		

你们不到	外滩,南京路,金茂大厦	和	东方明珠电视塔 去看看吗?
	____,____,____		____ ?
	____,____,____		____ ?
	____,____,____		____ ?
	____,____,____		____ ?
	____,____,____		____ ?
如果有时间,我们当然要去。			

J. Conversation Drills: Student A and B converse using their own country, state, city, company and department names.

| Wǒmen háiyào pǐncháng | Shànghǎicài, Běijīng Kǎoyā, Nánjīng Bǎnyā, Chádiǎn, Běijīng xiǎochī | guānkàn | zájì jiémù, bāléiwǔ, gējù, wényì biǎoyǎn, gēwǔ, | qù | Nánjīng Lù de bǎihuò shāngdiàn Wángfǔjǐng Yǒuyì Shāngdiàn Xiùshuǐ Jiē Xiāngyáng Lù | gòuwù. |

| 我们还要品尝 | 上海菜, 北京烤鸭, 南京板鸭, 茶点, 北京小吃, | 观看 | 杂技节目, 芭蕾舞, 歌剧, 文艺表演, 歌舞, | 去 | 南京路的百货商店 王府井 友谊商店 秀水街 襄阳路 | 购物。 |

LESSON 9

BUSINESS CONTACTS

COMMUNICATIVE ACTIVITIES

1. Introduce and describe your company's new product(s).
2. Tell why you'd like to give (not give) discounted price for your new product(s).
3. Briefly describe your business travel plan: where and when you leave for the trip, where your stopover and destination are.
4. Tell what hotel (s) you are going to stay during your business trip and how long you are going to stay there.
5. Tell what transnational corporations you plan to visit during your business trip and why and for what purposes you want to visit these corporations.
6. Describe your plans for sightseeing and entertainment during your business trip.
7. Role play: discuss in detail your plan(s) for your business trip (please ask questions with questions words / phrases such as: who, where, when, what, how, how long, with whom, for what purpose; why, etc.
8. Conduct conversation, dictation, communicative exchanges, oral reproduction and interpretation/translation based on the following discourse:

美国美中贸易公司的安德森先生应 (yìng at the invitation of) 中国纺织品进出口总公司北京分公司的邀请 (yāoqǐng invitation) 到中国北京和上海参观访问，了解和考察中方最近生产的一些新产品，跟中方洽谈购买这些新产品的事情。在洽谈中，中方表示，因为美中贸易公司是他们的老客户，所以中方会考虑给他们优惠的报价。中美双方将举行贸易洽谈，双方还要签订合作意向书。应美方的请求，中方将安排安德森先生及其一行先参观考察美国在北京的几家跨国公司：微软公司、惠普公司、IBM 公司、耐克公司和英特尔公司，然后去游览长城、故宫、颐和园、北海公园、天坛等名胜古迹。在离开北京之前，中方还将请美国客人去前门全聚德烤鸭店品尝北京烤鸭。美方一行还计划在离开 (líkāi leave) 中国以前参观游览上海浦东开发区和那里的一些国际跨国公司和三资企业，到外滩、南京路、金茂大厦和东方明珠电视塔去看看。当然了，他们还要到城隍庙 (Chénghuángmiào town's joss house) 和豫园（Yùyuán Yuyuan Garden）去品尝上海菜和上海小吃，观看杂技节目什么的。大后天他们将从北京首都国际机场坐东方航空公司 (Dōngfāng Hángkōng Gōngsī Eastern Airline) 的飞机到上海虹桥 (Hóngqiáo Rainbow Bridge) 机场，在上海和平饭店住三天，然后从上海浦东国际机场坐美国联合航空公司(Liánhé Hángkōng Gōngsī United Airline) 的飞机经西雅图回到波特兰。

LESSON 10   BUSINESS VISIT
第十课   商务参观访问

FUNCTIONAL OBJECTIVES

Upon completion of Lesson 10, you will be able to:

- Use and exchange business formalities at a welcoming event;
- Ask and tell about one's journey;
- Know how to use modifiers and attributives;
- Use polite expressions when meeting business partner for the first time;
- Know how to use the grammar word "*guò* or *guo*" for something that has already taken place in the past;
- Know how to use the grammar word "*le*" at the end of a sentence for something happening soon; for change of status or conditions; and for emphasis; etc.

COMMUNICATIVE EXCHANGES

SITUATIONAL CONVERSATION 1: WELCOME TO CHINA
情景会话1:欢迎来中国

BBC 初级实用商务汉语 Basic Business Chinese(BBC)

Pinyin Text：

Zài Běijīng Shǒudū Guójì Jīchǎng

A： Qǐngwèn, nín jiù shì cóng Měiguó lái de Āndésēn xiānsheng ba?

B： Shìde, wǒ shì Měizhōng Màoyì Gōngsī de Mǎkè Āndésēn.

A： Nín hǎo, Āndésēn xiānsheng. Wǒ xìng Wáng, jiào Wáng Píng, shì Zhōngguó Wàimào Jìnchūkǒu Zǒnggōngsī de yèwùbù zǒngjīnglǐ zhùlǐ. Huānyíng nín lái Zhōngguó.

B： Nín hǎo, Wáng nǚshì. Jiàndào nín wǒ hěn gāoxìng.

A： Jiàndào nín wǒ yě hěn gāoxìng. Wǒmen zǒngjīnglǐ jīntiān yǒu shì, bù néng qīnzì lái jīchǎng, suǒyǐ tā pài wǒ lái jiē nín. Nín yílù xīnkǔ le!

B： Yílù lǚtú fēicháng yúkuài. Wáng nǚshì, chūcì jiàn miàn, qǐng duō guānzhào.

A： Búbì kèqi. Nín shì wǒmen yāoqǐng de kèren, xīwàng wǒmen de hézuò shùnlì, tánpàn chénggōng.

B： Fēicháng gǎnxiè. Wǒ lái jièshào yíxiàr, tāmen shì gēn wǒ yìqǐ lái Zhōngguó fǎngwèn de Měizhōng Màoyì Gōngsī gùyuán. Tā jiào Qiáozhì, shì gōngsī guójìbù zǒngcái zhùlǐ. Tā jiào Nánxī, shì wǒmen de yèwù dàibiǎo hé Zhōngwén fānyì.

A： Huānyíng gè wèi láifǎng.

G、N： Xièxie. Qǐng duō guānzhào.

B： Shùnbiàn wèn yíxiàr, wǒmen shénme shíhou gēn guì gōngsī zǒngjīnglǐ jiàn miàn?

A： Jīntiān wǎnshang wǒmen zǒngjīnglǐ zài Quánjùdé Kǎoyādiàn shè yàn zhāodài gè wèi.

B： Nǐmen zhēn shì tài kèqi le. Fēicháng gǎnxiè.

Character Text：

在北京首都国际机场

A：请问,您就是从美国来的安德森先生吧?

B：是的,我是美中贸易公司的马克·安德森。

A：您好,安德森先生。我姓王,叫王平,是中国外贸进出口总公司的业务部总经理助理。欢迎您来中国。

B：您好,王女士。见到您我很高兴。

A：见到您我也很高兴。我们总经理今天有事,不能亲自来机场,所以他派我来接您。您一路辛苦了!

B：一路旅途非常愉快。王女士,初次见面,请多关照。

A：不必客气。您是我们邀请的客人,希望我们的合作顺利,谈判成功。

LESSON 10
BUSINESS VISIT

B： 非常感谢。我来介绍一下儿,他们是跟我一起来中国访问的美中贸易公司雇员。他叫乔治,是公司国际部总裁助理。她叫南希,是我们的业务代表和中文翻译。
A： 欢迎各位来访。
G、N： 谢谢。请多关照。
B： 顺便问一下儿,我们什么时候跟贵公司总经理见面?
A： 今天晚上我们总经理在全聚德烤鸭店设宴招待各位。
B： 你们真是太客气了。非常感谢。

English Text:

At Beijing Capital International Airport

A： May I ask, you are Mr. Anderson from the United States, I presume?
B： Yes, I'm Mark Anderson from U.S.–China Trade Company.
A： How do you do, Mr. Anderson. My surname is Wang, my name is WANG Ping. I'm Assistant to General Manager of the Business Department at China Foreign Trade Imports and Exports Corporation. Welcome to China.
B： How do you do, Ms. Wang. I'm very glad to meet you.
A： I'm glad to meet you, too. Our General Manager has something to do today and cannot meet you at the airport in person, so he sends me here to meet you. How was your journey?
B： I've had a pleasant journey. Ms. Wang, it's my pleasure to meet you for the first time. I'd appreciate your kindness.
A： Don't be polite. You are our invited guest, and hope our cooperation is smooth and our negotiation successful.
B： Thank you very much. Let me introduce you, these are employees of U.S.–China Trade Company who came with me to visit China. His name is George, Assistant to President of International Department of our company. Her name is Nancy, our business representative and Chinese interpreter.
A： Welcome to China.
G&N： Thank you. We'd appreciate your kindness.
B： By the way, when are we going to meet the General Manager of your company?
A： Our General Manager is going to entertain everyone for a dinner banquet at Quanjude Roast Duck Restaurant tonight.
B： It's really our great pleasure (to be invited). Thank you very much.

BBC 初级实用商务汉语 Basic Business Chinese(BBC)

SITUATIONAL CONVERSATION 2:
MEETING THE CHINESE BUSINESS PARTNER
情景会话2：会晤中国商务合作伙伴

Pinyin Text：

A： Wǎnshang hǎo, Āndésēn xiānsheng, huānyíng nín dào Zhōngguó lái gēn wǒmen qiàtán hézuò de shìqing.

B： Wǎnshang hǎo, zǒngjīnglǐ xiānsheng. Gǎnxiè nín hé guì gōngsī de shèngqíng yāoqǐng. Jiàndào nín wǒ hěn róngxìng. Zhè shì wǒ de míngpiàn. Qǐng duō guānzhào.

A： Jiàndào nín wǒ yě hěn róngxìng. Zhè shì wǒ de míngpiàn. Qǐng duō zhǐjiào. Jīntiān wǒmen zài yànhuì shang zhǐ tán yǒuqíng, bù tán shēngyì, hǎo ma?

B： Hěn hǎo. Xièxie nín wèi wǒmen zhǔnbèile zhème fēngshèng de kǎoyā quánxí, nín tài kèqi le.

A： Nǎli, nǎli. Huānyíng Měiguó lái de kèren ma. Jīntiān xiàwǔ yīnwèi gōngsī kāi huì, méi néng qīnzì qù jīchǎng jiē nín, hěn bàoqiàn.

B： Méi guānxi. Qǐng ràng wǒ lái jièshào yíxiàr, zhè liǎng wèi shì gēn wǒ yìqǐ lái Huá fǎngwèn de Měizhōng Màoyì Gōngsī guójìbù gùyuán. Tā jiào Qiáozhì, shì wǒmen gōngsī guójìbù zǒngcái zhùlǐ. Tā jiào Nánxī, shì wǒmen de yèwù dàibiǎo hé Zhōngwén fānyì.

G、N： Nín hǎo, zǒngjīnglǐ xiānsheng. Qǐng duō guānzhào.

A： Huānyíng gè wèi guānglín. Wǒ yě lái jièshào yíxiàr, zhè wèi shì Zhōngguó Wàimào Zǒnggōngsī yèwùbù fùzǒngjīnglǐ Péng Lìzhōng xiānsheng. Zhè wèi shì zǒngjīnglǐ zhùlǐ Wáng Píng Nǚshì, nǐmen yǐjing jiàn guo miàn le.

LESSON 10

BUSINESS VISIT

B: Hěn róngxìng rènshi gè wèi. Zài hézuò qiàtán zhōng, qǐng gè wèi duōduō guānzhào.

A: Bǐcǐ, bǐcǐ. Xiànzài qǐng gè wèi rù xí, yànhuì mǎshàng jiùyào kāishǐ le.

B: Zǒngjīnglǐ xiānsheng, nín xiān qǐng.

A: Kèren xiān qǐng.

C: Xièxie.

Character Text:

A: 晚上好,安德森先生,欢迎您到中国来跟我们洽谈合作的事情。

B: 晚上好,总经理先生。感谢您和贵公司的盛情邀请。见到您我很荣幸。这是我的名片。请多关照。

A: 见到您我也很荣幸。这是我的名片。请多指教。今天我们在宴会上只谈友情,不谈生意,好吗?

B: 很好。谢谢您为我们准备了这么丰盛的烤鸭全席,您太客气了。

A: 哪里,哪里。欢迎美国来的客人嘛。今天下午因为公司开会,没能亲自去机场接您,很抱歉。

B: 没关系。请让我来介绍一下儿,这两位是跟我一起来华访问的美中贸易公司国际部雇员。他叫乔治,是我们公司国际部总裁助理。她叫南希,是我们的业务代表和中文翻译。

G、N: 您好,总经理先生。请多关照。

A: 欢迎各位光临。我也来介绍一下儿,这位是中国外贸总公司的业务部副总经理彭利中先生。这位是总经理助理王平女士,你们已经见过面了。

B: 很荣幸认识各位。在合作洽谈中,请各位多多关照。

A: 彼此,彼此。现在请各位入席,宴会马上就要开始了。

B: 总经理先生,您先请。

A: 客人先请。

B: 谢谢。

English Text:

A: Good evening, Mr. Anderson. Welcome you to China to negotiate business for our cooperation.

B: Good evening, Mr. General Manager. I've long been looking forward to meeting you. Thank you and your honorable company for your great kindness and invitation. It's my honor to meet you. This is my business card. I'd appreciate your kindness.

A: It's my honor to meet you, too. This is my business card. Please provide me your kind advice. Let's talk about friendship only and talk no business at today's banquet, shall we?

B: Very good. It's our great pleasure to be invited to such a sumptuous roast duck feast.

BBC 初级实用商务汉语 Basic Business Chinese(BBC)

Thank you for making all the preparations for this banquet.

A: It's my pleasure. That's the least we can do to welcome our guests from the U.S. I'm sorry I wasn't able to meet you in person at the airport because I had a company meeting this afternoon.

B: That's no problem at all. Please let me introduce these two people who are accompanying me to visit China. They are employees of International Department of U.S.-China Trade Company. His name is George, Assistant to President of our International Department. Her name is Nancy, our business representative and Chinese interpreter.

G&N: How do you do, Mr. General Manager. We'd appreciate your kindness to us.

A: Welcome you all for your presence. Let me also introduce you. This is Mr. PENG Lizhong, Vice General Manager of our Business Department at China Foreign Trade Corporation; this is Ms. Wang, Assistant to the General Manager, you've already met.

B: Very honored to know you all. I'd appreciate your kind consideration in our coming negotiations for cooperation.

A: Let's be kind to one another. Please be seated now, the banquet is about to start soon.

B: Mr. General Manager, you go first, please.

A: Guests go first, please.

B: Thank you.

 NEW WORDS AND EXPRESSIONS

yǒu shì	有事	VO	have something (to do)
qīnzì	亲自	ADV	by oneself; in person
pài	派	V	send
jiē	接	V	to pick up (someone); to connect
yílù	一路	N	whole journey
xīnkǔ	辛苦	ADJ	hard; hardship; painstaking
búbì	不必	ADV	need not; not have to
yāoqǐng	邀请	N/V	invitation; invite
kèren	客人	N	visitor; guest
xīwàng	希望	N/V	hope; wish
hézuò	合作	V/N	cooperate; collaborate; work together; cooperation
shùnlì	顺利	ADJ	smooth; successful; without a hitch
chénggōng	成功	V/N/ADJ	succeed; success; successful
yìqǐ	一起	ADV	in the same place; together; in company

LESSON 10

BUSINESS VISIT

gùyuán	雇员	N	employee
yèwù dàibiǎo	业务代表	NP	business representative
fānyì	翻译	N/V	translater; interpreter
gè wèi	各位	NP	you all; everybody
láifǎng	来访	V	come to visit / call
shùnbiàn	顺便	ADV	conveniently; in passing
shèyàn	设宴	VP	give dinner / banquet
zhāodài	招待	V	to receive guest; serve customers
qiàtán	洽谈	V	hold trade talk; negotiate
shìqing	事情	N	matter; things; business
shèngqíng	盛情	N	great kindness; boundless hospitality
zhǐjiào	指教	V	give advice / comments
yànhuì	宴会	N	banquet; dinner party
zhǐ	只	ADV	only
tán	谈	V	talk
yǒuqíng	友情	N	friendship; friendly sentiment
shēngyì	生意	N	business; trade
zhǔnbèi	准备	V	prepare; get ready
zhème	这么	PRO	so; such; this way
fēngshèng	丰盛	ADJ	rich; sumptuous
kǎoyā quánxí	烤鸭全席	NP	roast duck feast
bàoqiàn	抱歉	V	be sorry; apologize
guānglín	光临	V	be present
bǐcǐ	彼此		each other; one another
rùxí	入席	VO	be seated at banquet/ceremony
mǎshàng	马上	ADV	at once; right away

PROPER NOUNS

Mǎkè Āndésēn	马克·安德森	(male) name
Měizhōng Màoyì Gōngsī	美中贸易公司	U.S.–Sino Trade Company

BBC 初级实用商务汉语 Basic Business Chinese (BBC)

| Zhōngguó Wàimào Jìnchūkǒu Zǒnggōngsī | 中国外贸进出口总公司 | China Foreign Trade Imports & Exports Corporation |

ENRICHMENT

kèrén	客人	visitor; guest
shāngrén	商人	businessman; merchant; trader
yǒurén	友人	friend
yóurén	游人	sightseer; tourist
jiārén	家人	family members
wàirén	外人	stranger; outsider; foreigner; alien; bystander
shúrén	熟人	acquaintaince; friend
shēngrén	生人	stranger
fǎngwèn	访问	visit; call on; interview
láifǎng	来访	come to visit
bàifǎng	拜访	pay visit; call on
cǎifǎng	采访	cover; interview; gather news
qiàgòu	洽购	negotiate for purchase
shè wǔyàn	设午宴	give noontime banquet
shè wǎnyàn	设晚宴	give evening banquet
zhāodài	招待	receive (guest); serve (customers)
jiēdài	接待	receive; admit
kuǎndài	款待	treat cordially; entertain
shàndài	善待	treat with kindness
yǒuqíng	友情	friendly sentiment; friendship
yǒuyì	友谊	friendship
yǒuhǎo	友好	close friend; friendly; amicable
yǒu'ài	友爱	friendly affection; fraternal love
rù zuò	入座	take place (at table)
zhíyuán	职员	office worker; staff member; functionary

LESSON 10
BUSINESS VISIT

SUPPLEMENTARY BUSINESS EXPRESSIONS

chūcì jiànmiàn	初次见面	meet for the first time
chūcì jiāowǎng	初次交往	contact/associate for the first time
chūcì jiēchù	初次接触	contact for the first time
chūcì tánpàn	初次谈判	hold negotiation talks for the first time
chūcì dǎ jiāodào	初次打交道	make contact with (someone) for the first time
qǐng duō guānzhào	请多关照	kindly look after (someone)
qǐng duō zhàogù	请多照顾	kindly take care of (someone)
qǐng duō zhǐjiào	请多指教	kindly give advice/comments to (someone)
qǐng duō cìjiào	请多赐教	kindly grant instruction
qǐng duō bāohán	请多包涵	kindly excuse/forgive
qǐng duō yuánliàng	请多原谅	kindly excuse/pardon
qiàtán hézuò	洽谈合作	negotiate for cooperation/collaboration
qiàtán shēngyì	洽谈生意	hold business/trade talks
qiàtán mǎimai	洽谈买卖	hold trade talks on buying and selling
qiàtán jiāoyì	洽谈交易	negotiate a transaction/deal
qiàtán màoyì	洽谈贸易	hold trade talks
qiàtán jìnchūkǒu yèwù	洽谈进出口业务	hold talks on imports & exports business
qiàtán jiàgé	洽谈价格	negotiate price
qiàtán jiāohuò rìqī	洽谈交货日期	negotiate on date of delivery
qiàgòu	洽购	hold purchase talks
zǒngcái	总裁	president (corporation)
zǒnggōng	总工	chief engineer
Měiguó de màoyì gōngsī	美国的贸易公司	American trade companies

GRAMMAR AND BUSINESS CULTURE NOTES

1. **Nǐmen zhēn shì tài kèqi le 你们真是太客气了 You are too polite/I appreciate your kindness.**

   When a favor or an entertainment is received, *nín tài kèqi le* can be used to express both gratitude and apology for the trouble one has caused. e.g.

   B. Jīn wǎn wǒmen zǒng jīnglǐ qǐng nín chī fàn, qǐng nín yídìng guānglín. 今晚我们总经理请您吃饭，请您一定光临。(Our general manager would like to invite you for dinner tonight. Please be sure to come.)

   C. Nín tài kèqi le. 您太客气了。(Thank you so much for your kindness/It's very kind of you.) In the case when the other politely refuses to accept your compliment, Nín tài kèqi le. 您太客气了 can also be used as a polite contradiction, indicating that "the facts prove otherwise" or "It's very kind of you." e.g.

   A. Jīntiān de wǎnyàn zhēn shì tài hǎo le. 今天的晚宴真是太好了。(Tonight's banquet is wonderful.)

   B. Zhāodài de bù hǎo, qǐng yuánliàng. 招待得不好，请原谅。(We did not entertain you well. Please pardon us.)

   C. Nín tài kèqi le. 您太客气了。(You are too polite.)

2. **ma / 嘛 a particle**

   The auxiliary word of mood *ma* 嘛 can be added at the end of the sentence to indicate an obvious principle or an idea that things ought to be like this. e.g.

   Huānyíng Měiguó lái de kèren ma 欢迎美国来的客人嘛 (It's implied in the sentence that we certainly ought to or it's our duty to entertain you with this banquet.)

3. **The aspect particle guò or guo 过** (1) shows that an action did happen some time in the past, with the stress on the fact that one has had such a past experience. For example:

   Nǐmen yǐjīng jiàn guo miàn le. 你们已经见过面了 You've already met.

   Tāmen xuéguo Zhōngwén. 他们学过中文。They've studied Chinese language.

   The negative form of the aspect particle guo 过 is méi (yǒu) V guo. e.g.

   Wǒ méi (yǒu) qùguo Chángchéng. 我没（有）去过长城。I haven't been to the Great Wall before.

   Wǒ méi(yǒu) chīguo Běijīng kǎoyā. 我没（有）吃过北京烤鸭。I haven't had any Beijing roast duck before.

4. **yǒu shì 有事 (busy; have something to do)**

   Sometimes *yǒu shì 有事* can be used as a polite refusal to avoid participating in some activity. It

LESSON 10

BUSINESS VISIT

is an acceptable practice to say *Wǒ yǒu shì.* 我有事. (I'm busy.) e.g.

Wǒmen zǒng jīnglǐ jīntiān yǒushì, bù néng qīnzì lái jīchǎng, suǒyǐ tā pài wǒ lái jiē nín. 我们总经理今天有事，不能亲自来机场，所以他派我来接您。 Our General Manager is busy today and can't come to the airport by himself, therefore he has sent me to meet you here.

5. qǐng 请 (please)

qǐng 请 normally introduces a sentence. Some verbs in Chinese introduce sentence the same way that other verbs precede objects. *qǐng* 请 (please, to request, invite,) is one of these important verbs. e.g.

Xiànzài qǐng gè wèi rùxí. 现在请各位入席。 Please be seated now, everybody.

Jīntiān wǎnshang Zhōngfāng qǐng Měifāng de kèren chīfàn. 今天中方请美方的客人吃饭。 Today the Chinese party invites the American guests for dinner.

6. Grammar word le 了 (3)

Another primary function of *le* 了 is to indicate a new situation or a change of state/condition/situation/status or something is happening soon (when used at the end of a sentence). e.g.

Xiànzài tā yǒu gōngzuò *le.* 现在他有工作了。 He has a job now. (He did not have a one before.)

Tiānqì lěng *le.* 天气冷了。 The weather is getting cold. (It was warm before.)

Fēijī jiù yào qǐfēi le. 飞机就要起飞了。 (The plane is about to take off.)

7. CHINESE ETIQUETTE OF BUSINESS INTRODUCTION

In a formal business situation, a Chinese usually first introduces the person with a higher post to the one with a lower position. This is quite different from the Western custom in which the person with a lower post is usually first introduced to the one with a higher position. In China, when you introduce yourself or others, you should try to understand the people you are going to meet before the business activity to confirm their names, posts, etc., so as not to make a fool of yourself or displease your counterparts. You should also pay attention to introduce in the proper sequence and simple, concise language, so as to leave a better impression to others, and act in a free and easy manner to improve your status in the others' eyes. In the past, Chinese people would like to describe themselves as "humble persons" or their companies as "humble companies." This is a Chinese way to express modesty, because in China, humility or playing oneself down was considered a virtue. Recently, however, influenced by the west, such appellations have been changed. More Chinese people call themselves "I", and their company, "our company." They like to address the company of the other party "your honorable company", and your country, "your honorable country" to show their respect. Therefore, a successful introduction in a formal business situation is both an important content and the key of a business activity.

COMMUNICATIVE SPEECH DRILLS

A. Transformation Drills I: Transform names of countries, persons and their titles/positions:

| Qǐngwèn, nín jiù shì cóng | Hánguó
Yīngguó
Rìběn
Fǎguó
Měiguó
Yuènán
Yìdàlì
Zhōngdōng
Jiānádà | lái de | Piáo tàitai
Dígēngsī fūren
Yīténg xiǎojie
Kǎdān nǚshì
Āndésēn xiānsheng
Mǎ Yīzhōng zǒngcái
Kǎqínuò zǒngjīnglǐ
Mùbālā jīnglǐ
Bānnàtè zhǔguǎn | ba? |

| 请问,您就是从 | 韩国
英国
日本
法国
美国
越南
意大利
中东
加拿大 | 来的 | 朴太太
迪更斯夫人
伊藤小姐
卡丹女士
安德森先生
马一中总裁
卡奇诺总经理
穆巴拉经理
班纳特主管 | 吧? |

B. Transformation Drills II: Transform names of countries, companies, position titles and persons:

| Wǒ shì | Měiguó IBM Diànnǎo GS.
Zhōngguó Hǎi'ěr Jítuán
Yīngguó Shíyóu GS.
Déguó Bēnchí Qìchē GS.
Měizhōng Màoyì Gōngsī
Zhōngguó Jìnchūkǒu Zǒng GS.
Rìběn Dōngzhī Diànqì GS.
Hánguó Sānxīng GS.
Měiguó Huāqí Yínháng | de | yèwù dàibiǎo
yíngxiāo jīnglǐ
kuàijì
xiāoshòu jīnglǐ
zǒngjīnglǐ
jīnglǐ
tánpàn dàibiǎo
yíngxiāo jīnglǐ
cáiwù gùwèn | Kǎiwén Shǐmìsī.
Zhōng Wěimíng.
Chá'ěrsī Wòkè.
Yàlìshāndà Kē'ěr.
Mǎkè Āndésēn.
Zhōng Dàzhōng.
Shānběn Yīténg.
Piáo Chúnzhé.
Āndélǔ Wáng. |

LESSON 10

BUSINESS VISIT

我是	美国 IBM 电脑公司 中国海尔集团 英国石油公司 德国奔驰汽车公司 美中贸易公司 中国进出口总公司 日本东芝电器公司 韩国三星公司 美国花旗银行	的	业务代表 营销经理 会计 销售部经理 总经理 经理 谈判代表 营销经理 财务顾问	凯文·史密斯。 钟伟明。 查尔斯·沃克。 亚历山大·科尔。 马克·安德森。 钟大中。 山本伊藤。 朴纯哲。 安德鲁王。

C. Make an explanations why someone cannot do something and ask you to do it instead.

Wǒmen	dǒngshìzhǎng zhǔrèn zǒngcái zǒngjīnglǐ fùzǒngcái jīnglǐ fùjīnglǐ	jīntiān	kāi huì, tài máng, yǒu yàojǐn de shì, yǒu shì, yǒu shāngwù qiàtán, yǒu màoyì tánpàn, yǒu ge jǐnjí xiàngmù yào chǔlǐ,	bù néng qīnzì lái jīchǎng jiē nín.
Suǒyǐ tā pài wǒ lái jiē nín. Nín yílù xīnkǔ le!				

我们	董事长 主任 总裁 总经理 副总裁 经理 副经理	今天	开会， 太忙， 有要紧的事， 有事， 有商务洽谈， 有贸易谈判， 有个紧急项目要处理，	不能亲自来机场接您。
所以他/她派我来接您。您一路辛苦了！				

211

BBC 初级实用商务汉语 Basic Business Chinese(BBC)

D. Expansion Drills:

gùyuán
gōngsī gùyuán
màoyì gōngsī gùyuán
Měizhōng Màoyì Gōngsī gùyuán
fǎngwèn de Měizhōng Màoyì Gōngsī gùyuán
Zhōngguó fǎngwèn de Měizhōng Màoyì Gōngsī gùyuán
lái Zhōngguó fǎngwèn de Měizhōng Màoyì Gōngsī gùyuán
yìqǐ lái Zhōngguó fǎngwèn de Měizhōng Màoyì Gōngsī gùyuán
gēn wǒ yìqǐ lái Zhōngguó fǎngwèn de Měizhōng Màoyì Gōngsī gùyuán
shì gēn wǒ yìqǐ lái Zhōngguó fǎngwèn de Měizhōng Màoyì Gōngsī gùyuán
Tāmen shì gēn wǒ yìqǐ lái Zhōngguó fǎngwèn de Měizhōng Màoyì Gōngsī gùyuán.
Tāmen shì gēn wǒ yìqǐ lái Zhōngguó fǎngwèn de Měizhōng Màoyì Gōngsī gùyuán ma?
Tāmen shì gēn wǒ yìqǐ lái Zhōngguó fǎngwèn de Měizhōng Màoyì Gōngsī gùyuán bú shì?
Tāmen shì bú shì gēn wǒ yìqǐ lái Zhōngguó fǎngwèn de Měizhōng Màoyì Gōngsī gùyuán?

雇员
公司雇员
贸易公司雇员
美中贸易公司雇员
访问的美中贸易公司雇员
中国访问的美中贸易公司雇员
来中国访问的美中贸易公司雇员
一起来中国访问的美中贸易公司雇员
跟我一起来中国访问的美中贸易公司雇员
是跟我一起来中国访问的美中贸易公司雇员
他们是跟我一起来中国访问的美中贸易公司雇员
他们是跟我一起来中国访问的美中贸易公司雇员吗？
他们是不是跟我一起来中国访问的美中贸易公司雇员？

LESSON 10

BUSINESS VISIT

D1. Review: Students: Close your books and see who can answer the following questions (the answers should be based on the above Expansion Drills).

1. Tāmen shì shéi?
2. Tāmen zuò shénme gōngzuò?
3. Tāmen shì jīnglǐ háishi gùyuán?
4. Tāmen zài shénme gōngsī gōngzuò?
5. Tāmen lái Zhōngguó zuò shénme?
6. Tāmen shì gēn shéi yìqǐ lái Zhōngguó fǎngwèn de?
7. Tāmen shì lái Zhōngguó fǎngwèn de háishì lái Zhōngguó zuò shēngyì de?
8. Tāmen wèi shénme lái Zhōngguó?
9. Nǐ zhīdào bù zhīdào tāmen gēn wǒ lái Zhōngguó zuò shénme?

1. 他们是谁？
2. 他们做什么工作？
3. 他们是经理还是雇员？
4. 他们在什么公司工作？
5. 他们来中国做什么？
6. 他们是跟谁一起来中国访问的？
7. 他们是来中国访问的还是来中国做生意的？
8. 他们为什么来中国？
9. 你知道不知道他们跟我来中国做什么？

E. Substitution Drills: Substitute the cued attributives and modified nouns.

Nín shì wǒmen	lǐxiǎng hézuò qǐnglái yāoqǐng kànhǎo xìndeguò chángqī hézuò xìnlài	de	hézī huǒbàn, màoyì huǒbàn, kèhù, kèren, jīngxiāoshāng, pīfāshāng, lǎo kèhù, chǎngshāng,
xīwàng wǒmen de hézuò shùnlì, tánpàn chénggōng.			

213

您是我们	理想 合作 请来 邀请 看好 信得过 长期合作 信赖	的	合作伙伴, 贸易伙伴, 客户, 客人, 经销商, 批发商, 老客户, 厂商,
希望我们的合作顺利,谈判成功。			

F. **Substitution Drills I:** Substitute the cued names of countries and their capital cities.

Shùnbiàn wèn yíxiàr, wǒmen shénme shíhou gēn guì gōngsī zǒngjīnglǐ (yìqǐ)	dǎ gāo'ěrfū? qiān hétong? chī fàn? qiàtán? jiàn miàn? tán shēngyì? qù chǎngjiā? kàn zhǎnlǎn? tán yèwu?

顺便问一下儿,我们什么时候跟贵公司总经理 (一起)	打高尔夫? 签合同? 吃饭? 洽谈? 见面? 谈生意? 去厂家? 看展览? 谈业务?

LESSON 10

BUSINESS VISIT

G. Substitution Drills II: Substitute the cued names of restaurants:

Jīntiān wǎnshang wǒmen zǒngjīnglǐ zài	Quánjùdé Kǎoyādiàn Běijīng Fàndiàn Yànhuìtīng Tónghéjū Fànzhuāng Guǎngdōng Hǎixiān Dàjiǔdiàn Sìchuān Málà Huǒguōchéng Mòsīkē Cāntīng	shè yàn zhāodài gèwèi.

今天晚上我们总经理在	全聚德烤鸭店 北京饭店宴会厅 同和居饭庄 广东海鲜大酒店 四川麻辣火锅城 莫斯科餐厅	设宴招待各位。

H. Substitution Drills III: Substitute the cued nouns for banquets:

Xièxie nín wèi wǒmen zhǔnbèile zhème fēngshèng de	kǎoyā quánxí, wǔyàn, wǎnyàn, jiǔcài, Zhōngcān, Xīcān,	nín tài kèqi le.

谢谢您为我们准备了这么丰盛的	烤鸭全席, 午宴, 晚宴, 酒菜, 中餐, 西餐,	您太客气了。

BBC 初级实用商务汉语 Basic Business Chinese (BBC)

I. Expansion Drills:

xiānsheng

Péng xiānsheng

Péng Lìzhōng xiānsheng

jīnglǐ Péng Lìzhōng xiānsheng

zǒngjīnglǐ Péng Lìzhōng xiānsheng

fùzǒngjīnglǐ Péng Lìzhōng xiānsheng

yèwùbù fùzǒngjīnglǐ Péng Lìzhōng xiānsheng

gōngsī de yèwùbù fùzǒngjīnglǐ Péng Lìzhōng xiānsheng

zǒnggōngsī de yèwùbù fùzǒngjīnglǐ Péng Lìzhōngxiānsheng

wàimào zǒnggōngsī de yèwùbù fùzǒngjīnglǐ Péng Lìzhōngxiānsheng

Zhōngguó Wàimào Zǒnggōngsī de yèwùbù fùzǒngjīnglǐ Péng Lìzhōngxiānsheng

shì Zhōngguó Wàimào Zǒnggōngsī de yèwùbù fùzǒngjīnglǐ Péng Lìzhōngxiānsheng

Zhè wèi shì Zhōngguó Wàimào Zǒnggōngsī de yèwùbù fùzǒngjīnglǐ Péng Lìzhōng xiānsheng

Zhè wèi shì Zhōngguó Wàimào Zǒnggōngsī de yèwùbù fùzǒngjīnglǐ Péng Lìzhōng xiānsheng ma?

Zhè wèi shì Zhōngguó Wàimào Zǒnggōngsī de yèwùbù fùzǒngjīnglǐ Péng Lìzhōng xiānsheng bú shì?

Zhè wèi shì bu shì Zhōngguó Wàimào Zǒnggōngsī de yèwùbù fùzǒngjīnglǐ Péng Lìzhōng xiānsheng?

Zhè wèi shì Zhōngguó Wàimào Zǒnggōngsī de yèwùbù fùzǒngjīnglǐ Péng Lìzhōng xiānsheng háishi Wáng Shìmào xiānsheng?

LESSON 10

BUSINESS VISIT

先生
彭先生
彭利中先生
经理彭利中先生
总经理彭利中先生
副总经理彭利中先生
业务部副总经理彭利中先生
公司的业务部副总经理彭利中先生
总公司的业务部副总经理彭利中先生
外贸总公司的业务部副总经理彭利中先生
中国外贸总公司的业务部副总经理彭利中先生
是中国外贸总公司的业务部副总经理彭利中先生
这位是中国外贸总公司的业务部副总经理彭利中先生
这位是中国外贸总公司的业务部副总经理彭利中先生吗？
这位是中国外贸总公司的业务部副总经理彭利中先生不是？
这位是不是中国外贸总公司的业务部副总经理彭利中先生？
这位是中国外贸总公司的业务部副总经理彭先生还是王先生？
这位是中国外贸总公司的业务部副总经理彭利中先生还是王世贸先生？

I (1): Review: Students: Close your books and see who can answer the following questions (the answers should be based on the above Expanded Drills).

1. Tā shì shéi?
2. Tā xìng shénme? / Tā guìxìng?
3. Tā jiào shénme míngzi?
4. Tā shì xiānsheng háishi nǚshì?
5. Tā zuò shénme gōngzuò?
6. Tā shì jīnglǐ háishì fùjīnglǐ?
7. Tā zài shénme gōngsī gōngzuò?
8. Tā zài yèwùbù gōngzuò háishi zài jìnchūkǒubù gōngzuò?
9. Wàimào Zǒnggōngsī zài nǎr?
10. Tā shì Zhōngguó Wàimào Zǒnggōngsī de yèwùbù fùzǒngjīnglǐ Péng Lìzhōng xiānsheng ma?

1. 他是谁？
2. 他姓什么？/他贵姓？
3. 他叫什么名字？
4. 他是先生还是女士？
5. 他做什么工作？
6. 他是经理还是副经理？

7. 他在什么公司工作?
8. 他在业务部工作还是在进出口部工作?
9. 外贸总公司在哪儿?
10. 他是中国外贸总公司的业务部副总经理彭利中先生吗?

COMMUNICATIVE ACTIVITIES

1. Briefly introduce yourself and each member of your business delegation to the head of your Chinese host company.
2. Briefly introduce yourself and all the banquet/ business negotiation attendees from the host company.
3. Make a brief explanation why your General Manager was unable to come to the airport to meet the visiting delegation from the U.S.
4. Make a welcome speech at the airport/banquet hall/business negotiation conference room.
5. Role play: exchange business cards between a principal host and principal guest or between members of host delegation and members of guest delegation.
6. Role play: practice seating arrangement and eating and drinking etiquette at a dinner banquet welcoming a business delegation from the U.S.
7. Role play: As a head of your business delegation, introduce to your business counterpart as detailed as possible each member of your delegation, i.e. his/her full name, nationality, place of the country, old hometown, current residing place and working place, home/work/cell phone numbers, the department in which s/he works in your company, etc.; and then ask your counterpart to introduce his/ her accompanying members to you for the same information.
8. Make a toast proposal to drink to someone or something or a speech given before the taking of such a drink at a business banquet / welcome dinner banquet.
9. Conduct conversation, dictation, communicative exchanges, oral reproduction and interpretation/ translation based on the following discourse:

美中贸易公司的马克·安德森先生及其一行 (yìxíng a group traveling together) 应中国外贸进出口总公司的邀请今天到达 (dàodá arrive) 了北京。中国外贸进出口总公司的业务部总经理因为开会,没能亲自到机场迎接。他派了他的助理王平女士到机场迎接。跟安德森先生一同来访的还有美中贸易公司的国际部总裁助理乔治,业务代表和翻译南希等人。晚上中国外贸进出口总公司的业务部总经理在全聚德烤鸭店设宴招待了美国贸易代表团一行。在欢迎宴会上,中美双方的代表互相 (hùxiāng each other) 交换了名片,并介绍了双方代表。参加宴会的中方代表除了总经理先生和总经理助理以外,还有副总经理彭利中先生等人。参加宴会的美方代表有美中贸易公司国际部总裁安德森先生,总裁助理乔治·哈勃先生以及国际部业务代表和翻译南希·派特女士。在宴会上,双方代表共同祝愿 (zhùyuàn wish) 中美双方的贸易洽谈取得 (qǔdé achieve) 圆满成功。

LESSON 11 BUSINESS BANQUET AND BUSINESS ARRANGEMENT
第十一课　商务宴会和商务活动安排

FUNCTIONAL OBJECTIVES

Upon completion of Lesson 11, you will be able to：

- Know business etiquette such as table manners, eating and drinking etiquettes；
- Propose a toast at business settings；
- Correctly use "*le*" for exclamation；
- Know and use Chinese expressions of "before" and "after;"
- Know and use Chinese grammatical expression of "when;"
- Express the informal way of saying "will do something" in Chinese；
- Say in Chinese "the more... the more..."
- Know where to go to visit transnational corporations in China.

COMMUNICATIVE EXCHANGES

SITUATIONAL CONVERSATION 1:
SEATING ARRANGEMENT AND TABLE MANNERS
情景会话1：席间礼节和餐桌礼仪

219

Pinyin Text:

Zài Quánjùdé Kǎoyā Diàn

A: Āndésēn Xiānsheng, nín shì guìkè, qǐng nín zuò zài mén duìmiàn, zuò zài wǒ de yòubiān, hǎo ma?

B: Xièxie nín de zuòwèi ānpái, zǒngjīnglǐ xiānsheng, nín tài kèqi le.

A: Nǎli, nǎli. Zhè shì wǒmen Zhōngguó de xíjiān lǐjié, búbì kèqi.

B: Wǒ bù dǒng Zhōngguó de xíjiān lǐjié. Rúguǒ shīlǐ, qǐng yuánliàng.

A: Hǎo shuō, hǎo shuō. Qǐngwèn, nín yào hē báilándì háishi pútoujiǔ?

B: Báilándì dùshù tài gāo le, qǐng gěi wǒ yì bēi hóng pútaojiǔ ba.

A: Hǎo ba, gěi nín mǎn shang, zhù nín shēntǐ jiànkāng, shēngyì xīnglóng.

B: Xièxie nín, zǒngjīnglǐ xiānsheng. Wǒ yě gěi nín mǎn shang. Qǐngwèn, Zhōngwén "bottoms up" zěnme shuō?

A: Wǒmen shuō: "gānbēi". Gè wèi qǐng jǔ bēi, xiànzài wǒ tíyì, wèi gè wèi de shēntǐ jiànkāng, wèi wǒmen de yǒuyì hé hézuò chénggōng, gānbēi!

All: Wèi wǒmen de yǒuyì hé hézuò chénggōng, gānbēi!

A: Āndésēn xiānsheng, fàncài hé kǎoyā hái kěkǒu ba?

B: Běijīng kǎoyā zhēn shì míng bù xū chuán, wèidào hǎo jí le!

A: Nà jiù duō chī diǎr.

B: Hǎo, nà wǒ kě jiù bú kèqi le.

Character Text:

在前门全聚德烤鸭店

A: 安德森先生,您是贵客,请您坐在门对面,坐在我的右边,好吗?

B: 谢谢您的座位安排,总经理先生,您太客气了。

A: 哪里,哪里。这是我们中国的席间礼节,不必客气。

B: 我不懂中国的席间礼节。如果失礼,请原谅。

A: 好说,好说。请问,您要喝白兰地还是葡萄酒?

B: 白兰地度数太高了,请给我一杯红葡萄酒吧。

A: 好吧,给您满上,祝您身体健康,生意兴隆。

B: 谢谢您,总经理先生。我也给您满上。请问,中文"bottoms up"怎么说?

A: 我们说"干杯"。各位请举杯,现在我提议,为各位的身体健康,为我们的友谊和合作成功,干杯!

All: 为我们的友谊和合作成功,干杯!

A: 安德森先生,饭菜和烤鸭还可口吧?

LESSON 11

BUSINESS BANQUET AND BUSINESS ARRANGEMENT

B： 北京烤鸭真是名不虚传，味道好极了！

A： 那就多吃点儿。

B： 好，那我可就不客气了。

English Text:

At the Qianmen Quanjude Roast Duck Restaurant

A： Mr. Anderson, you are the distinguished guest, please be seated opposite the door and to my right side, will you?

B： Thank you for your seat arrangement, Mr. General Manager, it's really my pleasure.

A： You are welcome. This is our Chinese etiquette in the course of a banquet, take it easy.

B： I don't know anything about the Chinese etiquette in the course of a banquet. If I don't behave properly, please excuse me.

A： That's alright. May I ask, would you like to drink brandy or grape wine?

B： The alcohol content of brandy is too high for me. Please give me a cup of red wine.

A： OK. Let me fill up your cup. Wish you good health and prosperous business.

B： Thank you, Mr. General Manager. Let me fill up your cup, too. May I ask how to say "bottoms up" in Chinese?

A： We say "gānbēi." Everyone, please raise your cups, now I propose a toast, for everyone's good health, for our friendship and successful cooperation, gānbēi!

All： For our friendship and successful cooperation, gānbēi!

A： Mr. Anderson, are the food and roast duck tasty?

B： Beijing roast duck really deserves the reputation. It tastes delicious!

A： Then you should eat more.

B： OK, I won't be too shy then（I'll eat my fill）.

SITUATIONAL CONVERSATION 2: TOURING AND SHOPPING IN BEIJING
情景会话 2：在北京游览购物

Pinyin Text:

A: Āndésēn xiānsheng, zài wǒmen de yèwù qiàtán zhèngshì kāishǐ yǐqián, wǒmen dǎsuàn dài nín cānguān yíxiàr wǒmen màoyì gōngsī xiàshǔ de yìxiē shēngchǎn chǎngjiā, nín kàn zěnmeyàng?

B: Zhè ge ānpái fēicháng hǎo. Wǒ hěn xiǎng liǎojiě chūkǒu dào Měiguó de chǎnpǐn dōu shì zěnme shēngchǎn de?

A: Zhè shì yìxiē chūkǒu chǎnpǐn de mùlù, yàngběn hé yàngpǐn, qǐng nín guòmù.

B: A, zhè xiē chǎnpǐn de shìyàng zhēn shì tài jīngměi le, érqiě zuògōng kàn shangqu yě hěn jīngxì.

A: Shì a. Wǒmen duì chūkǒu chǎnpǐn de wàiguān hé zhìliàng dōu fēicháng zhòngshì.

B: Nà wǒmen jiù fàngxīn le. Duì le, tīngshuō zhè ge xīngqī guì gōngsī zhèngzài jǔbàn shāngpǐn jiāoyìhuì, shì ma?

A: Shì de. Wǒmen yě jiào zhǎnxiāohuì, měi nián qiūjì jǔbàn yí cì. Huānyíng nín guānglín, cānguān, zhǐdǎo.

B: Nà wǒ yídìng yào qù kànkan. Xīwàng zài míngnián de zhǎnxiāohuì shang yǒu wǒmen Měiguó gōngsī chǎnpǐn de zhǎntái.

A: Méi wèntí. Qiàtán de shíhou wǒmen zài xiángxì tǎolùn tǎolùn nín de zhè ge jiànyì.

LESSON 11

BUSINESS BANQUET AND BUSINESS ARRANGEMENT

B： Rúguǒ fāngbiàn, wǒmen hái xiǎng qù cānguān yìxiē zhùmíng de Měiguó kuàguó gōngsī, bǐrú: Wēiruǎn Gōngsī, Yīngtè'ěr Gōngsī, Huìpǔ Gōngsī, IBM Diànnǎo Gōngsī, Nàikè Gōngsī děngděng. Yàoshi hái yǒu shíjiān, wǒmen yě xiǎng qù zhùmíng de Chángchéng, Gùgōng, Yíhéyuán, Běihǎi Gōngyuán hé Tiāntán Gōngyuán qù kànkan.

A： Zhèxiē cānguān hé yóulǎn huódòng wǒmen dōu ānpái hǎo le. Míngtiān hé hòutiān wǒmen xiān àn jìhuà qiàtán. Dà hòutiān shì zhōumò, wǒ de zhùlǐ huì dài nǐmen qù cānguān zhèxiē míngshèng gǔjì, xià zhōu tā huì dài nǐmen qù cānguān Měiguó kuàguó gōngsī zài Běijīng de fēngōngsī.

B： Nín de ānpái hěn zhōudào. Wǒmen shì lái zhèli qiàtán kǎochá de, bù zhǐ shì lái cānguān yóulǎn de.

A： Nín shuō de duì. Zhù wǒmen de qiàtánhuì yuánmǎn chénggōng.

B： Yě zhù wǒmen de shēngyì xīnglóng, yuè zuò yuè duō, yuè zuò yuè dà, yuè zuò yuè hǎo.

Character Text：

A： 安德森先生，在我们的业务洽谈正式开始以前，我们打算带您参观一下儿我们贸易公司下属的一些生产厂家，您看怎么样？

B： 这个安排非常好。我很想了解出口到美国的产品都是怎么生产的。

A： 这是一些出口产品的目录、样本和样品，请您过目。

B： 啊，这些产品的式样真是太精美了，而且做工看上去也很精细。

A： 是啊。我们对出口产品的外观和质量都非常重视。

B： 那我们就放心了。对了，听说这个星期贵公司正在举办商品交易会，是吗？

A： 是的。我们也叫展销会，每年秋季举办一次。欢迎您光临，参观、指导。

B： 那我一定要去看看。希望在明年的展销会上有我们美国公司产品的展台。

A： 没问题。洽谈的时候我们再详细讨论讨论您的这个建议。

B： 如果方便，我们还想去参观一些著名的美国跨国公司，比如：微软公司、英特尔公司、惠普公司、IBM电脑公司、耐克公司等等。要是还有时间，我们也想去著名的长城、故宫、颐和园、北海公园和天坛公园去看看。

A： 这些参观和游览活动我们都安排好了。明天和后天我们先按计划洽谈。大后天是周末，我的助理会带你们去参观这些名胜古迹，下周她会带你们去参观美国跨国公司在北京的分公司。

B： 您的安排很周到。我们是来这里洽谈考察的，不只是来参观游览的。

A： 您说得对。祝我们的洽谈会圆满成功。

B： 也祝我们的生意兴隆，越做越多，越做越大，越做越好。

English Text:

A: Mr. Anderson, before our formal business talk starts, we'd like to take you to visit some production factories subordinated to our trade company. What do you think?

B: This arrangement is super. I'd like to know how the products exported to the U.S. are produced.

A: These are catalogs, stylebooks and sample products of some exported products, please take a look.

B: Ah, the pattern and design of these products are so exquisite and elegant, and the workmanship is fine and meticulous, too.

A: That's right. We attach much importance to the appearance and quality of our exported products.

B: Then we can set our heart at rest. Oh, right, I heard your company is holding a commodity trade fair this week, is that right?

A: That's right. We also call it exhibition for sale fair and it is held once a year in autumn. You are welcome to be present and look around and offer your advice.

B: I surely will go to take a look then. I hope there'll be an exhibition booth to display products from our company.

A: That's no problem. Let's discuss in detail your suggestions during our business negotiation.

B: If it is convenient, we'd also like to visit some famous U.S. multinational corporations such as Microsoft, Intel, HP, IMB, Nike, etc. If we still have time, we also would like to tour the famous Great Wall, Palace Museum, Summer Palace, Beihai Park and Temple of Heaven.

A: We've made arrangement for these sightseeing activities. We'll hold our business negotiations according to our plan tomorrow and the day after tomorrow. The day after the day after tomorrow is the weekend when my assistant will take you to tour these places of historical interest and scenic spots, and next week, she'll take you to visit the branch companies of these U.S. multinational corporations in Beijing.

B: You've made a very thoughtful arrangement. We've come here to hold business negotiations and make on-the-spot investigations, not just to tour and sightsee.

A: You are right. Best wishes for the satisfactory success of our business negotiations.

B: I also wish that our business is prosperous, our business is growing more and more, our business is getting bigger and bigger, and our business is doing better and better.

LESSON 11

BUSINESS BANQUET AND BUSINESS ARRANGEMENT

 NEW WORDS AND EXPRESSIONS

guìkè	贵客	N	honored guest
duìmiàn	对面	N	opposite
yòubiān	右边	N	right-hand side; the right
zuòwèi	座位	N	seat; place
ānpái	安排	N/V	arrange; arrangement; plan
xíjiān lǐjié	席间礼节	NP	etiquette in the course of banquet
shīlǐ	失礼	VO	lack of proper etiquette
yuánliàng	原谅	V	excuse; pardon
hǎo shuō	好说	PH	easy to handle; you are too kind
báilándì	白兰地	N	brandy
pútaojiǔ	葡萄酒	N	grape wine
dùshù	度数	N	alcohol content; degree; number of degrees
mǎnshang	满上	V	fill up (the glass/cup)
shēntǐ	身体	N	body; health
jiànkāng	健康	ADJ	healthy; sound;
		N	health; physique
xīnglóng	兴隆	ADJ	prosperous; thriving
gān bēi	干杯	VO	drink toast;
		PH	cheers; bottoms up
jǔ bēi	举杯	VO	propose toast
tíyì	提议	V	propose; suggest; move
fàncài	饭菜	N	meal; dishes to go with rice
kěkǒu	可口	ADJ	delicious; tasty; palatable
míng bù xū chuán	名不虚传	PH	have well-deserved reputation
wèidào	味道	N	taste; flavor
yèwù	业务	N	professional work; business
zhèngshì	正式	ADJ	formal
dǎsuàn	打算	V/N	plan; intend
dài	带	V/N	carry; bring; take; belt; zone

225

xiàshǔ	下属	N	subordinate
shēngchǎn	生产	V	Product
chǎngjiā	厂家	N	factory authorities / owner
liǎojiě	了解	V	understand; comprehend; find out
yàngběn	样本	N	sample; specimen
yàngpǐn	样品	N	sample product; specimen
guòmù	过目	V	look over (list, etc.) so as to check / approve
jīngměi	精美	ADJ	exquisite; elegant
zuògōng	做工	N	workmanship
jīngxì	精细	ADJ	meticulous; fine
wàiguān	外观	N	outward appearance; exterior
duì...zhòngshì	对……重视	VP	attach importance to; take sth. seriously
fàng xīn	放心	VO	set one's mind at rest; rest assured
tīngshuō	听说	V	hear / understand that...
zhèngzài	正在	ADV	to be in process / course of
jǔbàn	举办	V	conduct; hold; run
shāngpǐn	商品	N	commodity; goods;
jiāoyì huì	交易会	N	trade fair
zhǎnxiāo huì	展销会	N	trade and exhibition (for sale) fair
qiūjì	秋季	N	autumn season
cì	次	MW / ADJ	occurrence; time; second; inferior
zhǐdǎo	指导	V	guide; direct
zhǎntái	展台	N	exhibition booth / platform
xiángxì	详细	ADJ	detailed; minute
tǎolùn	讨论	N / V	discuss; discussion; talk over
jiànyì	建议	N / V	propose; suggest; recommend
fāngbiàn	方便	ADJ N	convenient; convenience
bǐrú	比如	V	for example; for instance
àn	按	V	according to

LESSON 11

BUSINESS BANQUET AND BUSINESS ARRANGEMENT

zhōumò	周末	N	weekend
xiē	些	MW	some; plural
zhōudào	周到	ADJ	attentive; considerate;
qiàtán huì	洽谈会	N	negotiation meeting
yuánmǎn	圆满	ADJ	satisfactory
yuè...yuè...	越……越……	CONJ	the more...the more...

PROPER NOUNS

Tiāntán Gōngyuán	天坛公园	Temple of Heaven (Park)

ENRICHMENT

guìkè	贵客	honored guest
guìbīn	贵宾	honored / distinguished guest
qiánmiàn / biān	前面/边	in the front
hòumiàn / biān	后面/边	behind; at the back; in the rear
shàngmiàn / biān	上面/边	above; on top
xiàmiàn / biān	下面/边	lower level; beneath
yòumiàn / biān	右面/边	right-hand side
zuǒmiàn / biān	左面/边	left-hand side
lǐyí	礼仪	etiquette; rite; protocol
lǐmào	礼貌	courtesy; politeness
duìkǒu	对口	geared to need of

BBC 初级实用商务汉语 Basic Business Chinese(BBC)

tíyì	提议	propose; suggest
shāngyì	商议	confer; discuss
zhūwèi	诸位	Ladies and Gentlemen; everyone

SUPPLEMENTARY BUSINESS EXPRESSIONS

yèwù qiàtán	业务洽谈	business talks; negotiation
shāngwù qiàtán	商务洽谈	business talks / negotiation
shāngmào qiàtán	商贸洽谈	business and trade talks / negotiation
jīngmào qiàtán	经贸洽谈	economic and trade talks / negotiation
màoyì qiàtán	贸易洽谈	trade talks / negotiation
bólǎnhuì / shìbóhuì	博览会 / 世博会	exhibition / trade fair; world trade fair
chūkǒu jiāoyìhuì	出口交易会	export trade fair
Guǎngjiāohuì	广交会	Guangzhou Trade Fair
xiǎojiāohuì	小交会	small-scaled trade fair
píjiǔ jiāoyìhuì	啤酒交易会	beer trade fair
fúzhuāng jiāoyìhuì	服装交易会	apparel trade fair
sīchóu jiāoyìhuì	丝绸交易会	silk trade fair
xiémào jiāoyìhuì	鞋帽交易会	shoes and hats trade fair
qìchē jiāoyìhuì	汽车交易会	auto trade fair
guóchǎn	国产	product of a country; domestic product
pǐnpái	品牌	trademark
míngpái	名牌	famous brand; namebrand
màocùhuì	贸促会	trade promotion council
zhǎnmàihuì	展卖会	exhibition and trade fair
shēngchǎn chǎngjiā	生产厂家	producer; manufacturer
kèhù	客户	client; customer
wàishāng	外商	foreign businessmen / merchant

LESSON 11

BUSINESS BANQUET AND BUSINESS ARRANGEMENT

pīfāshāng	批发商	wholesaler
língshòushāng	零售商	retailer
zhìzàoshāng	制造商	manufacturer
jiāgōngshāng	加工商	processor (of product)
tuīxiāoshāng	推销商	promotion sales business person
yíngxiāoshāng	营销商	market businessman
jīngxiāoshāng	经销商	seller for commission
zhōngjiānshāng	中间商	broker; middle man
dàilǐshāng	代理商	agent

GRAMMAR AND BUSINESS CULTURE NOTES

1. nà (me) 那(么) then; in that case

    nà (me) 那(么) means to say something conformable to the preceding text so as to introduce the due consequence. e.g.

    Běijīng Kǎoyā zhēn shì míngbùxūchuán, wèidào hǎo jíle! 北京烤鸭真是名不虚传,味道好极了! Beijing roast duck really enjoys reputations. It tastes great:

    Nà jiù duō chī diǎr. 那就多吃点儿。Then please eat more.

    Duì bu qǐ, wǒ hěn lèi. 对不起,我很累。Sorry I'm very tired.

    Nà nín jiù qù xiūxi xiūxi ba. 那您就去休息休息吧。Then you go take a rest.

2. Multi-verbal sentences, such as in S + dài nǐmen qù + V + O / ... 带你们去+ V+O

    (person1 takes person2 to somewhere to do something).

    In a multi-verbal sentence, the predicate contains two or more verbs in succession governed by a common subject. The verbs are arranged in a fixed order which cannot be normally changed. In Chinese, whenever there are two or more verbs occurring in the same sentence or phrase, merely put them together and there's no need for link word such as English "to" to be used. The first one or two verbs usually indicate conveyance or manner of doing things, and the last one(s) normally indicates purpose. For example:

    Wǒ de zhùlǐ huì dài nǐmen qù cānguān zhè xiē míngshèng gǔjì. 我的助理会带你们去参观这些名胜古迹。My assistant will take you to visit these places of historical interests and scenic spots.

    Tā kāi qìchē dài wǒ qù kàn zhǎnlǎn. 他开汽车带我去看展览。

    He drives his car to take me to see the exhibition.

3. yuè...yuè... 越……越…… the more...the more...

yuè...yuè... 越……越……（the more...the more... / yuè A yuè B 越 A 越 B）is an adverb phrase indicating that the level of B heightens along with that of A. Sometimes yuè 越 can be repeated several times like in yuè zuò yuè duō, yuè zuò yuè dà, yuè zuò yuè hǎo. yuè 越 can also take the form of yuè lái yuè…… 越来越……（more and more）which indicates that the level heightens as the time goes along. For example:

Zhōngwén yuè lái yuè nán le. 中文越来越难了。Chinese is getting harder and harder.

Zhōngguó rén de shēnghuó shuǐpíng yuè lái yuè gāo le. 中国人的生活水平越来越高了。The Chinese people's living standard is getting higher and higher.

4. nǎli 哪里 literarily means "where". This is another polite response to a compliment. For example:

A. Xièxie nín de zuòwèi ānpái, zǒng jīnglǐ xiānsheng, nín tài kèqi le. 谢谢您的座位安排,总经理先生,您太客气了。Thank you for your seat arrangement, Mr. Manager. You are too polite.

B. Nǎli, nǎli. Zhè shì wǒmen Zhōngguó de xíjiān lǐjié, búbì kèqi. 哪里,哪里。这是我们中国的席间礼节,不必客气。You are welcome. This is our Chinese etiquette in the course of banquet, don't mention it.

5. CHINESE BUSINESS BANQUET AND SEATING ARRANGEMENT

The dinner banquet is part of Chinese business culture. Chinese business people like to use dinner banquet as a way of solving some important problems or show their respect to their potential business partner(s). Dinner banquet, as they believe, can produce a good business result. Besides, it is also a relaxed and easy way to communicate with their business counterpart whose cooperation in making an important business decision is vitally important for the success of their business transactions. Sometimes the Chinese party would use the opportunity to test the bottom line of their business counterpart.

Chinese business people always like to host a banquet of welcome for their foreign business guests. Sometimes, when both sides fall into a deadlock during the negotiation, they might also invite their business guests to a banquet to break the ice or to solve the dispute at the dinner table. Another important banquet is always held by the Chinese side to celebrate the successful conclusion of a business transaction or cooperation. And yet another inevitable one is a farewell banquet out of politeness for the foreign business guests.

When you are invited to such a banquet, it shows the sincerity of the Chinese party in their intention to cooperate with you, and thus, you should make good use of this opportunity to Promote the friendship between both parties to increase chances for the success of potential business transactions.

Deciding who will be attending the banquet is important and the balance of ranks should always be taken into consideration as well. If the general manager of the hosting company presents at the banquet, it is best that the general manager or equal ranked personnel from the guest company should also attend the banquet. Seating arrangement is an established practice in Chinese banquet culture. The principal host normally sits in the position directly facing the door, which means s/he is the one who pays the bill. The principal guest usually is arranged to sit on a seat of honor which is to the right hand side of the principal host. If the number of participants from both parties is almost the same, it is best to arrange the seat in such a way that each person from the guest company sits next to a person from the host company. That way it is easy for members of both parties to communicate with one another in private.

6. CHINESE DRINKING ETIQUETTE

The old Chinese saying goes: "Wine is a must for a banquet." At the beginning of a friendly meal or dinner party, a host or hostess will often raise his or her glass and say, "Drink and enjoy yourself!" Generally the only toasts that everyone participates in are following remarks by the host and the chief guest when he or she responds (often after two or three dishes have been served). Other individuals on the host's side normally take the lead in toasting guests who are seated closest to them. These toasts may involve only two people or everyone at the table. When there is more than one table, the host, after his opening remarks, will often go to ach additional table to clink the glasses of each individual at the table and then drink a toast to them. At official banquets, chief guests are expected to follow this same custom when they respond, leaving their own table to the last.

The Chinese not only drink wine or spirits by themselves, they also keep urging their guest to drink more. They believe that the more you drink, the closer your relation will be, and the easier the business is to be handled. Refusing to drink an alcoholic beverage when being entertained by a Chinese host is regarded as impolite if not unfriendly, or as not down-to-earth, therefore not worth establishing intimate friendship or even doing business with you. Of course, if you have a good reason, such as an ulcer, high blood pressure, or an upset stomach and make the reason known to the host, you are most likely excused. In this case, joining the toast with water, tea, or a soft drink is acceptable. Another way of limiting the amount you drink during toasts is not to fill your cup or glass to the top. Using this strategy will allow you to participate in half a dozen or more ganbei. Hard liquor should never be drunk alone at a business banquet. If you are thirsty, you can sip beer or a soft drink individually, but if you prefer to drink hard liquor, be sure to catch the eye of someone at your table, smile and raise your glass, and drink in unison.

Also, it is impolite to fill your own glass without first filling glasses of all others. This applies to all drinks and not just to alcohol. If your glass becomes empty and your host is observant, it is likely that s/he will fill it for you immediately. When filling someone else' glass, it is polite to fill it as full as you can without having the liquid spill over the rim. This symbolizes full respect and friendship.

COMMUNICATIVE SPEECH DRILLS

A. Substitution Drills I: Substitute the cued noun phrases after possessive "de".

Zhè shì wǒmen Zhōngguó de	xísú, lǐyí, fēngsú xíguàn, xíjiān lǐjié, chuántǒng, xíguàn, hē jiǔ lǐyí sòng lǐ fāngshì	búbì kèqi.

这是我们中国的	习俗，礼仪，风俗习惯，席间礼节，传统，习惯，喝酒礼仪，送礼方式，	不必客气。

B. Substitution Drills II: Substitute the cued noun phrases after possessive "de" and then substitute the cued verb patterns in the conditional clause "if".

Wǒ bù dǒng Zhōngguó (de)	hē jiǔ lǐjié, huà, xíguàn, xíjiān lǐjié, fēngsú, màoyì guīdìng, xìngmíng shùnxù, jiāotōng guīzé,	rúguǒ	zuò de bú duì, shuōcuò le, zuòcuò le, shīlǐ le, màofàn le, wéifǎn le, jiàocuò le, méi zūnshǒu,	qǐng yuánliàng.

LESSON 11
BUSINESS BANQUET AND BUSINESS ARRANGEMENT

我不懂中国(的)	喝酒礼节， 话， 习惯， 席间礼节， 风俗， 贸易规定， 姓名顺序， 交通规则，	如果	做得不对， 说错了， 做错了， 失礼了， 冒犯了， 违反了， 叫错了， 没遵守，	请原谅。

C. Substitution Drills III: Substitute the cued noun phrases after possessive "de" and then substitute the cued object noun / noun phrase.

Réntóumǎ Lǎobáigār Bái Dùsōngzǐ Báilándì (jiǔ) Máotái Fú'ěrjiā Wǔliángyè Èrguōtóu Hónggāoliang	de dùshù tài gāo le, qǐng gěi wǒ yì bēi / píng / tīng	xuěbì kěkǒukělè qīxǐ qìshuǐ hóng pútaojiǔ bái pútaojiǔ píjiǔ guǒzhī xiāngbīn chá	ba.

人头马 老白干儿 白 杜松子 白兰地 (酒) 茅台 伏尔加 五粮液 二锅头 红高粱	的度数太高了，请给我一杯(瓶/听)	雪碧 可口可乐 七喜 汽水 红葡萄酒 白葡萄酒 啤酒 果汁 香槟 茶	吧。

D. Expansion Drills.

chǎngjiā
shēngchǎn chǎngjiā
yìxiē shēngchǎn chǎngjiā
xiàshǔ de yìxiē shēngchǎn chǎngjiā
gōngsī xiàshǔ de yìxiē shēngchǎn chǎngjiā
màoyì gōngsī xiàshǔ de yìxiē shēngchǎn chǎngjiā
wǒmen màoyì gōngsī xiàshǔ de yìxiē shēngchǎn chǎngjiā
yíxiàr wǒmen màoyì gōngsī xiàshǔ de yìxiē shēngchǎn chǎngjiā
cānguān yíxiàr wǒmen màoyì gōngsī xiàshǔ de yìxiē shēngchǎn chǎngjiā
nín cānguān yíxiàr wǒmen màoyì gōngsī xiàshǔ de yìxiē shēngchǎn chǎngjiā
dài nín cānguān yíxiàr wǒmen màoyì gōngsī xiàshǔ de yìxiē shēngchǎn chǎngjiā
dǎsuàn dài nín cānguān yíxiàr wǒmen màoyì gōngsī xiàshǔ de yìxiē shēngchǎn chǎngjiā
Wǒmen dǎsuàn dài nín cānguān yíxiàr wǒmen màoyì gōngsī xiàshǔ de yìxiē shēngchǎn chǎngjiā.

厂家
生产厂家
一些生产厂家
下属的一些生产厂家
公司下属的一些生产厂家
贸易公司下属的一些生产厂家
我们贸易公司下属的一些生产厂家
一下儿我们贸易公司下属的一些生产厂家
参观一下儿我们贸易公司下属的一些生产厂家
您参观一下儿我们贸易公司下属的一些生产厂家
带您参观一下儿我们贸易公司下属的一些生产厂家
打算带您参观一下儿我们贸易公司下属的一些生产厂家
我们打算带您参观一下儿我们贸易公司下属的一些生产厂家。

E. Substitution Drills IV: Substitute cued greetings / proposed toast.

Zhù nín	shēntǐ jiànkāng,	shēngyì xīnglóng.
	shēngrì kuàilè,	jíxiáng rúyì.
	xīnnián kuàilè,	wànshì rúyì.
	Shèngdàn kuàilè,	lǐwù duō duō.
	Chūn Jié kuàilè,	gōngxǐ fācái.
	xuéyè jìnbù,	chéngjì yōuyì.
	xīnhūn kuàilè,	měimǎn xìngfú.
	tánpàn chénggōng,	hézuò shùnlì.

LESSON 11

BUSINESS BANQUET AND BUSINESS ARRANGEMENT

祝您	身体健康，	生意兴隆。
	生日快乐，	吉祥如意。
	新年快乐，	万事如意。
	圣诞节快乐，	礼物多多。
	春节快乐，	恭喜发财。
	学业进步，	成绩优异。
	新婚快乐，	美满幸福。
	谈判成功，	合作顺利。

F. Substitution Drills V：Substitute cued proposed toast.

Xiànzài wǒ tíyì，	wèi	wǒmen zhījiān de gòngtóng lìyì，	gānbēi！
		ZhōngMěi shuāngfāng de hézuò yúkuài，	
		wǒmen de tánpàn shùnlì，	
		(zàizuò) gè wèi de shēntǐ jiànkāng，	
		ZhōngMěi rénmín de yǒuyì，	
		wǒmen shuāngfāng de hézuò chénggōng，	
		shuāngfāng gōngsī de gòngtóng fāzhǎn，	

现在我提议，	为	我们之间的共同利益，	干杯！
		中美双方的合作愉快，	
		我们的谈判顺利，	
		（在座）各位的身体健康，	
		中美人民的友谊，	
		我们双方的合作成功，	
		双方公司的共同发展，	

G. Describe delicious food with a stative verb followed by descriptive complement "jíle."

Nánjīng Bǎnyā		
Tiānjīn Gǒubùlǐ bāozi		
Shànghǎi xiǎolóngbāo		
Běijīng kǎoyā	zhēn shì míng bù xū chuán，	wèidào hǎo jí le！
Sìchuān málà huǒguō		
Běijīng xiǎochī		
Táiwān yèshì xiǎochī		
Tángcùyú		

BBC 初级实用商务汉语 Basic Business Chinese (BBC)

南京板鸭 天津狗不理包子 上海小笼包 北京烤鸭 四川麻辣火锅 北京小吃 台湾夜市小吃 糖醋鱼	真是名不虚传，	味道好极了！

H. Substitution Drills VI：Substitute the cued attributive verbs and modified nouns/noun phrases.

Wǒ hěn xiǎng liǎojiě	mài xiāoshòu jìnkǒu chūkǒu tuīxiāo zhuǎnxiāo	dào Měiguó de	xiémào fúzhuāng fǎngzhīpǐn chǎnpǐn wánjù gōngyìpǐn
dōu shì zěnme shēngchǎn de.			

我很想了解	卖 销售 进口 出口 推销 转销	到美国的	鞋帽 服装 纺织品 产品 玩具 工艺品
都是怎么生产的。			

I. Describe a modified subject with a stative verb followed by descriptive adverb + adjective + le："tài ...le".

Zhèxiē chǎnpǐn de (fúzhuāng)	wàiguān bāozhuāng zhìliàng shìyàng kuǎnshì shèjì pǐnzhǒng	zhēn shì	tài	biézhì. jīngměi. hǎo. měiguān dàfang piàoliang. dútè. qíquán.	le.

LESSON 11
BUSINESS BANQUET AND BUSINESS ARRANGEMENT

这些产品的 （服装）	外观 包装 质量 式样 款式 设计 品种	真是	太	别致 精美 好 美观大方 漂亮 独特 齐全	了。

J. Substitution Drills V：Substitute the cued nouns/noun phrases.

Wǒmen duì	fúzhuāng chūkǒu chǎnpǐn jìnkǒu shāngpǐn	de	zhìliàng hé jiàgé shèjì hé kuǎnshì wàiguān hé zhìliàng zhìliàng hé zuògōng shìyàng hé yánsè zuògōng hé bāozhuāng	dōu fēicháng zhòngshì.

我们对	服装 出口产品 进口商品	的	质量和价格 设计和款式 外观和质量 质量和做工 式样和颜色 做工和包装	都非常重视。

K. Substitution Drills VI：Substitute the cued nouns / noun phrases.

Tīngshuō zhè ge xīngqī guì gōngsī zhèngzài jǔbàn	sīchóu zhǎnlǎnhuì, fúzhuāng zhǎnxiāohuì, màoyì bólǎnhuì, shāngpǐn jiāoyìhuì, màoyì qiàtánhuì, píjiǔ jié, xiǎojiāohuì, zhǎnxiāohuì,	shì ma?

BBC 初级实用商务汉语 Basic Business Chinese (BBC)

听说这个星期贵公司正在举办	丝绸展览会， 服装展销会， 贸易博览会， 商品交易会， 贸易洽谈会， 啤酒节， 小交会， 展销会，	是吗？

L. Expansion Drills.

zhǎntái
chǎnpǐn de zhǎntái
gōngsī chǎnpǐn de zhǎntái
Měiguó gōngsī chǎnpǐn de zhǎntái
wǒmen Měiguó gōngsī chǎnpǐn de zhǎntái
yǒu wǒmen Měiguó gōngsī chǎnpǐn de zhǎntái
zhǎnxiāohuì shang yǒu wǒmen Měiguó gōngsī chǎnpǐn de zhǎntái
míngnián de zhǎnxiāohuì shang yǒu wǒmen Měiguó gōngsī chǎnpǐn de zhǎntái
zài míngnián de zhǎnxiāohuì shang yǒu wǒmen Měiguó gōngsī chǎnpǐn de zhǎntái
xīwàng zài míngnián de zhǎnxiāohuì shang yǒu wǒmen Měiguó gōngsī chǎnpǐn de zhǎntái
dōu xīwàng zài míngnián de zhǎnxiāohuì shang yǒu wǒmen Měiguó gōngsī chǎnpǐn de zhǎntái
Wǒmen dōu xīwàng zài míngnián de zhǎnxiāohuì shang yǒu wǒmen Měiguó gōngsī chǎnpǐn de zhǎntái.
Wǒmen dōu fēicháng xīwàng zài míngnián de zhǎnxiāohuì shang yǒu wǒmen Měiguó gōngsī chǎnpǐn de zhǎntái.

展台
产品的展台
公司产品的展台
美国公司产品的展台
我们美国公司产品的展台
有我们美国公司产品的展台
展销会上有我们美国公司产品的展台
明年的展销会上有我们美国公司产品的展台
在明年的展销会上有我们美国公司产品的展台
希望在明年的展销会上有我们美国公司产品的展台
都希望在明年的展销会上有我们美国公司产品的展台
我们都希望在明年的展销会上有我们美国公司产品的展台。
我们都非常希望在明年的展销会上有我们美国公司产品的展台。

LESSON 11
BUSINESS BANQUET AND BUSINESS ARRANGEMENT

M. Substitution Drills VII: Substitute the cued time subclause.

Tánpàn		
Dǎ diànhuà		
Kàn zhǎnlǎn		
Dào Zhōngguó		
Qiàtán	de shíhou,	wǒmen zài xiángxì tǎolùn tǎolùn nín de zhè ge jiànyì.
Kāi dǒngshìhuì		
Cānguān chǎngjiā		
Jiànmiàn		

谈判		
打电话		
看展览		
到中国		
洽谈	的时候，	我们再详细讨论讨论您的这个建议。
开董事会		
参观厂家		
见面		

N. Substitution Drills VIII: Substitute the cued object noun phrases.

	Měiguó kuàguó gōngsī.
	ZhōngMěi hézī gōngsi.
	wàiguó dúzī gōngsī.
	sānzī qǐyè.
Wǒmen hái xiǎng qù cānguān yìxiē zhùmíng de	guóyǒu qǐyè.
	sīyíng qǐyè.
	míngshèng gǔjì.
	shēngchǎn chǎngjiā.
	wàimào jìnchūkǒu gōngsī.

BBC 初级实用商务汉语 Basic Business Chinese (BBC)

我们还想去参观一些著名的	美国跨国公司。 中美合资公司。 外国独资公司。 三资企业。 国有企业。 私营企业。 名胜古迹。 生产厂家。 外贸进出口公司。

O. Substitution Drills VIII: Substitute the cued v+o pattern.

Wǒmen shì lái zhèli	zuò shēngyì de, qiàtán kǎochá de, zhǎnxiāo chǎnpǐn de, cānguān chǎngjiā de, xuéxí de, qiàtán hézī de, cānguān kuàguó gōngsī de, xúnzhǎo huòyuán* de, qiàtán wàimào de, xuéxí Zhōngwén de, tóuzī de, tuīxiāo chǎnpǐn de,	bù zhǐ shì lái cānguān yóulǎn de.

*xúnzhǎo huòyuán 寻找货源: seeking source of goods

我们是来这里	做生意的, 洽谈考察的, 展销产品的, 参观厂家的, 学习的, 洽谈合资的, 参观跨国公司的, 寻找货源的, 洽谈外贸的, 学习中文的, 投资的, 推销产品的,	不只是来参观游览的。

LESSON 11

BUSINESS BANQUET AND BUSINESS ARRANGEMENT

COMMUNICATIVE ACTIVITIES

1. Briefly describe Chinese seating arrangements and table manners at a banquet.
2. As a principal host, make a brief opening speech and a toast at a banquet.
3. As a principal guest or guest of honor, make a brief opening speech and a toast at a banquet.
4. Tell the differences between Chinese and Americans in regard to their banquet seating arrangement and table manners.
5. Tell what you eat at a banquet, how it tastes, whether or not you like it, etc.
6. You are representing for the host company in China: tell the visiting delegation your arrangement/plans for their visit in China, including, but not limited to: date, time, place, accompanying personnel from the host company, activities, etc.
7. Describe your products and tell how they are produced, how they look and their quality, etc.
8. Role play: student A plays principal host and student B plays guest of honor at a dinner banquet: what should you say?
9. Tell what multinational corporations in Beijing you'd like to visit and why.
10. Role play: students A&B represent the host company (the seller), students C&D represent client (potential buyer) at a negotiation table: discuss and negotiate about buying and selling of host company's products.
11. Tell why you'd like to visit the international trade fair during your business trip in China
12. Conduct conversation, dictation, communicative exchanges, oral reproduction and interpretation/translation based on the following discourse:

　　按照中国的席间礼仪,中方主人请美方的客人先入席,坐在门口对面(duìmiàn/face to face/opposite),主人的右边。客人要等主人安排座位,不要自己想坐在哪里就坐在哪里。祝酒时要说祝各位身体健康,合作愉快,生意兴隆等方面的祝酒词。这次访问,中方为客人安排了一些参观访问活动。这些活动包括带美国客商参观中方贸易公司下属的生产厂家,让客户了解出口到美国的产品都是怎么生产的;光临指导北京国际展销会;考察美国在中国的跨国公司,如:微软公司、英特尔公司、惠普公司、IBM 电脑公司、耐克公司等等;游览世界闻名的名胜古迹,如长城、故宫、颐和园和天坛公园等等。如果还有时间,商客还可以下馆子(xià guǎnzi go to eat in restaurant),品尝中国的美味佳肴,了解中国的饮食文化、餐饮和席间礼仪、中国社会的风土人情等等。通过(tōngguò through)这些参观访问和旅游活动,加深(jiāshēn deepen/add)了美方对中国、中国产品、中国文化和中国人的了解,增加了进口中国产品的信心,为进一步合作打下了基础(dǎxià jīchǔ lay a foundation)。

LESSON 12　BUSINESS TRIP RELATED ACTIVITIES
第十二课　商务旅行相关活动

FUNCTIONAL OBJECTIVES

Upon completion of Lesson 12, you will be able to:
- Know how to exchange foreign currency into RMB and vice versa;
- Learn how to use resultative complement;
- Count numbers from 1000 to billion;
- Know the difference between the buying and selling price of different currencies in the bank;
- Learn how to use directional expressions;
- Learn and know how to ask for and give directions;
- Learn how and where to shop in China;
- Learn how to bargain in China and its expressions

COMMUNICATIVE EXCHANGES

SITUATIONAL CONVERSATION 1:
AT BANK OF CHINA
情景会话 1：在中国银行

Pinyin Text:

Zài Zhōngguó Yínháng yèwù dàtīng li

A: Nín hǎo, xiǎojie, zhèli duìhuàn wàibì ma?

B: Shì de, xiānsheng. Qǐngwèn, nín yào duìhuàn xiànjīn háishi lǚxíng zhīpiào?

A: Wǒ xiǎng duìhuàn èr bǎi měiyuán xiànjīn hé wǔ bǎi měiyuán lǚxíng zhīpiào.

B: Dōu yào duìhuàn chéng rénmínbì ma?

A: Duì. Jīntiān yínháng měiyuán hé rénmínbì de duìhuànlǜ shì duōshao?

B: Yì měiyuán duìhuàn bā diǎn yī yuán rénmínbì.

A: Zhè shì wǒ de èr bǎi měiyuán xiànjīn hé wǔ bǎi měiyuán lǚxíng zhīpiào.

B: Hǎo. Qǐng nín xiān tián yíxiàr zhè zhāng biǎo, ránhòu zài zhèli qiān zì.

A: Hǎo le. Biǎo yǐjīng tiánhǎo le, gěi nín.

B: Xièxie. Zhè shì nín de qián hé shōujù. Nín yígòng yào duìhuàn qī bǎi měiyuán, zǒnggòng duìhuàn wǔ qiān liù bǎi yuán rénmínbì. Qǐng nín diǎn yíxiàr, bìng bǎocún hǎo shōujù, chū jìng shí hǎiguān huì chákàn de.

A: Xiǎojie, yīnggāi shì wǔ qiān liù bǎi qīshí yuán, bú shì wǔ qiān liù bǎi yuán.

B: Duì bu qǐ, wǒ wàngle gàosu nín, Zhōngguó Yínháng měiyuán de mǎirùjià shì bā yuán, màichū jià shì bā diǎn yī yuán.

A: Oh, yuánlái shì zhèyàng. Wǒ míngbai le. Xièxie.

B: Búyòng kèqi. Huānyíng zài lái.

Character Text:

在中国银行业务大厅

A: 您好,小姐,这里兑换外币吗?

B: 是的,先生。请问,您要兑换现金还是旅行支票?

A: 我想兑换二百美元现金和五百美元旅行支票。

B: 都要兑换成人民币吗?

A: 对。今天银行美元和人民币的兑换率是多少?

B: 一美元兑换 8.10 元人民币。

A: 这是我的二百美元现金和五百美元旅行支票。

B: 好。请您先填一下儿这张表,然后在这里签字。

A: 好了。表已经填好了,给您。

B: 谢谢。这是您的钱和收据。您一共要兑换七百美元,总共兑换 5600 元人民币。请您点一下,并保存好收据,出境时海关会查看的。

A: 小姐,应该是 5670 元,不是 5600 元。

B: 对不起,我忘了告诉您,中国银行美元的买入价是 8.00 元,卖出价是 8.10 元。

A: 哦,原来是这样。我明白了。谢谢。

B: 不用客气。欢迎再来。

LESSON 12

BUSINESS TRIP RELATED ACTIVITIES

English Text:

In the business hall at Bank of China

A: Hello, Miss. Do you exchange foreign currency here?

B: Yes, Sir. May I ask, would you like to exchange cash or traveler's check?

A: I'd like to exchange two hundred USD cash and five hundred USD traveler's check.

B: Would you like to exchange them all to RMB?

A: Yes. What is today's exchange rate between USD and RMB?

B: One USD exchanges to eight point one yuan RMB.

A: Here are my two hundred USD cash and a traveler's check of five hundred USD.

B: Alright. Please fill out this form first, and then sign your name here.

A: OK, the form is filled out, here you are.

B: Thank you. This is your receipt. You want to exchange altogether seven hundred USD, which has been exchanged to the total of fifty-six hundred RMB yuan. Please count the money and keep the receipt, which may be checked when you leave through customs.

A: Miss., it should be fifty-six hundred seventy yuan, not fifty-six hundred RMB yuan.

B: Sorry, I forgot to inform you that the buying price of USD at Bank of China is eight RMB yuan, and selling price is eight point one RMB yuan.

A: Oh, I see. Thank you.

B: You are welcome. You are welcome to come back and exchange money with us again.

SITUATIONAL CONVERSATION 2:
TOURING AND SHOPPING IN BEIJING
情景会话2：在北京游览、购物

A: Tiān'ānmén Guǎngchǎng zhēn dà a, rén zhēn duō.

B: Bié wàng le, jīntiān shì zhōumò, tiānqì yòu zhème hǎo, chūlai guàng jiē de rén dāngrán duō le.

A: Nǐ kàn, Tiān'ānmén Guǎngchǎng de běibiān shì hùchénghé, háiyǒu Jīnshuǐ Qiáo. Guò le Jīnshuǐ Qiáo jiù shì Tiān'ānmén chénglóu hé Gùgōng. Nán biān shì Máozhǔxí Jìniàntáng. Guǎngchǎng zhōngjiān shì Rénmín Yīngxióng Jìniànbēi. Xībiān shì Rénmín Dàhuìtáng. Dōngbiān shì Zhōngguó Guójiā Bówùguǎn. Wǒmen jīntiān jiù cānguān Tiān'ānmén Guǎngchǎng ba.

B: Wǒmen jīntiān hái děi qù bié de dìfang cānguān, kǒngpà shíjiān bú gòu. Wǒmen háishì gǎi tiān zài lái ba. Jīntiān wǒ xiǎng qù Wángfǔjǐng Bùxíngjiē kànkan, shùnbiàn mǎixiē dōngxi.

A: Wǒ yě xiǎng qù mǎixiē lǐwù sòng gěi jiārén hé péngyou.

(Wèn lù)

A: Láojià, qǐngwèn, cóng zhèr dào Wángfǔjǐng Bǎihuò Dàlóu zěnmen zǒu?

Xíngrén: Yìzhí wǎng dōng zǒu, dàole qiánbiān de shízì lùkǒu xiàng běi guǎi, jiù shì Wángfǔjǐng Dàjiē. Zǒu wǔ fēnzhōng, jiù dào Bǎihuò Dàlóu le.

B: Wǒmen xūyào dǎ dí ma?

Xíngrén: Bù xūyào. Wángfǔjǐng Bǎihuò Dàlóu lí zhèr bù yuǎn, zàishuō, nàr yòu shì bùxíngjiē, méiyou chūzūchē.

A、B: Fēicháng gǎnxiè.

Xíngrén: Bú kèqi.

(Zài Wángfǔjǐng Bǎihuò Dàlóu)

A: Wā, Bǎihuò Dàlóu de shāngpǐn zhēn shì línláng mǎnmù.

B: Shì a, dōngxi zhēn bù shǎo.

Shòuhuòyuán: Qǐngwèn, èr wèi yào mǎixiē shénme?

A: Wǒ xiǎng mǎi tiáo zhēnsī wéijīn.

B: Wǒ xiǎng mǎi jǐ shuāng Zhōngguó kuàizi.

Shòuhuòyuán: Wǒmen zhèr shì fǎngzhīpǐnbù, yǒu zhēnsī wéijīn. Kuàizi zài sān lóu jiāyòngbù mài.

A: Qǐngwèn, zhè tiáo cháng sīchóu wéijīn duōshao qián yì tiáo?

Shòuhuòyuán: Sānshí yuán.

A: Nà tiáo fāng de ne?

Shòuhuòyuán: Nà tiáo èrshí yuán.

A: Wǒ yào gè mǎi wǔ tiáo, néng bu néng piányi diǎr?

Shòuhuòyuán: Wǒ kěyǐ gěi nǐ dǎ jiǔ zhé. Yígòng èr bǎi èrshíwǔ yuán.

A: Èr bǎi èrshíwǔ yuán yǒudiǎr guì. Èr bǎi yuán zěnmeyàng?

Shòuhuòyuán: Duì bu qǐ, Wángfǔjǐng Bǎihuò Dàlóu shì guóyíng shāngdiàn, zuì duō gěi nín dǎ jiǔ zhé.

LESSON 12

BUSINESS TRIP RELATED ACTIVITIES

A:　　　　　　　Hǎo ba, èr bǎi èrshíwǔ yuán jiù èr bǎi èrshíwǔ yuán. Zhè shì sān bǎi yuán, nín diǎndian.
Shòuhuòyuán: Zhǎo nín qīshíwǔ yuán.
A:　　　　　　　Xièxie.
Shòuhuòyuán: Huānyíng zài lái.

Character Text:

A: 天安门广场真大啊,人真多。
B: 别忘了,今天是周末,天气又这么好。出来逛街的人当然多了。
A: 你看,天安门广场的北边是护城河,还有金水桥。过了金水桥就是天安门城楼和故宫。南边是毛主席纪念堂。广场中间是人民英雄纪念碑。西边是人民大会堂,东边是中国国家博物馆。我们今天就参观天安门广场吧。
B: 我们今天还得去别的地方参观,恐怕时间不够。我们还是改天再来吧。今天我想去王府井步行街看看,顺便买些东西。
A: 我也想去买些礼物送给家人和朋友。

（问路）
A:　　劳驾,请问,从这儿到王府井百货大楼怎么走?
行人:　一直往东走,到了前边的十字路口向北拐,就是王府井大街。走五分钟,就到百货大楼了。
B:　　我们需要打的吗?
行人:　不需要。王府井百货大楼离这儿不远,再说,那儿又是步行街,没有出租车。
A＆B:非常感谢。
行人:　不客气。

（在王府井百货大楼）
A:　　哇,百货大楼的商品真是琳琅满目。
B:　　是啊,东西真不少。
售货员:请问,二位要买些什么?
A:　　我想买条真丝围巾。
B:　　我想买几双中国筷子。
售货员:我们这儿是纺织品部,有真丝围巾。筷子在三楼家用品部卖。
A:　　请问,这条长丝绸围巾多少钱一条?
售货员:三十元。
A:　　那条方的呢?
售货员:那条二十元。
A:　　我要各买五条,能不能便宜点儿?

247

售货员：我可以给你打九折。一共 225 元。

A： 225 元有点儿贵。200 元怎么样？

售货员：对不起，王府井百货大楼是国营商店，最多给您打九折。

A： 好吧，225 元就 225 元。这是 300 元，您点点。

售货员：找您 75 元。

A： 谢谢。

售货员：欢迎再来。

English Text：

A: Tiananmen Square is so large and there are so many people.

B: Don't forget, today is the weekend and the weather is so good, of course there are a lot more people coming out rambling.

A: Look, on the north of Tiananmen Square is the moat and also the Golden Water Bridge. Across from the Golden Water Bridge is Tiananmen Gate Tower and Palace Museum. On the south is Chairman Mao's Memorial Hall. On the middle of the Square is the Monument to the People's Heroes. On the west is the Great Hall of the People, and on the east is China's National Museum. Let's just tour Tiananmen Square today.

B: We'll have to visit other places today, and I'm afraid that we don't have enough time. Let's come back another day. Today I want to go to Wangfujing Pedestrian Mall to take a look and go shopping in passing.

A: I also want to buy some gifts for family members and friends.

（Asking the way）

A: Excuse me, but how to go to Wangfujing Department Store from here?

Passerby: Go straight east, when you come to the crossroad ahead, turn to the north, then you'll get to Wangfujing Street. Then walk five minutes, you'll get to the Department Store.

B: Do we need to take a taxi?

Passerby: No, you don't. The Wangfujing Department Store is not far from here, besides, there is no taxi over there because it is a Pedestrian Mall.

A&B: Thank you very much.

Passerby: You are welcome.

（At the Wangfujing Department Store）

A: Wow, the department store is full of beautiful things. They are a feast for the eyes.

B: You are right, there are so many things.

Sales Clerk: May I ask, what would you two like to buy?

A: I'd like to buy a silk scarf.

B: I'd like to buy a few pairs of chopsticks.

LESSON 12

BUSINESS TRIP RELATED ACTIVITIES

Sales Clerk: Here's our textile department and we have silk scarves here. Chopsticks are sold in home-use articles department on the third floor.

A: Excuse me, how much is this long silk scarf?

Sales Clerk: Thirty yuan.

A: How about that square one?

Sales Clerk: That one is twenty yuan.

A: I'd like to buy five each, can you sell them cheaper?

Sales Clerk: I can give you a ten percent discount. It's two hundred twenty-five yuan in total.

A: Two hundred twenty-five yuan is a little bit expensive. How about two hundred yuan

Sales Clerk: Sorry, the Wangfujing Department Store is a state-owned store and we can give you at most ten percent discount.

A: Alright, two hundred twenty-five yuan then. Here is three hundred yuan, please count.

Sales Clerk: I return you seventy-five yuan.

A: Thank you.

Sales Clerk: Hope you come back again.

NEW WORDS AND EXPRESSIONS

yínháng	银行	N	bank
dàtīng	大厅	N	big hall, parlor
duìhuàn	兑换	V	exchange; convert
wàibì	外币	N	foreign currency
xiànjīn	现金	N	cash; ready money
lǚxíng zhīpiào	旅行支票	NP	traveler's check
(duìhuàn) chéng	(兑换)成	V	(exchange or convert) to
rénmínbì	人民币	N	PRC currency (the People's currency)
duìhuànlǜ	兑换率	NP	exchange rate
tián	填	V	fill in (form)
biǎo	表	N	list, form, table
qiān zì	签字	VO	sign; affix one's signature
shōujù	收据	N	receipt
zǒnggòng	总共	ADV	in all; altogether

BBC 初级实用商务汉语 Basic Business Chinese (BBC)

diǎn	点	V	count (money);
		N	dot; a little; bit
bìng	并	CONJ	combine; and; further; as well as
bǎocún (hǎo)	保存(好)	V	preserve; conserve; keep
chū jìng	出境	VO	leave country
hǎiguān	海关	N	customs; customhouse
chákàn	查看	V	check up; go over; ferret out
mǎirùjià	买入价	NP	buying in price
màichūjià	卖出价	NP	(actual) selling price
yuánlái	原来	N	originally; formerly; as a matter of fact; it turns out that...
guǎngchǎng	广场	N	public square
bié	别	AV	other, another; don't
wàng	忘	V	forget
guàng jiē	逛街	VO	stroll the street; go window shopping
běibiān	北边	N	north side
chénglóu	城楼	N	gate tower
nánbiān	南边	N	south side
zhōngjiān	中间	N	center; middle
xībiān	西边	N	west side
dōngbiān	东边	N	east side
děi	得	AUX	have to
biéde	别的	ADJ	other
kǒngpà	恐怕	ADV	fear; PH. I'm afraid; I fear
shíjiān	时间	N	time; duration
gòu	够	V	enough
gǎitiān	改天	ADV	on some other day
bùxíng	步行	V	go on foot
lǐwù	礼物	N	gift; present
sòng (gěi)	送(给)	V	offer; deliver; give (to some one something as a gift)
jiārén	家人	N	family members
wèn lù	问路	VO	ask the way

250

LESSON 12

BUSINESS TRIP RELATED ACTIVITIES

láojià	劳驾	NP	excuse me（in a very polite way before asking someone for help）
bǎihuò dàlóu	百货大楼	NP	department store
yìzhí	一直	ADV	（go）straight
wǎng	往	PREP	to；towards
guǎi	拐	V	turn
xíngrén	行人	N	pedestrian；passerby
shízì lùkǒu	十字路口	NP	crossroads
xiàng	向	PREP	to；toward Prog.
xūyào	需要	V/N/AV	need；want；require；demand
dǎ dí	打的	VO	call a cab/taxi
lí	离	V/PREP	leave；from
yuǎn	远	ADJ	far
zàishuō	再说	ADV	furthermore；besides
jiē	街	N	street；neighborhood
chūzūchē	出租车	N	taxi
línláng mǎnmù	琳琅满目	PH	feast for the eyes
shǎo	少	ADJ	few；little
shòuhuòyuán	售货员	N	shop assistant；sales clerk
tiáo	条	N/MW	strip；item；measure word for certain nouns
zhēnsī	真丝	N	authentic/real silk
wéijīn	围巾	N	scarf；muffler
shuāng	双	N	pair；twin；double
kuàizi	筷子	N	chopsticks
fǎngzhīpǐnbù	纺织品部	NP	textile department（in a department store）
jiāyòngpǐn	家用品	NP	home appliances
fāng	方	N	side；square
dǎ zhé	打折	VO	take discount
guóyíng	国营	N	state operated/run
shāngdiàn	商店	N	store；shop
duō	多	ADJ	much，many

PROPER NOUNS

Zhōngguó Yínháng	中国银行	Bank of China
Tiān'ānmén Guǎngchǎng	天安门广场	Tiananmen Square
Wángfǔjǐng Dàjiē	王府井大街	Wangfujing Street
Máo zhǔxí Jìniàntáng	毛主席纪念堂	Chairman Mao's Memorial Hall
Rénmín Yīngxióng Jìniànbēi	人民英雄纪念碑	the Monument to the People's Heroes
Zhōngguó Guójiā Bówùguǎn	中国国家博物馆	China National Museum
Hùchéng Hé	护城河	City Moat
Jīnshuǐ Qiáo	金水桥	Golden Water Bridge
Wángfǔjǐng Bǎihuò Dàlóu	王府井百货大楼	Wangfujing Department Store
Wángfǔjǐng Bùxíng Jiē	王府井步行街	Wangfujing Pedestrian Mall

ENRICHMENT

guàng jiē	逛街	roam the street; go window shopping
guàng chāoshì	逛超市	roam the supermarket
guàng yèshì	逛夜市	roam the night food street
jiào chūzū	叫出租	call a taxi
bǎihuò gōngsī	百货公司	department store
gòuwù zhōngxīn	购物中心	shopping center / mall
xiǎomàibù	小卖部	small shop / store; snack counter
wàihuì	外汇	foreign exchange
běnbì	本币	standard currency
huìpiào	汇票	money order; draft; bill of exchange
mǎimài jiàgé	买卖价格	buying and selling price
mǎimài yèwù	买卖业务	buying and selling business

LESSON 12

BUSINESS TRIP RELATED ACTIVITIES

mǎimài chājià	买卖差价	price difference for buying and selling
yèwù cāozuò	业务操作	business operation / manipulation
jiāoyì'é	交易额	amount of transaction / trade
jiāochā huìlǜ	交叉汇率	alternate exchange rate
tàohuàn wàibì	套换外币	illegal exchange of foreign currency
zhōngjiān huìlǜ	中间汇率	middle exchange rate
mǎirù huìlǜ	买入汇率	buying exchange rate
màichū huìlǜ	卖出汇率	selling exchange rate
tōuzī	投资	to invest; investment

SUPPLEMENTARY BUSINESS EXPRESSIONS

Zhōngguó Rénmín Yínháng	中国人民银行	People's Bank of China
Zhōngguó Gōngshāng Yínháng	中国工商银行	China Industrial and Commerce Bank
Zhōngguó Shāngyè Yínháng	中国商业银行	China Commercial Bank
Zhōngguó Zhāoshāng Yínháng	中国招商银行	China Merchant Bank
Zhōngguó Nóngyè Yínháng	中国农业银行	Agricultural Bank of China
Zhōngguó Jiāotōng Yínháng	中国交通银行	Bank of Communications
Zhōngguó Jiànshè Yínháng	中国建设银行	Construction Bank of China
Pǔdōng Fāzhǎn Yínháng	浦东发展银行	Pudong Development Bank
Zhōngxìn Shíyè Yínháng	中信实业银行	CITIC Industrial Bank
Zhōngguó Guāngdà Yínháng	中国光大银行	China Everbright Bank

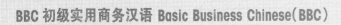

Héngshēng Yínháng	恒生银行	Hang Seng Bank
Měizhōu Yínháng	美洲银行	Bank of America
Měiguó Yínháng	美国银行	US Bank
Fùguó Yínháng	富国银行	Wells Fargo Bank
Měiguó Huāqí Yínháng	美国花旗银行	Citibank
Měiguó Mànhādùn Dàtōng Yínháng	美国曼哈顿大通银行	(U.S.) Chase Manhattan Bank
Zhījiāgē Dì-yī Guómín Yínháng	芝加哥第一国民银行	Chicago First National Bank
Xiānggǎng Huìfēng Yínháng	香港汇丰银行	HSBC in Hong Kong
Huáshèngdùn Hùhuì Yínháng	华盛顿互惠银行	(U.S.) Washington Mutual Bank
(Zhōngguó) Guójiā Wàihuì Guǎnlǐjú	(中国)国家外汇管理局	State Administration of Foreign Exchange
Guójì Huòbì Jījīn Zǔzhī	国际货币基金组织	International Monetary Fund
gǎngbì	港币	Hong Kong dollar/currency
xīntáibì	新台币	New Taiwan currency
jiāyuán	加元	Canadian dollar
fǎláng	法郎	franc
yīngbàng	英镑	pound sterling
Ruìshì fǎláng	瑞士法郎	franc (Switzerland)
ōuyuán	欧元	euro
rìyuán	日元	Japanese currency (yen)
bǐsuǒ	比索	peso
lúbù	卢布	ruble
hányuán	韩元	Korean currency
tàizhū	泰铢	Thai currency
xiànkuǎn	现款	cash; ready money
xiànchāo	现钞	cash
běnbì	本币	standard currency
běnjīn	本金	capital; principal
běnqián	本钱	capital

LESSON 12

BUSINESS TRIP RELATED ACTIVITIES

huìkuǎn	汇款	remittances
zhīpiào	支票	(bank) check
huìpiào	汇票	money order; draft; bill of exchange
dānjù	单据	document evident in trade (e.g. receipts; vouchers)
fāpiào	发票	formal receipt
dàikuǎn	贷款	grant a loan; loan; credit
jièdài	借贷	borrow/lend money
ànjiē	按揭	down payment (for buy a real estate property)
yājīn	押金	cash pledge; deposit
dǐyā dàikuǎn	抵押贷款	mortgage
Shuǒfùkuǎn	首付款	first payment (of housingloan)

GRAMMAR AND BUSINESS CULTURE NOTES

1. zuì / 最 (most)

When *zuì* / 最 (*most*) is put in front of an adjective, it makes it into *the best, the most...* For example:

zuì hǎo	the best
zuì guì	the most expensive
zuì piányi	the least expensive
zuì hǎokàn	the prettiest / the most beautiful / the best looking

2. kǒngpà 恐怕 be afraid; to fear

kǒngpà 恐怕 is used as an adverbial adjunct mainly indicating one's estimate. Sometimes it also implies *worry*. It can be placed before or after the subject. For example:

Wǒmen jīntiān hái děi qù bié de dìfang cānguān, kǒngpà shíjiān bú gòu. Wǒmen háishì gǎi tiān zài lái ba. 我们今天还得去别的地方参观,恐怕时间不够。我们还是改天再来吧。
We'll have to visit other places today, and (I'm) afraid that we do not have enough time. Let's come some other day.

Kǒngpà tāmen bù xiǎng gēn wǒmen zuò shēngyì ba？ 恐怕他们不想跟我们做生意吧？
I'm afraid they do not want to do business with us.

3. dǎ zhé 打折 to take discount

The concept of discount in Chinese is different from that in English. In English, the emphasis is on the portion of the money which is not collected. For example, 15% off, 25% off, 40% off, etc. In Chinese, however, the emphasis is on the amount of the money which is actually collected. Thus, *dǎ jiǔ zhé* 打九折 means that the buyer takes 10% and pays 90% of the original price. Therefore, *dǎ bā zhé* 打八折 means the buyer takes 20% and pays 80% of the originalprice, and *dǎ qī wǔ zhé* 打七五折 is 25% off, and *dǎ wǔ zhé* 打五折 is 50% off, etc.

4. Chinese numbers

Chinese numbers under one thousand are counted the same way as English: a two-digit number is ten (10 十), a three-digit number is hundred (100 百), and a four-digit number is thousand (1,000 千). However, in Chinese, the digit after thousand is not shí qiān (十千), but wàn (万). While in English every three digits form a numbering cycle, in Chinese every four digits represents a numbering cycle. The best way to master the Chinese numbering system is to remember that every four digits is a unit and break a long number at the interval of every fourth digit. For example:

1,000	thousand	千	1000
10,000	ten thousand	万	1,0000
100,000	hundred thousand	十万	10,0000
1,000,000	million	百万	100,0000
10,000,000	ten million	千万	1000,0000
100,000,000	hundred million	万万/亿	1,0000,0000
1,000,000,000	billion	十亿	10,0000,0000

American population as of September 18, 2005 is: 297,193,661, which is read in Chinese as: liǎng yì jiǔ qiān qī bǎi yīshíjiǔ wàn sān qiān liù bǎi liùshíyī 两亿九千七百一十九万三千六百六十一

5. The interrogative pronoun duōshǎo 多少/how many, how much)

duōshǎo 多少 is used when asking a question to which the answer is expected to be over ten. A measure word is optional between it and the noun it qualifies. For example:

Běijīng yǒu duōshǎo jiā kuàguó gōngsī? 北京有多少家跨国公司？How many multinational corporations are there in Beijing?

Guójì Guǎnlǐ Yánjiūshēng Yuàn yǒu duōshao ge guójì xuésheng? 国际管理研究生院有多少（个）国际学生？How many international students are there at MIM?

duōshǎo 多少 can be used before any uncountable nouns, such as *qián* 钱, *shuǐ* 水, *píjiǔ* 啤酒, *shíyóu* 石油, etc. as well as countable nouns. But *jǐ ge* 几个（how many） can only be used before countable nouns.

Notes: *duō* 多 (many, much) and *shǎo* 少 (few, less) can never be used as a modifier alone and must always be preceded with an adverb such as *hěn*, *tài*, etc. e.g.

Tā yǒu hěn duō qián (not: Tā yǒu duō qián.) 他有很多钱 He has a lot of money (not: 他有多钱).

As is the case with most adjectives, *duō* 多 and *shǎo* 少 can be used before a verb as modifiers. For example:

Nǐ yīnggāi duō shuō Zhōngwén. 你应该多说中文。You should speak more Chinese.

Tā yīnggāi shǎo hē jiǔ. 他应该少喝酒。He should drink less alcohol.

6. The difference between the number èr 二 and liǎng 两

Both *èr* 二 and *liǎng* 两 mean "two", but usually they are not interchangeable. *liǎng* 两 is used with a measure word. For example:

LESSON 12

BUSINESS TRIP RELATED ACTIVITIES

    liǎng zhāng lǚxíng zhīpiào 两张旅行支票 two traveller's checks
    liǎng ge shāngren 两个商人 two business people
    liǎng kuài qián 两块钱 two yuan (Chinese dollars)

When the figure exceeds ten, such as 12, 20, 32, etc., the word *èr* 二 must be used instead of *liǎng* 两. For example:

    shí'èr zhāng lǚxíng zhīpiào 十二张旅行支票 twelve traveller's checks
    èrshí ge shāngren 二十个商人 twenty business people
    sānshí'èr kuài qián 三十二块钱 thirty-two yuan (Chinese dollars)

7. CHINESE CURRENCY AND EXCHANGE RATE

    The Chinese currency is the *Rénmínbì* 人民币 (RMB: the people's currency), generally pronounced *yuán* 元. In spoken Chinese, *kuài* 块 (piece / lump) is used for *yuán* 元 and *máo* 毛 for *jiǎo* 角, but *fēn* 分 remains unchanged. Foreign currency is known as *wàibì* 外币 (literally: external / outside currency). Chinese money operates on the decimal system and paper money is available in RMB1, RMB 2, RMB5, RMB10, RMB50 and RMB100. Each *yuán* is divided into 10 *máo / jiǎo* or 100 *fēn*. The character 元 for *yuán* is written 圆 on banknotes. These prevent confusion and forgery when numbers are being written out in financial transactions. Make sure you exchange your left-over *yuán* before returning home because this currency can be exchanged only within China's borders. Travelers' checks, preferably in US Dollars, and foreign cash can be exchanged in cities at the Bank of China. The larger hotels and the special Friendship Stores designed for foreigners will accept most western currencies for purchases. Travelers' checks are the best way to carry money around in China, the exchange rate is fixed and it can be replaced if lost or stolen. Checks can be cashed at the major branches of the Bank of China. Credit cards like Visa, Master Card and American Express are useful in major tourist cities too. They can be used in most mid range to top range hotels, and some big department stores, but outside the major cities acceptance is limited. ATMs are scarce outside the main cities. You can get cash advances in the head branches of the Bank of China, however, a high commission will be charged (four percent). Keep the exchange receipt with you in case you want to exchange any remaining RMB you have left over when you leave.

    Source: http://www.sinohotelguide.com

8. GIFT GIVING AND RECEIVING ETIQUETTE

    As in the case of business cards, the polite way to present and receive gifts is with both hands outstretched. It is polite for the recipient to refuse a gift two or three times before finally accepting it. For Westerners, the process can be tricky. If the Chinese person appears embarrassed when he refuses your gift and says that s/he cannot possibly receive such a nice item, the proper thing to do is to insist that you'd be honored if it were accepted. As a rule, after some hemming and hawing, the Chinese will accept the present graciously. If your attempts to give a present are rejected several times and it is evident that the intended recipient is serious about not wishing to accept it, it may be that he is sincere and that your offer should be withdrawn. He may refuse your gift because he does not want to be in your debt or because he has no intentions of having a relationship with you.

    If the gift is wrapped, it is considered impolite to open it in front of the giver unless he or she encourages you to do so. Tearing the wrappings off hastily is a sign of greediness. Any gift that you give wrapped to an individual should be wrapped in the traditional lucky colors of gold or red. White and black are considered colors of mourning in Chinese culture.

As a foreigner, what should you do when a Chinese offers you a gift? When a gift is offered to you, it is not necessary for you to refuse it ceremonially as the Chinese do. Humble acceptance and a few choice words of appreciation are OK. A gift from a Chinese businessperson may simply be a courtesy that accords to all visitors, but is can also be an acknowledgement that a relationship with you exists. Or it may indicate that you will be asked for a favor. In any case, if someone presents you with a gift, you are expected to reciprocate in kind or through a favor. While observing your country's cultural practice and accepting a gift with appreciation and gratitude, a piece of advice is that it is more appropriate that you should do as the Chinese do: refusing it at least three times before you accept the gift and do not open it in front of the giver. You can open it when you are alone and then call to express your appreciation, write a thank you card or thank the giver in person.

COMMUNICATIVE SPEECH DRILLS

A. Substitution Drills I: Substitute the cued object noun phrases after the verb "duìhuàn".

Nín hǎo, xiǎojie, zhèli duìhuàn	xiànjīn jiāyuán ōuyuán měiyuán wàibì ruìshì fǎláng yīngbàng xīntáibì rénmínbì rìyuán	ma?

您好,小姐,这里兑换	现金 加元 欧元 美元 外币 瑞士法郎 英镑 新台币 人民币 日元	吗?

LESSON 12

BUSINESS TRIP RELATED ACTIVITIES

B. Substitution Drills II: Substitute the cued object noun phrases after the alternative question words "háishì."

Qǐngwèn, nín yào duìhuàn rénmínbì	háishi	hányuán? tàiyuán / tàizhū? yìnnídùn? huìpiào? ruìshì fǎláng? bǐsuǒ? lúbù? měiyuán? ōuyuán? rìyuán? jiāyuán? yīngbàng? fǎláng? xīnjiāpōbì? xīntáibì? gǎngbì?

请问，您要兑换人民币	还是	韩元？ 泰元／泰铢？ 印尼盾？ 汇票？ 瑞士法郎？ 比索？ 卢布？ 美元？ 欧元？ 日元？ 加元？ 英镑？ 法郎？ 新加坡币？ 新台币？ 港币？

C. Substitution Drills III: Substitute the cued currency names.

Jīntiān yínháng rénmínbì hé	měiyuán ōuyuán jiāyuán hányuán bǐsuǒ Ruìshì fǎláng lúbù yīngbàng rìyuán gǎngbì	de duìhuànlǜ shì duōshao?

今天银行人民币和	美元 欧元 加元 韩元 比索 瑞士法郎 卢布 英镑 日元 港币	的兑换率是多少？

D. Conversation Drills I: A student is exchanging money at a bank in China.

A: Nín hǎo,_____, zhèli duìhuàn_____ma?
B: Shì de,_____. Qǐngwèn, nín yào duìhuàn_____háishi_____?
A: Wǒ xiǎng duìhuàn_____xiànjīn hé_____lǚxíng zhīpiào.
B: Dōu yào duìhuàn chéng_____ma?
A: Duì. Jīntiān_____hé_____de duìhuànlǜ shì duōshao?
B: _____duìhuàn_____.
A: Zhè shì wǒ de_____xiànjīn hé_____lǚxíng zhīpiào.
B: Hǎo. Qǐng nín xiān tián yíxiàr_____, ránhòu zài zhèli_____.
A: Hǎo le._____yǐjīng tiánhǎo le, gěi nín.
B: Xièxie. Zhè shì nín de qián hé shōujù. Nín yígòng yào duìhuàn_____, zǒnggòng duìhuàn_____. Qǐng nín diǎn yíxiàr.
A: Zhèng hǎo. Xièxie.
B: Búyòng kèqi. Huānyíng zài lái.

LESSON 12

BUSINESS TRIP RELATED ACTIVITIES

A：您好，＿＿＿＿＿＿，这里兑换＿＿＿＿＿吗？
B：是的，＿＿＿＿＿＿。请问，您要兑换＿＿＿＿还是＿＿＿＿？
A：我想兑换＿＿＿＿＿现金和＿＿＿＿＿旅行支票。
B：都要兑换成＿＿＿＿＿吗？
A：对。今天＿＿＿＿＿和＿＿＿＿＿的兑换率是多少？
B：＿＿＿＿＿兑换＿＿＿＿＿。
A：这是我的＿＿＿＿＿现金和＿＿＿＿＿旅行支票。
B：好。请您先填一下儿＿＿＿＿＿，然后在这里＿＿＿＿＿。
A：好了。＿＿＿＿＿已经填好了，给您。
B：谢谢。这是您的钱和收据。您一共要兑换＿＿＿＿，总共兑换＿＿＿＿＿。请您点一下儿。
A：正好。谢谢。
B：不用客气。欢迎再来。

E. Substitution Drills IV：Substitute the cued object noun phrases after the verb "cānguān".

	Tiān'ānmén Guǎngchǎng	
	Gùgōng	
	Rénmín Dàhuìtáng	
	Zhōngguó Guójiā Bówùguǎn	
Wǒmen jīntiān jiù cānguān	Yíhéyuán	ba.
	Tiāntán Gōngyuán	
	Běihǎi Gōngyuán	
	Chángchéng	
	Shísānlíng	

	天安门广场	
	故宫	
	人民大会堂	
	中国国家博物馆	
我们今天就参观	颐和园	吧。
	天坛公园	
	北海公园	
	长城	
	十三陵	

F. Substitution Drills V: Substitute the cued place names and time words.

Jīntiān wǒmen hái děi qù	Gǒugǒu Gōngsī Bīngmǎyǒngbówùguǎn Gùgōng Nàikè Gōngsī bié de dìfang Chángchéng Shísānlíng Bōyīn Gōngsī Wēiruǎn Gōngsī	cānguān,	kǒngpà shíjiān bú gòu.

Wǒmen háishi míngtiān (hòutiān, dà hòutiān, xià ge xīngqī...) zài lái ba.

Gǒugǒu Gōngsī 狗狗公司: Google Company

今天我们还得去	狗狗公司 兵马俑博物馆 故宫 耐克公司 别的地方 长城 十三陵 波音公司 微软公司	参观，恐怕时间不够。

我们还是明天（后天，大后天，下个星期……）再来吧。

G. Substitution Drills VI: Substitute the cued place names and object nouns after the verb.

Jīntiān wǒ xiǎng qù	Shànghǎi de Yùyuán Xiùshuǐjiē Shìchǎng Yǒuyì Shāngdiàn Nánjīng Lù de shāngdiàn Wángfǔjǐng Bùxíngjiē bǎihuò dàlóu Xiāngyánglù Shìchǎng Xīdān Túshū Dàshà Wàiwén Shūdiàn Xīnhuá Shūdiàn	kànkan, shùnbiàn mǎixiē dōngxi.

(shū, zìdiǎn, lǐwù, yīfu, jìniànpǐn, gōngyìpǐn, xiǎochī, shípǐn...)

LESSON 12

BUSINESS TRIP RELATED ACTIVITIES

今天我想去	上海的豫园 秀水街市场 友谊商店 南京路的商店 王府井步行街 百货大楼 襄阳路市场 西单图书大厦 外文书店 新华书店	看看，顺便买些东西。

（书，字典，礼物，衣服，纪念品，工艺品，小吃，食品……）

H. Conversation Drills II：Asking the way using the cued place names and direction words.

A：Láojià, qǐngwèn, cóng zhèr dào	Wángfǔjǐng Bǎihuò Dàlóu Tiān'ānmén Guǎngchǎng Gùgōng Xiùshuǐjiē Shìchǎng Quánjùdé Kǎoyādiàn Qiánmén Běijīng Fàndiàn Wàitān Pǔdōng Kāifāqū Běijīng Dàxué	zěnme zǒu?	
B：Yìzhí wǎng dōng zǒu, dàole qiánbiān de shízì lùkǒu xiàng		běi nán dōng xī zuǒ yòu	guǎi, jiù dào le.

263

A： 劳驾，请问，从这儿到	王府井百货大楼 天安门广场 故宫 秀水街市场 全聚德烤鸭店 前门 北京饭店 外滩 浦东开发区 北京大学	怎么走？
B： 一直往前走，到了前边的十字路口向	北 南 东 西 左 右	拐，就到了。

I. Conversation Drills III：Asking whether one needs do something by using the cued V+O and place words.

A： Wǒmen xūyào	dìng fēijīpiào jiējī jiào chūzūchē yùdìng fángjiān dǎ dí zuò chē mǎi ménpiào gěi xiǎofèi dìng wèi dǎ bāo	ma?
B： Wǒ xiǎng bù xūyào.		

LESSON 12

BUSINESS TRIP RELATED ACTIVITIES

A： 我们需要	订飞机票 接机 叫出租车 预订房间 打的 坐车 买门票 给小费 订位 打包	吗？
B： 我想不需要。		

J. Conversation Drills IV：Shopping and bargaining at a department store.

```
A：  Qǐngwèn,_____yào mǎixiē shénme?
B：  Wǒ xiǎng mǎi_____. Nǐmen zhèr yǒu méiyǒu_____?
A：  Yǒu. Nǐ xiǎng mǎi duōshao_____?
B：  Wǒ yào mǎi_____. Duōshao qián yì_____?
A：  _____（qián）yì_____.
B：  Wǒ yào mǎi_____, néng bu néng piányi diǎr?
A：  Wǒ kěyǐ gěi nǐ dǎ_____zhé._____yígòng_____yuán／kuài.
B：  _____yuán／kuài yǒudiǎr guì._____yuán／kuài zěnmeyàng?
A：  Duìbuqǐ,_____shì guóyíng shāngdiàn, zuì duō gěi nín dǎ_____zhé.
B：  Hǎo ba._____yuán jiù_____yuán. Zhè shì_____yuán. Nín diǎndian.
A：  Zhǎo nín_____yuán.
B：  Xièxie.
A：  Bú kèqi. Huānyíng zài lái.
```

265

BBC 初级实用商务汉语 Basic Business Chinese(BBC)

A： 请问，_____要买些什么？
B： 我想买_____。你们这儿有没有_____？
A： 有。你想买多少_____？
B： 我要买_____。多少钱一_____？
A： _____（钱）一_____。
B： 我要买_____，能不能便宜点儿？
A： 我可以给你打_____折。_____一共_____元／块。
B： _____元／块有点儿贵。_____元／块怎么样？
A： 对不起，_____是国营商店，最多给您打_____折。
B： 好吧。_____元／块就_____元／块。这是_____元／块。您点点。
A： 找您_____元／块。
B： 谢谢。
A： 不客气。欢迎再来。

K. Expansion Drills.

duōshao
shì duōshao
duìhuànlǜ shì duōshao
rénmínbì de duìhuànlǜ shì duōshao
hé rénmínbì de duìhuànlǜ shì duōshao
měiyuán hé rénmínbì de duìhuànlǜ shì duōshao
yínháng měiyuán hé rénmínbì de duìhuànlǜ shì duōshao
Jīntiān yínháng měiyuán hé rénmínbì de duìhuànlǜ shì duōshao?
Jīntiān Zhōngguó Rénmín Yínháng měiyuán hé rénmínbì de duìhuànlǜ shì duōshao?
Jīntiān Zhōngguó Rénmín Yínháng měiyuán hé rénmínbì de duìhuànlǜ shì 1 bǐ 8 ma?
Jīntiān Zhōngguó Rénmín Yínháng měiyuán hé rénmínbì de duìhuànlǜ bú shì 1 bǐ 8 ma?
Jīntiān Zhōngguó Rénmín Yínháng měiyuán hé rénmínbì de duìhuànlǜ shì bu shì 1 bǐ 8?
Jīntiān Zhōngguó Rénmín Yínháng měiyuán hé rénmínbì de duìhuànlǜ shì 1 bǐ 8 háishì 1 bǐ 8.1?
Qǐngwèn, jīntiān Zhōngguó Rénmín Yínháng měiyuán hé rénmínbì de duìhuànlǜ shì 1 bǐ 8 háishì 1 bǐ 8.1?
Xiǎojie, qǐngwèn, jīntiān Zhōngguó Rénmín Yínháng Měiyuán hé Rénmínbì de duìhuànlǜ shì 1 bǐ 8 háishì 1 bǐ 8.1?
Duìbuqǐ, Xiǎojie, qǐngwèn, jīntiān Zhōngguó Rénmín Yínháng Měiyuán hé Rénmínbì de duìhuànlǜ shì 1 bǐ 8 háishì 1 bǐ 8.1?

LESSON 12

BUSINESS TRIP RELATED ACTIVITIES

多少

是多少

兑换率是多少

人民币的兑换率是多少

和人民币的兑换率是多少

美元和人民币的兑换率是多少？

银行美元和人民币的兑换率是多少？

今天银行美元和人民币的兑换率是多少？

今天中国人民银行美元和人民币的兑换率是多少？

今天中国人民银行美元和人民币的兑换率是一比八吗？

今天中国人民银行美元和人民币的兑换率不是一比八吗？

今天中国人民银行美元和人民币的兑换率是不是一比八？

今天中国人民银行美元和人民币的兑换率是一比八还是一比八点一？

请问，今天中国人民银行美元和人民币的兑换率是一比八还是一比八点一？

小姐，请问，今天中国人民银行美元和人民币的兑换率是一比八还是一比八点一？

对不起，小姐，请问，今天中国人民银行美元和人民币的兑换率是一比八还是一比八点一？

COMMUNICATIVE ACTIVITIES

1. You have several foreign currencies with you and you'd like to exchange them all into RMB. Ask a bank clerk for the exchange rate of RMB to each of the foreign currency you carry.

2. Role play: Exchanging money with a bank clerk at Bank of China. Your questions should include, but not limited to: What's the exchange rate for the day? What's the difference between the buying price and selling price of the exchanged currency? How much you want to exchange for? How many 100, 50, 20, 10, 5, 2, 1 bills you would like to be given? Etc.

3. Give a brief presentation about difference places of historical interests, scenic spots, shopping centers, etc. in Beijing and Shanghai with the help of a map of each city.

4. Role play: Asking a local person in Beijing or Shanghai how to go to certain places.

5. Role play: Shopping and bargaining at Beijing Silk Street Market Place.

6. State the location of different places on or near Tiananmen Square, such as Forbidden City, the Great Hall of the People, the China National Museum, Chairman Mao's Memorial Hall, the Monument to the People's Heroes, the Front Gate, Wangfujing Street, Chang'an Avenue, etc.

7. As a tourist guide, you are telling the foreign tourists where they should go for a visit and sightseeing in Beijing, Shanghai and any other places you are familiar with in China.

8. Briefly describe the difference between "buying price" and "selling price" of an exchanged currency.

9. Conduct conversation, dictation, communicative exchanges, oral reproduction and interpretation / translation based on the following discourse:

1）银行经营外汇的买卖业务。人们可以在银行把外币兑换成人民币，把人民币兑换成外币。兑换外币的人需要支付一定的费用（fèiyòng charge），银行也需要赚取（zhuànqǔ gain; make a profit）一定的利润。因此，银行经营外汇交易必须买贱（jiàn cheap）卖贵，取得收益（qǔdé shōuyi to gain proceeds。买入的汇率叫"买入价"。卖出的汇率叫"卖出价"。外汇买入汇率与卖出汇率的差额（chā'é margin / balance），叫"买卖差价"，一般为1%~5%。作外汇交易时通常都以美元报价。如果美元坚挺（jiāntǐng strong），兑换的本币就多；如果美元贬值（biǎnzhí devalue），兑换的本币就少。2005年7月22日以前，美元和人民币的兑换率是1比8.28：买入价为1比8.21，卖出价为1比8.28。由于美元的贬值，从2005年7月21日起，美元和人民币的兑换率为1比8.11：买入价为1比7.96，卖出价为8.11，人民币兑美元和其他外币的汇率有时候还会根据情势（qíngshì state of affairs）和货币市场的行情小有浮动（fúdòng fluctuate）。

2）天安门广场是世界上最大的广场，可以容纳（róngnà contain）一百万人。广场的北边是天安门和故宫；南边是毛主席纪念堂；东边是中国国家博物馆；西边是人民大会堂；广场的中间是人民英雄纪念碑。从天安门广场向东走五六分钟就是北京的购物中心——王府井大街。王府井大街是一条步行街，两边是著名的百货大楼、新东安市场等购物中心和食品小吃街。商店里的商品琳琅满目（línláng mǎnmù a superb collection of beautiful things; be a feast for the eyes），应有尽有。在王府井，人们可以尽情享受（xiǎngshòu enjoy）购物的喜悦（xǐyuè joyce）和品尝中国特色食品的愉悦。

LESSON 13 INTERNATIONAL TRADE FAIR
第十三课 国际商品展销会

FUNCTIONAL OBJECTIVES

Upon completion of Lesson 13, you will be able to:

- Learn how long and how often something takes place;
- Describe past events with an emphasis on time, place, purpose, conveyance, and with whom that even took place;
- Learn expressions and knowledge about trade fairs, international exhibitions, world fairs and how to apply, register and rent exhibition booth for these events online, etc.;
- Learn how to use conditional expressions such as "*rúguǒ* (if), *hǎo shi hǎo* (it is indeed... but... / although it is good, however...,") etc.;
- Know what is "*sān lái yì bǔ*;"
- Know the concept of "outsourcing;"
- Learn about detailed process of a business transaction.

COMMUNICATIVE EXCHANGES

SITUATIONAL CONVERSATION 1:
INQUIRY ABOUT INTERNATIONAL TRADE FAIR
情景会话1：了解国际展销会的情况

Pinyin Text:

A: Wáng xiǎojie, wǒ xiǎng liǎojie yíxiàr Běijīng guójì zhǎnxiāohuì de yìxiē qíngkuàng. Qǐngwèn, zhǎnxiāohuì de dìdiǎn zài nǎr?

B: Zài Běijīng Guójì Zhǎnlǎn Zhōngxīn.

A: Zhè jiè guójì zhǎnxiāohuì shì shénme shíhou kāimù de?

B: Běn jiè guózhǎnhuì shì shàng zhōu kāimù de.

A: Duō cháng shíjiān jǔbàn yí cì?

B: Měi liǎng nián jǔbàn yí cì.

A: Zhǔbàn dānwèi shì Běijīng Shì Zhèngfǔ háishi Zhōngguó Jìnchūkǒu Zǒng gōngsī?

B: Dōu bú shì. Guójì zhǎnxiāohuì shì yóu Zhōngguó Guójì Màocùhuì jǔbàn de.

A: Shénme shì Guójì Màocùhuì?

B: Màocùhuì jiù shì "Zhōngguó Guójì Màoyì Cùjìn Wěiyuánhuì" de jiǎnchēng, fùzé zhǔbàn guójì zhǎnxiāohuì de zǔzhī gōngzuò.

A: Zhè cì zhǎnxiāohuì yígòng yǒu jǐ ge zhǎnqū? Duōshao ge guójiā cānjiā?

B: Yígòng yǒu sān ge zhǎnqū: yǒu zhìzàoshāng zhǎnqū, jiāgōngshāng zhǎnqū hé jīngxiāoshāng zhǎnqū. Zài zhǎnxiāohuì qījiān, wǒmen hái jǔbàn Zhōngguó shāngpǐn zhǎnlǎn jiāoyìhuì, wàishāng qiàtán dìnghuòhuì, zhuānyè jìshù jiāoliúhuì hé kèhù cānguān děng shāngwù huódòng. Yígòng yǒu láizì Yàzhōu, Fēi zhōu, Lādīngměizhōu, Běiměizhōu, Dàyángzhōu, Ōuzhōu de sìwǔshí ge guó jiā hé dìqū de jǐ qiān wèi kèshāng cānzhǎn.

A: Zhǎnxiāohuì de guīmó zhēn dà, rén zhēn duō a! Cānjiā zhǎnxiāohuì shì tuīxiāo chǎnpǐn de cèlüè zhīyī, kěyǐ dàdà tígāo chǎnpǐn de zhīmíngdù hé xiāoshòu liàng. Jīnhòu rúguǒ wǒmen yě xiǎng zài zhǎnxiāohuì shang zhǎnmài wǒmen de chǎnpǐn, dōu xūyào shénme shǒuxù?

LESSON 13

INTERNATIONAL TRADE FAIR

B: Wǒmen zài zhǎnxiāohuì de wǎngyè shang wèi cānzhǎnshāng tígōngle xiángxì de zīliào hé shuōmíng. Nín yě kěyǐ cóng shàngmiàn xiàzǎi shēnqǐngbiǎo, tián hǎo yǐhòu, zài zhǎnxiāohuì kāishǐ yǐqián liǎng ge yuè fā diànzǐ yóujiàn huò chuánzhēn dào wǒmen de zhǎnxiāo zhōngxīn.

A: Qǐngwèn, zhǎnxiāohuì zěnme chūzū zhǎntái ne?

B: Nín kěyǐ xiàng zhǎnxiāohuì fúwù zhōngxīn zū. Měi ge zhǎntái de shōufèi biāozhǔn shì: guónèi qǐyè měi píngfāngmǐ rénmínbì bā bǎi yuán, wàizī qǐyè měi píngfāngmǐ èr bǎi Měiyuán, bù bāokuò guǎnggào hé chuándān děng fèiyòng.

A: Xièxie nín de jièshào.

B: Bú kèqi. Wǒmen huānyíng yuèláiyuè duō de wàishāng dào zhǎnxiāohuì lái cānguān, cǎigòu, qiàtán, dìnghuò.

Character Text:

A: 王小姐,我想了解一下儿北京国际展销会的一些情况。请问展销会的地点在哪儿?

B: 在北京国际展览中心。

A: 这届国际展销会是什么时候开幕的?

B: 欧洲本届国展会是上周开幕的。

A: 多长时间举办一次?

B: 每两年举办一次。

A: 主办单位是北京市政府还是中国进出口总公司?

B: 都不是。国际展销会是由中国国际贸促会举办的。

A: 什么是国际贸促会?

B: 贸促会就是"中国国际贸易促进委员会"的简称,负责主办国际展销会的组织工作。

A: 这次展销会一共有几个展区?多少个国家参加?

B: 一共有三个展区:有制造商展区、加工商展区和经销商展区。在展销会期间,我们还举办中国商品展览交易会、外商洽谈订货会、专业技术交流会和客户参观等商务活动。一共有来自亚洲、非洲、拉丁美洲、北美洲、大洋洲、欧洲的四五十个国家和地区的几千位客商参展。

A: 展销会的规模真大,人真多啊!参加展销会是推销产品的策略之一,可以大大提高产品的知名度和销售量。今后如果我们也想在展销会上展卖我们的产品,都需要什么手续?

B: 我们在展销会的网页上为参展商提供了详细的资料和说明。您也可以从上面下载申请表,填好以后,在展销会开始以前两个月发电子邮件或传真到我们的展销中心。

A: 请问,展销会怎么出租展台呢?

B: 您可以向展销会服务中心租。每个展台的收费标准是:国内企业每平方米人民币 800 元,外资企业每平方米 200 美元,不包括广告和传单等费用。

A: 谢谢您的介绍。

B: 不客气。我们欢迎越来越多的外商到展销会来参观、采购、洽谈、订货。

English Text:

A: Miss Wang, I'd like to know something about Beijing International Exhibition and Trade Fair. Excuse me, where is the location of the Exhibition and Trade Fair?

B: It's at Beijing International Exhibition Center.

A: When did this international exhibition and trade fair open?

B: It opened last week.

A: How often is it held?

B: Once every two years.

A: Is it hosted by Beijing Municipal Government or China's Imports and Exports Corporation?

B: Neither. It is hosted by CCPIT.

A: What is CCPIT?

B: CCPIT is the abbreviation of "the China Council for Promotion of International Trade," which is in charge of hosting and organizing international exhibition and trade fairs.

A: How many exhibition areas are there at this exhibition and trade fair? How many countries have participated in the fair?

B: There are altogether three exhibition areas: they are manufacturers' exhibition area; processing business area and selling business area. During the exhibition and trade fair, we also hold China Commodities Trade Fair, Foreign Businessmen's Trade Talks and Trade Fair; Fair for Exchanging Special Technologies, Clients' Business Visits and other business activities. There are altogether several thousand business people from forty to fifty countries and regions of Asia, Africa, Latin America, North America Oceania and Europe participating in the fair.

A: The scale of the exhibition and trade fair is huge and there are so many people! Participating in exhibition and trade fair is one of the strategies of promoting and marketing products, and it can greatly raise the celebrity rating and sales volume of your products. In the future, if we also would like to exhibit and sell our products, what kind of procedure do we need to go through?

B: We have provided the participating business people with detailed information, data and explanation on the web site of our exhibit and trade fair. You can also download the application form. After it is filled out, it must be emailed or faxed to our exhibition and trade fair center two months before the start of the fair.

A: May I ask, how does the exhibition and trade fair lease its exhibit platform?

B: You can lease it from the Service Center of Exhibit and Trade Fair. The standard charge for renting each platform is: RMB eight hundred yuan per square meter for domestic enterprises; USD two hundred per square meter for foreign enterprises, not including expenses for advertisement and flyers, etc.

A: Thank you for your introduction.

B: You are welcome. We welcome more and more foreign business people to participate, purchase, hold business talks and place order for goods at our exhibit and trade fair.

LESSON 13
INTERNATIONAL TRADE FAIR

COMMUNICATIVE EXCHANGES

SITUATIONAL CONVERSATION 2:
INQUIRY ABOUT A BUSINESS TRANSACTION
情景会话 2：商务交易问询

Pinyin Text:

Zài Zhōngguó wàimào gōngsī xiàshǔ gōngchǎng cānguān fǎngwèn.

A: Guì gōngsī de chǎnpǐn zhìliàng hǎo, jiàgé yě gōngdào, hélǐ, zài Měiguó yídìng huì hěn yǒu shìchǎng hé jìngzhēnglì.

B: Xièxie nín, Āndésēn xiānsheng. Rúguǒ nín yǒu xìngqù, wǒmen kěyǐ kǎolǜ gòngtóng hézuò shēngchǎn zhèxiē chǎnpǐn.

A: Nà tài hǎo le. Měiguó de láodònglì jiàzhí gāo, shēngchǎn chéngběn gāo, suǒyǐ shāngpǐn jiàgé quēfá jìngzhēnglì.

B: Nà nín wèi shénme bù bǎ guì gōngsī de chǎnpǐn wàibāo gěi wǒmen ne?

A: Hǎo zhǔyi! Zhè zhèng shì wǒmen zhè cì lái Zhōngguó xiǎng gēn guì gōngsī qiàtán de zhǔyào xiàngmù zhīyī.

B: Nàme wǒmen míngtiān de qiàtán jiù cóng wàibāo shuōqǐ ba.

A: Yì yán wéi dìng. Búguò, tǎnshuài de shuō, guì gōngsī de chǎnpǐn zhìliàng hǎo shì hǎo, kěshì miànliào bú shì Ōu-Měi zuì liúxíng de, yánsè yě yǒudiǎnr guò shí le.

B: Shì a. Yīnwèi wǒmen de chǎnpǐn zhǔyào zài Yàzhōu shìchǎng xiāoshòu, suǒyǐ méiyǒu kǎolǜ dào Ōu-Měi xiāofèizhě de shěnměi hé xūqiú.

A: Zhè bú shì wèntí. Rúguǒ guì gōngsī yuànyì yòng wǒmen tígōng de miànliào, kuǎnshì, shìyàng, jìshù hé jiāgōng shèbèi lái shēngchǎn zhèxiē chǎnpǐn, in the U.S. market. zài guójì shìchǎng yídìng huì hěn yǒu xiāolù.

B: Hǎo, wǒmen míngtiān de qiàtán jiù cóng sān lái yī bǔ kāishǐ ba.

A: Shénme shì "sān lái yī bǔ?"

B: "Sān lái yī bǔ" jiù shì: lái liào jiāgōng, lái yàng jiāgōng, lái jiàn jiāgōng hé bǔcháng màoyì.

A: Oh, yuánlái "sān lái yī bǔ" shì zhè ge yìsi a.

B: Zhèng shì. Zhè jiù shì wǒmen qiàtán hézuò de jīběn chūfādiǎn.

Character Text

在中国外贸公司下属工厂参观访问。

A: 贵公司的产品质量好,价格也公道、合理,在美国一定会很有市场和竞争力。

B: 谢谢您,安德森先生。如果您有兴趣,我们可以考虑共同合作生产这些产品。

A: 那太好了。美国的劳动力价值高,生产成本高,所以商品价格缺乏竞争力。

B: 那您为什么不把贵公司的产品外包给我们呢?

A: 好主意!这正是我们这次来中国想跟贵公司洽谈的主要项目之一。

B: 那么我们明天的洽谈就从外包说起吧。

A: 一言为定。不过,坦率地说,贵公司的产品质量好是好,可是面料不是欧美最流行的,颜色也有点儿过时了。

B: 是啊。因为我们的产品主要在亚洲市场销售,所以没有考虑到欧美消费者的审美和需求。

A: 这不是问题。如果贵公司愿意用我们提供的面料、款式、式样、技术和加工设备来生产这些产品,在国际市场一定会很有销路。

B: 好,我们明天的洽谈就从三来一补开始吧。

A: 什么是"三来一补"?

B: "三来一补"就是:来料加工、来样加工、来件加工和补偿贸易。

A: 哦,原来"三来一补"是这个意思啊。

B: 正是。这就是我们洽谈合作的基本出发点。

English Text

Visiting a production factory subordinated to China Foreign Trade Corporation

A: The quality of your company's products is good and the price is fair and reasonable. They are surely marketable and competitive in the U.S. market.

B: Thank you, Mr. Anderson. If you are interested, we can consider jointly producing these products.

LESSON 13

INTERNATIONAL TRADE FAIR

A: That sounds great. The manpower in the U.S. is expensive and production cost is high, therefore our commodity price lacks competitive power.

B: Then why don't you outsource your company's products to us?

A: That is a great idea! This is exactly one of the major projects we came to China to negotiate with your company.

B: In that case we should start our talks with outsourcing tomorrow.

A: That's settled then. However, frankly speaking, the quality of your company's products is indeed very good, but your material to make clothing is not the most popular in Europe and America, and the color is outdated as well.

B: You are right. Because our products are mainly sold in Chinese and Asian markets, therefore we did not take into consideration the taste and demand of consumers in Europe and America.

A: This is not a problem at all. If your company is willing to produce these products with material to make clothing, design, pattern, style, technology and processing equipment provided by us, your products will certainly be saleable in the international market.

B: OK, let's start our business talk tomorrow with three comes and one compensation then.

A: What is "three comes and one compensation?"

B: The "three comes and one compensation" is: process with materials provided, process with (test) samples provided, process with parts provided and compensation trade.

A: Oh, I see, that's what "three comes and one compensation" means.

B: Precisely. This is exactly the basic starting point of our business talks on cooperation.

 NEW WORDS AND EXPRESSIONS

pinyin	characters	POS	meaning
dìdiǎn	地点	N	place; site; locale
zhǎnlǎn	展览	N/V	exhibit; show; display
zhōngxīn	中心	N	center; hub; heart
jiè	届	MW	for regular sessions
kāimù	开幕	VO	raise curtain; inaugurate; open
běn	本	PRON/N/MW	this; N. basis; volume (book)
guózhǎnhuì	国展会	NP	national exhibition
duō cháng	多长	QW	how long
měi	每	NUM	every
zhǔbàn dānwèi	主办单位	NP	sponsoring/hosting organization/unit
zhèngfǔ	政府	N	government
jiǎnchēng	简称	N	abbreviated form of name; abbreviation

zhǔbàn	主办	V	sponsor; host
zǔzhī	组织	V/N	organize; form; organization
zhǎnqū	展区	N	exhibit area
cānjiā	参加	V	join; attend, participate; take part in
jīngxiāoshāng	经销商	N	business people who sell on commission
zài...qījiān	在……期间	TW	during...time / period
wàishāng	外商	N	foreign business man
dìnghuòhuì	订货会	N	trade fair for ordering goods
jiāoliúhuì	交流会	N	fair for exchanging goods / commodities; conference for exchanging academic views
kèhù	客户	N	client; customer
láizì	来自	V	come / stem / originate from
yǐjí	以及	CONJ	as well as; along with
kèshāng	客商	N	visiting businessman
cān zhǎn	参展	VO	participating in exhibition
guīmó	规模	N	scale; scope
tuīxiāo	推销	V	promote sale of; push sale of
cèlüè	策略	N	
...zhīyī	……之一	PR	one of...
dàdà	大大	ADV	greatly; enormously
tígāo	提高	V	raise; heighten; improve; enhance
zhīmíngdù	知名度	N	celebrity rating
xiāoshòuliàng	销售量	N	sales volume
jīnhòu	今后	N	hereafter; from now on
zhǎnmài	展卖	V	exhibit and sell
shǒuxù	手续	N	procedure
wǎngyè	网页	N	web page
wèi	为	PREP	for; on account of
cān zhǎn	参展	VP	participate in exhibition
tígōng	提供	V	provide; furnish; offer
zīliào	资料	N	means; data; materials

LESSON 13
INTERNATIONAL TRADE FAIR

shuōmíng	说明	V/N	explain; explanation; illustrate; show
xiàzǎi	下载	V	download
shēnqǐngbiǎo	申请表	N	application form
diànzǐ yóujiàn	电子邮件	NP	electronic mail/e-mail
chuánzhēn	传真	N/V	fax; facsimile
chūzū	出租	V	rent (out); lease
fúwù	服务	N/V	service; be in service of
shōufèi	收费	VO	collect fees; charge
biāozhǔn	标准	N/ADJ	standard; criterion
guónèi	国内	N	interior of a country; domestic, internal; home
qǐyè	企业	N	enterprise; business
píngfāngmǐ	平方米	N	square meter
wàizī	外资	N	foreign capital
bāokuò	包括	V	include; consist of; incorporate
guǎnggào	广告	N	advertisement
chuándān	传单	N	leaflet; handout; handbill
fèiyòng	费用	N	cost; expenses
cǎigòu	采购	V	choose and purchase
dìng huò	订货	VO	order goods
gōngchǎng	工厂	N	factory; mill; plant; works
gōngdào	公道	ADJ/N	justice; fair; reasonable
jìngzhēnglì	竞争力	N	competitive power/force
gòngtóng	共同	ADJ	common; joint
láodònglì	劳动力	N	labor force
chéngběn	成本	N	cost
gāo	高	ADJ	high; tall
quēfá	缺乏	V	be short of; lack
wàibāo	外包	V	outsource; outsourcing
zhǔyi	主意	N	idea; plan; definite view
zhǔyào	主要	ADJ	main; chief; major; principal
xiàngmù	项目	N	item; project; article; clause
cóng...shuōqǐ	从……说起	VP	start saying from...
búguò	不过	CONJ	however
tǎnshuài	坦率	ADJ	candid; frank

BBC 初级实用商务汉语 Basic Business Chinese(BBC)

hǎo shi hǎo	好是好	IE	it's good, however; although it's good, however...
miànliào	面料	N	material to make clothing
yánsè	颜色	N	color; facial expression
guòshí	过时	ADJ	out of date; outmoded
xiāofèizhě	消费者	N	consumer
shěnměi	审美	VO	appreciate beauty
xūqiú	需求	N	requirement; demand
kuǎnshì	款式	N	pattern; style; design
jìshù	技术	N	technology; skill; technique
jiāgōng shèbèi	加工设备	NP	processing equipment
xiāolù	销路	N	sales; market
sān lái yì bǔ	三来一补	NP	three comes and one compensation
lái liào jiāgōng	来料加工	VP	process with materials provided
lái yàng jiāgōng	来样加工	VP	process with (test) samples provided
lái jiàn jiāgōng	来件加工	VP	process with parts provided
bǔcháng màoyì	补偿贸易	NP	compensation trade
jīběn	基本	ADJ	basic; fundamental; elementary; essential
chūfādiǎn	出发点	N	starting point

 **PROPER NOUNS**

Běijīng Guójì Zhǎnxiāohuì	北京国际展销会	Beijing International Trade Fair
Zhōngguó Jìnchūkǒu Zǒnggōngsī	中国进出口总公司	China Imports and Exports Corporation
Zhōngguó Guójì Màocùhuì (Zhōngguó Guójì Màoyì Cùjìn Wěiyuánhuì)	中国国际贸促会(中国国际贸易促进委员会)	The China Council for Promotion of International Trade

LESSON 13
INTERNATIONAL TRADE FAIR

Fēizhōu	非洲	Africa
Lādīngměizhōu	拉丁美洲	Latin America
Běiměizhōu	北美洲	North America
Dàyángzhōu	大洋洲	Oceania
Nánjízhōu	南极洲	Antarctica name.

ENRICHMENT

bìmù	闭幕	curtain falls; close; conclude
xièmù	谢幕	respond to curtail call
lākāi wéimù	拉开帷幕	pull open the heavy curtain
pǐnzhì	品质	character; quality
liúxínghuò	流行货	popular goods
chàngxiāohuò	畅销货	best selling or fast selling goods
qiǎngshǒuhuò	抢手货	hot item
kuàihuò	快货	fast selling goods
rèménhuò	热门货	goods in great demand
jǐnqiàohuò	紧俏货	merchandise in high demand
zhíxiāohuò	直销货	direct selling goods
zhìxiāohuò	滞销货	sticker; goods unable to be sold
dàixiāohuò	代销货	goods sold on consignment
chuánxiāo	传销	pyramid selling
cùxiāo	促销	promote selling
zhǎnxiāo	展销	exhibit and sell
kāixiāo	开销	pay expenses; expense; expense account
xiāolù	销路	sales; market
xiāoliàng	销量	sales volume
xíngxiāo	行销	be on sale; sell
yíngxiāo	营销	to sell; to market (products)

279

xiāo zhàng	销账		write off; cancel (remove) from an account
xiāojià	销价		sale price
xiāoshòu	销售		sell, to market
pèijiànshāng	配件商		fittings (machine parts) businessman
pèi'é	配额		quota
pèigòu	配购		ration
shāngjiè	商界		business circles
jìnchūkǒushāng	进出口商		imports and exports businessman
cǎigòushāng	采购商		choose and purchase or sourcing businessman

SUPPLEMENTARY BUSINESS EXPRESSIONS

Guójì Bólǎnhuì	国际博览会	International Trade Fair
Zhōngguó Shāngpǐn Jīngmào Zhǎnxiāohuì	中国商品经贸展销会	China Merchandise Business and Trade Fair
Běijīng Guójì Qìchē Bólǎnhuì	北京国际汽车博览会	Beijing International Auto Trade Fair
Shēnzhèn Wénhuà Chǎnyè Guójì Bólǎnhuì	深圳文化产业国际博览会	International Trade Fair of Shenzhen Cultural Property
Zhōngguó Xībù Guójì Bólǎnhuì	中国西部国际博览会	China West International Trade Fair
Zhōngguó Xībù Guójì Měishí Bólǎnhuì	中国西部国际美食博览会	China West International Delicious Food Trade Fair
Zhōngguó Guójì Rìyòng Xiāofèipǐn Bólǎnhuì	中国国际日用消费品博览会	China International Daily Consumer Goods Trade Fair
Guǎngzhōu Chūkǒushāngpǐn jiāoyìhuì (guǎng jiāo huì)	广州出口商品交易会(广交会)	Guangzhou Export Commodities Fair
Zhōngguó Chūkǒu Shāngpǐn Jiāoyìhuì	中国出口商品交易会	China Export Commodities Fair
Zhōngguó Guójì Nóngchǎnpǐn Jiāoyìhuì	中国国际农产品交易会	China International Agricultural Products Fair

LESSON 13

INTERNATIONAL TRADE FAIR

Zhōngguó Guójì Pǐnpái Fúzhuāng Fúshì Jiāoyìhuì	中国国际品牌服装服饰交易会	China International Brand Name Clothing and Adorment Fair
Qīngdǎo Píjiǔ Jié	青岛啤酒节	Qingdao Beer Festival
Màoyì Qiàtánhuì	贸易洽谈会	Trade Talks
Zhōngguó Guójì Lǚyóu Wǎngshàng Bólǎnhuì	中国国际旅游网上博览会	China International Travel Fair On Internet
Guǎngzhōu Guójì Lǚyóu Zhǎnxiāohuì	广州国际旅游展销会	Guangzhou International Travel Fair
Zhōngguó Sīchóu Zhǎnxiāohuì	中国丝绸展销会	China Silk Trade Fair

GRAMMAR AND BUSINESS CULTURE NOTES

1. zài... qījiān 在……期间（zài zhǎnxiāohuì qījiān 在展销会期间）during a period of...

This is a specific time phrase which may occur before or after the subject. The preposition *zài* 在 must be included when the entire phrase follows the subject, but may be dropped when preceding it. *zhǎnxiāohuì* 展销会 inserted in the phrase represents a specific event which took place or will take place at a definite time. Syntactically, the phrase inserted between *zài...qījiān* 在……期间 may take the form of a noun phrase or a V+O construction. For example：

Zài Guǎngzhōu Chūnjì Jiāoyìhuì qījiān wǒmen gōngsī màile bùshǎo shāngpǐn. 在广州春季交易会期间我们公司卖了不少商品。During (the very time of) the Guangzhou Spring Trade Fair our company sold a great amount of merchandise.

Tā zài niàn MIM qījiān rènshile xǔduō guójì yǒumíng de xuézhě. 她在念国际管理研究生院期间认识了许多国际有名的学者。During the time she studied at MIM, she became acquainted with quite a few internationally famous scholars.

2. ...zhīyī ……之一 means "one of the..." and is mostly used in written Chinese. For example：

Cānjiā zhǎnxiāohuì shì tuīxiāo chǎnpǐn de cèlüè zhīyī. 参加展销会是推销产品的策略之一。Participating in trade fair is one of the strategies of promoting the sales of our products.

Tiānjīn shì Zhōngguó sì dà chéngshì zhī yī. 天津是中国四大城市之一。Tianjin is one of the four largest cities in China.

3. O + yóu 由 + S + V（matter + 由 + agent of action + action）

It is used to introduce the agent of an action who assumes an official capacity to carry out the designated action of an event. *yóu* 由 is translated as "by" in English. However, a *yóu* 由 sentence is not a passive sentence.① *yóu* 由 + agent of action structure is normally used only in written language, not spoken. The verbs appearing in this structure belong to a closed list which represents formal actions, such as *zhǔchí* 主持（to take charge of, to preside over...）, *jǔbàn* 举办（to conduct, to hold）, *zhǔbàn* 主办（to sponsor, to hold）, *cānjiā* 参加（to attend, to participate in）, *juédìng* 决定（to decide）, *péitóng* 陪同（to accompany）, *bànlǐ* 办理（to handle, to conduct）, *fēnpèi* 分配（to distribute, to allocate）, *lǐngdǎo* 领导（to lead）, *bàodào* 报道（to report）, etc. e.g.

Guójì zhǎnxiāohuì shì yóu Zhōngguó Guójì Màocùhuì jǔbàn de. 国际展销会是由中国国际贸促会举办的。The International Trade Fair is hosted by the China Council for Promotion of International Trade（CCPIT）.

2008 nián Àolínpǐkè Yùndònghuì jiāng yóu Zhōngguó zhǔbàn. 2008 年奥林匹克运动会将由中国主办。The 2008 Olympic Games will be sponsored by China.

4. yuè lái yuè... 越来越…… indicates that degree increases as time goes on. e.g.

Qù Zhōngguó zuò shēngyì de rén yuèláiyuè duō. 去中国做生意的人越来越多。More and more people are going to China to do business.

Tā de Zhōngwén yuè lái yuè hǎo. 他的中文越来越好。His Chinese is getting better and better.

5. yìyánwéidìng. 一言为定 That's settled

In spoken Chinese, *yìyánwéidìng*. 一言为定 is often used to confirm an agreement or a mutual understanding.

6. V/ADJ+ shì 是+V/ADJ，+ kěshì 可是（dànshì/jiùshì 但是/就是）: It's true that..., but...

The first clause V/ADJ+ shì 是+V/ADJ concedes a fact. The second clause asserts another fact which is true regardless of the first fact. For example

Guì gōngsī de chǎnpǐn zhìliàng hǎo shì hǎo, kěshì miànliào bú shì Ōu-Měi zuì liúxíng de. 贵公司的产品质量好是好，可是面料不是欧美最流行的。Although the quality of your company's product is good, however, its fabric is not the most popular in Europe and America.

Xuéxí Zhōngwén nán shì nán, kěshì hěn yǒuyìsi. 学习中文难是难，可是很有意思。It's true that studying Chinese is difficult, but it is interesting.

---

① The Chinese passive sentence differs from the English passive sentence. While the English passive sentence is a purely syntactical maneuvering of the positions of the subject and object, the Chinese passive sentence is semantically oriented. The object must be the recipient of the action and directly affected by the action.

LESSON 13

INTERNATIONAL TRADE FAIR

COMMUNICATIVE SPEECH DRILLS

A. Substitution Drills I: Substitute the cued names of exhibitions / trade fairs.

Wǒ xiǎng liǎojiě yíxiàr	Běijīng Guójì Qìchē Zhǎnlǎnhuì Qīngdǎo Píjiǔ Jié Guǎngjiāohuì Běijīng Guójì Zhǎnlǎnhuì Zhōngguó Sīchóu Zhǎnxiāohuì Shànghǎi Guójì Bólǎnhuì Zhōngguó Fǎngzhīpǐn Jiāoyìhuì zhǎnlǎnhuì xiǎojiāohuì zhǎnmàihuì màoyì qiàtánhuì	de yìxiē qíngkuàng.
Qǐngwèn, _____ de dìdiǎn zài nǎr?		

我想了解一下儿	北京国际汽车展览会 青岛啤酒节 广交会 北京国际展览会 中国丝绸展销会 上海国际博览会 中国纺织品交易会 展览会 小交会 展卖会 贸易洽谈会	的一些情况。
请问, _____ 的地点在哪儿?		

B. Substitution Drills II: Substitute the cued agent of actions (names of corporations) in passive voiced sentences.

Guójì zhǎnxiāohuì shì yóu	Zhònggōngyè Jìnchūkǒu Zǒnggōngsī Jīxiè Jìnchūkǒu Zǒnggōngsī Néngyuán Jìnchūkǒu Zǒnggōngsī Chūkǒu Shāngpǐn Jiāoyìhuì Yīyào Jìnchūkǒu Zǒnggōngsī Zhōngguó Guójì Màocùhuì Fǎngzhīpǐn Jìnchūkǒu Zǒnggōngsī Gōngyìpǐn Jìnchūkǒu Zǒnggōngsī Huàgōng Chǎnpǐn Jìnchūkǒu Zǒnggōngsī Qīnggōngyèpǐn Jìnchūkǒu Zǒnggōngsī	jǔbàn de.

国际展销会是由	重工业进出口总公司 机械进出口总公司 能源进出口总公司 出口商品交易会 医药进出口总公司 中国国际贸促会 纺织品进出口总公司 工艺品进出口总公司 化工产品进出口总公司 轻工业品进出口总公司	举办的。

C. Substitution Drills III: Substitute the cued abbreviations and modifying noun phrases.

Liándà Shìwèi Shìmào Guǎngjiāohuì Màocùhuì Shìbó Kāifāqū Xiǎojiāohuì Yàtài Dìqū	jiùshì	Liánhéguó Dàhuì Shìjiè Wèishēng Zǔzhī Shìjiè Màoyì Zǔzhī Guǎngzhōu Chūkǒu Shāngpǐn Jiāoyìhuì Zhōngguó Guójì Màoyì Cùjìn Wěiyuánhuì Shìjiè Bólǎnhuì Jīngjì Jìshù Kāifāqū Xiǎoxíng Shāngpǐn Jiāoyìhuì Yàzhōu Huán Tàipíngyáng Dìqū	de jiǎnchēng,
(zhuānmén) fùzé _____ de gōngzuò.			

LESSON 13
INTERNATIONAL TRADE FAIR

联大		联合国大会	
世卫		世界卫生组织	
世贸		世界贸易组织	
广交会		广州出口商品交易会	
贸促会	就是	中国国际贸易促进委员会	的简称，
世博		世界博览会	
开发区		经济技术开发区	
小交会		小型商品交易会	
亚太地区		亚洲环太平洋地区	

（专门）负责＿＿＿＿＿＿＿＿＿＿＿＿的工作。

D. Substitution Drills IV：Substitute the cued object noun phrases after the verb "jǔbàn".

Zài zhǎnxiāohuì qījiān, wǒmen hái jǔbàn	wàishāng qiàtán dìnghuòhuì zhuānyè jìshù jiāoliúhuì kèhù cānguān réncái jiāoliúhuì jiùyè xìnxī huì jìshù yǐnjìn huì Zhōngwài hézī qiàtánhuì Zhōngguó shāngpǐn zhǎnlǎn jiāoyìhuì	děng shāngwù huódòng.

在展销会期间，我们还举办	外商洽谈订货会 专业技术交流会 客户参观 人才交流会 就业信息会 技术引进会 中外合资洽谈会 中国商品展览交易会	等商务活动。

E. Expansion Drills.

kèshāng

cānzhǎn kèshāng

guójiā de cānzhǎn kèshāng

shí ge guójiā de cānzhǎn kèshāng

wǔshí ge guójiā de cānzhǎn kèshāng

sì wǔ shí ge guójiā de cānzhǎn kèshāng

Dàyángzhōu de sì wǔ shí ge guójiā de cānzhǎn kèshāng

Běiměizhōu, Dàyángzhōu de sì wǔ shí ge guójiā de cānzhǎn kèshāng

Lādīngměizhōu, Běiměizhōu, Dàyángzhōu de sì wǔ shí ge guójiā de cānzhǎn kèshāng

Fēizhōu, Lādīngměizhōu, Běiměizhōu, Dàyángzhōu de sì wǔ shí ge guójiā de cānzhǎn kèshāng

Yàzhōu, Fēizhōu, Lādīngměizhōu, Běiměizhōu, Dàyángzhōu de sì wǔ shí ge guójiā de cānzhǎn kèshāng

láizì Yàzhōu, Fēizhōu, Lādīngměizhōu, Běiměizhōu, Dàyángzhōu de sì wǔ shí ge guójiā de cānzhǎn kèshāng

yǒu láizì Yàzhōu, Fēizhōu, Lādīngměizhōu, Běiměizhōu, Dàyángzhōu de sì wǔ shí ge guójiā de cānzhǎn kèshāng

Yígòng yǒu láizì Yàzhōu, Fēizhōu, Lādīngměizhōu, Běiměizhōu, Dàyángzhōu de sì wǔ shí ge guójiā de cānzhǎn kèshāng.

客商

参展客商

国家的参展客商

十个国家的参展客商

五十个国家的参展客商

四五十个国家的参展客商

大洋洲的四五十个国家的参展客商

北美洲,大洋洲的四五十个国家的参展客商

拉丁美洲,北美洲,大洋洲的四五十个国家的参展客商

非洲,拉丁美洲,北美洲,大洋洲的四五十个国家的参展客商

亚洲,非洲,拉丁美洲,北美洲,大洋洲的四五十个国家的参展客商

来自亚洲,非洲,拉丁美洲,北美洲,大洋洲的四五十个国家的参展客商

有来自亚洲,非洲,拉丁美洲,北美洲,大洋洲的四五十个国家的参展客商

一共有来自亚洲,非洲,拉丁美洲,北美洲,大洋洲的四五十个国家的参展客商。

LESSON 13

INTERNATIONAL TRADE FAIR

F. Substitution Drills Ⅴ: Substitute the cued adjective modifier using V+O structure.

Cānjiā zhǎnxiāohuì shì	tuīxiāo chǎnpǐn cùxiāo chǎnpǐn yíngxiāo chǎnpǐn zhǎnxiāo chǎnpǐn zhǎnmài chǎnpǐn kuòdà chǎnpǐn xiāoshòu shìchǎng zēngjiā chǎnpǐn xiāolù	de cèlüè zhīyī,
kěyi dàdà tígāo chǎnpǐn de zhīmíngdù hé xiāoshòuliàng.		

参加展销会是	推销产品 促销产品 营销产品 展销产品 展卖产品 扩大产品销售市场 增加产品销路	的策略之一,
可以大大提高产品的知名度和销售量。		

G. Substitution Drills Ⅵ: Substitute the cued noun phrases after a possessive pronoun modifier.

Jīnhòu wǒmen yě xiǎng zài zhǎnxiāohuì shang zhǎnmài wǒmen de	chǎnpǐn, gōngyìpǐn, pǐnpái fúzhuāng, sīchóu chǎnpǐn, fǎngzhīpǐn, chūkǒu shāngpǐn,
dōu xūyào shénme shǒuxù?	

今后我们也想在展销会上展卖我们的	产品, 工艺品, 品牌服装, 丝绸产品, 纺织品, 出口商品,
都需要什么手续?	

H. Expansion Drills.

shuōmíng
hé shuōmíng
zīliào hé shuōmíng
xiángxì de zīliào hé shuōmíng
tígōngle xiángxì de zīliào hé shuōmíng
cānzhǎnshāng tígōngle xiángxì de zīliào hé shuōmíng
wèi cānzhǎnshāng tígōngle xiángxì de zīliào hé shuōmíng
wǎngyè shang wèi cānzhǎnshāng tígōngle xiángxì de zīliào hé shuōmíng
zhǎnxiāohuì de wǎngyè shang wèi cānzhǎnshāng tígōngle xiángxì de zīliào hé shuōmíng
zài zhǎnxiāohuì de wǎngyè shang wèi cānzhǎnshāng tígōngle xiángxì de zīliào hé shuōmíng
Wǒmen zài zhǎnxiāohuì de wǎngyè shang wèi cānzhǎnshāng tígōngle xiángxì de zīliào hé shuōmíng.

说明
和说明
资料和说明
详细的资料和说明
提供了详细的资料和说明
参展商提供了详细的资料和说明
为参展商提供了详细的资料和说明
网页上为参展商提供了详细的资料和说明
展销会的网页上为参展商提供了详细的资料和说明
在展销会的网页上为参展商提供了详细的资料和说明
我们在展销会的网页上为参展商提供了详细的资料和说明。

LESSON 13
INTERNATIONAL TRADE FAIR

I. Substitution Drills VII：Substitute the cued noun phrases after a possessive pronoun modifier.

Nín yě kěyǐ cóng wǎng shang xiàzǎi wǒmen de	chǎnpǐn xínghào. chǎnpǐn guīgé. chǎnpǐn mùlù. chǎnpǐn shuōmíng. chǎnpǐn xìnxī. shēnqǐngbiǎo. dēngjìbiǎo. chǎnpǐn jiàgébiǎo. chǎnpǐn yàngběn. bàojiàdān.

您也可以从网上下载我们的	产品型号。 产品规格。 产品目录。 产品说明。 产品信息。 申请表。 登记表。 产品价格表。 产品样本。 报价单。

J. Expansion Drills.

```
                        zhōngxīn
                   zhǎnxiāo zhōngxīn
              wǒmen de zhǎnxiāo zhōngxīn
          dào wǒmen de zhǎnxiāo zhōngxīn
      chuánzhēn dào wǒmen de zhǎnxiāo zhōngxīn
   huò chuánzhēn dào wǒmen de zhǎnxiāo zhōngxīn
 fā diànzǐ yóujiàn huò chuánzhēn dào wǒmen de zhǎnxiāo zhōngxīn
```

liǎng ge yuè fā diànzǐ yóujiàn huò chuánzhēn dào wǒmen de zhǎnxiāo zhōngxīn

yǐqián liǎng ge yuè fā diànzǐ yóujiàn huò chuánzhēn dào wǒmen de zhǎnxiāo zhōngxīn

kāishǐ yǐqián liǎng ge yuè fā diànzǐ yóujiàn huò chuánzhēn dào wǒmen de zhǎnxiāo zhōngxīn

zhǎnxiāohuì kāishǐ yǐqián liǎng ge yuè fā diànzǐ yóujiàn huò chuánzhēn dào wǒmen de zhǎnxiāo zhōngxīn

zài zhǎnxiāohuì kāishǐ yǐqián liǎng ge yuè fā diànzǐ yóujiàn huò chuánzhēn dào wǒmen de zhǎnxiāo zhōngxīn

yǐhòu, zài zhǎnxiāohuì kāishǐ yǐqián liǎng ge yuè fā diànzǐ yóujiàn huò chuánzhēn dào wǒmen de zhǎnxiāo zhōngxīn

Tiánhǎo biǎo yǐhòu, zài zhǎnxiāohuì kāishǐ yǐqián liǎng ge yuè fā diànzǐ yóujiàn huò chuánzhēn dào wǒmen de zhǎnxiāo zhōngxīn.

中心

展销中心

我们的展销中心

到我们的展销中心

传真到我们的展销中心

或传真到我们的展销中心

发电子邮件或传真到我们的展销中心

两个月发电子邮件或传真到我们的展销中心

以前两个月发电子邮件或传真到我们的展销中心

开始以前两个月发电子邮件或传真到我们的展销中心

展销会开始以前两个月发电子邮件或传真到我们的展销中心

在展销会开始以前两个月发电子邮件或传真到我们的展销中心

以后，在展销会开始以前两个月发电子邮件或传真到我们的展销中心

填好表以后，在展销会开始以前两个月发电子邮件或传真到我们的展销中心。

K. Substitution Drills VIII：Substitute the cued V+O structure.

Wǒmen huānyíng yuèláiyuè duō de wàishāng dào zhǎnlǎnhuì lái	cānguān. cǎigòu. qiàtán hézuò. dìnghuò. dìnggòu. qiàtán shēngyì. zhǎnxiāo shāngpǐn.

我们欢迎越来越多的外商到展览会来	参观。 采购。 洽谈合作。 订货。 订购。 洽谈生意。 展销商品。

LESSON 13

INTERNATIONAL TRADE FAIR

L. Substitution Drills IX: Substitute the cued descriptive predicate.

Guì gōngsī de chǎnpǐn	zhìliàng hǎo, zhìliàng yōuliáng, měiguān dàfāng, dújù fēnggé, shǒuqūyìzhǐ, wénmíng shìjiè, sècǎi xiānyàn, biéjùyìgé, dúyīwú'èr, zuògōng jiǎngjiū,	jiàgé yě gōngdào, hélǐ,
zài Měiguó yídìng huì hěn yǒu shìchǎng hé jìngzhēnglì.		

贵公司的产品	质量好, 质量优良, 美观大方, 独具风格, 首屈一指, 闻名世界, 色彩鲜艳, 别具一格, 独一无二, 做工讲究,	价格也公道、合理,
在美国一定会很有市场和竞争力。		

M. Substitution Drills X: Substitute the cued predicate verbs.

| Rúguǒ nín | tóuzī,
yuànyì,
xǐhuan,
yǒu xìngqù,
gǎn xìngqù,
yǒu zījīn, | wǒmen kěyǐ kǎolǜ gòngtóng hézuò | kāifā
yánzhì
yíngxiāo
shēngchǎn
tuīxiāo
jīngyíng | zhèxiē chǎnpǐn. |

如果您	投资， 愿意， 喜欢， 有兴趣， 感兴趣， 有资金，	我们可以考虑共同合作	开发 研制 营销 生产 推销 经营	这些产品。

N. Substitution Drills XI：Substitute the cued predicate verbs and selected noun phrases.

Nà nín wèi shénme bù bǎ guì gōngsī de	chǎnpǐn jīngyíngquán chǎnquán	yùnsòng fāsòng xiāoshòu wàibāo chūkǒu jiāo guòhù mài tuīxiāo	gěi wǒmen ne?

那您为什么不把贵公司的	产品 经营权 产权	运送 发送 销售 外包 出口 交 过户 卖 推销	给我们呢?

LESSON 13
INTERNATIONAL TRADE FAIR

O. Expansion Drills.

zhīyī
xiàngmù zhīyī
zhǔyào xiàngmù zhīyī
qiàtán de zhǔyào xiàngmù zhīyī
gōngsī qiàtán de zhǔyào xiàngmù zhīyī
guì gōngsī qiàtán de zhǔyào xiàngmù zhīyī
gēn guì gōngsī qiàtán de zhǔyào xiàngmù zhīyī
xiǎng gēn guì gōngsī qiàtán de zhǔyào xiàngmù zhīyī
Zhōngguó xiǎng gēn guì gōngsī qiàtán de zhǔyào xiàngmù zhīyī
lái Zhōngguó xiǎng gēn guì gōngsī qiàtán de zhǔyào xiàngmù zhīyī
zhè cì lái Zhōngguó xiǎng gēn guì gōngsī qiàtán de zhǔyào xiàngmù zhīyī
wǒmen zhè cì lái Zhōngguó xiǎng gēn guì gōngsī qiàtán de zhǔyào xiàngmù zhīyī
shì wǒmen zhè cì lái Zhōngguó xiǎng gēn guì gōngsī qiàtán de zhǔyào xiàngmù zhīyī
zhèngshì wǒmen zhè cì lái Zhōngguó xiǎng gēn guì gōngsī qiàtán de zhǔyào xiàngmù zhīyī
Zhè zhèngshì wǒmen zhè cì lái Zhōngguó xiǎng gēn guì gōngsī qiàtán de zhǔyào xiàngmù zhīyī.

之一
项目之一
主要项目之一
洽谈的主要项目之一
公司洽谈的主要项目之一
贵公司洽谈的主要项目之一
跟贵公司洽谈的主要项目之一
想跟贵公司洽谈的主要项目之一
中国想跟贵公司洽谈的主要项目之一
来中国想跟贵公司洽谈的主要项目之一
这次来中国想跟贵公司洽谈的主要项目之一
我们这次来中国想跟贵公司洽谈的主要项目之一
是我们这次来中国想跟贵公司洽谈的主要项目之一
正是我们这次来中国想跟贵公司洽谈的主要项目之一
这正是我们这次来中国想跟贵公司洽谈的主要项目之一。

P. Substitution Drills XII: Substitute the cued predicate verbs.

| Nàme wǒmen míngtiān de qiàtán jiù cóng | "sān lái yì bǔ"
 fēnqī fùkuǎn <br> rénshì guǎnlǐ <br> hézī <br> yǐnjìn wàizī <br> dìnghuò <br> bàojià <br> wàibāo <br> jiàgé <br> bāozhuāng*
 zhékòu <br> yōngjīn <br> jiāohuò rìqī*
 fùkuǎn fāngshì <br> bǎoxiǎn*
 suǒpéi* | shuōqǐ ba. |

*bāozhuāng 包装: packaging; *jiāohuò rìqī 交货日期: date of delivery; *bǎoxiǎn 保险: insurance; *suǒpéi 索赔: claim

| 那么我们明天的洽谈就从 | "三来一补"
 分期付款
 人事管理
 合资
 引进外资
 订货
 报价
 外包
 价格
 包装
 折扣
 佣金
 交货日期
 付款方式
 保险
 索赔 | 说起吧。 |

LESSON 13
INTERNATIONAL TRADE FAIR

Q. Substitution Drills XIII: Substitute the cued nouns and adjective predicate.

Guì gōngsī de chǎnpǐn	zhìliàng xínghào* bāozhuāng kuǎnshì shèjì zhǒnglèi yàngshì	hǎo shì hǎo, qíquán* shì qíquán, piàoliang shì piàoliang, dàfang shì dàfang*, dútè shì dútè*, duō shì duō, měiguān shì měiguān,
kěshì	miànliào cáiliào shìyàng	bú shì Ōuměi zuì liúxíng de, yánsè yě yǒudiǎr guòshí le.

*xínghào 型号: models / type; *qíquán 齐全: complete; *dàfang 大方: in good taste / elegant; *dútè 独特: unique

贵公司的产品	质量 型号 包装 款式 设计 种类 样式	好是好, 齐全是齐全, 漂亮是漂亮, 大方是大方, 独特是独特, 多是多, 美观是美观
可是	面料 材料 式样	不是欧美最流行的,颜色也有点儿过时了。

R. Substitution Drills XIV: Substitute the cued names of world regions.

Yīnwèi wǒmen de chǎnpǐn zhǔyào zài	Ōuzhōu Yàtài Àozhōu Běiměizhōu Nánměizhōu Dàyángzhōu Gǎng-Ào-Tái Dìqū Fēizhōu	hé	Yàzhōu Zhōngdōng Dìqū Dōngyà Nánměizhōu Běiyà Yàtài Dìqū Zhōngguó nèidì Ōuměi	shìchǎng xiāoshòu,
suǒyǐ méiyǒu kǎolǜ dào_____xiāofèizhě de shěnměi hé xūqiú.					

因为我们的产品主要在	欧洲 亚太 澳洲 北美洲 南美洲 大洋洲 港澳台地区 非洲	和	亚洲 中东地区 东亚 南美洲 北亚 亚太地区 中国内地 欧美	市场销售，

所以没有考虑到＿＿＿＿＿＿＿＿＿＿消费者的审美和需求。

COMMUNICATIVE ACTIVITIES

1. Give a brief presentation about the Chinese Export Commodities Fair（CECF）.
2. Tell the function and responsibility of the China Council for Promotion of International Trade（CCPIT）.
3. As a sponsor or organizer of an international trade fair, how do you inform the potential participants of details regarding applying for, registering at, and participating in the event.
4. You are a business representative of your company exhibiting your product(*s*) at the trade fair, how do you describe your product(*s*) to your potential clients/buyers/importers, etc.
5. Role play: mock business negotiation: students are divided into two groups, one represents an American company that wants to import Chinese products and one represents a Chinese company that tries to sell/export its products. Both parties are holding a business talk on price, discount, quality, design, color, materials, packing, terms of payment, date of delivery, insurance, shipping, outsourcing, joint-venture, etc. How do you do that?
6. What advice/suggestions do you give your potential exporter in regard to improving their products and make them more marketable in your country/area/region?
7. State reasons why your company wants to outsource your production/manufacturing in China.
8. State why or why not you want to buy/import products from China. What are the pros and cons and your concerns?
9. Conduct conversation, dictation, communicative exchanges, oral reproduction and interpretation/translation based on the following discourse:

　　这次北京国际展销会在国际展览中心举行，是由中国国际贸促会举办的，有许多国内外客商参加了展销会。展销会为参展的客商提供了免费（miǎnfèi free of charge）乘坐的巴士（chéngzuò bāshì ride on a bus）。这次展销会一共有三个展区、制造商展区、加工商展区和经销

LESSON 13
INTERNATIONAL TRADE FAIR

商展区。世界各地的客商到会参观、采购、洽谈以达到订货的目的。中国的生产厂家展示了他们的名优（míngyōu famous and excellent）产品，国内外客商形成（xíngchéng form）了国际交易平台（píngtái platform）。在展销会期间还举办了中国商品展览交易会、外商洽谈订货会、专业技术交流会和客户参观等商务活动。一共有来自亚洲、非洲、拉丁美洲、北美洲、大洋洲的四五十个国家的客商参展，为制造商（zhìzàoshāng manufacturer）、配件商（pèijiànshāng fitting businessman）、出口商、进口商、经销商提供了直接的商业机会。由于美国的人工贵，生产成本（chéngběn cost）高，所以商品价格缺乏（quēfá lack of）竞争力。所以美国的各大企业纷纷（fēnfēn one after another）派人到中国洽谈有关外包事宜，就是说，用中国的廉价劳动力（liánjià láodònglì cheap labor force）为美国的公司生产产品，再把这些产品出口到美国、欧洲及世界各地去。这样做，既降低（jiàngdī decrease; lower）了美国出口产品的成本，又为中国的劳动力市场解决（jiějué solve）了就业问题。真是一举两得。所以说外包是近年来经贸洽谈的主要项目之一。

UNIT FIVE BUSINESS TRANSACTIONS
第五单元 商务交易

FUNCTIONAL INTRODUCTION

In Unit Five, you will be learning about business negotiation skills and tactics, ways of placing a trade order and negotiating for a date of commodity delivery, strategies for effectively marketing one's products, relationships between a sole agency, exporter and distributor, how to explore opportunities for developing future business cooperative relationships with potential business clients and partners.

LESSON 14 NEGOTIATING A BUSINESS TRANSACTION
第十四课 商贸洽谈

FUNCTIONAL OBJECTIVES

Upon completion of Lesson 14, you will be able to:

- Use the idiomatic expression of "*jì...yòu...* (as well as)";
- Know ways and means of marketing one's product(s);
- Learn business negotiation etiquette, tactics and skills;
- Learn how to bargain for a business transaction at business negotiation table;
- Learn how to place an order and make an offer for a business/trade transaction;
- Learn different terms of payment for a business/trade transaction;
- Learn ways of saying "no" to a business deal.

COMMUNICATIVE EXCHANGES

SITUATIONAL CONVERSATION 1:
BUSINESS INTENTION AND COOPERATION
情景会话 1:商务意向与合作

Pinyin Text:

A: Jīntiān wǒmen zhǔyào xiǎng tántan wǒmen zhījiān màoyì hézuò de shìqing.

B: Āndésēn xiānsheng, nín duì wǒmen gōngsī shēngchǎn de fúzhuāng yǒu shénme yìnxiàng?

A: Yìnxiàng fēicháng hǎo. Guì gōngsī shēngchǎn de fúzhuāng jì měiguān yòu dàfang, hěn yǒu Zhōngguó tèsè.

B: Gǎnxiè nín de kuājiǎng. Nín kàn wǒmen de chǎnpǐn hái xūyào nǎxiē gǎijìn?

A: Guì gōngsī de fúzhuāng zhìliàng shì dì yī liú de, búguò rúguǒ nǐmen yào xiǎng dǎjìn Ōuměi shìchǎng, hái xūyào yòng Ōuměi xiāofèizhě xǐhuan de miànliào, huāyàng hé kuǎnshì.

B: Wǒmen kě bu kěyǐ cóng guì guó jìnkǒu zhèxiē miànliào bìng yǐnjìn nǐmen de kuǎnshì shèjì?

A: Dāngrán kěyǐ. Wǒmen kěyǐ xiàng guì fāng tígōng mùqián Ōuměi shìchǎng zuì liúxíng de miànliào, huāyàng hé kuǎnshì shèjì, yóu guì gōngsī zǔzhī jiāgōng shēngchǎn, nín kàn zěnmeyàng?

B: Yòng wǒmen de liánjià láodònglì jiāshàng nǐmen de liúxíng huāyàng hé kuǎnshì, wǒmen yídìng néng shēngchǎn chū zuì shòu huānyíng, zuì shòu xǐ'ài hé zuì yǒu jìngzhēnglì de chǎnpǐn, dǎjìn guójì shìchǎng.

A: Duì, zhè jiù shì wǒmen wàibāo de mùdì. Rúguǒ guì gōngsī yuànyì, wǒmen hái kěyi tígōng jìshù bāngzhù.

B: Nà zhēn shì tài hǎo le! Wǒmen zěnme cái néng bǎ chǎnpǐn dǎjìn guójì shìchǎng ne?

A: Wǒmen kěyǐ lìyòng Běijīng Guójì Zhǎnxiāohuì, Shànghǎi Shìjiè Bólǎnhuì hé Guǎngzhōu Chūkǒu Shāngpǐn Jiāoyìhuì de jīhuì lái zhǎnxiāo, tuīxiāo, cùxiāo wǒmen de chǎnpǐn.

B: Wǒmen yě kěyǐ tōngguò fúzhuāng xiǎojiāohuì, guówài de jìnkǒushāng, dàilǐshāng, pīfāshāng yǐjí diànzǐ shāngwù, diànshì guǎnggào hé gōngguān huódòng lái tuīxiāo, cùxiāo, yíngxiāo wǒmen de chǎnpǐn, kuòdà yǐngxiǎng hé zhīmíngdù.

A: Duì, wǒmen yào lìyòng yíqiè yǒuxiào de yíngxiāo cèlüè hé yíngxiāo shǒuduàn kāituò guójì shìchǎng.

B: Yǒule yíngxiāo cèlüè hé shǒuduàn, xiàmiàn wǒmen shì bu shì gāi tántan wǒmen de hézuò yìxiàng le?

A: Shì a, wǒmen shuāngfāng jīntiān xiān nǐdìng yí fèn xiángxì de hézuò yìxiàngshū, ránhòu zài qiāndìng jùtǐ de shēngchǎn hétong, nín kàn zěnmeyàng?

B: Hǎo, jiù zhème bàn.

LESSON 14
NEGOTIATING A BUSINESS TRANSACTION

Character Text:

A： 今天我们主要想谈谈我们之间贸易合作的事情。

B： 安德森先生,您对我们公司生产的服装有什么印象?

A： 印象非常好。贵公司生产的服装既美观又大方,很有中国特色。

B： 感谢您的夸奖。您看我们的产品还需要哪些改进?

A： 贵公司的服装质量是第一流的,不过如果你们要想打进欧美市场,还需要用欧美消费者喜欢的面料、花样和款式。

B： 我们可不可以从贵国进口这些面料并引进你们的款式设计?

A： 当然可以。我们可以向贵方提供目前欧美市场最流行的面料、花样和款式设计,由贵公司组织加工生产,您看怎么样?

B： 用我们的廉价劳动力加上你们的流行花样和款式,我们一定能生产出最有受欢迎、最受喜爱和最有竞争力的产品,打进国际市场。

A： 对,这就是我们外包的目的。如果贵公司愿意,我们还可以提供技术帮助。

B： 那真是太好了！我们怎么才能把产品打进国际市场呢?

A： 我们可以利用北京国际展销会、上海世界博览会和广州出口商品交易会的机会来展销、推销、促销我们的产品。

B： 我们也可以通过服装小交会、国外的进口商、代理商、批发商以及电子商务、电视广告和公关活动来推销、促销、营销我们的产品,扩大影响和知名度。

A： 对,我们要利用一切有效的营销策略和营销手段开拓国际市场。

B： 有了营销策略和手段,下面我们是不是该谈谈我们的合作意向了?

A： 是啊,我们双方今天先拟订一份详细的合作意向书,然后再签订具体的生产合同,您看怎么样?

B： 好,就这么办。

English Text:

A: Today we mainly want to talk about trade cooperation between us.

B: Mr. Anderson, what's your impression about clothes produced by our company?

A: My impression is beyond compare. The clothes produced by your company are both beautiful and in good taste with Chinese characteristics.

B: Thank you for your compliment. What kind of improvement do you think is needed on our products?

A: The quality of Your company's clothes is of the top rank, but if you want to enter the European and American market, you still need to use the materials for making clothes, design and style that are liked by European and American consumers.

B: Can we import these materials for making clothes from your country and introduce your style and design?

A: Of course you can. We can provide you with the materials for making clothes, pattern,

B: style and design that are most popular in the current European and American market and let your company organize the processing production. What do you think?

B: Using our cheap labor force plus your popular pattern, design and style, we certainly can produce the most welcome, most liked and most competitive products and bring them to the international market.

A: That's right. This is the exact purpose of our outsourcing. If your company would like, we can provide technical support, too.

B: That sounds really great! How can our products enter into international markets?

A: We can avail ourselves of the opportunity of the Beijing International Exhibition and Trade Fair, Shanghai World Fair and Guangzhou Commodity Exporting Trade Fair for the exhibition and sales promotion of our products.

B: We can also promote sales and market our products in order to broaden the influence and raise the celebrity rating through small scale apparel trade fair, foreign importers, agents, whole-salers as well as e-commerce, TV advertisement and other PR activities.

A: Yes, we would like to make good use of all effective marketing strategies and means to develop the international market.

B: Now that we have the marketing strategies and means, next we should talk about our intention of cooperation, shouldn't we?

A: Yes, we should. Our two parties shall first draw out a detailed letter of intention of cooperation today, and then we shall sign our concrete production contract, what do you think?

B: Good, let's do this.

SITUATIONAL CONVERSATION 2:
NEGOTIATION OVER THE PRICE AND TERM OF PAYMENT
情景会话2:洽谈价格与付款方式

LESSON 14

NEGOTIATING A BUSINESS TRANSACTION

Pinyin Text:

A: Wǒmen duì guì gōngsī de sīchóu chǎnpǐn hěn gǎn xìngqù, xīwàng gēn guì gōngsī jiànlì sīchóu fúzhuāng jìnchūkǒu yèwù wǎnglái guānxi.

B: Wǒmen de sīchóu chǎnpǐn zhìliàng yōuliáng, měiguān dàfang, wénmíng shìjiè, hěn shòu shìjiè gèdì, tèbié shì Ōuměi xiāofèizhě de huānyíng hé xǐ'ài. Āndésēn xiānsheng, nín bù xiǎng dìnggòu yìxiē wǒmen de sīchóu chǎnpǐn ma?

A: Wǒmen zhè cì lái shì dǎsuàn dìnggòu yìxiē de, kěshì fāxiàn nǐmen tígāole jiàgé, érqiě yě méiyǒu yōuhuì le.

B: Shéi shuō wǒmen méiyǒu yōuhuì le? Nǐmen de dìnghuò yuè duō, jiàgé jiù yuè yōuhuì.

A: Qítā gōngyìngshāng dāyìng gěi wǒmen bā zhé yōuhuì. Nǐmen zuì duō néng gěi duōshao?

B: Zhè jiù yào kàn nǐmen dǎsuàn dìng shénme, dìng duōshao le. Shùliàng yuè duō, zhékòu yuè dà.

A: Wǒmen dìng de kě dōu shì guójì shìchǎng shang liúxíng de rèménhuò a.

B: Duìyú rèménhuò hé chàngxiāohuò, wǒmen yìbān bù gěi yōuhuì.

A: Nà rúguǒ wǒmen de dìnghuòliàng hěn dà, nǐmen gěi bu gěi yōuhuì?

B: Rúguǒ nǐmen měi zhǒng huāyàng gè dìng yí wàn mǐ, wǒmen jiù huì kǎolǜ gěi nǐmen bǎi fēn zhī wǔ de yōuhuì, nín kàn zěnmeyàng?

A: Shuō shízài de, wǒmen bú yuànyì tǎo jià huán jià, kěshì bǎi fēn zhī wǔ shízài shì tài shǎo le. Qítā gōngyìngshāng dōu dāyìng gěi wǒmen zhìshǎo bǎi fēn zhī bā de yōuhuì.

B: Zhè yǐjīng shì wǒmen de zuì dī bàojià le, bù néng zài dī le, érqiě wǒmen de sīchóu hěn yǒumíng, huāsè, pǐnzhǒng, zhìliàng yě dōu shì dì yī liú de.

A: Hǎo ba, wǒmen kěyǐ kǎolǜ jiēshòu nǐmen de bàopán, búguò guì fāng bìxū jiēshòu D/A huò D/P fùkuǎn fāngshì.

B: Duì bu qǐ, yīnwèi guì fāng de dìnghuòliàng dà, yòng xìnyòngzhèng fùkuǎn bǐjiào bǎoxiǎn.

A: Kāilì zhème dà shù'é de xìnyòngzhèng fèiyòng hěn gāo, zhè huì yǐngxiǎng wǒmen de xiāoshòu jiàgé.

B: Fēicháng bàoqiàn, yīnwèi guì gōngsī shì wǒmen de xīn kèhù, yòu shì dì yī cì zài wǒmen zhèli dìnghuò, suǒyǐ chúle xìnyòngzhèng yǐwài, qítā fùkuǎn fāngshì wǒmen dōu bù néng jiēshòu.

A: Rúguǒ wǒmen tóngyì yòng xìnyòngzhèng zhīfù, guì fāng néng bu néng yǐ CIF Bōtèlán dào'ànjià chéngjiāo?

B: Nǐmen zhēn huì tǎo jià huán jià. Wǒmen míngtiān zài tán, zěnmeyàng? Wǒ yào dǎ diànhuà qǐngshì yíxiàr gōngsī zǒngcái.

A: Hǎo ba, wǒmen míngtiān zài jìxù tán.

Character Text：

A： 我们对贵公司的丝绸产品很感兴趣,希望跟贵司建立丝绸服装进出口业务往来关系。
B： 我们的丝绸产品质量优良,美观大方,闻名世界,很受世界各地、特别是欧美消费者的欢迎和喜爱。安德森先生,您不想订购一些我们的丝绸产品吗?
A： 我们这次来是打算订购一些的,可是发现你们提高了价格,而且也没有优惠了。
B： 谁说我们没有优惠了? 你们的订货越多,价格就越优惠。
A： 其他供应商答应给我们八折优惠。你们最多能给多少?
B： 这就要看你们打算订什么、订多少了。数量越多,折扣越大。
A： 我们订的可都是国际市场上流行的热门货啊。
B： 对于热门货和畅销货,我们一般不给优惠。
A： 那如果我们的订货量很大,你们给不给优惠?
B： 如果你们每种花样各订一万米,我们就会考虑给你们百分之五的优惠,您看怎么样?
A： 说实在的,我们不愿意讨价还价,可是百分之五实在是太少了。其他供应商都答应给我们至少百分之八的优惠。
B： 这已经是我们的最低报价了,不能再低了,而且我们的丝绸很有名,花色、品种、质量也都是第一流的。
A： 好吧,我们可以考虑接受你们的报盘,不过贵方必须接受D/A或D/P付款方式。
B： 对不起,因为贵方的订货量大,用信用证付款比较保险。
A： 开立这么大数额的信用证费用很高,这会影响我们的销售价格。
B： 非常抱歉,因为贵公司是我们的新客户,又是第一次在我们这里订货,所以除了信用证以外,其他付款方式我们都不能接受。
A： 如果我们同意用信用证支付,贵方能不能以CIF波特兰到岸价成交?
B： 你们真会讨价还价。我们明天再谈,怎么样? 我要打电话请示一下儿公司总裁。
A： 好吧,我们明天再继续谈。

English Text：

A： We are very interested in your company's silk products and hope to establish business relations with your company in regard to imports and exports of your silk clothes.

B： Our silk products are of superior quality, beautiful and elegant and well known in the world. They are well received and loved by consumers of various parts of the world, especially by European and American consumers. Mr. Anderson, don't you want to order some of our silk products?

A： We do come here with a plan to place an order for some of your products, but we've found out that you have raised the price, and moreover, you do not offer a discount price any more.

B： Who said that we do not offer discount price any more? The more your order, the bigger discount you'll get for the price.

LESSON 14

NEGOTIATING A BUSINESS TRANSACTION

A: Other suppliers have promised to offer us twenty percent discount. What's the biggest discount you can offer?

B: This depends on what you are going to order and how much you are going to order. The larger the quantity you order, the bigger the discount you'll get.

A: What we order are really hot and popular commodities in international markets.

B: As for hot and saleable goods, we generally do not offer any discount.

A: What if we place an order for a large quantity, would you offer discount then?

B: If you place an order for ten thousand meters each, we'll then consider offering you five percent discount, what do you think?

A: To be honest with you, we really would not like to bargain, however, five percent is really too little. Other suppliers all have promised to offer us at least ten percent discount.

B: This is already our lowest quoted price and cannot be lower. Moreover, our silk cloth is very famous, its design, color variety and quality are top rate, too.

A: OK, we can consider accepting your quoted price, however, you must accept either D/A or D/P terms of payment.

B: Sorry, because you have made such a large order, it's more secure to pay with L/C.

A: To open up an L/C for such a large amount is costly and it will affect our sale price.

B: We regret that, but because your company is our new client and has placed an order for goods for the first time, therefore, except for L/C, we cannot accept any other terms of payment.

A: If we agree to your payment with L/C, can you make a deal with us for CIF Portland?

B: You really know how to bargain. Let's continue talking about it tomorrow, shall we? I need to make telephone call to the President of our company to ask for instructions.

A: Alright, we'll continue talking about it then.

NEW WORDS AND EXPRESSIONS

...zhījiān	……之间	N	among; between
fúzhuāng	服装	N	dress; clothing; cosume
yìnxiàng	印象	N	impression
jì...yòu...	既……又……	CONJ	both...and...
měiguān	美观	ADJ	pleasant to the eye; beautiful
dàfang	大方	ADJ	in good tast
tèsè	特色	N	distinguishing feature / quality

BBC 初级实用商务汉语 Basic Business Chinese (BBC)

Pinyin	汉字	词性	English
kuājiǎng	夸奖	V/N	praise; commend;
gǎijìn	改进	V	improve
liú	流	N	rate; class
dǎjìn	打进	VP	enter (market through competition)
yǐnjìn	引进	V	recommend; introduce from elsewhere
shèjì	设计	N/V	design; plan
jiāgōng	加工	V	process
liánjià	廉价	ADJ	low price; cheap
jiāshang	加上	V	add into; plus
xǐ'ài	喜爱	V	like; love; be fond of
yuànyì	愿意	AV	be willing; wish; want
tígōng	提供	V	give; provide
bāngzhù	帮助	V/N	help; assist
lìyòng	利用	V	use; utilize
tōngguò	通过	V/PREP	traverse; get pass;. by (means/way of)
guówài	国外	N	overseas; abroad
diànzǐ shāngwù	电子商务	NP	e-business
diànshì	电视	N	TV
gōngguān	公关	N	public relations (PR)
kuòdà	扩大	V	enlarge; expand
yǐngxiǎng	影响	N/V	influence
yíqiè	一切	N	all; every; everything
yǒuxiào	有效	ADJ	effective; valid; efficacious
shǒuduàn	手段	N	means; meathod; trick; artifice
kāituò	开拓	V	open up; develop; enlarge/expand; pioneer
yìxiàng	意向	N	intention; purpose
shuāngfāng	双方	N	both sides; two parties
nǐdìng	拟订	V	draw up; formulate

LESSON 14
Negotiating a Business Transaction

yìxiàngshū	意向书	N	letter of intent
qiāndìng	签订	V	conclude and sign (treaty/contract, etc.)
jùtǐ	具体	ADJ	concrete; specific; particular
hétong	合同	N	contract
wǎnglái	往来	V	come and go; dealings
guānxi	关系	N	connection; relation; relationship
sīchóu	丝绸	N	silk cloth; silk
yōuliáng	优良	ADJ	fine; good
wénmíng shìjiè	闻名世界	PH	well-known/famous in the world
shòu...de huānyíng	受……的欢迎	VP	welcomed by...
dìnggòu	订购	V	order goods
dāying	答应	V	answer; reply; promise; agree
shùliàng	数量	N	quantity; amount
zhékòu	折扣	N	discount
rèmén huò	热门货	N	goods in great demand
chàngxiāohuò	畅销货	N	best-selling/fastselling goods
yìbān	一般	ADJ	ordinary; common
mǐ	米	N/MW	meter; rice
bǎifēnzhī	百分之	MW	one hundred points of (scores); percentile
tǎo jià huán jià	讨价还价	PH	bargain; haggle
qítā	其他	PR	other; else
gōngyìngshāng	供应商	N	supplier
zhìshǎo	至少	ADV	at (the) least
bàojià	报价	N	quote (price)
jiēshòu	接受	V	accept; receive (honors, etc.)
bào pán	报盘	VO	quote (price)
fù kuǎn	付款	VO	make a payment; pay sum of money
fāngshì	方式	N	term; method
xìnyòngzhèng	信用证	N	credit card (L/C)

bǎoxiǎn	保险	N/ADJ	insurance; secure
kāilì	开立	V	open up
shù'é	数额	N	number; amount
xiāoshòu	销售	V	sell; market
xīn	新	ADJ	new
dào'ànjià	到岸价	N	CIF
chéngjiāo	成交	V	close a deal
qǐngshì	请示	V	ask for instructions

PROPER NOUNS

Shànghǎi Bólǎnhuì	上海博览会	Shanghai Trade Fair
Guǎngzhōu Shāngpǐn Jiāoyìhuì	广州商品交易会	Guangzhou Commodities Trade Fair
Bōtèlán	波特兰	Portland (a seaport city in Oregon, USA; also a city in Maine, USA)

ENRICHMENT

shìyí	事宜	matters concerned
yīfu	衣服	clothing; clothes
xiémào	鞋帽	shoe and hat
shàngyī	上衣	upper outer garment; jacket
jiákè	夹克	(lined) clothing; jacket
nèiyī	内衣	underwear
wàiyī	外衣	outer clothing; garment
chènyī	衬衣	shirt; blouse; underclothes

LESSON 14
NEGOTIATING A BUSINESS TRANSACTION

dàyī	大衣	overcoat; topcoat
fēngyī	风衣	windbreaker
yǔyī	雨衣	raincoat
qúnzi	裙子	skirt; petticoat
kùzi	裤子	trousers; pants
duǎnkù	短裤	shorts
wàzi	袜子	socks; stockings; hose
zànměi	赞美	praise; eulogize
kuāzàn	夸赞	speak highly of; commend
biǎoyáng	表扬	praise; commend
tígāo	提高	raise; highten; improve; enhance
dǎrù	打入	enter (market through competition)
yuánzhù	援助	support; aid
yùnyòng	运用	utilize; apply
cuòshī	措施	measure; step
bànfǎ	办法	way; means; method; measure
dǎkāi	打开	open; unfold; turn / switch on
kāifā	开发	develop; open up; exploit
gòuxiāo	购销	buy and sell
gòumǎi	购买	purchase; buy
zhìdìng	制订	work / map out; formulate
qiānfā	签发	sign and issue (document, etc.)
qiānzhèng	签证	visa; to get a visa

SUPPLEMENTARY BUSINESS EXPRESSIONS

Yàzhōu shìchǎng	亚洲市场	Asian market
Dōngyà shìchǎng	东亚市场	East-Asian market
Dōngběiyà shìchǎng	东北亚市场	Northeast-Asian market
Xīyà shìchǎng	西亚市场	West-Asian market
Yàtài shìchǎng	亚太市场	Asian-Pacific market

Pinyin	Chinese	English
Dōngnányà shìchǎng	东南亚市场	Southeast-Asian market
Lāměi shìchǎng	拉美市场	Latin American market
Běiměi shìchǎng	北美市场	North American market
Àozhōu shìchǎng	澳洲市场	Oceanic market
Ōuzhōu shìchǎng	欧洲市场	European market
Dōngōu shìchǎng	东欧市场	East-European market
Xí'ōu shìchǎng	西欧市场	West-European market
Zhōngōu shìchǎng	中欧市场	Center-European market
Fēizhōu shìchǎng	非洲市场	African market
xìnyòngkǎ	信用卡	credit card
xìnyòngzhèng	信用证	letter of credit (L/C)
bù kě chèxiāo de xìnyòngzhèng	不可撤销的信用证	irrevocable letter of credit (L/C)
bù kě zhuǎnràng de xìnyòngzhèng	不可转让的信用证	non-transferable L/C
jíqī xìnyòngzhèng	即期信用证	letter of credit at sight
yuǎnqī xìnyòngzhèng	远期信用证	Usance L/C payable at sight; time L/C
chéngduì xìnyòngzhèng	承兑信用证	Acceptance L/C
yánqī fùkuǎn xìnyòngzhèng	延期付款信用证	Deferred Payment L/C
fēnqī fùkuǎn	分期付款	installment; payment by installment
xiànhuòjià	现货价	spot price
qīhuòjià	期货价	forward price
dào'àn jiàgé	到岸价格	CIF (cost, insurance and freight)
lí'àn jiàgé	离岸价格	FOB (freight on board)
chéngjiāo jiàgé	成交价格	deal price
jízhuāngxiāng	集装箱	shipping container (as it is used in China)
huòguì	货柜	shipping container (as it is used in Taiwan)
jìnchūkǒu xǔkězhèng	进出口许可证	import and export license/permit
láodòng mìjíxíng chǎnpǐn	劳动密集型产品	labor-intensive product

LESSON 14

NEGOTIATING A BUSINESS TRANSACTION

wàixiāo	外销	sell abroad
bāoxiāo	包销	have exclusive selling rights; be sole agent for production unit
xúnpán / xúnjià	询盘 / 询价	inquiry; make an inquiry
xúnjiàdān	询价单	inquiry list
bàojià	报价	offer; quote
bàojiàdān	报价单	offer list
shípán / shíjià	实盘 / 实价	firm offer
xūpán / xūjià	虚盘 / 虚价	offer without engagement; an offer that is subject to change
míngpáihuò	名牌货	brand-name goods
gāodànghuò	高档货	high-grade goods; high-end goods
zhōngdànghuò	中档货	medium-grade goods; medium-end products
dīdànghuò	低档货	low-grade goods; low-end goods
yǒu xiāolù	有销路	salable
chéngběn	成本	cost
bǎoxiǎnfèi	保险费	insurance
yùnfèi	运费	freight; shipping fee

GRAMMAR AND BUSINESS CULTURE NOTES

1. **jì měiguān, yòu dàfāng 既美观、又大方 both pleasant to the eye and elegant**

   jì+adj / verb ... yòu+adj. /verb... 既……又…… which is same as *yòu+adj / verb... yòu+adj. /verb...* 既……又…… (both...and...) is used to join together two paralleled verbal expressions that share some kind of a semantic relationship. The relationship may be a matter of situational similarity or the coexistence of these situations or qualities. e.g.

   Guì gōngsī shēngchǎn de fúzhuāng jì měiguān yòu dàfāng. 贵公司生产的服装既美观又大方。The clothes your company produces are both pleasant to the eye and elegant.

   Tā jì bú huì chànggē yě bú huì tiàowǔ 她既不会唱歌, 也不会跳舞。She can neither sing nor dance.

2. **duì...gǎn xìngqu 对……感兴趣 to be interested in something / someone**

   The structure *duì...gǎn xìngqu* 对……感兴趣 is a tactful expression used in social discourse to express the idea of wanting to know or learn about something or somebody. In business language, it conveys the intent of purchase. For example:

　　Wǒmen duì guì gōngsī de sīchóu chǎnpǐn hěn gǎn xìngqù. 我们对贵公司的丝绸产品很感兴趣。We are very interested in your company's silk products

　　（implying: to have desire to buy your product）.

　　Wǒmen duì sīchóu fúzhuāng de zhìzuò hěn gǎn xìngqu. 我们对丝绸服装的制作很感兴趣。We are interested in the making of silk clothing.（implies: we want to see how silk clothing is made in your company's factory.）

3. chúle...yǐwài, ...dōu.../ 除了……外，……都…… except for...

　　This structure indicates an exclusion pertaining to what is said in the clause led by *chúle*/ 除了. For example:

　　Chúle xìnyòngzhèng yǐwài, qítā fùkuǎn fāngshì wǒmen dōu bù néng jiēshòu. 除了信用证以外，其他付款方式我们都不能接受。Except for L/C, we don't accept any other terms of payment.

　　Chúle Guǎngdōnghuà yǐwài, tā shénme fāngyán dōu bú huì shuō. 除了广东话以外，他什么方言都不会说。Except for Cantonese, he cannot be able to speak any other dialects.

4. zài 再 again indicates repetition of an action which has not taken place or will take place in the future. For example:

　　Míngnián wǒ xiǎng zài qù Zhōngguó jìxù xuéxí Zhōngwén. 明年我想再去中国继续学习中文。I want to go to China again next year to continue studying Chinese.

　　However, we use the adverb *yòu* 又 to show repetition of an action that has already completed. For example:

　　Qùnián tā qù Zhōngguó le, jīnnián tā *yòu* qù Zhōngguó le. 去年他去中国了，今年他又去中国了。He went to China last year, and he has gone to China again this year.

5. More on bǎ 把 structure

　　In a sentence with *bǎ* 把 structure, the noun following *bǎ* 把 structure is treated as both the object to *bǎ* 把 and the object to the verb. Therefore it is a type of verbal-predicate sentence. Most of *bǎ* 把 sentences emphasize what is done to the object or how it ends up as a result of this. The word order of the *bǎ* 把 sentence is: Subject + *bǎ* 把+ object（the thing disposed of）+ verb + other elements, such as result of disposal, etc. For example:

　　Wǒmen zěnme cái néng bǎ chǎnpǐn dǎjìn guójì shìchǎng ne?
　　我们怎么才能把产品打进国际市场呢？How can we get our products into the international market?

　　Zhèjiā gōngsī shēngchǎn de shǒujī bǎ Zhōngguó shìchǎng dōu lǒngduàn le. 这家公司生产的手机把中国市场都垄断了。The cellular phone produced by this company has monopolized the Chinese market.

LESSON 14

NEGOTIATING A BUSINESS TRANSACTION

COMMUNICATIVE SPEECH DRILLS

A. Substitution Drills Ⅰ: Substitute the cued V+O or S+V modifying structure.

Jīntiān wǒmen zhǔyào xiǎng tántan wǒmen zhījiān	jìnchūkǒu màoyì yǐnjìn jìshù jiànlì hézī qǐyè màoyì hézuò tóuzī jiànchǎng dàikuǎn màoyì qiàtán qiāndìng hétong	de shìqing.

今天我们主要想谈谈我们之间	进出口贸易 引进技术 建立合资企业 贸易合作 投资建厂 贷款 贸易洽谈 签订合同	的事情。

B. Substitution Drills Ⅱ: Substitute the cued noun phrase being modified by S+V+de structure.

____xiānsheng, nín duì wǒmen gōngsī shēngchǎn de	wánjù gōngyìpǐn sīchóu wéijīn fúzhuāng xiémào diànzǐ chǎnpǐn bǐjìběn diànnǎo	yǒu shénme yìnxiàng?

315

BBC 初级实用商务汉语 Basic Business Chinese(BBC)

_____先生，您对我们公司生产的	玩具 工艺品 丝绸围巾 服装 鞋帽 电子产品 笔记本电脑	有什么印象？

C. Description Drills：Describe something that is both... and... using the cued descriptive adjectives.

Guì gōngsī shēngchǎn de fúzhuāng	jì	měiguān jiǎngjiu piàoliang piányi shòu huānyíng shímáo zhìliàng hǎo sècǎi xiānyàn	yòu	dàfang, shūshì, héshēn, hǎokàn, shòu xǐ'ài, lǎoshàojiéyí, wùměijiàlián, shèjì xīnyǐng,
hěn yǒu Zhōngguó tèsè.				

贵公司生产的服装	既	美观 讲究 漂亮 便宜 受欢迎 时髦 质量好 色彩鲜艳	又	大方， 舒适， 合身， 好看， 受喜爱， 老少皆宜， 物美价廉， 设计新颖，
很有中国特色。				

LESSON 14
NEGOTIATING A BUSINESS TRANSACTION

D. Asking questions with the cued noun phrases being modified by a possessive modifier.

Nín kàn wǒmen de	chǎnpǐn shāngpǐn fúzhuāng shèjì huāsè shìyàng sècǎi chǎnpǐn zhìliàng fúwù	hái xūyào nǎxiē gǎijìn?

您看我们的	产品 商品 服装 设计 花色 式样 色彩 产品质量 服务	还需要哪些改进？

E. Production Drills: Make a statement by using the cued place word and then filling the blank with the corresponding place word.

Guì gōngsī de fúzhuāng zhìliàng shì dì yī liú de, búguò yào xiǎng dǎjìn	Ōuměi Yàzhōu Dōngyà Lāměi Fēizhōu Àozhōu shìchǎng, Jiālèbǐ Běiměi Ōuzhōu Dōngnányà Yàtài
hái xūyào yòng_____xiāofèizhě xǐhuan de miànliào, huāyàng hé kuǎnshì.	

| 贵公司的服装质量是第一流的,不过要想打进 | 欧美
亚洲
东亚
拉美
非洲
澳洲
加勒比
北美
欧洲
东南亚
亚太 | 市场, |

还需要用_____消费者喜欢的面料,花样和款式。

F. Expansion Drills.

shèjì
kuǎnshì shèjì
nǐmen de kuǎnshì shèjì
yǐnjìn nǐmen de kuǎnshì shèjì
bìng yǐnjìn nǐmen de kuǎnshì shèjì
miànliào bìng yǐnjìn nǐmen de kuǎnshì shèjì
zhèxiē miànliào bìng yǐnjìn nǐmen de kuǎnshì shèjì
jìnkǒu zhèxiē miànliào bìng yǐnjìn nǐmen de kuǎnshì shèjì
guì guó jìnkǒu zhèxiē miànliào bìng yǐnjìn nǐmen de kuǎnshì shèjì
cóng guì guó jìnkǒu zhèxiē miànliào bìng yǐnjìn nǐmen de kuǎnshì shèjì
kěyǐ cóng guì guó jìnkǒu zhèxiē miànliào bìng yǐnjìn nǐmen de kuǎnshì shèjì
bu kěyǐ cóng guì guó jìnkǒu zhèxiē miànliào bìng yǐnjìn nǐmen de kuǎnshì shèjì
kě bu kěyǐ cóng guì guó jìnkǒu zhèxiē miànliào bìng yǐnjìn nǐmen de kuǎnshì shèjì
Wǒmen kě bu kěyǐ cóng guì guó jìnkǒu zhèxiē miànliào bìng yǐnjìn nǐmen de kuǎnshì shèjì?

LESSON 14

NEGOTIATING A BUSINESS TRANSACTION

设计
款式设计
你们的款式设计
引进你们的款式设计
并引进你们的款式设计
面料并引进你们的款式设计
这些面料并引进你们的款式设计
进口这些面料并引进你们的款式设计
贵国进口这些面料并引进你们的款式设计
从贵国进口这些面料并引进你们的款式设计
可以从贵国进口这些面料并引进你们的款式设计
不可以从贵国进口这些面料并引进你们的款式设计
可不可以从贵国进口这些面料并引进你们的款式设计
我们可不可以从贵国进口这些面料并引进你们的款式设计？

G. Substitution Drills：Substitute the cued nound after the superlative+adjective modifier.

Wǒmen kěyi xiàng guì fāng tígōng mùqián Ōuměi shìchǎng zuì liúxíng de	miànliào, huāyàng, kuǎnshì, shèjì, shìyàng, sècǎi, tú'àn*, yìnhuāchóu*,
yóu guì gōngsī zǔzhī jiāgōng shēngchǎn, nín kàn zěnmeyàng？	

*tú'àn 图案：pattern；*yìnhuāchóu 印花绸：printed silk fabrics

我们可以向贵方提供目前欧美市场最流行的	面料， 花样， 款式， 设计， 式样， 色彩， 图案， 印花绸，
由贵公司组织加工生产，您看怎么样？	

BBC 初级实用商务汉语 Basic Business Chinese (BBC)

H. Production Drills: Make a statement by using the cued superlative adjective and then filling the blank with the appropriate place word.

Yòng wǒmen de liánjià láodònglì jiā shàng nǐmen de liúxíng kuǎnshì, wǒmen yídìng néng shēngchǎn chū zuì	shòu huānyíng shòu xǐ'ài yǒu jìngzhēnglì chàngxiāo qiǎngshǒu yǒu xiāolù měiguān dàfang wùměijiàlián	de	chǎnpǐn,
dǎjìn _____ shìchǎng.			

用我们的廉价劳动力加上你们的流行款式，我们一定能生产出最	受欢迎 受喜爱 有竞争力 畅销 抢手 有销路 美观大方 物美价廉	的	产品，
打进_____市场。			

I. Substitution Drills: Substitute the cued object nouns.

Rúguǒ guì gōngsī yuànyì, wǒmen hái kěyǐ tígōng	zījīn yuánzhù. jìshù rényuán. xiānjìn shèbèi. jìshù bāngzhù. chǎnpǐn yàngpǐn. yuáncáiliào. jīqì shèbèi. guǎnlǐ rényuán. wàipài gùyuán.

LESSON 14

NEGOTIATING A BUSINESS TRANSACTION

如果贵公司愿意，我们还可以提供	资金援助。 技术人员。 先进设备。 技术帮助。 产品样品。 原材料。 机器设备。 管理人员。 外派雇员。

J. Substitution Drills：Substitute the cued nouns and verbs in the appropriate place.

Wǒmen kěyǐ lìyòng	Běijīng Guójì Zhǎnxiāohuì Guǎngjiāohuì yíngxiāo Shànghǎi Bólǎnhuì xiāoshòu Shìbóhuì tuīxiāo xiǎojiāohuì cùxiāo	de jīhuì	lái	zhǎnxiāo
wǒmen de chǎnpǐn，bǎ wǒmen de chǎnpǐn dǎjìn guójì shìchǎng.				

我们可以利用	北京国际展销会 广交会营销 上海博览会销售 世博会推销 小交会促销	的机会	来	展销
我们的产品，把我们的产品打进国际市场。				

K. Substitution Drills：Substitute the cued object nouns.

Wǒmen yě kěyǐ tōngguò	fúzhuāng xiǎojiāohuì， guówài de jìnkǒushāng， dàilǐshāng， pīfāshāng， diànzǐ shāngwù， diànshì guǎnggào， gōngguān huódòng，
lái tuīxiāo（cùxiāo，yíngxiāo）wǒmen de chǎnpǐn，kuòdà yǐngxiǎng hé zhīmíngdù.	

BBC 初级实用商务汉语 Basic Business Chinese(BBC)

我们也可以通过	服装小交会 国外的进口商 代理商 批发商 电子商务 电视广告 公关活动
来推销(促销,营销)我们的产品,扩大影响和知名度。	

L. Expansion Drills.

shìchǎng
guójì shìchǎng
kāituò guójì shìchǎng
shǒuduàn kāituò guójì shìchǎng
yíngxiāo shǒuduàn kāituò guójì shìchǎng
hé yíngxiāo shǒuduàn kāituò guójì shìchǎng
cèlüè hé yíngxiāo shǒuduàn kāituò guójì shìchǎng
yíngxiāo cèlüè hé yíngxiāo shǒuduàn kāituò guójì shìchǎng
yǒuxiào de yíngxiāo cèlüè hé yíngxiāo shǒuduàn kāituò guójì shìchǎng
yíqiè yǒuxiào de yíngxiāo cèlüè hé yíngxiāo shǒuduàn kāituò guójì shìchǎng
lìyòng yíqiè yǒuxiào de yíngxiāo cèlüè hé yíngxiāo shǒuduàn kāituò guójì shìchǎng
yào lìyòng yíqiè yǒuxiào de yíngxiāo cèlüè hé yíngxiāo shǒuduàn kāituò guójì shìchǎng
Wǒmen yào lìyòng yíqiè yǒuxiào de yíngxiāo cèlüè hé yíngxiāo shǒuduàn kāituò guójì shìchǎng.

市场
国际市场
开拓国际市场
手段开拓国际市场
营销手段开拓国际市场
和营销手段开拓国际市场
策略和营销手段开拓国际市场
营销策略和营销手段开拓国际市场
有效的营销策略和营销手段开拓国际市场
一切有效的营销策略和营销手段开拓国际市场
利用一切有效的营销策略和营销手段开拓国际市场
要利用一切有效的营销策略和营销手段开拓国际市场
我们要利用一切有效的营销策略和营销手段开拓国际市场。

LESSON 14

NEGOTIATING A BUSINESS TRANSACTION

M. Production Drills: Make as many sentences as possible following the pattern in the sample sentence.

> Wǒmen shuāngfāng jīntiān xiān V+O, ránhòu zài V+O, nín kàn zěnmeyàng?
>
> **Sample sentence**: Wǒmen shuāngfāng jīntiān xiān <u>nǐdìng yí fèn xiángxì de hézuò yìxiàngshū</u>, ránhòu zài <u>qiāndìng jùtǐ de shēngchǎn hétong</u>, nín kàn zěnmeyàng?

> 我们双方今天先 V＋O，然后再 V＋O，您看怎么样？
> 例句：我们双方今天先<u>拟定一份详细的合作意向书</u>，然后再<u>签订具体的生产合同</u>，您看怎么样？

N. Production Drills: Make as many sentences as possible following the pattern in the sample sentence.

> Wǒmen duì guì gōngsī de _____ hěn gǎn xìngqù, xīwàng gēn guì gōngsī jiànlì _____ yèwù wǎnglái guānxi.
>
> **Sample sentence**: Wǒmen duì guì gōngsī de <u>sīchóu chǎnpǐn</u> hěn gǎn xìngqù, xīwàng gēn guì gōngsī jiànlì <u>sīchóu fúzhuāng jìnchūkǒu</u> yèwù wǎnglái guānxi.

> 我们对贵公司的_____很感兴趣，希望跟贵公司建立_____业务往来关系。
> 例句：我们对贵公司的<u>丝绸产品</u>很感兴趣，希望跟贵公司建立<u>丝绸服装进出口</u>业务往来关系。

P. Fill-in Drills: Read the given sentence aloud and fill in the blanks as you do it. The first part of the sentence gives you all the clues.

Āndésēn xiānsheng, nín bù xiǎng	dìnggòu jìnkǒu gòumǎi xiāoshòu tuīxiāo cùxiāo shēngchǎn qiàgòu	yìxiē wǒmen de	sīchóu ___ ___ ___ ___ ___	chǎnpǐn ma?

Wǒmen zhè cì lái shì dǎsuàn dìnggòu yìxiē de, kěshì fāxiàn nǐmen tígāole jiàgé, érqiě yě méiyǒu yōuhuì le.

安德森先生，您不想	订购 进口 购买 销售 推销 促销 生产 洽购	一些我们的	丝绸 ___ ___ ___ ___ ___ ___	产品吗？

我们这次来是打算订购一些的，可是发现你们提高了价格，而且也没有优惠了。

Q. Substitution Drills：Substitute the underlined words with appropriate verb/adjectives.

Nǐmen de dìnghuò yuè ___ duō, wǒmen de jiàgé jiù yuè ___ piányi.

Sample sentence：Nǐmen mǎi de huò yuè shǎo, wǒmen de jiàgé jiù yuè guì. (The less goods you buy, the more expensive it will cost you.)

你们的订货越 ___ 多，我们的价格就越 ___ 便宜。
例句：你们买的货越少，我们的价格就越贵。(The less goods you buy, the more expensive it will cost you.)

R. Substitution Drills：Substitute in the question sentence the underlined discount number with an appropriate discount number for negotiating purchasing / selling / importing / exporting of a product and then answer the question.

Qítā Ōuzhōu Yàzhōu Běiměi Àozhōu（de） Rìběn Hánguó Yuènán	gōngyìngshāng dāyìng gěi wǒmen	bā	zhé yōuhuì.	Nǐmen zuì duō néng gěi duōshao?

Zhè jiù yào kàn nǐmen dǎsuàn dìng shénme, dìng duōshao le. Shùliàng yuè duō, zhékòu yuè dà.

LESSON 14

NEGOTIATING A BUSINESS TRANSACTION

其他 欧洲 亚洲 北美 澳洲 日本 韩国 越南	（的）	供应商答应给我们	八	折优惠。	你们最多能给多少？
这就要看你们打算订什么，订多少了。数量越多，折扣越大。					

S. Substitution Drills: Substitute the underlined words with appropriate noun phrases and fill in the blanks with corresponding ones.

A. Wǒmen dìng de kě dōu shì <u>guójì shìchǎng</u> shang liúxíng de <u>rèménhuò</u> a.
B. Duìyú _____ hé _____, wǒmen yìbān bù gěi yōuhuì.

A. 我们订的可都是 <u>国际市场</u> 上流行的 <u>热门货</u> 啊。
B. 对于 _____ 和 _____，我们一般不给优惠。

T. Production Drills: Make as many sentences as possible using the underline grammatical points in the following sentence.

<u>Rúguǒ</u> nǐmen měi zhǒng huāyàng gè dìng yì wàn mǐ, wǒmen <u>jiù</u> huì kǎolǜ gěi nǐmen bǎi fēn zhī wǔ de yōuhuì, nín kàn zěnme yàng?

<u>如果</u>你们每种花样各订一千米，我们<u>就</u>会考虑给你们百分之五的优惠，您看怎么样？

U. Substitution Drills: Substitute the cued adjectives after the superlative word "zuì."

Zhè yǐjing shì wǒmen de zuì	dī yōuhuì hélǐ gōngpíng kěyǐ jiēshòu（de） hǎo dī CIF Jiùjīnshān dào'àn	bàojià le,	bù néng zài dī le.

BBC 初级实用商务汉语 Basic Business Chinese(BBC)

这已经是我们的最	低 优惠 合理 公平 可以接受(的) 好 低 CIF 旧金山到岸	报价了，	不能再低了。

V. Substitution Drills：Substitute the cued names of payment terms.

Hǎo ba, wǒmen kěyǐ kǎolǜ jiēshòu nǐmen de bàopán, búguò guì fāng bìxū jiēshòu	D/A D/P xiànjīn zhīpiào rénmínbì	(de)	fùkuǎn fāngshì.
Duì bu qǐ, yīnwèi guì fāng de dìnghuòliàng dà, yòng xìnyòngzhèng fùkuǎn bǐjiào bǎoxiǎn.			

好吧，我们可以考虑接受你们的报盘，不过贵方必须接受	承兑交单 付款交单 现金 支票 人民币	（的）	付款方式。
对不起，因为贵方的订货量大，用信用证付款比较保险。			

W. Production Drills：Make as many sentences as possible using the underlined grammar words.

Fēicháng bàoqiàn, <u>yīnwèi</u> guì gōngsī shì wǒmen de xīn kèhù, <u>yòu shì</u> dì yī cì zài wǒmen zhèli dìnghuò, <u>suǒyǐ</u> chúle xìnyòngzhèng yǐwài, qítā fùkuǎn fāngshì wǒmen dōu bù néng jiēshòu.

非常抱歉，<u>因为</u>贵公司是我们的新客户，又是第一次在我们这里订货，<u>所以</u>除了信用证以外，其他付款方式我们都不能接受。

LESSON 14
NEGOTIATING A BUSINESS TRANSACTION

X. Substitution Drills: Substitute the underlined terms of payment and names of US seaports.

Rúguǒ wǒmen tóngyì yòng <u>xìnyòngzhèng</u> zhīfù, guì fāng néng bu néng yǐ CIF	Bōtèlán Jiùjīnshān Luòshānjī Xīyǎtú Bōshìdùn Ālāsījiā Niǔyuē	dào'ànjiàgé chéngjiāo?

如果我们同意用<u>信用证</u>支付，贵方能不能以 CIF	波特兰 旧金山 洛杉矶 西雅图 波士顿 阿拉斯加 纽约	到岸价格成交?

Y. Substitution Drills: Substitute the predicate verbs and cued position / title names.

Wǒ yào	dǎ diànhuà fā chuánzhēn fā diànzǐ xìnjiàn miàn duì miàn dǎ shǒujī	qǐngshì yíxiàr gōngsī	zǒngcái. xíngzhèng zhǔguǎn. zǒngjīnglǐ. fùzǒngjīnglǐ. bùmén jīnglǐ.

我要	打电话 发传真 发电子信件 面对面 打手机	请示一下儿公司	总裁。 行政主管。 总经理。 副总经理。 部门经理。

COMMUNICATIVE ACTIVITIES

1. State your impression about the product(s) made by your client company.
2. Tell your clients what improvements need be made in their products and how your company can help for the improvements.
3. State reasons why your company wants to outsource the production of your company's products.
4. State pros and cons of outsourcing your products abroad.
5. Mock business negotiation: a group of American negotiators and a group of Chinese negotiators are holding a business negotiation on outsourcing. The topics for negotiation include, but not limited to: What products? Why outsourcing? What are advantages and disadvantage of outsourcing for each side? What are economic beneficial effects of outsourcing for both sides?
6. Tell in detail your company's strategies for marketing your products.
7. Mock business negotiation over the price of a potential imported/exported product.
8. As a buyer/importer, state why the seller should give you at least five percent discount on your imported goods.
9. As a seller, state why you cannot give the buyer or potential importer five percent discount over the price of the goods.
10. Mock business negotiation on payment terms: What kind of payment terms does each party (buyer/seller) prefer and why? Why do some sellers insist on L/C payment terms? What are the best payment terms for the buyer? For the seller? Why?
11. Conduct conversation, dictation, communicative exchanges, oral reproduction and interpretation/translation based on the following discourse:

美中贸易公司的安德森先生在北京参加了国际展销会以后，对中国的服装非常感兴趣，特别是用中国的丝绸生产的服装，无论是质量还是颜色都是世界第一流的。不过他认为，要想打入欧美市场，还需要用欧美消费者喜欢的面料、花样和款式。因此他想与中方合作，建立合资企业，用中方廉价的劳动力生产高档(gāodàng top grade)服装打入国际市场。他认为外包是最佳(zuìjiā the best)的合作方式。由美中公司提供先进的技术设备和面料，由中方组织加工生产。美中贸易公司希望通过服装交易会、博览会、广交会和国外的进口商、代理商、批发商以及电子商务、电视广告和公关等营销策略、推销手段和促销活动来让世界各地的消费者了解这种中美合资服装产品，以便扩大(kuòdà expand)这种服装品牌的影响和知名度。目前安德森先生正在与中方洽谈关于合作生产这种产品的事情以及出口和付款的方式。

LESSON 15 PLACING A TRADE ORDER AND DATE OF COMMODITIES DELIVERY
第十五课 商贸订货及商品交货日期

FUNCTIONAL OBJECTIVES

Upon completion of Lesson 15, you will be able to:

- Know how to establish an initial contact with a potential long-term business client or partner;
- Learn tactics in negotiating a business deal / transaction;
- Learn how to place an order for new product(s);
- Know pros and cons of selling a new product on trial basis;
- Learn how to bargain for an early date of delivery;
- Learn how to bargain for a guaranteed payment;
- Use grammatical expression "someone has not / never done something";
- Learn how to maximize one business profit without making a risk of losing a potential long-term business client, etc.

COMMUNICATIVE EXCHANGES

SITUATIONAL CONVERSATION 1:
PLACING A TRADE ORDER
情景会话 1:贸易订货

Pinyin Text:

A: Zǒngjīnglǐ xiānsheng, duìyú wǒmen de dìnghuò jiàgé hé yāoqiú, guì gōngsī shì zěnme kǎolǜ de?

B: Wǒ fāng tóngyì yòng CIF Bōtèlán dào'àn jiàgé fā huò. Búguò nín yào zhīdào, wǒmen zài zhè zhuāng shēngyì shàng jīhū méiyǒu shénme lìrùn.

A: Wǒmen xīwàng gēn guì gōngsī jiànlì chángqī de hézuò guānxi. Rúguǒ zhè pī huòwù de xiāolù hǎo, wǒmen yǐhòu hái huì zài dìnghuò.

B: Wǒmen yě hěn xiǎng gēn guì gōngsī jiànlì chángqī de màoyì hézuò guānxi, xīwàng tōngguò zhè cì gōng huò, guì gōngsī néng chéngwéi wǒmen de gùdìng kèhù.

A: Zhǐyào zhè pī huòwù nénggòu shùnlì dǎjìn Měiguó shìchǎng bìng chéngwéi chàngxiāohuò, wǒmen míngnián hái huì zài dìnghuò.

B: Āndésēn xiānsheng, wǒ gōngsī zuìjìn shèjì shēngchǎnle yì zhǒng sīchóu tángzhuāng xīn chǎnpǐn, shēn shòu Zhōngguó hé Yàtài dìqū nán nǚ lǎo shào xiāofèizhě de xǐ'ài. Nǐmen bù xiǎng dìnggòu yìxiē ma?

A: Zhè zhǒng sīchóu tángzhuāng wǒmen cónglái méi tīngshuō guò, yě méi xiāoshòu guò, bù zhī yǒu méiyǒu xiāolù.

B: Zhè zhǒng sīchóu tángzhuāng zài Yàtài hé Ōuzhōu shìchǎng hěn shòu huānyíng. Zài èrlínglíngsān nián de Yàtài Jīnghé Huìyì shàng, cānjiā huìyì de gè guó shǒunǎo měi rén dōu chuānle yí jiàn, hěn yǒu fēngcǎi hé Zhōngguó tèsè.

A: Tīng qilai hěn búcuò. Wǒmen kěyi kǎolǜ xiān dìng yì qiān tào shìxiāo yíxiàr, ránhòu zuò ge shìchǎng diàochá, rúguǒ xiāolù hǎo, wǒmen xià cì yídìng duō dìng.

B: Hěn bàoqiàn, wǒmen de qǐdìngliàng shì wǔ qiān tào, rúguǒ zhǐ dìng yì qiān tào, wǒmen de chūkǒu chéngběn jiù tài gāo le.

A: Yào zhīdào, shìxiāo zhè zhǒng xīn chǎnpǐn, wǒmen shì yào chéngdān yídìng fēngxiǎn de.

B: Zhè ge wǒmen liǎojiě. Zài hétong zhōng rúguǒ guì fāng bǎozhèng chéngwéi wǒmen de gùdìng kèhù, bú zài bié chù dìnghuò, wǒmen zhè cì jiù ràng nǐmen xiǎngshòu zuì dī de pīfā yōuhuì jià, zěnmeyàng?

A: Hǎo, yì yán wéi dìng.

B: Yì yán wéi dìng.

LESSON 15

PLACING A TRADE ORDER AND DATE OF COMMODITIES DELIVERY

Character Text:

A: 总经理先生,对于我们的订货价格和要求,贵公司是怎么考虑的?

B: 我方同意用 CIF 波特兰到岸价格发货。不过您要知道,我们在这桩生意上几乎没有什么利润。

A: 我们希望跟贵公司建立长期的合作关系。如果这批货物的销路好,我们以后还会再订货。

B: 我们也很想跟贵公司建立长期的贸易合作关系,希望通过这次供货,贵公司能成为我们的固定客户。

A: 只要这批货物能够顺利打进美国市场并成为畅销货,我们明年还会再订货。

B: 安德森先生,我公司最近设计生产了一种丝绸唐装新产品,深受中国和亚太地区男女老少消费者的喜爱。你们不想订购一些吗?

A: 这种丝绸唐装我们从来没听说过,也没销售过,不知有没有销路。

B: 这种丝绸唐装在亚太和欧洲市场很受欢迎。在 2003 年的亚太经合会议上,参加会议的各国首脑每人都穿了一件,很有风采和中国特色。

A: 听起来很不错。我们可以考虑先订 1000 套试销一下儿,然后作个市场调查,如果销路好,我们下次一定多订。

B: 很抱歉,我们的起订量是 5000 套,如果只订 1000 套,我们的出口成本就太高了。

A: 要知道,试销这种新产品,我们是要承担一定风险的。

B: 这个我们了解。在合同中如果贵方保证成为我们的固定客户,不在别处订货,我们这次就让你们享受最低的批发优惠价,怎么样?

A: 好,一言为定。

B: 一言为定。

English Text:

A: Mr. General Manager, what does your company think of our price and requirements for the ordered goods?

B: We agree to have the goods delivered with CIF Portland. However, you must know that we do not make any profit on this deal.

A: We hope to establish long-term cooperative relationship with your company. If this batch of goods sells well, we'll place an order with you again in the future.

B: We'd also like to establish long-term trade and cooperative relationship with your company and hope that through this deal your company can become our fixed clients.

A: As long as this batch of goods can smoothly enter American market and become fast selling goods, we'll place an order for the goods again next year.

B: Mr. Anderson, our company has recently designed and produced a kind of new Tang Dynasty style silk clothes which have been fondly received by male, female, old and young consumers in China and Asia-Pacific regions.

A: We've never heard of this kind of Tang Dynasty style silk clothes, nor have we ever sold them. I wonder if we can find market for them.

B: This kind of Tang Dynasty style silk clothes is very popular in Asia-Pacific and European market. At 2003 APEC, each head of state attending the conference wore a set and they all looked very elegant and graceful in these clothes with Chinese characteristics.

A: Sounds very good. We can consider ordering one thousand sets first for a trial sale and then make a market investigation. If they are sold well, we'll surely place a bigger order next time.

B: I'm sorry. Our minimum order is five thousand sets. If you only place an order for one thousand sets, our cost for exporting is way too high.

A: As you know, we are taking on some risks by trial selling these new products.

B: We understand this. If you state in the contract that you'll become our guaranteed client and will not place orders for goods elsewhere, we'll let you have the lowest wholesale price. What do you think?

A: Good, that's settled then.

B: That's settled.

SITUATIONAL CONVERSATION 2:
DATE OF COMMODITIES DELIVERY
情景会话2:商品交货日期

LESSON 15

PLACING A TRADE ORDER AND DATE OF COMMODITIES DELIVERY

Pinyin Text:

A: Qǐngwèn, zhè wǔ qiān tào sīchóu tángzhuāng guì gōngsī shénme shíhou néng jiāo huò ne?

B: Shōudào xìnyòngzhèng hòu sān ge yuè nèi jiāo huò.

A: Xiànzài shì jiǔ yuè xiàxún, jiùshì shuō wǒmen děi zài shí'èr yuè xià xún cái néng shōudào huòwù, duì ma?

B: Duì, zuì chí bù chāoguò niándǐ, zěnmeyàng?

A: Nà wǒmen jiù cuòguò Shèngdàn Jié xiāoshòu wàngjì le. Guì fāng néng bu néng zài shíyī yuè zhōngxún yǐqián jiāo huò?

B: Zhèxiē sīchóu tángzhuāng shì jīnnián liúxíng de chàngxiāohuò, zài shìchǎng shàng fēicháng qiǎngshǒu, suǒyǐ wǒmen shǒushàng de dìngdān hěn duō, dìnghuòliàng hěn dà, shíjiān hěn jǐn, rènwù yě hěn zhòng.

A: Duìyú guò Chūn Jié de Yàtài guójiā hé dìqū de kèhù, Guì fāng kěyǐ kǎolǜ zài míngnián niānchū jiāo huò, zhèyàng kěyǐ gǎnshàng nàli míngnián èr yuè Chūn Jié qián de xiāoshòu wàngjì. Kěshì Měiguó de xiāoshòu wàngjì shì zài shí'èr yuè èrshíwǔ hào de Shèngdàn Jié yǐqián.

B: Nín shuō de yǒu dàoli. Búguò shíyī yuè zhōngxún yǐqián jiāohuò duì wǒmen lái shuō yǒudiǎr jǐnzhāng. Wǒmen kě bu kěyǐ zài liǎng ge yuè nèi jiāohuò, jiùshì shuō, zuì chí zài shíyī yuè dǐ yǐqián jiāohuò, zěnmeyàng?

A: Búguò wǒmen háishì xīwàng huòwù yuè zǎo fāchū yuè hǎo. Yīnwèi shì shìxiāo huò, wǒmen xīwàng yǒu chōngfèn de shíjiān zuò shìchǎng diàochá bìng zhǔnbèi shìchǎng yíngxiāo jìhuà.

B: Hǎo ba, wǒmen jǐnliàng mǎnzú nǐmen de yāoqiú, zhēngqǔ zài Gǎn'ēn Jié yǐqián jiāohuò. Búguò nǐmen yídìng yào zài fā huò qián yí ge yuè bǎ bùkě chèxiāo de jíqī xìnyòngzhèng kāidá wǒ fāng.

A: Méi wèntí, qǐng fàngxīn ba. Pànwàng zǎorì shōudào huòwù.

B: Wǒmen yě pànwàng zǎorì shōudào guì fāng de xìnyòngzhèng.

Character Text:

A: 请问,这5000套丝绸唐装贵公司什么时候能交货呢?

B: 收到信用证后三个月内交货。

A: 现在是九月下旬,就是说我们得在十二月下旬才能收到货物,对吗?

B: 对,最迟不超过年底,怎么样?

A: 那我们就错过圣诞节销售旺季了。贵方能不能在十一月中旬以前交货?

B: 这些丝绸唐装是今年流行的畅销货,在市场上非常抢手,所以我们手上的订单很多,订货量很大,时间很紧,任务也很重。

A: 对于过春节的亚太国家和地区的客户,贵方可以考虑在明年年初交货,这样可以赶上那里明年二月春节前的销售旺季。可是美国的销售旺季是在十二月二十五号的圣诞节以前。

B：您说的有道理。不过十一月中旬以前交货对我们来说有点儿紧张。我们可不可以在两个月内交货,就是说,最迟在十一月底以前交货,怎么样？

A：不过我们还是希望货物越早发出越好。因为是试销货,我们希望有充分的时间做市场调查并准备市场营销计划。

B：好吧,我们尽量满足你们的要求,争取在感恩节以前交货。不过你们一定要在发货前一个月把不可撤销的即期信用证开达我方。

A：没问题,请放心吧。盼望早日收到货物。

B：我们也盼望早日收到贵方的信用证。

English Text：

A: May I ask, when can your company deliver these five thousand sets of Tang Dynasty silk style clothes?

B: Within three months after we've received your L/C.

A: It is late September right now, that is to say, we'll have to receive the goods in late December. Is that right?

B: Right, no later than the end of the year. How does that sound?

A: In that case we'll miss the peak-selling season of Christmas. Can you deliver the goods by the middle of November?

B: These Tang Dynasty style silk clothes are a popular commodity this year and are in great demand in market, therefore we have received many orders and the quantity of the order is tremendous, we are pressed for time and our task is heavy, too.

A: As for clients from Asia-Pacific countries and regions where Spring Festival is celebrated, you can consider having the goods delivered to them at the beginning of next year, this way they can catch up with the peak selling season there before the Spring Festival in February next year. But in the U.S., the peak selling season occurs before Christmas on December twenty-fifth.

B: What you said is reasonable. However, as far as we are concerned, delivering the goods by the middle of November is little difficult. Can we have the goods delivered within two months, that is to say, the latest delivery is no later than the end of November. What do you think?

A: But we still hope the earlier the goods are delivered the better. Because these are trial selling goods, we hope that we'll have abundant time to make market investigation and prepare for the marketing plan.

B: Alright, we'll satisfy your demand to the best of our abilities and try hard to deliver the goods before Thanksgiving Holidays. But you must send an irrevocable L/C at sight to us one month before the goods are delivered.

A: That's no problem, please set your minds at ease for that. We look forward to receiving the goods soon.

B: We also look forward to receiving your L/C soon.

LESSON 15

PLACING A TRADE ORDER AND DATE OF COMMODITIES DELIVERY

NEW WORDS AND EXPRESSIONS

duìyú	对于	PREP	in regard to; as for
yāoqiú	要求	V/N	demand; request
tóngyì	同意	V	agree; consent; approve
fā huò	发货	VO	deliver goods
zhuāng	桩	MW	for a business deal
jīhū	几乎	ADV	almost; nearly
lìrùn	利润	N	profit
jiànlì	建立	V	establish; set up; found
chángqī	长期	N/ADJ	long period of time; long-term
pī	批	MW	batch; lot; group; slap
huòwù	货物	N	goods; commodity; merchandise
gōnghuò	供货	VO	supply goods
gùdìng	固定	V/ADJ	fix; regularize
tángzhuāng	唐装	N	Tang Dynasty style costume/clothes
nán nǚ lǎo shào	男女老少	NP	men and women, old and young
shǒunǎo	首脑	N	head (of state)
jiàn	件	MW	for upper clothing, affairs, etc.
fēngcǎi	风采	N	elegant demeanor; graceful bearing
tīng qilai	听起来	VP	(it) sounds like
shìxiāo	试销	V	place goods on trial sale
diàochá	调查	V/N	investigate; look into; survey
qǐdìngliàng	起订量	N	minimum order (of something)
chéngdān	承担	V	bear; undertake; assume
fēngxiǎn	风险	N	risk; hazard
biéchù	别处	N	other place
xiǎngshòu	享受	V	enjoy
pīfā	批发	V	wholesale

BBC 初级实用商务汉语 Basic Business Chinese (BBC)

Pinyin	Chinese	POS	English
jiāohuò	交货	VO	deliver goods
shōudào	收到	V	receive; get; achieve
chí	迟	ADJ	late; tardy
chāo	超	V	go past; exceed
niándǐ	年底	N	end of year
cuòguò	错过	V	miss; let slip
Shèngdàn Jié	圣诞节	N	Christmas
wàngjì	旺季	N	peak period; busy / high season
liúxíng	流行	ADJ	popular; prevalent
qiǎngshǒu	抢手	ADJ	in great demand
dìngdān	订单	N	order form for goods
dìnghuòliàng	订货量	N	amount of order (goods)
jǐn	紧	ADJ	tense; tight
rènwù	任务	N	task; assignment; job
zhòng	重	ADJ	heavy
guò	过	V	to celebrate (holiday, etc)
dìqū	地区	N	area; district; region
niánchū	年初	N	beginning of year
gǎnshàng	赶上	V	be in time for; overtake; run into
yǒu dàolǐ	有道理	VO	have a reason; ADJ. reasonable
jǐnzhāng	紧张	ADJ	nervous; tense; intense; trained; tressful
nèi	内	ADV	inside
jǐnliàng	尽量	ADV	to the best of one's ability
mǎnzú	满足	V / ADJ	be satisfied / contented; satisfy; meet
zhēngqǔ	争取	V	strive / fight for
bùkě	不可	AUX	cannot; should / must not
chèxiāo	撤销	VP	cancel; revoke
jíqī xìnyòngzhèng	即期信用证	NP	L/C on sight
kāidá	开达	V	(write) L/C to (someone / some institution)
pànwàng	盼望	V	hope / look for; look forward to
zǎorì	早日	ADV	at an early date; early; soon

LESSON 15

PLACING A TRADE ORDER AND DATE OF COMMODITIES DELIVERY

PROPER NOUNS

Yàtài Jīnghé Huìyì	亚太经合会议	Asian-Pacific Economic and Cooperation (APEC)
Gǎn'ēn Jié	感恩节	Thanksgiving
Shèngdàn Jié	圣诞节	Christmas

ENRICHMENT

Xīnnián	新年	New Year (January 1)
Qíngrén Jié	情人节	Valentine's Day (February 14)
Yúrén Jié	愚人节	April Fool's Day (April 1)
Guójì Láodòng Jié	国际劳动节	International Labor Day (May 1)
Qīngnián Jié	青年节	Youth Day (May 4)
Értóng Jié	儿童节	Children's Day (June 1)
Jiànjūn Jié	建军节	Army's Day (August 1)
Jiàoshī Jié	教师节	Teacher's Day (September 10)
Guóqìng Jié	国庆节	National Day (October 1)
Yuánxiāo Jié	元宵节	Lantern Festival (15th of the 1st lunar month)
Duānwǔ Jié	端午节	Duan Wu (Dragon Boat) Festival (5th of the 5th lunar month)
Zhōngqiū Jié	中秋节	Mid-Autumn Festival (15th of the eighth lunar month)

SUPPLEMENTARY BUSINESS EXPRESSIONS

Major International Economic and Trade Organizations

Liánhéguó	联合国 United Nations（UN）
Liánhéguó Liángnóng Zǔzhī	联合国粮农组织 UN Food & Agriculture Org.
Guójì Nóngyè Fāzhǎn Jījīn	国际农业发展基金（IFAD）
Liánhéguó Gōngyè Fāzhǎn Zǔzhī	联合国工业发展组织（UNIDO）
Liánhéguó Kāifā Jìhuà Shǔ	联合国开发计划署（UNDP）
Liánhéguó Màofā Huìyì	联合国贸发会议（UNCTAD）
Shìjiè Màoyì Zǔzhī	世界贸易组织（WTO）
Guójì Huòbì Jījīn Zǔzhī	国际货币基金组织（IMF）
Shìjiè Yínháng	世界银行 World Bank
Guójì Fāzhǎn Yǔ Fùxīng Yínháng	国际发展与复兴银行（IBRD）
Guójì Kāifā Xiéhuì	国际开发协会（IDA）
Duōbiān Tóuzī Dānbǎo Zǔzhī	多边投资担保组织（MIGA）
Guójì Tóuzī Jiūfēn Jiějué Zhōngxīn	国际投资纠纷解决中心（ICSID）
Qī Dà Gōngyèguó	七大工业国（G7）
Qīshíqī Guó Jítuán	77国集团（G77）
Jīngjì Màoyì Yǔ Hézuò Zǔzhī	经济贸易与合作组织 Economic Trade and Cooperation Organization
Jīngjì Hézuò Yǔ Fāzhǎn Zǔzhī	经济合作与发展组织（OECD）
Yàtài Jīngjì Hézuò Zǔzhī	亚太经济合作组织（APEC）
Dōngméng	东盟（ASEAN）
Dōngméng Shǒunǎo Huìyì	东盟首脑会议（ASEAN Summit Conference）
Yàtài Cáijīng Fāzhǎn Xiéhuì	亚太财经发展协会（ADFIAP）
Ōuméng	欧盟 European Union
Ōugòngtǐ	欧共体（EEC）European Economic Community
Ōuzhōu Wěiyuánhuì	欧洲委员会 European Committee

LESSON 15

PLACING A TRADE ORDER AND DATE OF COMMODITIES DELIVERY

Běiměi Zìyóu Màoyì Xiédìng	北美自由贸易协定（NAFTA）
Yàzhōu Fāzhǎn Yínháng	亚洲发展银行（ADB）
Zhōngměizhōu Fāzhǎn Yínháng	中美洲发展银行（IADB）
Ōuzhōu Fùxīng Yǔ Fāzhǎn Yínháng	欧洲复兴与发展银行（EBRD）
Shìjiè Shānghuì	世界商会 The World Chamber of Commerce
Guójì Màoyì Fāzhǎn Zhōngxīn	国际贸易发展中心 International Trade and Development Center
Shìjiè Màoyì Zhōngxīn Xiéhuì	世界贸易中心协会（WTCA）
Guójì Fùnǚ Màoyì Zǔzhī	国际妇女贸易组织 International Women Trade Organization
Guójì Jìnchūkǒu Xiéhuì	国际进出口协会（IIEI）
Guójì Màoyì Xiéhuì Liánhéhuì	国际贸易协会联合会 Union of International Trade Council
Guójì Màoyì Jiāoliú Xiéhuì	国际贸易交流协会 International Trade Exchange Council
Guójì Kāifā Yánjiū Zhōngxīn	国际开发研究中心（IDRC）
Guójì Biāozhǔnhuà Zǔzhī	国际标准化组织（ISO）
Shìjiè Zhīshi Chǎnquán Zǔzhī	世界知识产权组织（WIPO）

GRAMMAR AND BUSINESS CULTURE NOTES

1. Aspect particle guò/guo 过（2）

The aspect particle *guò/guo* 过 shows that an action did happen some time in the past, with the stress on the fact that one has had such a past experience. e.g.

Zhè zhǒng sīchóu tángzhuāng wǒmen cónglái méi tīngshuō guo, yě méi xiāoshòu guo. 这种丝绸唐装我们从来没听说过，也没销售过。We've never heard of this kind of Tang Dynasty style silk clothes, nor have we ever sold it.

Wǒ méi(yǒu) cānjiāguo Guǎngjiāohuì. 我没（有）参加过广交会。I have not participated in Guangzhou Trade Fair before.

2. More on bǎ 把 structure

bǎ 把 is used in a sentence to emphasize what happens to, or is done to, something and the end result of something. For example：

Nǐmen yídìng yào zài fā huò qián yí ge yuè *bǎ* bù kě chèxiāo de jíqī xìnyòngzhèng kāi dá wǒ fāng. 你们一定要在发货前一个月把不可撤销的即期信用证开达我方。You must send us an irrevocable L/C on sight one month before you ship the goods.

Wǒ bǎ cānjiā Guǎngjiāohuì de shēnqǐngbiǎo tián hǎo le. 我把参加广交会的申请表填好了。I've filled in the application form for participating the Guangzhou Trade Fair.

The word order in a *bǎ* 把 structured sentence is as follows:

Subject + *bǎ* 把+ Object（that is being manipulated）+ Verb + other elements。

3. CHINESE TRADITIONAL AND NON-TRADITIONAL HOLIDAYS

新年 New Year's Day（January 1）

Not as much celebrated as it is in other parts of the world because it is overshadowed by the upcoming Chinese New Year around a month later. However, employees will enjoy a paid day-off. And there will be parties everywhere, in parks, dancing halls and universities where students will leave for the winter vacation.

国际妇女节 International Women's Day（March 8）

Interestingly, women employees will get a whole or an half paid day-off on the day while the men are at the mercy of their employers.

植树节 Tree-Planting Day（April 1）

Highly promoted since the late 70's by the reformist government and yet to become established. It marks the beginning of a greening campaign all over the country during the month each year.

清明节 Qing Ming（Pure & Bright in Chinese）（April 5）

Originally it was a celebration of spring. People used to customarily go out on an excursion to "tread grass". Later it became day dedicated to the dear departed. Tidying up ancestors' tombs is its major big event.

国际劳动节 International Labor Day（May 1）

No less celebrated than the New Year's Day. Employees will enjoy one to seven paid days-off. Celebration parties in parks take the place of parades today. It's known as Golden Travel Week.

青年节 Youth Day（May 4）

A day in memory of the first mass student movement in 1919, a movement touched off by the then Chinese government that gave in to the Japanese government's attempt to colonize Shandong Province. It is also an anti-Confucius movement as well as one that promoted the western scientific and democratic ideas. Government organized youth rallies everywhere in the country characterizes the celebration of this day.

儿童节 Children's Day（June 1）

It is the most memorable day for Chinese kids all over the country. Almost all entertainment places such as cinemas, parks and children museums and palaces are open free to them. Elementary schools throw celebration parties while parents shower them with presents.

党的生日 The CCP's Birthday（July 1）

It marked the founding of the Chinese Communist Party in 1921 in Shanghai. It is usually characterized by front page editorials from major government newspapers.

LESSON 15

PLACING A TRADE ORDER AND DATE OF COMMODITIES DELIVERY

建军节 Army's Day (August 1)

A communist-led nationalist army staged the first armed uprising in Chinese communist history against the Nationalists on August 1, 1927. It was regarded as the beginning of the Red Army (later the People's Liberation Army). Now the anniversary is often used to promote better relationships between the army and civilians, a tradition believed to have helped it beat the Nationalists during the civil war in 1949.

教师节 Teacher's Day (September 10)

It was started in the early eighties as an effort to reverse the anti-intellectual sentiment nurtured by the "Cultural Revolution". It has become an established holiday.

国庆节 National Day (October 1)

It is the anniversary of the founding of the People's Republic of China in 1949 in the wake of routing the Nationalists who have since taken refuge in Taiwan. There used to be grand parades squares of major cities of the country. Now celebrations usually take the form of parties in amusement parks by day and fire-works and grand TV ensembles during the evening. Employees enjoy two to seven paid days-off. It is also a good occasion for many people to take a short excursion to enjoy the beauty of the golden Fall.

It's known as Golden Travel Week.

4. CHINESE TRADITIONAL HOLIDAYS 中国传统节日(农历)

The calendar of the Chinese traditional holidays follows a lunar-solar system. Therefore, 1st of the 1st month referred here does not necessarily mean January 1.

中国新年/春节 Spring Festival (The Chinese New Year) (1st of the 1st lunar month)

The biggest and most celebrated festival in China and part of East and South East Asia.

It's known as Chinese New Year or the "Spring Festival", which is a time of great excitement and joy for the Chinese people. The festivities get under way from 22 days prior to the New Year date and continue for 15 days afterwards. Employees enjoy five to seven paid days-off. During the time period before New Year, people acquire and prepare the necessary food and new clothing to wear. Food has a major prominence in all Chinese festivals, and New Year is no exception. This is the time for purchasing and eating huge quantities of dried meats and fruits, special sausages, sweet and salty cakes, and numerous other delectable.

Many foods have symbolic value. The Chinese eat leafy Mustard Greens which is called "Longevity Vegetable", a glutinous rice including eight various meats and vegetables called "Eight Treasure Rice", and fish. The Chinese word for fish rhymes with their word for surplus. By eating half of a fish on New Year's Eve and saving the remainder for the next day, families can transfer their surplus luck to the New Year.

Families are supposed to clean out their houses, wash all household utensils and discard unwanted items. People also make symbolic sacrifices in honor of the Earth God.

Business owners, in particular, join in this ceremony, because the Earth God is believed to be the god of merchants. Employers are expected to hold a banquet to thanks their workers for their efforts during the past year. On a sour note, during the banquet, it was a custom to point the head of a chicken in the direction of the person who is to be dismissed. Now, more humane ways are usually found to relay the bad news, and most bosses point the head of the chicken at themselves to avoid any problems.

The high point of the season is New Year's Eve. Every member of every family returns home on this day, if possible, to share a sumptuous dinner with his/her family. Children receive "red envelopes" containing gifts of lucky money. Sleep is not easy on this night as the New Year is ushered in with the thunderous roar of exploding firecrackers and whistling rockets calculated to frighten the fiercest of evil spirits and venerate the gods.

This continues sporadically until after dawn on New Year's Day.

With the coming of daylight, homes again become a buzz of activity as ceremonial candles are lit, incense and paper money burned and the cacophony of firecrackers begins anew. Spring poems or couplets, consisting of lucky phrases written in black or golden ink on red paper are pasted on or around every family door. Breakfast on this day is followed by a round of visits. The first stop, traditionally, is made at a local temple, where respects are paid to the gods. Next come visits to relatives and friends.

In the towns and villages, roving bands of musician's parade through the streets stopping at every door they pass to announce, in somewhat raucous strains, the arrival of spring.
Each serenaded family presents the groups with "red envelopes" containing a token amount of money. This is another special day for children, who dress up in new clothes and collect more "red envelopes" from their elders.

Certain precautionary measures are taken to insure that the New Year will be a good one. Every house gets a thorough cleaning before New Year's Day so that the coming New Year will commence fresh and clean. No sweeping is done on New Year's Day, for in sweeping any dirt from the house the family's good luck might also be swept away. Care must be taken not to break any dishes, and the use of knives, scissors, and any sharp instrument is to be avoided for these things could cause harm, and thus bad luck in the coming year.

Hair must be cleaned and set prior to the holiday, for to do so during the New Year season would invite a financial setback. Beauty shops and barber shops take advantage of this by hiking their fees twofold just before the New Year.

New Year is also a time of some trepidation for debtors, since this is when accounts are traditionally settled so that the coming year can be started off with a clean slate.

The days following New Year include more religious ceremonies. The eleventh day is a time for inviting in-laws to dine. The Lantern Festival, on the fifteenth day after New Year, marks the end of the New Year season.

元宵节 Lantern Festival (15th of the 1st lunar month)

Lantern exhibits, lion and dragon dances, and eating Tang Yuan (ball-shaped boiled sweet rice dumplings with delicious stuffing.) feature this day. It is very much celebrated in the rural areas by farmers. The Lantern Festival also marks the end of the Chinese New Year season.

端午节 Duan Wu (Dragon Boat) Festival (5th of the 5th lunar month)

Said to be in memory of a great patriot poet of the then State of Chu during the Warring States period (475-221 B.C.), Qu Yuan (Ch'u Yuan), who drowned himself to protest his emperor who gave in to the bully State of Chin. For fear that fish may consume his body, people of Chu launched their boats and started throwing rice dumplings wrapped in bamboo leaves into the river where he was drowned to feed the fish. Now the big event of dragon boat contest may be a legacy of such activity. People today still eat the bambooleave rice dumplings on the occasion today.

中秋节 Mid-Autumn Festival (15th of the 8th lunar month)

It is second only to the Chinese New Year in significance. The moon on this day is the fullest and largest to the eye. Viewing it by the whole family while feasting on good wine, fruits and moon-cakes is the main event at the night. There is also a beautiful story behind it. Children are told that there's fairy on the moon living in a spacious but cold crystal palace with her sole companion, a jade rabbit. A heavenly general and friend would occasionally pay her a visit, bringing along his fragrant wine. She would then dance a beautiful dance. The shadows on the moon made the story all the more credible and fascinating to the young imaginative minds.

5. DRESSING THE NEW YEAR CHINESE STYLE

Making new clothes for every member of the family before Spring Festival, which used to be a major task for Chinese housewives, has perhaps not surprisingly fallen out of fashion. But the old tradition seems to have been making a comeback. In the last few years, clothes using traditional Chinese design features have been getting more and more popular in major Chinese cities, especially during the crank-down to Chinese Lunar New Year. Many young people have been picking up on the trend, which has now hit the whole country. Though mother doesn't make them at home any more, Chinese-style outfits are enjoying a healthy renaissance, with many consumers forking out their yuan to cover their bodies with Chinese culture. Contemporary Chinese-style costumes, or Tang jackets, to use the popular term, are made of satin or silk with Chinese-style knotted buttons and applied traditional designs. These jackets may remind some people of old times, but, of course, the simple styles of old times have been updated and beautified. This clothing is not only beautiful to the eye; it exudes a symbolic elegance that has ties to centuries of past culture.

The Tang Dynasty was the center of Chinese feudal society. Its politics and economy were highly developed and its culture and art were thriving. Dresses of Tang Dynasty were also a milestone in the course of the development of Chinese traditional costumes. Keeping up the tradition of putting on costumes provided by the host for their annual retreat, leaders attending the Asia-Pacific Economic Leaders Meeting in 2003 wore this Tang Dynasty style attire which consists of a satin jacket featuring Chinese-style cotton buttons and round flower patterns with peonies surrounding the four letters of APEC, and a white silk shirt.

6. CHINA'S CLOTHING INDUSTRY

China is a large country of clothing. At present, there are about 45 thousand clothing enterprises, with more than 7000 ones registered in Shanghai. The clothing trade has already become one of the most popular industries in China. There have already been over 1000 famous China-made brands and over 100 world brands in the clothing markets in the whole country, with numberless other domestic small brands entering in the clothing market.

COMMUNICATIVE SPEECH DRILLS

A. Substitution Drills I: Substitute the cued price list, positions and titles.

Zǒngjīnglǐ xiānsheng,	duìyú wǒmen de	dìnghuò bàopán xiāoshòu yōuhuì chǎnpǐn shāngpǐn pīfā língshòu	jiàgé	hé yāoqiú,
guì gōngsī shì zěnme kǎolǜ de?				

总经理 先生，	对于我们的	订货 报盘 销售 优惠 产品 商品 批发 零售	价格	和要求，
贵公司是怎么考虑的？				

B. Substitution Drills II: Substitute the cued names of seaport cities on the west coast of the U.S. and appropriate terms of payment, such as CIF or FOB, etc.

Wǒ fāng tóngyì yòng	CIF (FOB)	Bōtèlán Xīyǎtú Jiùjīnshān Luòshānjī Shèngdìyàgē Wēngēhuá	dào'àn jiàgé (lí'àn jiàgé)	fā huò.

LESSON 15

PLACING A TRADE ORDER AND DATE OF COMMODITIES DELIVERY

我方同意用	CIF （FOB）	波特兰 西雅图 旧金山 洛杉矶 圣地亚哥 温哥华	到岸价格 （离岸价格）	发货。

C. Expansion Drills.

lìrùn
shénme lìrùn
yǒu shénme lìrùn
méiyǒu shénme lìrùn
jīhū méiyǒu shénme lìrùn
shēngyì shàng jīhū méiyǒu shénme lìrùn
zhè zhuāng shēngyì shàng jīhū méiyǒu shénme lìrùn
zài zhè zhuāng shēngyì shàng jīhū méiyǒu shénme lìrùn
wǒmen zài zhè zhuāng shēngyì shàng jīhū méiyǒu shénme lìrùn
zhīdào, wǒmen zài zhè zhuāng shēngyì shàng jīhū méiyǒu shénme lìrùn
yào zhīdào, wǒmen zài zhè zhuāng shēngyì shàng jīhū méiyǒu shénme lìrùn
nín yào zhīdào, wǒmen zài zhè zhuāng shēngyì shàng jīhū méiyǒu shénme lìrùn
Búguò nín yào zhīdào, wǒmen zài zhè zhuāng shēngyì shàng jīhū méiyǒu shénme lìrùn.

利润
什么利润
有什么利润
没有什么利润
几乎没有什么利润
生意上几乎没有什么利润
这桩生意上几乎没有什么利润
在这桩生意上几乎没有什么利润
我们在这桩生意上几乎没有什么利润
知道，我们在这桩生意上几乎没有什么利润
要知道，我们在这桩生意上几乎没有什么利润
您要知道，我们在这桩生意上几乎没有什么利润
不过您要知道，我们在这桩生意上几乎没有什么利润。

BBC 初级实用商务汉语 Basic Business Chinese (BBC)

D. Substitution Drills III: Substitute the cued phrases of modifiers.

Wǒmen xīwàng gēn guì gōngsī jiànlì chángqī de	hézuò màoyì shāngwù wǎnglái yíngxiāo jìnchūkǒu màoyì hézī hézuò yèwù hézuò jìshù hézuò	guānxi.
我们希望跟贵公司建立长期的	合作 贸易 商务往来 营销 进出口贸易 合资合作 业务合作 技术合作	关系。

E. Production Drills: Make a statement by using the cued descriptive phrases and then fill in the blanks with the corresponding place verb or verb phrases.

Rúguǒ zhè pī huòwù	de xiāolù hǎo, de shìchǎng hǎo, yǒu xiāolù, shì chàngxiāohuò, shì qiǎngshǒuhuò, shì liúxínghuò, shì duǎnquēhuò, shòu huānyíng,	wǒmen yǐhòu hái huì zài	dìnghuò. ___ ___ ___ ___ ___ ___ ___
如果这批货物	的销路好, 的市场好, 有销路, 是畅销货, 是抢手货, 是流行货, 是短缺货, 受欢迎,	我们以后还会再	订货。 ___ ___ ___ ___ ___ ___ ___

LESSON 15

PLACING A TRADE ORDER AND DATE OF COMMODITIES DELIVERY

F. Substitution Drills IV: Substitute the cued object and noun phrases.

Xīwàng tōngguò zhè cì	gōng huò, màoyì hézuò, gòuhuò, qiàtán, qiāndìng hétong,

guì gōngsī néng chéngwéi wǒmen de	gùdìng kèhù. jìnkǒushāng. gōngyìngshāng. chūkǒushāng. hézuò huǒbàn.

希望通过这次	供货， 贸易合作， 购货， 洽谈， 签订合同，

贵公司能成为我们的	固定客户。 进口商。 供应商。 出口商。 合作伙伴。

G. Production Drills: Make a statement by using the cued place word, cued object noun phrases and then filling the blank with any appropriate place word and object noun phrases, if any.

Zhǐyào zhè pī huòwù nénggòu shùnlì dǎjìn 　　Měiguó shìchǎng bìng chéngwéi 　　Ōuměi 　　Yàtài 　　Fēizhōu 　　Yàzhōu 　　Lāměi 　　Dōngnányà 　　Àozhōu 　　Běiměi	chàngxiāo huò, kuàixiāohuò qiǎngshǒuhuò rèménhuò liúxínghuò _____ _____ _____ _____
wǒmen míngnián hái huì zài dìng huò.	

只要这批货物能够顺利打进 　　美国 　　欧美 　　亚太 　　非洲 　　亚洲 　　拉美 　　东南亚 　　澳洲 　　北美	市场并成为	畅销货， 快销货， 抢手货， 热门货， 流行货， _____ _____ _____
我们明年还会再订货。		

H. Production Drills: Market a special product of your company by telling that it is liked by cued types of consumers.

Wǒ gōngsī zuìjìn shèjì shēngchǎnle yì zhǒng sīchóu tángzhuāng xīn chǎnpǐn, shēn shòu Zhōngguó hé Yàtài dìqū	nán nǚ lǎo shào qīngnián jīnlǐng báilǐng lánlǐng fùnǚ hé értóng dàxuéshēng wàiguó guǎngdà	xiāofèizhě de xǐ'ài.
Nǐmen bù xiǎng dìnggòu yìxiē ma?		

Jīnlǐng 金领: golden color workers （company or enterprise owners or CEOs）; báilǐng 白领: white color workers; lánlǐng 蓝领: blue color workers; guǎngdà 广大: people／masses in general

我公司最近设计生产了一种丝绸唐装新产品，深受中国和亚太地区	男女老少 青年 金领 白领 蓝领 妇女和儿童 大学生 外国 广大	消费者的喜爱。
你们不想订购一些吗？		

LESSON 15

PLACING A TRADE ORDER AND DATE OF COMMODITIES DELIVERY

I. Substitution Drills V: Substitute the cued adjectives used for marketing product(s).

Zhè zhǒng sīchóu tángzhuāng zài Yàtài hé Ōuzhōu shìchǎng hěn	shòu huānyíng. shòu xǐ'ài. chàngxiāo. rèmén. liúxíng. shímáo. yǒu xiāolù yǒu shìchǎng

这种丝绸唐装在亚太和欧洲市场很	受欢迎。 受喜爱。 畅销。 热门。 流行。 时髦。 有销路。 有市场。

J. Expansion Drills.

shàng,
Huìyì shàng,
Jīnghé Huìyì shàng,
Yàtài Jīnghé Huìyì shàng,
sān nián de Yàtài Jīnghé Huìyì shàng,
língsān nián de Yàtài Jīnghé Huìyì shàng,
èrlínglíngsān nián de Yàtài Jīnghé Huìyì shàng,
Zài èrlínglíngsān nián de Yàtài Jīnghé Huìyì shàng,
tèsè.
Zhōngguó tèsè.
hé Zhōngguó tèsè.
fēngcǎi hé Zhōngguó tèsè.
yǒu fēngcǎi hé Zhōngguó tèsè.
hěn yǒu fēngcǎi hé Zhōngguó tèsè.
yí jiàn, hěn yǒu fēngcǎi hé Zhōngguó tèsè.
chuān le yí jiàn, hěn yǒu fēngcǎi hé Zhōngguó tèsè.
dōu chuān le yí jiàn, hěn yǒu fēngcǎi hé Zhōngguó tèsè.
měi rén dōu chuān le yí jiàn, hěn yǒu fēngcǎi hé Zhōngguó tèsè.
shǒunǎo měi rén dōu chuān le yí jiàn, hěn yǒu fēngcǎi hé Zhōngguó tèsè.
cānjiā huìyì de gè guó shǒunǎo měi rén dōu chuānle yí jiàn, hěn yǒu fēngcǎi hé Zhōngguó tèsè.

上
会议上
经合会议上
亚太经合会议上
三年的亚太经合会议上，
零三年的亚太经合会议上
二零零三年的亚太经合会议上
在二零零三年的亚太经合会议上

特色
中国特色
和中国特色
风采和中国特色
有风采和中国特色
很有风采和中国特色
一件,很有风采和中国特色
穿了一件,很有风采和中国特色
都穿了一件,很有风采和中国特色
每人都穿了一件,很有风采和中国特色
首脑每人都穿了一件,很有风采和中国特色
参加会议的各国首脑每人都穿了一件,很有风采和中国特色。

K. Production Drills：Produce as many sentences as you can with the cued verb phrases.

For example：Wǒmen kěyǐ kǎolǜ xiān dìng yì qiān tào kànkan shìchǎng fǎnyìng, ránhòu zuò ge shìchǎng diàochá, rúguǒ xiāolù hǎo, wǒmen xià cì yídìng duō dìng.

Wǒmen kěyǐ kǎolǜ xiān dìng yì qiān tào
　　　　shìxiāo yíxiàr, ránhòu　　　　　　zuò ge shìchǎng diàochá,
　　　　_____　　　　　　　　　_____
　　　　_____　　　　　　　　　_____
rúguǒ xiāolù hǎo, wǒmen xià cì yídìng duō dìng.

我们可以考虑先订一千套
　　　　试销一下儿,然后　　　　做个市场调查,
　　　　_____　　　　　　　_____
　　　　_____　　　　　　　_____
如果销路好,我们下次一定多订。

LESSON 15

PLACING A TRADE ORDER AND DATE OF COMMODITIES DELIVERY

L. State that the importer has to make at least a minimum order for the cued reasons.

Hěn bàoqiàn, wǒmen de qǐdìngliàng shì wǔ qiān tào, rúguǒ zhǐ dìng yì qiān tào,			
wǒmen de	chūkǒu shēngchǎn cáiliào réngōng láodònglì	chéngběn fèiyòng jiù tài	gāo le. (guì)

很抱歉,我们的起订量是五千套,如果只订一千套,			
我们的	出口 生产 材料 人工 劳动力	成本费用就太	高了。 (贵)

M. Tell the possible consequences an importer has to face for buying a certain product.

Yào zhīdào, shìxiāo zhè zhǒng xīn chǎnpǐn,		
wǒmen	shì yào kěnéng huì kěnéng huì kěnéng huì kěnéng huì	chéngdān yídìng fēngxiǎn de. kuīběn de. yǒu sǔnshī de. bú zhuànqián de. mài bu chūqù de.

要知道,试销这种新产品,		
我们	是要 可能会 可能会 可能会 可能会	承担一定风险的。 亏本的。 有损失的。 不赚钱的。 卖不出去的。

N. State condition for getting a favorable price for a transaction with cued object noun phrases followed by a promise with a common question expression "*zěnmeyàng?*"

Zài hétong zhōng rúguǒ guì fāng bǎozhèng chéngwéi wǒmen de	
gùdìng kèhù, chángqī kèhù, xìnyù kèhù, jìnkǒushāng, dàilǐshāng, pīfāshāng, xiāoshòushāng, zhōngjiānshāng, tuīxiāoshāng,	bú zài biéchù dìnghuò / gòuhuò, (bù gēn bié de shāngkè dǎ jiāodao)
wǒmen zhè cì jiù ràng nǐmen xiǎngshòu zuì dī de pīfā yōuhuìjià, zěnmeyàng?	

在合同中如果贵方保证成为我们的	
固定客户, 长期客户, 信誉客户, 进口商, 代理商, 批发商, 销售商, 中间商, 推销商,	不在别处订货／购货, （不跟别的商客打交道）
我们这次就让你们享受最低的批发优惠价,怎么样?	

O. Question and Answer Drills: Ask questions with the given cued verbs / verb phrases and answer the questions with appropriate dates and corresponding verbs / verb phrases.

A. Qǐngwèn, zhè wǔ qiān tào sīchóu tángzhuāng guì gōngsī shénme shíhou néng	jiāohuò zhuāngyùn fāhuò tóurù shìchǎng bǎishang huòjià	ne?
B. Shōu dào xìnyòngzhèng hòu <u>sān ge yuè</u> nèi <u>jiāohuò</u>.		

LESSON 15

PLACING A TRADE ORDER AND DATE OF COMMODITIES DELIVERY

A．请问,这五千套丝绸唐装贵公司什么时候能	交货 装运 发货 投入市场 摆上货架	呢?
B．收到信用证后<u>三个月</u>内<u>交货</u>。		

P. Expansion Drills.

Xiànzài
Xiànzài shì
Xiànzài shì jiǔ yuè
Xiànzài shì jiǔ yuè xiàxún,
Xiànzài shì jiǔ yuè xiàxún, jiùshì
Xiànzài shì jiǔ yuè xiàxún, jiùshì shuō
Xiànzài shì jiǔ yuè xiàxún, jiùshì shuō wǒmen
Xiànzài shì jiǔ yuè xiàxún, jiùshì shuō wǒmen děi
Xiànzài shì jiǔ yuè xiàxún, jiùshì shuō wǒmen děi zài
Xiànzài shì jiǔ yuè xiàxún, jiùshì shuō wǒmen děi zài shí'èr yuè
Xiànzài shì jiǔ yuè xiàxún, jiùshì shuō wǒmen děi zài shí'èr yuè xiàxún
Xiànzài shì jiǔ yuè xiàxún, jiùshì shuō wǒmen děi zài shí'èr yuè xiàxún cái néng
Xiànzài shì jiǔ yuè xiàxún, jiùshì shuō wǒmen děi zài shí'èr yuè xiàxún cái néng shōudào
Xiànzài shì jiǔ yuè xiàxún, jiùshì shuō wǒmen děi zài shí'èr yuè xiàxún cái néng shōudào huòwù,
Xiànzài shì jiǔ yuè xiàxún, jiùshì shuō wǒmen děi zài shí'èr yuè xiàxún cái néng shōudào huòwù, duì ma?
Xiànzài shì jiǔ yuè xiàxún, jiùshì shuō wǒmen děi zài shí'èr yuè xiàxún cái néng shōudào huòwù, duì bu duì?

现在
现在是
现在是九月
现在是九月下旬
现在是九月下旬,就是
现在是九月下旬,就是说
现在是九月下旬,就是说我们
现在是九月下旬,就是说我们得
现在是九月下旬,就是说我们得在
现在是九月下旬,就是说我们得在十二月
现在是九月下旬,就是说我们得在十二月下旬
现在是九月下旬,就是说我们得在十二月下旬才能
现在是九月下旬,就是说我们得在十二月下旬才能收到
现在是九月下旬,就是说我们得在十二月下旬才能收到货物
现在是九月下旬,就是说我们得在十二月下旬才能收到货物,对吗?
现在是九月下旬,就是说我们得在十二月下旬才能收到货物,对不对?

Q. Production Drills: Produce as many questions and answers as possible using the cued adjectives and with substitution of the underlined time word and names of holidays.

A. Wǒmen	zuì chí (zuìwǎn)	bù chāoguò	niándǐ jiāo huò, zěnmeyàng?
B. Nà wǒmen jiù	cuòguò (gǎnbushàng)	Shèngdàn Jié	xiāoshòu wàngjì le. Guì fāng néng bu néng zài shíyī yuè zhōngxún yǐqián jiāohuò?

A．我们	最迟（最晚）	不超过	年底交货,怎么样?
B．那我们就	错过（赶不上）	圣诞节	销售旺季了。贵方能不能在十一月中旬以前交货?

LESSON 15

PLACING A TRADE ORDER AND DATE OF COMMODITIES DELIVERY

R. **Substitution Drills VI**: Substitute the cued modifiers and the underlined noun / noun phrase and adjective appropriately.

Zhèxiē sīchóu tángzhuāng shì jīnnián	liúxíng xiāolù hǎo shòu huānyíng shòu xǐ'ài	de	chàngxiāo huò,
zài shìchǎng shàng fēicháng qiǎngshǒu, suǒyǐ wǒmen shǒushàng de dìngdān hěn duō, dìnghuòliàng hěn dà, shíjiān hěn jǐn, rènwù yě hěn zhòng.			

这些丝绸唐装是今年	流行 销路好 受欢迎 受喜爱	的	畅销货，
在市场上非常抢手，我所以我们手上的订单很多，订货量很大，时间很紧，任务也很重。			

S. **Substitution Drills VII**: Substitute all the underlined words with appropriate holiday names, region names, time word and any other appropriate words.

Duìyú guò　　Chūn Jié　　de　Yàtài guójiā hé dìqū de kèhù, guì fāng kěyǐ zài
míngnián niánchū jiāohuò,
zhèyàng kěyǐ gǎnshàng nàli míngnián　èr yuè Chūn Jié qián de xiāoshòu wàngjì.

对于过　　春节　　的　　亚太国家和地区的客户，贵方可以在
明年年初　交货，
这样可以赶上那里明年　　二月春节前的销售旺季。

BBC 初级实用商务汉语 Basic Business Chinese (BBC)

T. **Substitution Drills VIII**: Substitute all the underlined time word with the corresponding cued names of American holidays.

Měiguó de xiāoshòu wàngjì shì zài <u>shí'èr yuè èrshíwǔ hào</u> de	Shèngdàn Jié Gǎn'ēn Jié Wànshèng Jié Láodòng Jié Lǎobīng Jié Jìniàn Rì Dúlì Rì Qíngrén Jié Xīnnián Zǒngtǒng Jié	yǐqián.
美国的销售旺季是在<u>十二月二十五号</u>的	圣诞节 感恩节 万圣节 劳动节 老兵节 纪念日 独立日 情人节 新年 总统节	以前。

U. **Substitution Drills IX**: Substitute the underlined time word.

<u>Shíyī yuè zhōngxún</u> yǐqián jiāo huò duì wǒmen láishuō	yǒudiǎnr jǐnzhāng. shíjiān tài jǐn. yǒudiǎnr láibují. shíjiān bú gòu.
Wǒmen kě bu kěyǐ zài <u>liǎng ge yuè nèi</u> jiāo huò, jiùshì shuō, zuì chí zài <u>shíyī yuèdǐ</u> yǐqián jiāo huò, zěnmeyàng?	

356

LESSON 15

PLACING A TRADE ORDER AND DATE OF COMMODITIES DELIVERY

十一月中旬以前交货对我们来说	有点儿紧张。 时间太紧。 有点儿来不及。 时间不够。
我们可不可以在两个月内交货,就是说,最迟在十一月底以前交货,怎么样?	

V. Expansion Drills.

Yīnwèi

Yīnwèi shì

Yīnwèi shì shìxiāohuò,

Yīnwèi shì shìxiāohuò, wǒmen

Yīnwèi shì shìxiāohuò, wǒmen xīwàng

Yīnwèi shì shìxiāohuò, wǒmen xīwàng yǒu

Yīnwèi shì shìxiāohuò, wǒmen xīwàng yǒu chōngfèn

Yīnwèi shì shìxiāohuò, wǒmen xīwàng yǒu chōngfèn de shíjiān

Yīnwèi shì shìxiāohuò, wǒmen xīwàng yǒu chōngfèn de shíjiān zuò

Yīnwèi shì shìxiāohuò, wǒmen xīwàng yǒu chōngfèn de shíjiān zuò shìchǎng

Yīnwèi shì shìxiāohuò, wǒmen xīwàng yǒu chōngfèn de shíjiān zuò shìchǎng diàochá

Yīnwèi shì shìxiāohuò, wǒmen xīwàng yǒu chōngfèn de shíjiān zuò shìchǎng diàochá bìng

Yīnwèi shì shìxiāohuò, wǒmen xīwàng yǒu chōngfèn de shíjiān zuò shìchǎng diàochá bìng zhǔnbèi

Yīnwèi shì shìxiāohuò, wǒmen xīwàng yǒu chōngfèn de shíjiān zuò shìchǎng diàochá bìng zhǔnbèi shìchǎng

Yīnwèi shì shìxiāohuò, wǒmen xīwàng yǒu chōngfèn de shíjiān zuò shìchǎng diàochá bìng zhǔnbèi shìchǎng yíngxiāo

Yīnwèi shì shìxiāohuò, wǒmen xīwàng yǒu chōngfèn de shíjiān zuò shìchǎng diàochá bìng zhǔnbèi shìchǎng yíngxiāo jìhuà.

因为
因为是
因为是试销货，
因为是试销货，我们
因为是试销货，我们希望
因为是试销货，我们希望有
因为是试销货，我们希望有充分
因为是试销货，我们希望有充分的时间
因为是试销货，我们希望有充分的时间做
因为是试销货，我们希望有充分的时间做市场
因为是试销货，我们希望有充分的时间做市场调查
因为是试销货，我们希望有充分的时间做市场调查并
因为是试销货，我们希望有充分的时间做市场调查并准备
因为是试销货，我们希望有充分的时间做市场调查并准备市场
因为是试销货，我们希望有充分的时间做市场调查并准备市场营销
因为是试销货，我们希望有充分的时间做市场调查并准备市场营销计划。

W. Production Drills：Make as many sentences as possible using the underlined nouns, names of holidays and verbs.

Wǒmen jǐnliàng mǎnzú nǐmen de yāoqiú, zhēngqǔ zài Gǎn'ēn Jié yǐqián jiāohuò.

Example：Wǒmen jǐnliàng mǎnzú nǐmen de *tiáojiàn*, zhēngqǔ zài *Shèngdàn Jié* yǐqián *fāhuò / zhuāngyùn.*

我们尽量满足你们的　　要求，争取在　　感恩节　　以前　　交货。

例句：我们尽量满足你们的条件，争取在圣诞节以前 发货／装运。

LESSON 15

PLACING A TRADE ORDER AND DATE OF COMMODITIES DELIVERY

X. Conversational Drills: Substitute cued terms of payment in a conversation and replace the underlined words with appropriate / corresponding names of goods and payment terms.

B. Búguò nǐmen yídìng yào zài fāhuò qián yí ge yuè bǎ	bùkě chèxiāo de jíqī xìnyòngzhèng xìnyòngzhèng yuǎnqī xìnyòngzhèng yínháng zhèngmíng dìngjīn zhīpiào yínháng zhīpiào yínháng huìpiào bǎozhèngjīn	kāidá wǒ fāng.

A. Méi wèntí, qǐng fàngxīn ba. Pànwàng zǎorì shōudào <u>huòwù</u>.
B. Wǒmen yě pànwàng zǎorì shōudào guì fāng de <u>xìnyòngzhèng</u>.

B．不过你们一定要在发货以前一个月把	不可撤销的即期信用证 信用证 远期信用证 银行证明 定金支票 银行支票 银行汇票 保证金	开达我方。

A．没问题，请放心吧。盼望早日收到<u>货物</u>。
B．我们也盼望早日收到贵方的<u>信用证</u>。

COMMUNICATIVE ACTIVITIES

1. State reasons for your company's inquired price and requirements for the ordered goods.
2. Tell the exporter your strategies of marketing the product(s) in both domestic and world market.
3. State reasons why you want the exporter to give you CIF price for the goods you are going to import.
4. As an exporter, what are pros and cons of sending the exported goods with FOB or CIF price.
5. Describe to your potential importing client what the Tang Dynasty style silk clothes are and why they have become so popular in Chinese domestic and world market.
6. State reasons why you think your importing client should place an order of the Tang Dynasty style

silk clothes and what your conditions are for offering a discount / favorite price to the buyer.

7. As an importer, why are you hesitating to place a big order for the Tang Dynasty style silk clothes. What are your concerns? Worries? Why?

8. As an exporter, state why you think you should have a minimum order for your exported goods? What are the gains in cost and profits in this regard?

9. Mock business negotiation between the buyer and seller over placing an order on a new product: What is the product? How do you, as a seller, describe the product? Why do you, as a seller, recommend the product to the buyer? What is so unique about this new product? What are your (buyer's) concerns about this new product? Why do you want to make a minimum order only? What are your concerns on marketing this new product in your domestic and world market?

10. As a buyer / importer, state why the seller must have the goods delivered by certain date?

11. As a seller, state why you cannot have the goods delivered before the requested date?

12. Mock business negotiation between the importer / buyer and exporter / seller on date of delivery, payment terms, etc.

13. Conduct conversation, dictation, communicative exchanges, oral reproduction and interpretation / translation based on the following discourse:

　　在2003年的亚太经合会议上,来自美国、俄罗斯和亚太其他国家的各国首脑每人都穿了一件很有中国特色的丝绸唐装。这种唐装的颜色很多,有喜庆(xǐqìng festive)的红色,鲜艳的宝石(bǎoshí gem)蓝色,典雅(diǎnyǎ elegance)的咖啡色等。会议开完以后,有许多国家的进口商纷纷打听(dǎtīng ask about)怎么从中国进口这种服装。目前我们纺织品进出口总公司北京分公司正在组织各地的生产厂家批量(pīliàng batch)生产这种丝绸唐装,争取早日打入国际市场。因为制作这种唐装的成本高,利润小,我们决定要求进口商至少要一次订5000套,用即期或者不可撤销的信用证付款,这样我们才能保证有一定的利润空间,也给客户留有一定的优惠空间。目前我们的手上有很多订单。很多进口商要求我们在圣诞节一个月前交货。这对我们来说有一定的困难。所以,对于同意明年年初交货的客户,我们决定在价格上给一些优惠,而且他们也可以用分期付款或承兑交单的方式付款。我们的目的是让具有中国特色的丝绸唐装走出中国,冲出亚洲,进入全世界的销售市场。

LESSON 16 MARKETING PRODUCTS AND FUTURE COOPERATION
第十六课 商务营销洽谈与日后合作

FUNCTIONAL OBJECTIVES

Upon completion of Lesson 16, you will be able to:

- Learn strategies of marketing a product;
- Learn specific ways of marketing one's product;
- Learn how to brag about one's product(s);
- Know the procedures of becoming the sole agency for a product;
- Know the relationship between a sole agency, exporter and distributor;
- Learn ways of developing future cooperative relationships with business clients.

COMMUNICATIVE EXCHANGES

SITUATIONAL CONVERSATION 1:
MARKETING STRATEGY
情景会话 1:营销策略

Pinyin Text:

A: Xiānsheng, wǒ shì Měizhōng Màoyì Gōngsī yíngxiāobù yèwù dàibiǎo, jiào Mǎdīng Nánxī. Zhè shì wǒ de míngpiàn. Qǐng duō guānzhào.

B: Qǐng zuò, Mǎdīng xiǎojie. Qǐngwèn nín yǒu hé guì gàn?

A: Wǒmen zuìjìn cóng Zhōngguó jìnkǒule yì pī sīchóu tángzhuāng. Wǒ xiǎng gěi nín kàn yìxiē chǎnpǐn yàngběn hé yàngpǐn.

B: Duì bu qǐ, Mǎdīng xiǎojie, wǒmen de xiāoshòubù jīnglǐ xiànzài zhèngzài gōngsī zǒngbù kāi dǒngshìhuì.

A: Méi guānxi, wǒ zhǐshì xiān ràng nín kànkan zhèxiē xīn chǎnpǐn de yàngběn hé yàngpǐn, rúguǒ nín yǒu xìngqu, wǒ zài yuē shíjiān gēn nǐmen de xiāoshòubù jīnglǐ zhíjiē tán.

B: Nà hǎo. Wǒ xiān kànkan yàngběn hé yàngpǐn ba.

A: Zhè cì wǒ zhǐ dàile sīchóu tángzhuāng de yàngběn hé yí jiàn yàngpǐn. Zhè shì mùqián guójì shìchǎng shàng fēicháng liúxíng de fúzhuāng, miànliào gēn nǐmen zhèngzài xiāoshòu de sīchóu fúzhuāng yì mó yí yàng, dànshì tú'àn hé huāyàng kuǎnshì què yǒu hěn dà tūpò.

B: Ò, kàn shangqu díquè dújù tèsè, fùyǒu Dōngfāng sècǎi. Kuǎnshì yě hěn měiguān dàfang, nán nǚ lǎo shào dōu shìhé.

A: Zhè xiē sīchóu tángzhuāng mùqián zài Yàtài hé Ōuzhōu guójiā shēn shòu hǎopíng hé huānyíng, xiāolù hěn hǎo, érqiě wǒmen de chūkǒushāng yě shì shìjiè shàng zuì dà de sīchóu fúzhuāng chūkǒushāng zhīyī. Tāmen de chǎnpǐn bùguǎn zài nǎli dōu fēicháng shòu huānyíng.

B: Wǒ duì zhèxiē sīchóu tángzhuāng hěn gǎn xìngqù. Nín kěyǐ bǎ zhè jiàn yàngpǐn liúxià ma?

A: Yàngpǐn nín xiǎng bǎoliú duō cháng shíjiān?

B: Wǒ xiǎng xiān qǐng wǒmen de xiāoshòu jīnglǐ kànkan yàngpǐn, zài gěi nín huíhuà, hǎo ma?

A: Wǒ shénme shíhou kěyǐ gēn nǐmen de xiāoshòu jīnglǐ huìmiàn?

B: Wǒ xiān gēn xiāoshòu jīnglǐ shāngliang yíxiàr, míngtiān gěi nín dáfù, zěnmeyàng?

A: Hěn hǎo. Xīwàng nín jǐnkuài gěi wǒ dáfù. Yǒu hěn duō shāngjiā dōu xiǎng xiāoshòu wǒmen de xīn chǎnpǐn ne. Yīnwèi nǐmen shì wǒmen de lǎo kèhù, suǒyǐ wǒmen xiǎng gěi nǐmen yōuxiānquán.

B: Fēicháng gǎnxiè. Wǒ huì jǐnkuài ràng xiāoshòu jīnglǐ kànkan yàngpǐn, ránhòu ràng nǐmen zhīdào jiéguǒ.

A: Xièxie. Máfan nín le. Xīwàng méiyou dānwù nín de bǎoguì shíjiān.

B: Nǎli, nǎli. Xièxie guānglín. Huānyíng zài lái.

A: Bú kèqi. Zàijiàn.

LESSON 16

MARKETING PRODUCTS AND FUTURE COOPERATION

Character Text:

A： 先生，我是美中贸易公司营销部业务代表，叫马丁·南希。这是我的名片。请多关照。
B： 请坐，马丁小姐。请问您有何贵干？
A： 我们最近从中国进口了一批丝绸唐装。我想给您看一些产品样本和样品。
B： 对不起，马丁小姐，我们的销售部经理现在正在公司总部开董事会。
A： 没关系，我只是先让您看看这些新产品的样本和样品，如果您有兴趣，我再约时间跟你们的销售部经理直接谈。
B： 那好。我先看看样本和样品吧。
A： 这次我只带了丝绸唐装的样本和一件样品。这是目前国际市场上非常流行的服装，面料跟你们正在销售的丝绸服装一模一样，但是图案和花样款式却有很大突破。
B： 哦，看上去的确独具特色，富有东方色彩。款式也很美观大方，男女老少都适合。
A： 这些丝绸唐装目前在亚太和欧洲国家深受好评和欢迎，销路很好，而且我们的出口商也是世界上最大的丝绸服装出口商之一。他们的产品不管在哪里都非常受欢迎。
B： 我对这些丝绸唐装很感兴趣。您可以把这件样品留下吗？
A： 样品您想保留多长时间？
B： 我想先请我们的销售经理看看样品，再给您回话，好吗？
A： 我什么时候可以跟你们的销售经理会面？
B： 我先跟销售经理商量一下儿，明天给您答复，怎么样？
A： 很好。希望您尽快给我答复。有很多商家都想销售我们的新产品呢。因为你们是我们的老客户，所以我们想给你们优先权。
B： 非常感谢。我会尽快让销售经理看看样品，然后让你们知道结果。
A： 谢谢。麻烦您了。希望没有耽误您的宝贵时间。
B： 哪里，哪里。谢谢光临。欢迎再来。
A： 不客气。再见。

English Text:

A:　Sir, my name is Nancy Martin. I'm Business Representative from Marketing Department of American-China Trade Company. This is my business card. Please be kind to me.

B:　Please sit down, Miss Martin. May I ask, what can I do for you?

A:　We recently have imported from China a batch of Tang Dynasty style silk clothes. I'd like to show you the catalog and samples of some of the products.

B:　Sorry, Miss Martin, our sales department manager is having a board meeting at the company's headquarters.

A:　Never mind, I only want you to have a look of these new products' catalog and sample products. If you are interested, I can then make an appointment with your sales department manager and talk with him directly.

B: OK then. Let me take a look at the catalog and sample products.

A: This time I only have brought with me the catalog for the Tang Dynasty style silk clothes and one piece of sample clothes. This kind of clothing is very popular in the current international market, and the materials for making these clothes are exactly the same as the silk clothes you are selling right now, but there is a big breakthrough in terms of pattern, design and style.

B: Oh, it looks indeed unique and is rich in oriental color. The style is very beautiful and elegant and is suitable for all males, females, old and young.

A: These Tang Dynasty style silk clothes are currently very well received and welcomed in Asia–Pacific and European countries, and they have a very good market. Furthermore, our exporter is one of the largest silk clothes exporters in the world. Their products are welcomed everywhere.

B: I'm very interested in these Tang Dynasty style silk clothes. Can you leave this sample here?

A: How long do you want to keep the sample?

B: I'm thinking of showing the sample to our sales manager, and then get back to you. Would that be OK with you?

A: When can I meet with your sales manager?

B: Let me discuss with our sales manager first and then reply to you tomorrow. How does that sound?

A: Very good. Hope you reply to me ASAP. There are many business agents who want to sell our new products. Because you are our long time client, therefore we'd like to give you the priority.

B: Thank you very much. I'll let the sales manager see the sample ASAP and then let you know the result.

A: Thank you. Sorry to have troubled you. Hope I did not hold up your valuable time.

B: It's no problem at all. Thank you for coming. Please come again.

A: You are welcome. Goodbye.

LESSON 16

MARKETING PRODUCTS AND FUTURE COOPERATION

**SITUATIONAL CONVERSATION 2:
FUTURE BUSINESS COOPERATION**
情景会话 2：未来经贸合作前景

Pinyin Text:

A: Xiāoshòu jīnglǐ xiānsheng, xièxie nín chōu shíjiān jiējiàn wǒ. Nín kànguò wǒmen de yàngpǐn le ma?

B: Kànguò le. Mǎdīng xiǎojie, jīntiān yuē nín lái jiù shì xiǎng gēn nín jùtǐ tántan wǒmen jīnhòu hézuò de shìqing.

A: Guānyú sīchóu tángzhuāng yàngpǐn, nín hái mǎnyì ba?

B: Wǒmen búdàn mǎnyì, érqiě hái xiǎng zuòwéi guì gōngsī zài Měiguó xī hǎi'àn de dújiā dàilǐ, zhuānmén jīngxiāo sīchóu tángzhuāng, nín juéde zěnmeyàng?

A: Nà jiǎnzhí tài hǎo le! Zhè cì nín dǎsuàn dìnggòu duōshao tào?

B: Nǐmen yǒu duōshǎo tào wǒmen jiù dìnggòu duōshǎo tào.

A: Zhēn de? Zhè cì wǒmen zhǐ jìnkǒule wǔ qiān tào shìxiāo. Búguò wǒmen mǎshàng gēn chūkǒushāng liánxì zǔzhī jìnhuò.

B: Wǔ qiān tào wǒmen dōu yào le. Wǒmen kě bu kěyǐ zài zhuījiā yí wàn tào? Rúguǒ xiāolù hǎo, wǒmen yuànyì gēn nǐmen jiànlì chángqī de hézuò guānxi, jīnhòu měi nián dōu gēn nǐmen dìnghuò.

A: Gǎnxiè nín duì wǒmen de xìnrèn. Wǒmen xiān qiāndìng yí fèn dújiā dàilǐ hétong, ránhòu mǎshàng gēn chūkǒushāng zài dìng yí wàn tào sīchóu tángzhuāng.

B: Xīwàng zhè yí wàn wǔ qiān tào sīchóu tángzhuāng zǎorì bǎishàng wǒmen gègè shāngjiā de huòjià, yě xīwàng wǒmen de hézuò chénggōng.

A: Hǎo, xīwàng wǒmen de shēngyì yuè zuò yuè dà, yuè zuò yuè hǎo, yuè zuò yuè hónghuo. Zhù wǒmen de hézuò shùnlì, yuánmǎn chénggōng!

Character Text:

A: 销售经理先生,谢谢您抽时间接见我。您看过我们的样品了吗?

B: 看过了。马丁小姐,今天约您来就是想跟您具体谈谈我们今后合作的事情。

A: 关于丝绸唐装样品,您还满意吧?

B: 我们不但满意,而且还想作为贵公司在美国西海岸的独家代理,专门经销丝绸唐装,您觉得怎么样?

A: 那简直太好了!这次您打算订购多少套?

B: 你们有多少套我们就订购多少套。

A: 真的?这次我们只进口了5000套试销。不过我们马上跟出口商联系组织进货。

B: 5000套我们都要了。我们可不可以在追加10000套?如果销路好,我们愿意跟你们建立长期的合作关系,今后每年都跟你们订货。

A: 感谢您对我们的信任。我们先签订一份独家代理合同,然后马上跟出口商再订10000套丝绸唐装。

B: 希望这15000套丝绸唐装早日摆上我们各个商家的货架,也希望我们的合作成功。

A: 好,希望我们的生意越做越大、越做越好、越做越红火。祝我们的合作顺利,圆满成功!

English Text:

A: Mr. Sales Manager, thank you for taking your time meeting with me. Have you seen our sample product?

B: Yes, I have, Miss Martin. I've invited you to come over to talk about our future cooperation in specifics.

A: Are you satisfied with the Tang Dynasty style silk clothes?

B: Not only we are satisfied, we also would like to become your company's sole agent on the West Coast of the U.S. specially selling Tang Dynasty style silk clothes. What do you think?

A: That's simply wonderful! How many sets would you like to order this time?

B: We'd like to order as many as you have.

A: Really? This time we've only imported five thousand sets. But we'll contact the exporter right away to organize the stock.

B: We'll buy all the five thousand sets. Can we add another ten thousand sets? If they are sold well, we are willing to establish a long-term cooperative relationship with you and will order from you every year in the future.

A: Thank you for your trust in us. We'd like to sign a contract for sole agent, and then we'll place an order for another ten thousand sets of Tang Dynasty style silk clothes.

B: Wishing these fifteen thousand sets of Tang Dynasty style silk clothes are put onto the shelves of department stores soon, and also wishing success for our cooperation.

A: Good, wishing our business is doing greater and greater, better and better, more and more prosperous. Wishing our cooperation is smooth, satisfactory and successful!

LESSON 16

MARKETING PRODUCTS AND FUTURE COOPERATION

NEW WORDS AND EXPRESSIONS

yǒu hé guì gàn	有何贵干	IE	What can I do for you?
kāi	开	V	open; turn on, etc.
zhǐshì	只是	ADV	only
yì mó yí yàng	一模一样	PH	exactly a like
què	却	ADV	however
tūpò	突破	V	make breakthrough; surmount
díquè	的确	ADV	certainly; surely; in deed
dújù tèsè	独具特色	VO	unique feature/characteristics/quality
fùyǒu	富有	V/ADJ	be rich / wealthy; rich in; be full of
dōngfāng	东方	N	the east; The East; the Orient
sècǎi	色彩	N	color; shade; hue
shìhé	适合	V	suit; fit
shēn	深	ADV/ADJ	deep
shòu	受	V	receive
hǎopíng	好评	N	favorable comments; high opinion
bùguǎn	不管	CONJ	no matter; regardless of
bǎoliú	保留	V	continue to have; maintain
huíhuà	回话	VO	reply; answer
jǐkuài	尽快	ADV	as quickly / soon as possible
yōuxiānquán	优先权	N	priority; preference
jiéguǒ	结果	N	result; outcome; consequence
dānwù	耽误	V	delay; hold up
bǎoguì	宝贵	ADJ	valuable; precious
chōu	抽	V	take out; shrink; whip
jiējiàn	接见	V	receive someone; grant interview to (someone)
búdàn...érqiě...	不但……而且……	CONJ	not only...but also...
zuòwéi	作为	N	conduct; deed; action;
		V	accomplish; do something worthwhile
hǎi'àn	海岸	N	seacoast; seashore

BBC 初级实用商务汉语 Basic Business Chinese (BBC)

dújiā dàilǐ	独家代理	NP	sole agent
jiǎnzhí	简直	ADV	simply; really; straightforward
zhuānmén	专门	ADV	special; specialized
jīngxiāo	经销	V	sell on commission; sell
jìn huò	进货	VO	stock with goods
zhuījiā	追加	V	add (to original amount)
xìnrèn	信任	V	trust; have confidence in
shāngjiā	商家	N	business client
huòjià	货架	N	shelves for goods
bǎi	摆	V	put; arrange
hónghuo	红火	ADJ	flourishing; prosperous

PROPER NOUNS

Mǎdīng Nánxī	马丁·南希	Nancy Martin
Ōuzhōu	欧洲	Europe
Měiguó xī hǎi'àn	美国西海岸	west coast of the U.S.

ENRICHMENT

sīchóu tángzhuāng	丝绸唐装	Tang Dynasty-style silk clothing
sīchóu fúzhuāng	丝绸服装	silk clothing/costume; dress
sīchóu shuìyī	丝绸睡衣	silk pajamas
sīchóu shuìpáo	丝绸睡袍	silk sleeping robe/gown
sīchóu zhōngshì fúzhuāng	丝绸中式服装	silk Chinese-style clothing
sīchóu wéijīn	丝绸围巾	silk scarf
sīchóu fāngjīn	丝绸方巾	silk square-shaped scarf

LESSON 16

MARKETING PRODUCTS AND FUTURE COOPERATION

sīchóu pījiān	丝绸披肩	silk cape; shawl
sīchóu mǎjiǎ	丝绸马甲	silk vest
dújù tèsè	独具特色	possess unique characteristics/quality/feature
dújù fēnggé	独具风格	possess unique style
shìhé	适合	suit; fit
shìyí	适宜	suitable; appropriate
shìdù	适度	moderate
shìliàng	适量	appropriate amount
héshì	合适	suitable; appropriate; becoming; right
dānge	耽搁	delay; stop over; stay
shēnshòu hǎopíng	深受好评	receive favorable comments/high opinion
hǎopíng rúcháo	好评如潮	good, favorable comments coming in like a tide
jīngxiāo	经销	sell on commission; sell
yíngxiāo	营销	market; sell
tuīxiāo	推销	push sell
kāixiāo	开销	pay expenses; expense
huāxiāo	花销	expenses
shìxiāo	适销	marketable
zhìxiāo	滞销	unmarketable
diàoxiāo	吊销	revoke; withdraw
bàoxiāo	报销	apply for reimbursement
shíbào shíxiāo	实报实销	be reimbursed for what one spends
zhuījiā	追加	add (to original amount)
zēngjiā	增加	increase; add; raise
tiānjiā	添加	add; increase
xiéyì	协议	agree on; agreement
héyuē	合约	treaty; contract
huòguì	货柜	goods container
huòyuán	货源	source/supply of goods
huòwù	货物	goods; commodity; merchandise
huòbì	货币	money; currency
jìn huò	进货	stock (shop) with goods; replenish one's stock
chū huò	出货	load goods

shàng huò	上货	shelve goods; load goods
huòzhēn jiàshí	货真价实	genuine goods at fair price
huòbǐsānjiā	货比三家	look and compare before youbuy
huò bǐ huò	货比货	compare goods with goods

SUPPLEMENTARY BUSINESS EXPRESSIONS

Nàikè yùndòngxié hé fúzhuāng	耐克运动鞋和服装	Nike shoes and sportswear
Ādídásī yùndòngxié hé fúzhuāng	阿迪达斯运动鞋和服装	Adidas shoes and sportswear
Gēlúnbǐyà yùndòng fúzhuāng	哥伦比亚运动服装	Columbia sportswear
Ruìbù yùndòngxié	锐布运动鞋	Reebok shoes
Lǐ Níng yùndòng fúzhuāng	李宁运动服装	Li Ning sportswear
Běifāng Miànkǒng wàiyī	北方面孔外衣	North Face outfit
Xīn Pínghéng yùndòngxié	新平衡运动鞋	New Balance shoes
Èyú pái fúzhuāng	鳄鱼牌服装	Crocodile brand clothing
Gàipǔ pái fúzhuāng	盖普牌服装	Gap brand clothing
Lùyìsī Wēidēng tíbāo	路易威登提包	Louis Vuitton brand handbag
Gǔqí / Gǔchí tíbāo (jí qiánjiā / píjiā)	古琦／古驰提包（及钱夹／皮夹）	Gucci Handbags（& Wallets）
Bǎoshì	宝士	BOSS
Huálúntiānnú fúzhuāng	华伦天奴服装	Valentino brand clothing
Pí'ěrkǎdān	皮尔卡丹	Pierre Cardin
Wéiduōlìyà de mìmì nèiyī xìliè	维多利亚的秘密内衣系列	Victoria Secret Underwear series
Xiāngjiāo Gònghéguó	香蕉共和国	Banana Republic（brand）
Lā'ěrfū	拉尔夫	Ralph Lauren
Tāngmǐ	汤米	Tommy Hilfiger
Mǎqiú	马球	Polo
Bālì shǒubiǎo	巴利手表	Bally
Láolìshì shǒubiǎo	劳力士手表	Rolex
Bālí Shìjiā shǒubiǎo	巴黎世家手表	Balenciaga

LESSON 16

MARKETING PRODUCTS AND FUTURE COOPERATION

GRAMMAR AND BUSINESS CULTURE NOTES

1. zhèngzài 正在+V+O doing something (doing something right at the time of speaking)

In Chinese, *zài* 在 or *zhèngzài* 正在 which is placed before the verb indicates that something is / was going on or someone is / was doing something right at the moment. Depending on the context, sentences with *zài* 在 or *zhèngzài* 正在 before the verb can refer to something which is happening at present (continuous progressive). For example:

Wǒmen de xiāoshòubù jīnglǐ xiànzài zhèngzài gōngsī zǒngbù kāi dǒngshìhuì. 我们的销售部经理现在正在公司总部开董事会。Our Sale Department Manager is having a board meeting at the company's headquarter right now.

Tā hái zài gōngzuò ba? 他还在工作吧？ He is still working, I presume?

However, you must use *zài* 在, not *zhèngzài* 正在, in the following sentences:

1) when the negative word *bù* 不 is used;
2) when an adverb such as *hái* 还 (still) is used. For example:

Tā bú zài kāihuì. 他不在开会。He is not having a meeting.

Tāmen hái zài qiàtán. 他们还在洽谈。They are still holding a business talk.

2. bùguǎn...dōu / yě 不管……都／也……no matter…

The construction *bùguǎn* + （alternative question or question word question such as *shéi* 谁, *shénme* 什么, *zěnme* 怎么, *nǎr* 哪儿, *duōme* 多么, *shénme shíhou* 什么时候, etc.) + S+VP expresses: a) the determination of the Subject to take certain action regardless of whatever else happens; b) a certain situation or condition remains unchanged despite any interference. Furthermore, *bùguǎn* 不管 is always used in conjunction with *dōu* or *yě* 都／也 to indicate that there are no exceptions. For example:

Tāmen de chǎnpǐn *bùguǎn* zài nǎli *dōu* fēicháng shòu huānyíng. 他们的产品不管在哪里都非常受欢迎。Their products are extremely well received no matter where.

Bùguǎn duō máng nǐ *dōu* xūyào xiūxi. 不管多忙你都需要休息。No matter how busy you are, you need rest.

3. A gēn B yíyàng A 跟 B 一样 A is the same as B in some aspect

This construction expresses identity between two things or to say that of the two things, one thing is the same as the other in some aspect. For example:

Tāmen de jiàgé gēn wǒmen de jiàgé yíyàng. 他们的价格跟我们的价格一样。Their price is the same as our price.

bù 不 is used in the negative form of this construction, which may appear either before *gēn* 跟 or before *yíyàng* 一样. For example:

Tāmen de jiàgé *bù* gēn wǒmen de jiàgé yíyàng. 他们的价格不跟我们的价格一样。Their price is not the same as our price.

or

Tāmen de jiàgé gēn wǒmen de jiàgé *bù* yíyàng. 他们的价格跟我们的价格不一样。Their price is not the same as our price.

4. Yīnwèi + sentence 1, suǒyǐ + sentence 2 因为……所以……because...therefore...

The construction *Yīnwèi + sentence 1, suǒyǐ + sentence 2* 因为……所以 is used as the paired correlatives, each sitting before its appropriate clause, to mark the cause and effect relationship between two events. For example:

Yīnwèi nǐmen shì wǒmen de lǎo kèhù, suǒyǐ wǒmen xiǎng gěi nǐmen yōuxiānquán. 因为你们是我们的老客户,所以我们想给你们优先权。Because you are our long time client, therefore we want to offer you the priority.

Yīnwèi tāde gōngsī yào pài tā qù Zhōngguó gōngzuò, suǒyǐ tā xiǎng xuéxí Zhōngwén. 因为他的公司要派他去中国工作,所以他想学习中文。Because his company wants to send him to China to work, therefore he wants to learn Chinese

5. búdàn + sentence 1, érqiě + sentence 2 不但……而且…… not only...but also...

The construction *búdàn...érqiě...*不但……而且……can be used to join two sentences together to highlight and reinforce the similarity and association between them. For example:

Wǒmen búdàn mǎnyì, érqiě hái xiǎng zuòwéi guì gōngsī zài Měiguó xī hǎi'àn de dújiā dàilǐ, zhuānmén jīngxiāo sīchóu tángzhuāng. 我们不但满意,而且还想作为贵公司在美国西海岸的独家代理,专门经销丝绸唐装。Not only are we satisfied, we also want to become your company's sole agent on the west coast of the U.S., specially sell (on commission) the Tang Dynasty style silk clothes.

Tā búdàn huì shuō Zhōngwén, érqiě yě huì shuō Rìwén. 他不但会说中文,而且也会说日文。Not only can he speak Chinese, he can also speak Japanese.

COMMUNICATIVE SPEECH DRILLS

A. Introduction Drills: Introduce yourself with your company name, department name, position title and your full name to your business counterpart whom you meet for the first time.

Wǒ shì Měizhōng Màoyì Gōngsī yíngxiāobù yèwù dàibiǎo, jiào Mǎdīng Nánxī.
Zhè shì wǒ de míngpiàn. Qǐng duō guānzhào.

Example: Wǒ shì Nàikè Gōngsī guójìbù zhùlǐ jīnglǐ, jiào Màikè Jiāngsēn.
Zhè shì wǒ de míngpiàn. Qǐng duō guānzhào.

LESSON 16

MARKETING PRODUCTS AND FUTURE COOPERATION

我是美中贸易公司营销部业务代表，叫马丁·南希。
这是我的名片。请多关照。

例句：我是耐克公司贸易部助理经理，叫马克·江森。
这是我的名片。请多关照。

B. Substitution Drills I：Substitute the cued verb phrase.

Wǒmen zuìjìn cóng Zhōngguó	jìnkǒu mǎijìn dìnggòu shēngchǎn wàibāo shēngchǎn qiàgòu gòumǎi	le	yì pī sīchóu tángzhuāng.
Wǒ xiǎng gěi nín kàn yìxiē chǎnpǐn yàngběn hé yàngpǐn.			

我们最近从中国	进口 买进 订购 生产 外包生产 洽购 购买	了	一批丝绸唐装。
我想给您看一些产品样本和样品。			

C. Substitution Drills II：Substitute the underlined company name followed by the cued V+O pattern.

Duì bu qǐ, Mǎdīng Xiǎojie,		
wǒmen de xiāoshòubù jīnglǐ xiànzài zhèngzài	gōngsī zǒngbù	kāi dǒngshìhuì. qiàtán jìnchūkǒu yèwù. tǎolùn yíngxiāo jìhuà. gěi kèhù dǎ guójì chángtú. gēn kèhù qiàtán shēngyì.

BBC 初级实用商务汉语 Basic Business Chinese (BBC)

对不起，马丁小姐，		
我们的销售部经理现在正在	公司总部	开董事会。 洽谈进出口业务。 讨论营销计划。 给客户打国际长途。 跟客户洽谈生意。

D. Substitution Drills III: Substitute the cued product with a modifier and then replace the underlined words with appropriate verb and noun phrases.

Wǒ zhǐ shì xiān ràng nín kànkan zhèxiē	xīn chǎnpǐn míngpái chǎnpǐn chàngxiāohuò liúxínghuò rèmén chǎnpǐn gāodàngpǐn xiāofèipǐn	de yàngběn hé yàngpǐn,
rúguǒ nín yǒu xìngqu, wǒ zài yuē shíjiān gēn nǐmen de xiāoshòubù jīnglǐ zhíjiē tán.		

我只是先让您看看这些	新产品 名牌产品 畅销货 流行货 热门产品 高档品 消费品	的样本和样品，
如果您有兴趣，我再约时间跟你们的销售部经理直接谈。		

E. Production Drills: Make a statement by substituting the underlined names of products and markets.

Zhè cì wǒ zhǐ dàile sīchóu tángzhuāng de yàngběn hé yí jiàn yàngpǐn.
Zhè shì mùqián guójì shìchǎng shàng fēicháng liúxíng de fúzhuāng.

Example: Zhè cì wǒ zhǐ dàile Lǐ Níng yùndòng fúzhuāng de yàngběn hé yí jiàn yàngpǐn.
Zhè shì mùqián Ōuměi shìchǎng shàng fēicháng liúxíng de yùndòng fúzhuāng.

LESSON 16

MARKETING PRODUCTS AND FUTURE COOPERATION

> 这次我只带了<u>丝绸唐装</u>的样本和一件样品。
> 这是目前<u>国际市场</u>上非常流行的<u>服装</u>。
>
> 例句：这次我只带了<u>李宁运动服装</u>的样本和一件样品。
> 这是目前<u>欧美市场</u>上非常流行的<u>运动服装</u>。

F. Substitution Drills IV：Substitute the underlined words with appropriate noun phrases and verbs.

> Zhèxiē fúzhuāng de <u>miànliào</u> gēn nǐmen zhèngzài xiāoshòu de <u>sīchóu fúzhuāng</u> yì mó yí yàng, dànshì <u>tú'àn hé huāyàng kuǎnshì</u> què yǒu hěn dà <u>tūpò</u>.
>
> Example：Zhèxiē fúzhuāng de <u>kuǎnshì</u> gēn nǐmen zhèngzài xiāoshòu de <u>yùndòng fúzhuāng</u> yì mó yí yàng, dànshì <u>sècǎi hé shìyàng</u> què yǒu hěn dà <u>gǎijìn</u>.

> 这些服装的<u>面料</u>跟你们正在销售的<u>丝绸服装</u>一模一样，但是<u>图案和花样款式</u>却有很大<u>突破</u>。
> 例句：这些服装的<u>款式</u>跟你们正在销售的<u>运动服装</u>一模一样，但是<u>色彩和式样</u>却有很大<u>改进</u>。

G. Production Drills：Make a statement by using the cued adjectives and then substitute underlined descriptive adjectives and verb phrases accordingly.

Zhèxiē fúzhuāng kàn shangqu díquè	dújù tèsè, jùyǒu Zhōngguó tèsè yǔ zhòng bù tóng xīnyǐng dútè	fùyǒu Dōngfāng sècǎi,
kuǎnshì yě hěn měiguān dàfang, nán nǚ lǎo shào dōu shìhé.			

这些服装看上去的确	独具特色， 具有中国特色， 与众不同， 新颖独特，	富有东方色彩，
款式也很美观大方，男女老少都适合。		

H. Substitution Drills V: Substitute the underlined place word and the cued verb phrases.

Zhè xiē tángzhuāng mùqián zài Yàtài hé Ōuzhōu guójiā shēn shòu	hǎopíng, huānyíng, xǐ'ài, zànshǎng, zhòngshì,	xiāolù hěn hǎo.

这些唐装目前在亚太和欧洲国家深受	好评，欢迎，喜爱，赞赏，重视，	销路很好。

I. Expansion Drills.

wǒmen
wǒmen de
wǒmen de chūkǒushāng
wǒmen de chūkǒushāng yě shì
wǒmen de chūkǒushāng yě shì shìjiè
wǒmen de chūkǒushāng yě shì shìjiè shàng
wǒmen de chūkǒushāng yě shì shìjiè shàng zuì dà
wǒmen de chūkǒushāng yě shì shìjiè shàng zuì dà de
wǒmen de chūkǒushāng yě shì shìjiè shàng zuì dà de sīchóu
wǒmen de chūkǒushāng yě shì shìjiè shàng zuì dà de sīchóu fúzhuāng
wǒmen de chūkǒushāng yě shì shìjiè shàng zuì dà de sīchóu fúzhuāng chūkǒu
wǒmen de chūkǒushāng yě shì shìjiè shàng zuì dà de sīchóu fúzhuāng chūkǒushāng
Wǒmen de chūkǒushāng yě shì shìjiè shàng zuì dà de sīchóu fúzhuāng chūkǒushāng zhīyī.

LESSON 16

MARKETING PRODUCTS AND FUTURE COOPERATION

我们
我们的
我们的出口商
我们的出口商也是
我们的出口商也是世界
我们的出口商也是世界上
我们的出口商也是世界上最大
我们的出口商也是世界上最大的
我们的出口商也是世界上最大的丝绸
我们的出口商业是世界上最大的丝绸服装
我们的出口商也是世界上最大的丝绸服装出口
我们的出口商也是世界上最大的丝绸服装出口商
我们的出口商也是世界上最大的丝绸服装出口商之一。

J. Substitution Drills VI：Substitute the cued pronouns and predicates.

Tāmen de chǎnpǐn bùguǎn	zài nǎli xiāoshòu chūkǒu dào nǎli zài nǎge guójiā zài nǎli shì shéi shénme shíhou shéi mǎi	dōu	shì rèménhuò. shì qiǎngshǒuhuò. yǒu shìchǎng. fēicháng shòu huānyíng. fēicháng xǐhuan. hěn chàngxiāo. juéde wù měi jià lián.

他们的产品不管	在哪里销售 出口到哪里 在哪个国家 在哪里 是谁 什么时候 谁买	都	是热门货。 是抢手货。 有市场。 非常受欢迎。 非常喜欢。 很畅销。 觉得物美价廉。

K. Production Drills: Produce as many sentences as you can by substituting the underlined product names with the cued predicates.

Wǒ duì zhèxiē tángzhuāng hěn gǎn xìngqù.		
Nín kěyǐ bǎ zhè jiàn yàngpǐn	liúxià sònggěi wǒmen ràng wǒmen kànkan ràng wǒmen yánjiū yánjiū ràng wǒmen cānkǎo yíxiàr jiègěi wǒmen gěi wǒmen liú ge jìniàn	ma?

我对这些唐装很感兴趣。		
您可以把这件样品	留下 送给我们 让我们看看 让我们研究研究 让我们参考一下儿 借给我们 给我们留个纪念	吗？

L. Expansion Drills.

Wǒ
Wǒ xiǎng
Wǒ xiǎng xiān
Wǒ xiǎng xiān qǐng wǒmen
Wǒ xiǎng xiān qǐng wǒmen de
Wǒ xiǎng xiān qǐng wǒmen de xiāoshòu
Wǒ xiǎng xiān qǐng wǒmen de xiāoshòu jīnglǐ
Wǒ xiǎng xiān qǐng wǒmen de xiāoshòu jīnglǐ kànkan
Wǒ xiǎng xiān qǐng wǒmen de xiāoshòu jīnglǐ kànkan yàngpǐn,
Wǒ xiǎng xiān qǐng wǒmen de xiāoshòu jīnglǐ kànkan yàngpǐn, zài
Wǒ xiǎng xiān qǐng wǒmen de xiāoshòu jīnglǐ kànkan yàngpǐn, zài gěi
Wǒ xiǎng xiān qǐng wǒmen de xiāoshòu jīnglǐ kànkan yàngpǐn, zài gěi nín
Wǒ xiǎng xiān qǐng wǒmen de xiāoshòu jīnglǐ kànkan yàngpǐn, zài gěi nín huíhuà,
Wǒ xiǎng xiān qǐng wǒmen de xiāoshòu jīnglǐ kànkan yàngpǐn, zài gěi nín huíhuà, hǎo ma?
Wǒ xiǎng xiān qǐng wǒmen de xiāoshòu jīnglǐ kànkan yàngpǐn, zài gěi nín huíhuà, hǎo bu hǎo?
Wǒ xiǎng xiān qǐng wǒmen de xiāoshòu jīnglǐ kànkan yàngpǐn, zài gěi nín huíhuà, nín kàn hǎo bu hǎo?
Wǒ xiǎng xiān qǐng wǒmen de xiāoshòu jīnglǐ kànkan yàngpǐn, zài gěi nín huíhuà, nín kàn zěnmeyàng?

LESSON 16

MARKETING PRODUCTS AND FUTURE COOPERATION

我
我想
我想先
我想先请我们
我想先请我们的
我想先请我们的销售
我想先请我们的销售经理
我想先请我们的销售经理看看
我想先请我们的销售经理看看样品
我想先请我们的销售经理看看样品,再
我想先请我们的销售经理看看样品,再给
我想先请我们的销售经理看看样品,再给您
我想先请我们的销售经理看看样品,再给您回话
我想先请我们的销售经理看看样品,再给您回话,好吗?
我想先请我们的销售经理看看样品,再给您回话,好不好?
我想先请我们的销售经理看看样品,再给您回话,您看好不好?
我想先请我们的销售经理看看样品,再给您回话,您看怎么样?

M. Question Drills: Ask when someone wants to do something with the cued verb phrase.

Wǒ shénme shíhou kěyǐ gēn nǐmen xiāoshòu jīnglǐ	huì miàn?
	miàntán?
	tántan?
	qiàtán?
	tōnghuà?
	liáoliao?
	tǎolùn tǎolùn?
	shāngliang shāngliang?

我什么时候可以跟你们销售经理	会面?
	面谈?
	谈谈?
	洽谈?
	通话?
	聊聊?
	讨论讨论?
	商量商量?

379

BBC 初级实用商务汉语 Basic Business Chinese (BBC)

N. State that you need to briefly V + O with your manager before you reply back to your client.

Wǒ xiān gēn xiāoshòu jīnglǐ	shāngliang tǎolùn tán shuō shāngtǎo yánjiū gōutōng* qǐngshì*	yíxiàr,
míngtiān gěi nín dáfù, zěnmeyàng?		

*gōutōng 沟通：communicate；*qǐngshì 请示：ask for instructions

我先跟销售经理	商量 讨论 谈 说 商讨 研究 沟通 请示	一下儿，
明天给您答复,怎么样?		

O. Expansion Drills.

Yǒu
Yǒu hěn duō
Yǒu hěn duō shāngjiā
Yǒu hěn duō shāngjiā dōu
Yǒu hěn duō shāngjiā dōu xiǎng
Yǒu hěn duō shāngjiā dōu xiǎng xiāoshòu
Yǒu hěn duō shāngjiā dōu xiǎng xiāoshòu wǒmen
Yǒu hěn duō shāngjiā dōu xiǎng xiāoshòu wǒmen de
Yǒu hěn duō shāngjiā dōu xiǎng xiāoshòu wǒmen de xīn chǎnpǐn
Yǒu hěn duō shāngjiā dōu xiǎng xiāoshòu wǒmen de xīn chǎnpǐn ne.

LESSON 16

MARKETING PRODUCTS AND FUTURE COOPERATION

Yīnwèi
Yīnwèi nǐmen
Yīnwèi nǐmen shì
Yīnwèi nǐmen shì wǒmen
Yīnwèi nǐmen shì wǒmen de
Yīnwèi nǐmen shì wǒmen de lǎo kèhù,
Yīnwèi nǐmen shì wǒmen de lǎo kèhù, wǒmen
Yīnwèi nǐmen shì wǒmen de lǎo kèhù, wǒmen xiǎng
Yīnwèi nǐmen shì wǒmen de lǎo kèhù, wǒmen xiǎng gěi
Yīnwèi nǐmen shì wǒmen de lǎo kèhù, wǒmen xiǎng gěi nǐmen
Yīnwèi nǐmen shì wǒmen de lǎo kèhù, wǒmen xiǎng gěi nǐmen yōuxiān
Yīnwèi nǐmen shì wǒmen de lǎo kèhù, wǒmen xiǎng gěi nǐmen yōuxiānquán.
Yīnwèi nǐmen shì wǒmen de lǎo kèhù, suǒyi wǒmen xiǎng gěi nǐmen yōuxiānquán.
Zhèng yīnwèi nǐmen shì wǒmen de lǎo kèhù, suǒyi wǒmen xiǎng gěi nǐmen yōuxiānquán.
Zhèng yīnwèi nǐmen shì wǒmen de lǎo kèhù, suǒyi wǒmen cái xiǎng gěi nǐmen yōuxiānquán.

有
有很多
有很多商家
有很多商家都
有很多商家都想
有很多商家都想销售
有很多商家都想销售我们
有很多商家都想销售我们的
有很多商家都想销售我们的新产品
有很多商家都想销售我们的新产品呢。

因为
因为你们
因为你们是
因为你们是我们
因为你们是我们的
因为你们是我们的老客户
因为你们是我们的老客户,我们
因为你们是我们的老客户,我们想
因为你们是我们的老客户,我们想给
因为你们是我们的老客户,我们想给你们
因为你们是我们的老客户,我们想给你们优先
因为你们是我们的老客户,我们想给你们优先权
因为你们是我们的老客户,所以我们想给你们优先权
正因为你们是我们的老客户,所以我们想给你们优先权
正因为你们是我们的老客户,所以我们才想给你们优先权。

P. **Production Drills**: Produce as many statement as you can by using the cued object noun phrases and predicates followed by a question sentence "Nín kàn zěnmeyàng?"

Wǒ huì jǐnkuài ràng xiāoshòu jīnglǐ kànkan		yàngpǐn, yàngběn, nǐmen de chǎnpǐn, yàngběn hé yàngpǐn, chǎnpǐn de huāyàng hé shèjì, fúzhuāng de huāsè hé kuǎnshì,
ránhòu	ràng nǐmen zhīdào jiéguǒ. tōngzhī* nǐmen. gàosu nǐmen wǒmen de yìjiàn. gěi nǐmen huíhuà.	Nín kàn zěnmeyàng?

*tōngzhī 通知: to notify; to inform

我会尽快让销售经理看看		样品， 样本， 你们的产品， 样本和产品， 产品的花样和设计， 服装的花色和款式，
然后	让你们知道结果。 通知你们。 告诉你们我们的意见。 给你们回话。	您看怎么样？

Q. **Substitution Drills VII**: Substitute the underlined position / title, verb and noun and make as many similar sentence as you can.

Xiāoshòu jīnglǐ xiānsheng, xièxie nín chōu shíjiān jiējiàn wǒ. Nín kànguo wǒmen de yàngpǐn le ma?

Example: Màoyì zǒngjīnglǐ xiānsheng, xièxie nín chōu shíjiān lái kàn wǒ. Nín kànguo wǒmen de chǎnpǐn mùlù le ma?

销售经理先生，谢谢您抽时间接见我。您看过我们的样品了吗？

例句：贸易总经理先生，谢谢您抽时间来看我。您看过我们的产品目录了吗？

LESSON 16

MARKETING PRODUCTS AND FUTURE COOPERATION

R. Expansion Drills.

shìqing
hézuò de shìqing
jīnhòu hézuò de shìqing
wǒmen jīnhòu hézuò de shìqing
tántan wǒmen jīnhòu hézuò de shìqing
jùtǐ tántan wǒmen jīnhòu hézuò de shìqing
nín jùtǐ tántan wǒmen jīnhòu hézuò de shìqing
gēn nín jùtǐ tántan wǒmen jīnhòu hézuò de shìqing
xiǎng gēn nín jùtǐ tántan wǒmen jīnhòu hézuò de shìqing
shì xiǎng gēn nín jùtǐ tántan wǒmen jīnhòu hézuò de shìqing
jiùshì xiǎng gēn nín jùtǐ tántan wǒmen jīnhòu hézuò de shìqing
lái jiùshì xiǎng gēn nín jùtǐ tántan wǒmen jīnhòu hézuò de shìqing
nín lái jiùshì xiǎng gēn nín jùtǐ tántan wǒmen jīnhòu hézuò de shìqing
yuē nín lái jiùshì xiǎng gēn nín jùtǐ tántan wǒmen jīnhòu hézuò de shìqing
jīntiān yuē nín lái jiùshì xiǎng gēn nín jùtǐ tántan wǒmen jīnhòu hézuò de shìqing
xiǎojie, jīntiān yuē nín lái jiùshì xiǎng gēn nín jùtǐ tántan wǒmen jīnhòu hézuò de shìqing
Mǎdīng xiǎojie, jīntiān yuē nín lái jiùshì xiǎng gēn nín jùtǐ tántan wǒmen jīnhòu hézuò de shìqing.

事情
合作的事情
今后合作的事情
我们今后合作的事情
谈谈我们今后合作的事情
具体谈谈我们今后合作的事情
您具体谈谈我们今后合作的事情
跟您具体谈谈我们今后合作的事情
想跟您具体谈谈我们今后合作的事情
是想跟您具体谈谈我们今后合作的事情
就是想跟您具体谈谈我们今后合作的事情
来就是想跟您具体谈谈我们今后合作的事情
您来就是想跟您具体谈谈我们今后合作的事情
约您来就是想跟您具体谈谈我们今后合作的事情
今天约您来就是想跟您具体谈谈我们今后合作的事情
小姐，今天约您来就是想跟您具体谈谈我们今后合作的事情
马丁小姐，今天约您来就是想跟您具体谈谈我们今后合作的事情。

S. Substitution Drills VIII: Substitute the cued region / place words and the underlined product names followed by a question sentence: "Nín juéde zěnmeyàng?"

Wǒmen búdàn mǎnyì, érqiě hái xiǎng zuòwéi guì gōngsī zài Měiguó	xī hǎi'àn dōng hǎi'àn zhōngxībù xīběibù dōngběibù nánbù běibù dōngnánbù xīnánbù	de dújiā dàilǐ,

zhuānmén jīngxiāo <u>sīchóu tángzhuāng</u>. Nín juéde zěnmeyàng?

我们不但满意， 而且还想作为贵公司在美国	西海岸 东海岸 中西部 西北部 东北部 南部 北部 东南部 西南部	的独家代理，

专门经销<u>丝绸唐装</u>。您觉得怎么样？

T. Construct a question with the cued auxiliary verbs followed by the given answer.

A. Zhè cì nín	dǎsuàn jìhuà xiǎng yào xūyào zhǔnbèi	dìnggòu duōshǎo tào?

B. Nǐmen yǒu duōshao tào, wǒmen jiù dìnggòu duōshao tào.

LESSON 16

MARKETING PRODUCTS AND FUTURE COOPERATION

A．这次您	打算 计划 想 要 需要 准备	订购多少套？
B．你们有多少套，我们就订购多少套。		

U. Substitution Drills IX：Substitute the cued verb phrase in the first statement and the cued nouns in the second statement.

Zhè cì wǒmen zhǐ	jìnkǒu dìnggòu gòumǎi	le wǔ qiān tào shìxiāo.
Búguò wǒmen mǎshàng gēn	chūkǒushāng màifāng shēngchǎn chǎngjiā	liánxì zǔzhī jìnhuò.

这次我们只	进口 订购 购买	了五千套试销。
不过我们马上跟	出口商 卖方 生产厂家	联系组织进货。

V. Substitution Drills X: Substitute the cued predicate and modifier.

Rúguǒ	xiāolù hǎo, yǒu xiāolù yǒu shìchǎng chàngxiāo shòu huānyíng	wǒmen yuànyì gēn nǐmen jiànlì chángqī de	hézuò yèwù shēngyì wǎnglái màoyì wǎnglái gòumǎi	guānxi,
jīnhòu měi nián dōu gēn nǐmen dìnghuò.				

如果	销路好, 有销路, 有市场, 畅销, 受欢迎,	我们愿意跟你们建立长期的	合作 业务 生意往来 贸易往来 购买	关系,
今后每年都跟你们订货。				

W. Expansion Drills.

Wǒmen

Wǒmen xiǎng

Wǒmen xiǎng qiāndìng

Wǒmen xiǎng qiāndìng yí fèn

Wǒmen xiǎng qiāndìng yí fèn dújiā

Wǒmen xiǎng qiāndìng yí fèn dújiā dàilǐ

Wǒmen xiǎng qiāndìng yí fèn dújiā dàilǐ hétong,

Wǒmen xiǎng qiāndìng yí fèn dújiā dàilǐ hétong, ránhòu

Wǒmen xiǎng qiāndìng yí fèn dújiā dàilǐ hétong, ránhòu mǎshàng

Wǒmen xiǎng qiāndìng yí fèn dújiā dàilǐ hétong, ránhòu mǎshàng gēn

Wǒmen xiǎng qiāndìng yí fèn dújiā dàilǐ hétong, ránhòu mǎshàng gēn chūkǒushāng

Wǒmen xiǎng qiāndìng yí fèn dújiā dàilǐ hétong, ránhòu mǎshàng gēn chūkǒushāng zài

Wǒmenxiǎngqiāndìngyífèndújiādàilǐhétong, ránhòumǎshànggēnchūkǒushāngzàidìng yíwàntào

Wǒmenxiǎngqiāndìngyífèndújiādàilǐhétong, ránhòumǎshànggēnchūkǒushāngzàidìng yíwàntàotángzhuāng.

LESSON 16
MARKETING PRODUCTS AND FUTURE COOPERATION

我们
我们想
我们想签订
我们想签订一份
我们想签订一份独家
我们想签订一份独家代理
我们想签订一份独家代理合同
我们想签订一份独家代理合同,然后
我们想签订一份独家代理合同,然后马上
我们想签订一份独家代理合同,然后马上跟
我们想签订一份独家代理合同,然后马上跟出口商
我们想签订一份独家代理合同,然后马上跟出口商再
我们想签订一份独家代理合同,然后马上跟出口商再订一万套
我们想签订一份独家代理合同,然后马上跟出口商再订一万套唐装。

X. Expansion Drills.

huòjià
shāngjiā de huòjià
gège shāngjiā de huòjià
wǒmen gège shāngjiā de huòjià
bǎishàng wǒmen gège shāngjiā de huòjià
zǎorì bǎishàng wǒmen gège shāngjiā de huòjià
tángzhuāng zǎorì bǎishàng wǒmen gège shāngjiā de huòjià
qiān tào tángzhuāng zǎorì bǎishàng wǒmen gège shāngjiā de huòjià
wǔ qiān tào tángzhuāng zǎorì bǎishàng wǒmen gège shāngjiā de huòjià
yí wàn wǔ qiān tào tángzhuāng zǎorì bǎishàng wǒmen gège shāngjiā de huòjià
zhè yí wàn wǔ qiān tào tángzhuāng zǎorì bǎishàng wǒmen gège shāngjiā de huòjià
Xīwàng zhè yí wàn wǔ qiān tào tángzhuāng zǎorì bǎishàng wǒmen gège shāngjiā de huòjià,
yě
yě xīwàng
yě xīwàng wǒmen
yě xīwàng wǒmen de
yě xīwàng wǒmen de hézuò
yě xīwàng wǒmen de hézuò chénggōng.

BBC 初级实用商务汉语 Basic Business Chinese (BBC)

货架
商家的货架
各个商家的货架
我们各个商家的货架
摆上我们各个商家的货架
早日摆上我们各个商家的货架
唐装早日摆上我们各个商家的货架
千套唐装早日摆上我们各个商家的货架
五千套唐装早日摆上我们各个商家的货架
一万五千套唐装早日摆上我们各个商家的货架
这一万五千套唐装早日摆上我们各个商家的货架
希望这一万五千套唐装早日摆上我们各个商家的货架
也
也希望
也希望我们
也希望我们的
也希望我们的合作
也希望我们的合作成功。

Y. Construct a proposal / toast at a conclusion of a business transaction using the cued verbs and adjectives.

Xīwàng Zhù Pànwàng Yùzhù	wǒmen de hézuò	chénggōng, yuánmǎn, shùnlì, yúkuài,	shēngyì yuè zuò yuè	duō. dà. hǎo. hónghuo.

希望 祝 盼望 预祝	我们的合作	成功, 圆满, 顺利, 愉快,	生意越做越	多。 大。 好。 红火。

LESSON 16

MARKETING PRODUCTS AND FUTURE COOPERATION

COMMUNICATIVE ACTIVITIES

1. You are marketing your company's product (s), how can you introduce yourself to a potential buyer, exchange business cards and show your product's catalogue and sample product (s) to the potential buyer?
2. Make a brief presentation about your new product to an audience of potential buyers/importers.
3. What do you say if you would like to make an appointment with the sale department manager for presenting/marketing your new product(s)?
4. As an assistant to the sales department manager, what would you say to a business/marketing/sale representative who insists on meeting with your boss/superior?
5. At the front desk of a corporation's headquarter's office: the receptionist is on the phone talking to someone on a business matter when in comes a business/marketing/sale representative who is here to market his/her company's new products. Carry on a conversation between the receptionist and the sales representative.
6. Role play: the sales department manager of an American importing company is meeting with a sale representative from another company who is trying to market his/her company's new product (s). What do they say during the conversation at the office of the sale department manager?
7. As an importer, state why you think your company is qualified to be a sole agent for the marketed product(s) in North American market.
8. As an importer, state why your company is interested in importing the marketed new product(s).
9. Mock business negotiation between the buyer and seller over the quantity of ordered product(s): How many does the buyer want to order? Does the seller have enough in stock? Why does the buyer want to order more than the minimum order? If the seller does not have enough quantity in stock, what does the seller tell the buyer they want to do and why?
10. As a seller/exporter, state why you would like to establish long-term relationship with the buyer/importer, and vice versa.
11. At a business banquet celebrating the conclusion of a business/trade transaction, representatives from the buyer's and seller's sides are making a brief speech observing the occasion. What does each say and what does each propose for a toast?
12. Conduct conversation, dictation, communicative exchanges, oral reproduction and interpretation/translation based on the following discourse:

我是中国纺织品进出口总公司北京分公司营销部的业务推销代表。我名片上的中国名字是易潇潇,英文名字是 Shawn Yee。最近我一直在推销我公司厂家生产的一种新产品。你看,这是我们新产品的样本和样品。样本中丝绸唐装的照片多漂亮啊。市场调查的结果说我们的产品在国际市场上非常流行,还成了抢手货,销路很好。这是因为我们的产品既美观又大方,独具特色,富

有东方色彩,款式也很新颖,深受男女老少和各界人士的喜爱和欢迎。美中贸易公司对我们的产品非常感兴趣,希望与我们洽谈有关进口的事情,并希望成为我们丝绸唐装在美国东西海岸的独家代理,专门推销我们的产品。因为这种产品的利润空间(lìrùn kōngjiān room for profit)不大,我们在谈判的时候一定要给价格定位,留出利润空间。同时也要争取与进口客商和推销商建立长期和固定的合作关系,不但要把我们的产品打入欧美市场,也要把我们的产品打入亚洲、非洲、大洋洲和拉丁美洲的各个市场。做到国国有唐装,处处见唐装,店店卖唐装,人人买唐装,男女老少都穿唐装。

APPENDIX

附 录

NEW WORDS AND EXPRESSIONS

Pinyin	Characters	Grammar	Lesson
	A		
ānpái	安排	N/V	11
àn	按	V	11
	B		
ba	吧	P	3
bǎ	把	PREP	7
bàngōngshì	办公室	N	8
bāngzhù	帮助	V/N	14
báilándì	白兰地	N	11
bǎi	摆	V	16
bǎifēnzhī	百分之	MW	14
bǎihuò dàlóu	百货大楼	NP	12
bǎihuò shāngdiàn	百货商店	NP	9
bāokuò	包括	V	13
bǎocún (hǎo)	保存(好)	V	12
bǎoguì	宝贵	ADJ	16
bǎoliú	保留	V	16
bǎoxiǎn	保险	N/ADJ	14
bǎozhòng	保重	V	4
bào pán	报盘	VO	14
bàojià	报价	N	14
bàoqiàn	抱歉	V	10
bēi	杯	N	3
běibiān	北边	N	12
běn	本	PRON/N/MW	13
bǐcǐ	彼此	PRON	10
biāozhǔn	标准	N	13
biǎo	表	N	12
bié	别	AV	12
biéchù	别处	N	15
biéde	别的	ADJ	12
bǐrú	比如	V	11
bì yè	毕业	VP	6

393

bīng kāfēi	冰咖啡	NP	3
bīng shuǐ	冰水	NP	3
bìng	并	CONJ	12
bú gòu	不够	VP	6
búbì	不必	ADV	10
búcuò	不错	ADJ	7
búdàn...ěrqiě...	不但……而且……	CONJ	16
búguò	不过	CONJ	13
bǔcháng màoyì	补偿贸易	NP	13
bù	不	ADV	2
bùguǎn	不管	CONJ	16
bùkě	不可	AUX	15
bùmén	部门	N	4
bùxíng	步行	V	12

C

cān zhǎn	参展	VO	13
cānguān	参观	V	9
cānjiā	参加	V	13
cǎigòu	采购	V	13
chāo	超	V	15
chá	茶	N	3
chákàn	查看	V	12
chǎnpǐn	产品	N	9
cháng	常	ADV	9
chángqī	长期	N / ADJ	15
chǎngjiā	厂家	N	11
chàngxiāohuò	畅销货	N	14
chéngběn	成本	N	13
chéngdān	承担	V	15
chénggōng	成功	N / ADJ / V	7
chéngjiāo	成交	V	14
chénglóu	城楼	N	12
chèxiāo	撤销	VP	15
chí	迟	ADJ	15
chōu	抽	V	16
chū chāi	出差	VP	5
chū jìng	出境	VO	12
chūcì	初次	NP	8
chūfādiǎn	出发点	N	13
chūzū	出租	V	13
chūzūchē	出租车	N	12

chuándān	传单	N	13
chuánzhēn	传真	N / V	13
cuòguò	错过	V	15
cèlüè	策略	N	6
cì	次	MW / ADJ	11
cóng...kāishǐ	从……开始	PREP	7
cóngshì	从事	V	6
cóng...shuōqǐ	从……说起	VP	13

D

dāying	答应	V	14
dáfù	答复	V / N	8
dǎ	打	V	7
dǎ dí	打的	VO	12
dǎ zhé	打折	VO	12
dǎjìn	打进	VP	14
dǎsuàn	打算	V / N / AV	11
dàdà	大大	ADV	13
dàtīng	大厅	N	12
dàfang	大方	ADJ	14
dài	带	V / N	11
dàibiǎo	代表	N / V	7
dāngrán	当然	ADV	7
dānwù	耽误	V	16
dào'ànjià	到岸价	N	14
děi	得	AUX	12
(duìhuàn) chéng	(兑换)成	V	12
děng	等	V	8
diǎn	点	V / N	12
dī	低	ADJ	9
díquè	的确	ADV	16
dì yī	第一	NUM	9
dìdiǎn	地点	N	13
dìfang	地方	N	12
dìng huò	订货	VO	13
dìngdān	订单	N	15
dìnggòu	订购	V	14
dìnghuòhuì	订货会	N	13
dìnghuòliàng	订货量	N	15
dìqū	地区	N	15
diàn zǐ yóujiàn	电子电邮	NP	13
diànhuà	电话	N	5
diànnǎo	电脑	N	8

diànshì	电视	N	14
diànshìtǎ	电视塔	N	9
diànzǐ shāngwù	电子商务	NP	14
diànzǐ yóujiàn	电子邮件	NP	7
diàochá	调查	V／N	15
dōngbiān	东边	N	12
dōngfāng	东方	N	16
dōu	都	ADV	2
dǒng	懂	V	7
dú	读	V	7
dújiā dàilǐ	独家代理	VP	16
dújù tèsè	独具特色	VO	16
dùshù	度数	N	11
duì...zhòngshì	对……重视	VP	11
duìbuqǐ	对不起	VP	5
duìhuàn	兑换	V	12
duìhuànlǜ	兑换率	NP	12
duìmiàn	对面	N	11
duìyú	对于	PREP	15
duō	多	ADJ	12
duō cháng	多长	QW	13
duōshǎo	多少	QW	5

E

ěrqiě	而且	CONJ	8

F

fā huò	发货	VO	15
fā(gěi)	发(给)	V	7
fāng	方	N	12
fāngbiàn	方便	ADJ／N	11
fāngshì	方式	N	14
fānyì	翻译	N／V	10
fángjiān	房间	N	5
fǎngwèn	访问	V	9
fǎngzhīpǐnbù	纺织品部	NP	12
fàncài	饭菜	N	11
fàndiàn	饭店	N	5
fàng xīn	放心	V	11
fēicháng	非常	ADV	4
fēijī	飞机	N	9
fēngcǎi	风采	N	15
fēngshèng	丰盛	ADJ	10
fēngxiǎn	风险	N	15

fēngōngsī	分公司	NP	7
fèiyòng	费用	N	13
fèn	份	MW	8
fúwù	服务	N/V	13
fúzhuāng	服装	N	14
fù kuǎn	付款	VO	14
fùyǒu	富有	V/ADJ	16
fùzé	负责	V/ADJ	8

G

gǎijìn	改进	V	14
gǎitiān	改天	ADV	12
gān bēi	干杯	VO/PH	11
gǎnxiè	感谢	V/N	7
gǎn xìngqu	感兴趣	VP	9
gǎnshàng	赶上	V	15
gāo	高	ADJ	13
gāoxìng	高兴	ADJ	2
gēn...dǎjiāodào	跟……打交道	PREP+VP	7
gēn...lái	跟……来	VP	8
gěi	给	V	3
gè wèi	各位	NP	10
gèrén diànnǎo	个人电脑	NP	8
gōngchǎng	工厂	N	13
gōngdào	公道	ADJ	13
gōngguān	公关	N	14
gōnghuò	供货	VO	15
gōngshāng guǎnlǐ	工商管理	IE	6
gōngyìngshāng	供应商	N	14
gōngzuò	工作	N/V	4
gōngsī	公司	N	4
gòngtóng	共同	ADJ	13
gòu	够	V	12
gòumǎi	购买	V	8
gùdìng	固定	V/ADJ	15
gùyuán	雇员	N	10
guānglín	光临	V	10
guānkàn	观看	V	9
guānxi	关系	N	14
guānzhào	关照	V	8
guǎi	拐	V	12
guǎngchǎng	广场	N	12
guǎnggào	广告	N	13

guàng jiē	逛街	VO	12
guīmó	规模	N	13
guì	贵	ADJ	2
guìkè	贵客	N	11
guójiā	国家	N	8
guójì	国际	ADJ	8
guójìbù	国际部	N	4
guójìguǎnlǐ	国际管理	NP	6
guónèi	国内	N	13
guówài	国外	N	14
guóyíng	国营	N	12
guózhǎnhuì	国展会	NP	13
guò	过	V	15
guòmù	过目	V	11
guòshí	过时	ADJ	13

H

hái / huán	还	ADV / V	6
háishi	还是	QW	3
háishi	还是	CONJ	7
hángkōng gōngsī	航空公司	NP	9
hǎiguān	海关	N	12
hǎiwài	海外	N	8
hǎi'àn	海岸	N	16
hǎo	好	ADJ	2
hǎo huò bù piányi, piányi méi hǎo huò	好货不便宜,便宜没好货	IE	9
hǎo shì hǎo	好是好	IE	13
hǎo shuō	好说	PH	11
hǎopíng	好评	N	16
hǎoxué	好学	ADJ	6
Hànzì	汉字	N	7
hào	号	N	5
hàomǎ	号码	N	5
hē	喝	V	3
hétong	合同	N	14
hézuò	合作	V / N	10
hěn	很	ADV	2
hóngchá	红茶	NP	3
hónghuo	红火	ADJ	16
huānyíng	欢迎	V	3
huāsè	花色	N	9
huí	回	V	5

huíhuà	回话	VO	16
huì	会	AV/N	7
huódòng	活动	N	9
huòjià	货架	N	16
huòwù	货物	N	15

J

jiāgōng	加工	V	14
jiāgōng shèbèi	加工设备	NP	13
jiāohuò	交货	VO	15
jiāoliúhuì	交流会	N	13
jiāoyì huì	交易会	N	11
jiārén	家人	N	12
jiāshang	加上	V	14
jiāyòngpǐn	家用品	NP	12
jiǎnchēng	简称	N	13
jiǎnlì	简历	N	7
jiǎnzhí	简直	ADV	16
jiàgébiǎo	价格表	N	9
jiàn	件	MW	15
jiàn miàn	见面	VP	8
jiàndào	见到	VP	2
jiànkāng	健康	ADJ/N	11
jiànlì	建立	V	15
jiànyì	建议	N/V	11
jiào	叫	V	2
jiē	街	N	12
jiē	接	V	10
jiējiàn	接见	V	16
jiēshòu	接受	V	14
jiéguǒ	结果	N	16
jiémù	节目	N	9
jiè	届	MW	13
jièshào	介绍	N/V	3
jiǔyǎng	久仰	V	4
juéde	觉得	V	2
jīběn	基本	ADJ	13
jīchǎng	机场	N	9
jīhuì	机会	N	7
jīhū	几乎	ADV	15
jíqī xìnyòngzhèng	即期信用证	NP	15
jǐ	几	NUM	5
jǐkuài	尽快	ADV	16

BBC 初级实用商务汉语 Basic Business Chinese(BBC)

jì...yòu...	既……又……	CONJ	14
jìhuà	计划	N / V	7
jīng	经	V/ PRON	9
jīng shāng	经商	VP	2
jīngjì	经济	N	6
jīnglǐ	经理	N	4
jīngmào	经贸	N	7
jīngměi	精美	ADJ	11
jīngxiāo	经销	V	16
jīngxiāoshāng	经销商	N	13
jīngxì	精细	ADJ	11
jīngyàn	经验	N	8
jīnhòu	今后	N	13
jīnróng	金融	N	6
jǐn	紧	ADJ	15
jǐnliàng	尽量	ADV	15
jǐnzhāng	紧张	ADJ	15
jìn huò	进货	VO	16
jìnchūkǒu	进出口	VP	6
jìngzhēnglì	竞争力	N	13
jìshù	技术	N	13
jìxù	继续	V	7
jǔ bēi	举杯	VO	11
jǔbàn	举办	V	11
jùtǐ	具体	ADJ	14

K

kāfēi	咖啡	N	3
kāi	开	V	16
kāidá	开达	V	15
kāifāqū	开发区	N	9
kāilì	开立	V	14
kāimù	开幕	VO	13
kāishǐ	开始	V	8
kāituò	开拓	V	14
kǎochá	考察	V	9
kǎolǜ	考虑	V	9
kǎoyā quánxí	烤鸭全席	NP	10
kē	科	N	8
kěkǒu	可口	ADJ	11
kěkǒukělè	可口可乐	NP	3
kěshì	可是	CONJ	6
kěyǐ	可以	AV	8

kèchéng	课程	N	6
kèhù	客户	N	13
kèren	客人	N	10
kèshāng	客商	N	13
kǒngpà	恐怕	ADV	12
kuājiǎng	夸奖	V/N	14
kuǎnshì	款式	N	13
kuàguó gōngsī	跨国公司	NP	7
kuàijì	会计	N	6
kuàizi	筷子	N	12
kuòdà	扩大	V	14

L

lái jiàn jiāgōng	来件加工	VP	13
lái liào jiāgōng	来料加工	VP	13
lái yàng jiāgōng	来样加工	VP	13
láifǎng	来访	V	10
láizì	来自	V	13
láodònglì	劳动力	N	13
láojià	劳驾	NP	12
lǎo dà	老大	NP	8
lǎojiā	老家	N	5
lǎo'èr	老二	NP	8
le	了	P	2
lí	离	V/PREP	12
lìrùn	利润	N	15
lǐwù	礼物	N	12
lìyòng	利用	V	14
liánjià	廉价	ADJ	14
liǎ	俩	NUM	8
liǎojiě	了解	V	11
línláng mǎnmù	琳琅满目	PH	12
lǚtú	旅途	N	9
lǚxíng zhīpiào	旅行支票	NP	12
lǜchá	绿茶	NP	3
liú	流	V/N	14
liúlì	流利	ADJ	8
liúxíng	流行	ADJ	15
liúxíng	流行	V	9

M

ma	吗	P	2
mǎirùjià	买入价	NP	12
mǎmǎhūhū	马马虎虎	IE	7

401

mǎnshang	满上	V	11
mǎnzú	满足	V／ADJ	15
máng	忙	ADJ	2
mǎshàng	马上	ADV	10
màichūjià	卖出价	NP	12
màoyì	贸易	N	6
méicuòr	没错儿	VP	6
měi	每	NUM	13
měiguān	美观	ADJ	14
Měiguórén	美国人	NP	5
míng bù xū chuán	名不虚传	PH	11
míngpiàn	名片	N	4
míngshèng gǔjì	名胜古迹	NP	9
míngzì	名字	N	2
mǐ	米	N／MUW	14
miànliào	面料	N	13
miàntán	面谈	V	8
mùlù	目录	N	9

N

nǎlǐ	哪里	ADV	7
nǎr	哪儿	PRON	4
nà shíhou	那时候	TW	7
nán	难	ADJ	2
nán nǚ lǎo shào	男女老少	NP	15
nánbiān	南边	N	12
ne	呢	P	2
néng	能	AV	8
nèi	内	ADV	15
nǐ	你	PR	2
niánchū	年初	N	15
niándǐ	年底	N	15
nǐdìng	拟订	V	14
nín	您	PR	2
nǔlì	努力	ADJ	6
nǚshì	女士	N	3

P

pài	派	V	10
pànwàng	盼望	V	15
péngyou	朋友	N	3
pī	批	MW	15
pīfā	批发	V	15
píjiǔ	啤酒	N	3

piányi	便宜	ADJ	9
piàoliang	漂亮	ADJ	9
píngfāngmǐ	平方米	N	13
pǐncháng	品尝	V	9
pútaojiǔ	葡萄酒	N	11
pǔtōnghuà	普通话	N	7

Q

qítā	其他	PR	14
qǐdìngliàng	起订量	N	15
qǐyè	企业	N	13
qiān zì	签字	VO	12
qiāndìng	签订	V	14
qiǎngshǒu	抢手	ADJ	15
qiàtán	洽谈	V	10
qiàtán huì	洽谈会	N	11
qiūjì	秋季	N	11
qīnzì	亲自	ADV	10
qíngkuàng	情况	N	7
quēfá	缺乏	V	13
què	却	ADV	16
qǐngshì	请示	V	14
qǐngwèn	请问	V	2

R

ránhòu	然后	CONJ	7
ràng	让	V	8
rénlì zīyuán bù	人力资源部	NP	7
rénlìzīyuán	人力资源	NP	6
rénmínbì	人民币	N	12
rè kāfēi	热咖啡	NP	3
rè shuǐ	热水	NP	3
rèmén	热门	VP	6
rèmén huò	热门货	N	14
rènshi	认识	V	3
rènwù	任务	N	15
róngxìng	荣幸	ADJ／N	3
róngyì	容易	ADJ	7
rúguǒ	如果	CONJ	8
rùxí	入席	VO	10

S

sān lái yì bǔ	三来一补	NP	13
sānzī qǐyè	三资企业	NP	9

shāngdiàn	商店	N	12
shāngjiā	商家	N	16
shāngpǐn	商品	N	11
shāngrén	商人	N	2
shāngwù	商务	N	6
shāngwù lǚxíng	商务旅行	NP	9
shàng xué	上学	VP	6
Shànghǎicài	上海菜	N	9
shǎo	少	ADJ	12
shēn	深	ADV / ADJ	16
shēngyì	生意	N	10
shēnqǐng	申请	V	7
shēnqǐngbiǎo	申请表	N	13
shēntǐ	身体	N	11
shēngchǎn	生产	V	11
shéi	谁	PR / QW	3
shénme	什么	QW	2
shénme shíhou	什么时候	QW / PH	5
shénmede	什么的	PH	6
shěnměi	审美	VO	13
shèjì	设计	N / V	14
Shèngdàn Jié	圣诞节	N	15
shèngqíng	盛情	N / ADJ	10
shèngrèn	胜任	V	8
shèyàn	设宴	VP	10
shīlǐ	失礼	VO	11
shíjiān	时间	N	12
shízì lùkǒu	十字路口	NP	12
shì	是	CV	2
shìhé	适合	V	16
shìqing	事情	N	10
shìxiāo	试销	V	15
shìyàng	式样	N	9
shōudào	收到	V	15
shōufèi	收费	VO	13
shōujù	收据	N	12
shǒuduàn	手段	N	14
shǒudū	首都	N	9
shǒujī	手机	N	5
shǒunǎo	首脑	N	15
shǒuxù	手续	N	13
shòu	受	V	16

Pinyin	Chinese	POS	Lesson
shòu...de huānyíng	受……的欢迎	VP	14
shòuhuòyuán	售货员	N	12
shùliàng	数量	N	14
shuāng	双	N/MW	12
shuāngfāng	双方	N	14
shuǐ	水	N	3
shuō	说	V	7
shuō shíhuà	说实话	VP	8
shuōmíng	说明	V/N	13
shùnbiàn	顺便	ADV	10
shùnlì	顺利	ADJ	10
shù'é	数额	N	14
sècǎi	色彩	N	16
sīchóu	丝绸	N	14
sòng (gěi)	送(给)	V	12
suǒyǐ	所以	CONJ	6

T

Pinyin	Chinese	POS	Lesson
tuīxiāo	推销	V	13
tuō chǎn	脱产	VP	6
tài	太	ADV	2
tàitai	太太	N	3
tán	谈	V	10
tángzhuāng	唐装	N	15
tánpàn	谈判	N/V	7
tǎnshuài	坦率	ADJ	13
tǎo jià huán jià	讨价还价	PH	14
tǎolùn	讨论	N/V	11
tèsè	特色	N	14
tígāo	提高	V	13
tígōng	提供	V	13
tíyì	提议	V	11
tígōng	提供	V	14
tīng	听	V	7
tīng qilai	听起来	VP	15
tīngshuō	听说	V	11
tián	填	V	12
tiáo	条	N/MW	12
tōngguò	通过	V/PREP	14
tóngháng	同行	N	2
tóngyì	同意	V	15
tóngshì	同事	N	3
tūpò	突破	V	16

W

wǎnglái	往来	V	14
wǎngyè	网页	N	13
wǎng	往	PREP	
wàibāo	外包	V	13
wàibì	外币	N	12
wàiguān	外观	N	11
wàipài gùyuán	外派雇员	NP	7
wàishāng	外商	N	13
wàizī	外资	N	13
wàng	忘	V	12
wàngjì	旺季	N	15
wéijīn	围巾	N	12
wénmíng shìjiè	闻名世界	PH	14
wèi	为	PREP	13
wèi shénme	为什么	PR	8
wèidào	味道	N	11
wèn lù	问路	VO	12
wènhòu	问候	V	2
wǒ	我	PR	2
wǒmen	我们	PR	2

X

xiàngmù	项目	N	13
xiànjīn	现金	N	12
xiànzài	现在	N	5
xiàng	向	PREP	12
xiàshǔ	下属	N	11
xià	下	N/V	5
xiàzǎi	下载	V	13
xiē	些	MW	11
xiě	写	V	7
xièxie	谢谢	V	2
xībiān	西边	N	12
xīběi	西北	N	9
xiānsheng	先生	N	3
xiāofèizhě	消费者	N	13
xiāolù	销路	N	13
xiāoshòu	销售	V	14
xiāoshòuliàng	销售量	N	13
xiángxì	详细	ADJ	11
xiǎng	想	AV/V	7
xiǎngshòu	享受	V	15

xiǎochī	小吃	N	9
xiǎojie	小姐	N	3
xǐ'ài	喜爱	V	14
xīwàng	希望	N/V	10
xīn	新	ADJ	14
xīnglóng	兴隆	ADJ	11
xīngqī	星期	N	5
xīnkǔ	辛苦	ADJ	10
xíjiān lǐjié	席间礼节	NP	11
xíngrén	行人	N	12
xǐhuān	喜欢	V	6
xìng	姓	V/N	2
xìnrèn	信任	V	16
xìnyòngzhèng	信用证	N	14
xūqiú	需求	N	13
xūyào	需要	V/N	12
xuǎnzé	选择	V	8
xuéxí	学习	V	6

Y

Yàzhōubù	亚洲部	N	4
yánjiūshēngyuàn	研究生院	NP	6
yánsè	颜色	N	13
yàngběn	样本	N	11
yàngpǐn	样品	N	11
yànhuì	宴会	N	10
yào	要	AV/V	3
yāoqǐng	邀请	N/V	10
yāoqiú	要求	V/N	15
yàojǐn	要紧	ADJ	7
yě	也	ADV	2
yèwù	业务	N	11
yèwù dàibiǎo	业务代表	NP	10
yīnwèi	因为	CONJ	6
yídìng	一定	ADV	7
yígòng	一共	ADV	9
yílù	一路	N	10
yíngxiāo	营销	N	6
yínháng	银行	N	12
yíqiè	一切	N	14
yíxià(r)	一下儿	NUM	3
yǐhòu	以后	N	6
yǐjing	已经	ADV	7

yǐjí	以及	CONJ	13
yǐngxiǎng	影响	N/V	14
yǐnjìn	引进	V	14
yǐqián	以前	ADV	6
yì mó yí yàng	一模一样	PH	16
yì yán wéi dìng	一言为定	IE	9
yì...jiù...	一……就……	CONJ	7
yìbiān...yìbiān...	一边……一边……	CONJ	7
yìbān	一般	ADJ	14
yìngpìn	应聘	VO	8
yìnxiàng	印象	N	14
yìqǐ	一起	ADV	10
yìsi	意思	N	9
yìxiàng	意向	N	14
yìxiàngshū	意向书	N	14
yìzhí	一直	ADV	6
yōuhuì	优惠	ADJ	9
yōuliáng	优良	ADJ	14
yōuxiānquán	优先权	N	16
yóulǎn	游览	V	9
yóuxué	游学	VO	7
yǒu	有	V	3
yǒu dàolǐ	有道理	VO	15
yǒu fāzhǎn	有发展	VP	6
yǒu hé guì gàn	有何贵干	IE	16
yǒu shíhou	有时候	PH	4
yǒu shì	有事	VO	10
yǒu yìsi	有意思	ADJ	6
yǒumíng	有名	ADJ	8
yǒuqíng	友情	N	10
yǒuxiào	有效	ADJ	14
yǒuyòng	有用	ADJ	6
yòng	用	V	6
yòubiān	右边	N	11
yúkuài	愉快	ADJ	9
yuánliàng	原谅	V	11
yuánlái	原来	N	12
yuánmǎn	圆满	ADJ	11
yuǎn	远	ADJ	12
yuànyì	愿意	AUX	14
yuè	月	N	5
yuè...yuè...	越……越……	CONJ	11

NEW WORDS AND EXPRESSIONS

Z

zájì	杂技	N	9
zài	在	CV/V	4
zài...qījiān	在……期间	TW	13
zàijiàn	再见	V	2
zàishuō	再说	ADV	12
zhuījiā	追加	V	16
zhǎnlǎn	展览	N/V	13
zhǎnmài	展卖	V	13
zhǎnqū	展区	N	13
zhǎntái	展台	N	11
zhǎnxiāo huì	展销会	N	11
zhāodài	招待	V	10
zhāopìn	招聘	V	7
zhǎo	找	V	5
zhékòu	折扣	N	14
zhème	这么	PRO	10
zhēngqǔ	争取	V	15
zhēn	真	ADJ/ADV	2
zhēnsī	真丝	N	12
zhèng	正	ADV	8
zhèngfǔ	政府	N	13
zhèngshì	正式	ADJ	11
zhèngshì	正是	ADV	8
zhèngzài	正在	ADV	11
zhīdào	知道	V	5
zhīmíngdù	知名度	N	13
zhǐ	只	ADV	10
zhǐdǎo	指导	V	11
zhǐjiào	指教	V	10
zhǐshì	只是	ADV	16
zhìshǎo	至少	ADV	14
Zhōngfāng	中方	N	8
zhōngjiān	中间	N	12
zhōngxīn	中心	N	13
zhōu	州	N	5
zhōudào	周到	ADJ	11
zhōulì dàxué	州立大学	NP	6
zhōumò	周末	N	11
zhòng	重	ADJ	15
zhuāng	桩	MW	15
zhuānmén	专门	ADJ/ADV	16

409

zhuānyè	专业	N/ADJ	8
zhuǎn	转	V	5
zhǔbàn	主办	V	13
zhǔbàn dānwèi	主办单位	VO	13
zhǔnbèi	准备	V	10
zhǔxiū	主修	V	7
zhǔyi	主意	N	13
zhǔyào	主要	ADV	13
zhù	住	V	5
zhù	祝	V	7
zhùmíng	著名	ADJ	9
zuì	最	ADV	6
zuìjìn	最近	ADV	9
zuò	坐	V	9
zuò	做	V	4
zuògōng	做工	N	11
zuòshēngyì	做生意	VP	6
zuòwéi	作为	N/V	16
zuòwèi	座位	N	11
zǎo jiù	早就	ADV	8
zǎorì	早日	ADV	15
zǎoshang	早上	N	8
zěnme zǒu	怎么走	VP	9
zěnmeyàng	怎么样	PH	8
zīliào	资料	N	13
zǒngbù	总部	N	5
zǒngcái	总裁	N	4
zǒnggòng	总共	ADV	12
zǔzhī	组织	V/N	13
zhōngxún	中旬	N	7
...zhījiān	……之间	N	14
...zhīyī	……之一	PR	13

PROPER NOUNS

Pinyin	Characters	Lesson
B		
Běijīng	北京	5
Běijīng Guójì Fàndiàn	北京国际饭店	9
Běijīng Guójì Xuéxiào	北京国际学校	8
Běijīng Guójì Zhǎnxiāohuì	北京国际展销会	13
Běijīng kǎoyā	北京烤鸭	9
Běijīng Shǒudū Guójì Jīchǎng	北京首都国际机场	9
Běiměizhōu	北美洲	13
Bìfódūn Shì	碧佛敦市	5
Bōtèlán	波特兰	14
Bōtèlán Guójì Jīchǎng	波特兰国际机场	9
Bōtèlán Shì	波特兰市	5
Bōtèlán Zhōulì Dàxué	波特兰州立大学	6
C		
Chángchéng	长城	9
D		
Dàyángzhōu	大洋洲	13
Dōngfāng Míngzhū Diànshìtǎ	东方明珠电视塔	9
Dōngjīng	东京	5
E		
Élègāng Zhōu	俄勒冈州	5
F		
Fēizhōu	非洲	13
G		
Guǎngzhōu Shāngpǐn Jiāoyìhuì	广州商品交易会	14
Guīgǔ	硅谷	5
Guójì Fàndiàn	国际饭店	5
Guójì Guǎnlǐyánjiūshēngyuàn	国际管理研究生院	8
Gǎn'ēn Jié	感恩节	15
Gùgōng	故宫	9
H		
Huáshèngdùn Dàxué	华盛顿大学	6
Huáshèngdùn Zhōu	华盛顿州	6
Huìpǔ Gōngsī	惠普公司	7

BBC 初级实用商务汉语 Basic Business Chinese (BBC)

Hánguó	韩国	5
Hùchéng Hé	护城河	12

I

IBM Běijīng Fēngōngsī	IBM 北京分公司	8
IBM Diànnǎo Gōngsī	IBM 电脑公司	8
IBM Gōngsī	IBM 公司	9

J

Jiānádà	加拿大	5
Jiāzhōu	加州	5
Jiùjīnshān	旧金山	5
Jīnmào Dàshà	金茂大厦	9
Jīnshuǐ Qiáo	金水桥	12

L

Lādīngměizhōu	拉丁美洲	13
Lǐ Jīng	李经	2
Liánxiǎng Gōngsī	联想公司	8
Liú Jīnróng	刘金融	4

M

Máo zhǔxí Jìniàntáng	毛主席纪念堂	12
Mǎdīng Nánxī	马丁·南希	16
Mǎkè Āndésēn	马克·安德森	10
Měiguó xī hǎi'àn	美国西海岸	16
Měiguó Xīběi Hángkōng Gōngsī	美国西北航空公司	9
Měizhōng Màoyì Gōngsī	美中贸易公司	10

N

Nánjīng Lù (shāngyèjiē)	南京路（商业街）	9
Nánjízhōu	南极洲	13
Nàikè Gōngsī	耐克公司	4

O

Ōuzhōu	欧洲	16

P

Pǔdōng Kāifāqū	浦东开发区	9
Pǔdōng	浦东	9

Q

Quánjùdé Kǎoyādiàn	全聚德烤鸭店	9
Qīngdǎo Píjiǔ	青岛啤酒	3

R

Rénmín Yīngxióng Jìniànbēi	人民英雄纪念碑	12
Rìběn	日本	5

PROPER NOUNS

S

Shànghǎi Bólǎnhuì	上海博览会	14
Shànghǎi Hépíng Fàndiàn	上海和平饭店	9
Shèngdàn Jié	圣诞节	15
Shǒu'ěr	首尔	5

T

Tàiguó	泰国	8
Tiāntán	天坛	9
Tiāntán Gōngyuán	天坛公园	11
Tiān'ānmén Guǎngchǎng	天安门广场	12

W

Wáng Shāng	王商	2
Wángfǔjǐng	王府井	9
Wángfǔjǐng Bǎihuò Dàlóu	王府井百货大楼	12
Wángfǔjǐng Bùxíng Jiē	王府井步行街	12
Wángfǔjǐng Dàjiē	王府井大街	12
Wàitān	外滩	9
Wēiruǎn Gōngsī	微软公司	6
Wēngēhuá	温哥华	5

X

Xīyǎtú Shì	西雅图市	6

Y

Yàtài	亚太	6
Yàtài Jīnghé Huìyì	亚太经合会议	15
Yàzhōu	亚洲	4
Yīngtè'ěr Gōngsī	英特尔公司	4
Yíhéyuán	颐和园	9

Z

Zhāng Shìmào	张世贸	3
Zhōngguó	中国	5
Zhōngguó Guójì Màocùhuì (Zhōngguó Guójì Màoyì Cùjìn Wěiyuánhuì)	中国国际贸促会（中国国际贸易促进委员会）	13
Zhōngguó Jìnchūkǒu Zǒnggōngsī	中国进出口总公司	13
Zhōngguó Yínháng	中国银行	12
Zhōngguóguójiā Bówùguǎn	中国国家博物馆	12
ZhōngguóJìnchūkǒu Zǒnggōngsī	中国外贸进出口总公司	10

ENRICHMENT

Pinyin	Characters	Lesson
A		
Ānhuī Shěng	安徽省	5
Àomén Tèbéi Xíngzhèngqū	澳门特别行政区	5
B		
bǎihuò gōngsī	百货公司	12
bàifǎng	拜访	10
bànfǎ	办法	14
bàoxiāo	报销	16
Běijīng Shì	北京市	5
běnbì	本币	12
biǎoyáng	表扬	14
Bīnxīfǎníyà Dàxué Wòdùn Shāngxuéyuàn	宾西法尼亚大学沃顿商学院	6
bǐjìběn diànnǎo	笔记本电脑	8
bìmù	闭幕	13
bōluózhī	菠萝汁	3
bùmén jīnglǐ	部门经理	4
C		
cānguān ānpái	参观安排	9
cǎifǎng	采访	10
cǎigòushāng	采购商	13
cǎoméizhī	草莓汁	3
chuánxiāo	传销	13
Chángchūn Shì	长春市	5
Chángshā Shì	长沙市	5
chàngxiāohuò	畅销货	13
Chéngdū Shì	成都市	5
chéngzhī	橙汁	3
chènyī	衬衣	14
Chóngqìng Shì	重庆市	5
chū huò	出货	16
cùxiāo	促销	13
cuòshī	措施	14

BBC 初级实用商务汉语 Basic Business Chinese (BBC)

D

dāying	答应	8
dá'àn	答案	8
dǎkāi	打开	14
dǎrù	打入	14
dáxiè	答谢	8
dǎng de shēngrì	党的生日	15
dàixiāohuò	代销货	13
dàyī	大衣	14
dānge	耽搁	16
Déyǔ	德语	7
diǎnzǐ yóujiàn	电子邮件	7
diànzǐ wǎngyè	电子网页	7
diànzǐ xìnxī	电子信息	7
diànzǐ yóuxì	电子游戏	7
diàoxiāo	吊销	16
Duānwǔ Jié	端午节	15
duǎnkù	短裤	14
duìkǒu	对口	11
dújù fēnggé	独具风格	16
dújù tèsè	独具特色	16

E

Értóng Jié	儿童节	15
Éyǔ	俄语	7

F

Fǎyǔ	法语	7
fǎngwèn	访问	10
fēngyī	风衣	14
Fújiàn Shěng	福建省	5
fù jīnglǐ	副经理	4
Fúzhōu Shì	福州市	5

G

Gānsù Shěng	甘肃省	5
Gēlúnbǐyà Dàxué Shāngxuéyuàn	哥伦比亚大学商学院	6
gòumǎi	购买	14
gòuwù zhōngxīn	购物中心	12
gòuxiāo	购销	14
guānkàn biǎoyǎn	观看表演	9
guānkàn cāozuò	观看操作	9
guānkàn jiémù	观看节目	9
guānkàn rìchū	观看日出	9

guānkàn yǎnchū	观看演出	9
Guǎngdōng Shěng	广东省	5
Guǎngxī Zhuàngzú Zìzhìqū	广西壮族自治区	5
Guǎngzhōu Shì	广州市	5
guàng chāoshì	逛超市	12
guàng jiē	逛街	12
guàng yèshì	逛夜市	12
guìbīn	贵宾	11
guìkè	贵客	11
Guìyáng Shì	贵阳市	5
Guìzhōu Shěng	贵州省	5
guójì hùliánwǎng / yīntèwǎng	国际互联网／因特网	7
Guójì Láodòng Jié	国际劳动节	15
Guóqìng Jié	国庆节	15
Guóyǔ	国语	7
guǒzhī	果汁	3

H

Hā'ěrbīn Shì	哈尔滨市	5
Hāfó Dàxué Shāngxuéyuàn	哈佛大学商学院	6
Hànyǔ	汉语	7
Hángzhōu Shì	杭州市	5
Hǎikǒu Shì	海口市	5
Hǎinán Shěng	海南省	5
hǎopíng rúcháo	好评如潮	16
Hēilóngjiāng Shěng	黑龙江省	5
hēipí	黑啤	3
Héběi Shěng	河北省	5
Héféi Shì	合肥市	5
Hénán Shěng	河南省	5
héshì	合适	16
héyuē	合约	16
huāxiāo	花销	16
huánqiúwǎng	环球网	7
Huáyǔ	华语	7
huìpiào	汇票	12
huódòng ānpái	活动安排	9
huò bǐ huò	货比货	16
huòbǐsānjiā	货比三家	16
huòbì	货币	16
huòguì	货柜	16
huòwù	货物	16

huòyuán	货源	16
huòzhēn jiàshí	货真价实	16
hóngguǒzhī	红果汁	3
hòumiàn / biān	后面/边	11
Hūhéhàotè Shì	呼和浩特市	5
Húběi Shěng	湖北省	5
Húnán Shěng	湖南省	5

J

Jílín Shěng	吉林省	5
Jǐnán Shì	济南市	5
jiārén	家人	10
Jiāzhōu Dàxué Bókèlì Fēnxiào Hāsī Shāngxuéyuàn	加州大学伯克利分校哈斯商学院	6
jiákè	夹克	14
jiàrì lǚxíng	假日旅行	9
jiǎnjiè	简介	8
jiǎnzhāng	简章	8
Jiànjūn Jié	建军节	15
Jiāngsū Shěng	江苏省	5
Jiāngxī Shěng	江西省	5
jiāochā huìlǜ	交叉汇率	12
jiāoyì'é	交易额	12
jiào chūzū	叫出租	12
Jiàoshī Jié	教师节	15
jiēdài	接待	10
jǐnqiàohuò	紧俏货	13
jìn huò	进货	16
jìnchūkǒushāng	进出口商	13
jīnglǐ zhùlǐ / zhùshǒu	经理助理/助手	4
jīngxiāo	经销	16
júzizhī	橘子汁	3

K

kāifā	开发	14
kāixiāo	开销	16
kāixiāo	开销	13
Kāngnài'ěr Dàxué Yuēhànxùn Guǎnlǐxué Yánjiū shēngyuàn	康奈尔大学约翰逊管理学研究生院	6
kèchéng ānpái	课程安排	9
kèrén	客人	10
kùzi	裤子	14
kuāzàn	夸赞	14
kuǎndài	款待	10

kuàihuò	快货	13
Kūnmíng Shì	昆明市	5

L

lākāi wéimù	拉开帷幕	13
Lāsà Shì	拉萨市	5
láifǎng	来访	10
Lánzhōu Shì	兰州市	5
lízhī	梨汁	3
lǐmào	礼貌	11
lǐyí	礼仪	11
lìzhīzhī	荔枝汁	3
Liáoníng Shěng	辽宁省	5
liúxínghuò	流行货	13
lǚtú píng'ān	旅途平安	9
lǚtú shùnlì	旅途顺利	9
lǚtú yúkuài	旅途愉快	9
lǚxíng ānpái	旅行安排	9

M

Máshěng Lǐgōng Xuéyuàn Sīlóng Shāngxuéyuàn	麻省理工学院斯隆商学院	6
mǎimài chājià	买卖差价	12
mǎimài jiàgé	买卖价格	12
mǎimài yèwù	买卖业务	12
mǎirù huìlǜ	买入汇率	12
Mǎláixīyàyǔ	马来西亚语	7
màichū huìlǜ	卖出汇率	12
mǔyǔ	母语	7

N

Nánchāng Shì	南昌市	5
Nánjīng Shì	南京市	5
Nánníng Shì	南宁市	5
Nèiměnggǔ Zìzhìqū	内蒙古自治区	5
nèiyī	内衣	14
Níngxià Huízú Zìzhìqū	宁夏回族自治区	5

P

pèigòu	配购	13
pèijiànshāng	配件商	13
pèi'é	配额	13
píngguǒ diànnǎo	苹果电脑	8
píngguǒzhī	苹果汁	3
pǐncháng tèsè shípǐn	品尝特色食品	9

pǐncháng xiǎochī	品尝小吃	9
pǐncháng Xīcān	品尝西餐	9
pǐncháng Zhōngcān	品尝中餐	9
pǐnzhì	品质	13
pìnqǐng	聘请	8
pìnshū	聘书	8
pìnyòng	聘用	8
pútaozhī	葡萄汁	3
Pǔtōnghuà	普通话	7

Q

qiānfā	签发	14
qiānzhèng	签证	14
qiánmiàn / biān	前面/边	11
qiǎngshǒuhuò	抢手货	13
qiàgòu	洽购	10
qiàtán ānpái	洽谈安排	9
Qīnghǎi Shěng	青海省	5
Qīngnián Jié	青年节	15
Qíngrén Jié	情人节	15
qǐng duō guānzhào	请多关照	4
qúnzi	裙子	14

R

rèménhuò	热门货	13
Rìyǔ	日语	7
rù zuò	入座	10

S

Shāndōng Shěng	山东省	5
shāngjiè	商界	13
shāngren	商人	10
shāngwù Hànyǔ	商务汉语	8
shāngyì	商议	11
Shānxī Shěng	山西省	5
Shǎnxī Shěng	陕西省	5
shàndài	善待	10
shàng huò	上货	16
shàng wǎng	上网	7
Shànghǎi Shì	上海市	5
shàngmiàn / biān	上面/边	11
shàngyī	上衣	14
shēngpí	生啤	3
shēngrén	生人	10

shēnqǐng bǔzhù	申请补助	8
shēnqǐng gōngzuò	申请工作	8
shēnqǐng xuéwèi	申请学位	8
shēnqǐngbiǎo	申请表	8
shēnqǐngshū	申请书	8
shēnqǐngxìn	申请信	8
shēnshòu hǎopíng	深受好评	16
Shěnyáng Shì	沈阳市	5
shè wǎnyàn	设晚宴	10
shè wǔyàn	设午宴	10
shíbào shíxiāo	实报实销	16
Shíjiāzhuāng Shì	石家庄市	5
shísù ānpái	食宿安排	9
shìdù	适度	16
shìhé	适合	16
shìliàng	适量	16
shìxiāo	适销	16
shìyí	适宜	16
shìyí	事宜	14
shǒutí diànnǎo	手提电脑	8
shòupìn	受聘	8
shúrén	熟人	10
sīchóu fāngjīn	丝绸方巾	16
sīchóu fúzhuāng	丝绸服装	16
sīchóu mǎjiǎ	丝绸马甲	16
sīchóu pījiān	丝绸披肩	16
sīchóu shuìpáo	丝绸睡袍	16
sīchóu shuìyī	丝绸睡衣	16
sīchóu tángzhuāng	丝绸唐装	16
sīchóu wéijīn	丝绸围巾	16
sīchóu zhōngshì fúzhuāng	丝绸中式服装	16
Sītǎnfú Dàxué Shāngxuéyuàn	斯坦福大学商学院	6
Sìchuān Shěng	四川省	5

T

Táiběi Shì	台北市	5
táishì / zhuōshì diànnǎo	台式／桌式电脑	8
Táiwān Shěng	台湾省	5
táozhī	桃汁	3
Tàiyuán Shì	太原市	5
tàohuàn wàibì	套换外币	12
tígāo	提高	14
tíyì	提议	11

BBC 初级实用商务汉语 Basic Business Chinese (BBC)

tiānjiā	添加	16
Tiānjīn Shì	天津市	5
tuīxiāo	推销	16
tóuzī	投资	12

W

Wǎnshang hǎo	晚上好	2
Wǎn'ān	晚安	2
wàihuì	外汇	12
wàirén	外人	10
wàiyī	外衣	14
wàiyǔ	外语	7
wàzi	袜子	14
wényì biǎoyǎn	文艺表演	9
wényì jiémù	文艺节目	9
wényì yǎnchū	文艺演出	9
Wūlǔmùqí Shì	乌鲁木齐市	5
Wǔhàn Shì	武汉市	5

X

Xī'ān Shì	西安市	5
Xiānggǎng Tèbié Xíngzhèngqū	香港特别行政区	5
xiāo zhàng	销账	13
xiāojià	销价	13
xiāoliàng	销量	13
xiāolù	销路	13
xiāoshì	销势	13
xiāoshòu	销售	13
xiāoxíng	销行	13
xiǎomàibù	小卖部	12
xiàmiàn / biān	下面/边	11
Xiàwu hǎo.	下午好	2
xiémào	鞋帽	14
xiéyì	协议	16
xièmù	谢幕	13
Xībānyáyǔ	西班牙语	7
Xīběi Dàxué Kǎiluògé Shāngxuéyuàn	西北大学凯洛格商学院	6
Xīnjiāng Wéiwú'ěr Zìzhìqū	新疆维吾尔自治区	5
xīnnián	新年	15
Xīníng Shì	西宁市	5
Xīzàng Zìzhìqū	西藏自治区	5
xíngchéng ānpái	行程安排	9
xíngxiāo	行销	13

Y

Yēlǔ Dàxué Guǎnlǐ Xuéyuàn	耶鲁大学管理学院	6
yèwù cāozuò	业务操作	12
yī tīng kělè	一听可乐	3
yīfu	衣服	14
Yīngyǔ	英语	7
yílù píng'ān	一路平安	9
Yínchuān Shì	银川市	5
yíngxiāo	营销	16
yíngxiāo	营销	13
yì bēi lǜchá	一杯绿茶	3
yì píng píjiǔ	一瓶啤酒	3
yì wǎn dòujiāng	一碗豆浆	3
Yìdàlìyǔ	意大利语	7
yìngdá	应答	8
yóulǎn	游览	7
yóulì	游历	7
yóurén	游人	10
yǒuhǎo	友好	10
yǒuqíng	友情	10
yǒurén	友人	10
yǒuyì	友谊	10
yǒu'ài	友爱	10
yòumiàn / biān	右面/边	11
Yúrén Jié	愚人节	15
yǔyī	雨衣	14
Yuánxiāo Jié	元宵节	15
yuánzhù	援助	14
Yúnnán Shěng	云南省	5
yùnyòng	运用	14

Z

Zǎoshang hǎo.	早上好	2
Zàihuì.	再会	2
zànměi	赞美	14
zēngjiā	增加	16
zhāodài	招待	10
zhāopìn	招聘	8
zhāpí	扎啤	3
zhǎngshàng diànnǎo	掌上电脑	8
zhǎnxiāo	展销	13
Zhèjiāng Shěng	浙江省	5
Zhèngzhōu Shì	郑州市	5

Zhījiāgē Dàxué Shāngxuéyuàn	芝加哥大学商学院	6
zhíxiāohuò	直销货	13
zhíyuán	职员	10
zhìdìng	制订	14
zhìxiāo	滞销	16
zhìxiāohuò	滞销货	13
zhōngjiān huìlǜ	中间汇率	12
ZhōngqiūJié	中秋节	15
zhūwèi	诸位	11
zhùlǐ jīnglǐ	助理经理	4
zhuījiā	追加	16
zuǒmiàn／biān	左面／边	11
zǒngcái zhùlǐ	总裁助理	4

SUPPLEMENTARY BUSINESS EXPRESSIONS

Pinyin	Characters	Lesson
A		
Ādídásī yùndòngxié hé fúzhuāng	阿迪达斯运动鞋和服装	16
Àozhōu shìchǎng	澳洲市场	14
Àozhōubù	澳洲部	4
ànjiē	按揭	12
B		
Bālí Shìjiā shǒubiǎo	巴黎世家手表	16
Bālì shǒubiǎo	巴利手表	16
bāoxiāo	包销	14
Bǎoshì	宝士	16
bǎoxiǎnfèi	保险费	14
bàojià	报价	14
bàojiàdān	报价单	14
Běifāng Miànkǒng wàiyī	北方面孔外衣	16
Běijīng Fàndiàn	北京饭店	5
Běijīng Guójì Fàndiàn	北京国际饭店	5
Běiměi shìchǎng	北美市场	14
Běiměi Zìyóu Màoyì Xiédìng	北美自由贸易协定	15
Běiměibù	北美部	4
běnbì	本币	12
běnjīn	本金	12
běnqián	本钱	12
bǐsuǒ	比索	12
bólǎnhuì / shìbóhuì	博览会/世博会	11
bù kě chèxiāo de xìnyòngzhèng	不可撤销的信用证	14
bù kě zhuǎnràng de xìnyòngzhèng	不可转让的信用证	14
bùmén jīnglǐ	部门经理	3
bùmén zhǔguǎn	部门主管	3
C		
Chángchéng Fàndiàn	长城饭店	5
chǎnpǐn huāsè	产品花色	9
chǎnpǐn jiàgé	产品价格	9
chǎnpǐn mùlù	产品目录	9
chǎnpǐn pǐnzhǒng	产品品种	9

425

chǎnpǐn shìyàng	产品式样	9
chǎnpǐn yàngběn	产品样本	9
chǎnpǐn yàngpǐn	产品样品	9
chǎnpǐn zhìliàng	产品质量	9
chǎnpǐn zhǒnglèi	产品种类	9
chàngxiāo	畅销	8
chéngběn	成本	14
chéngjiāo jiàgé	成交价格	14
chūchǎng jiàgé	出厂价格	9
chūcì dǎ jiāodào	初次打交道	10
chūcì jiāowǎng	初次交往	10
chūcì jiànmiàn	初次见面	10
chūcì jiēchù	初次接触	10
chūcì tánpàn	初次谈判	10
chūkǒu jiāoyìhuì	出口交易会	11
chūkǒubù	出口部	4
chūshòu	出售	8
cáijīngxuéyuàn/dàxué	财经学院/大学	7
cáiwùbù	财务部	4
cǎigòu	采购	8
cùxiāo	促销	8
cùxiāo jiàgé	促销价格	9

D

Duōbiān Tóuzī Dānbǎo Zǔzhī	多边投资担保组织	15
dānjù	单据	12
dǎzhé jiàgé	打折价格	9
dàikuǎn	贷款	12
dàilǐ gōngsī	代理公司	7
dàilǐshāng	代理商	11
dàixiāo	代销	8
dàixiāo gōngsī	代销公司	7
dào'àn jiàgé	到岸价格	14
dīdànghuò	低档货	14
dǐyā dàikuǎn	抵押贷款	12
Dōngběiyà shìchǎng	东北亚市场	14
Dōngméng	东盟	15
Dōngméng Shǒunǎo Huìyì	东盟首脑会议	15
Dōngnányà shìchǎng	东南亚市场	14
Dōngyà shìchǎng	东亚市场	14
Dōngōu shìchǎng	东欧市场	14
dǒngshì	董事	3
dǒngshìzhǎng	董事长	3

dúzī gōngsī	独资公司	7

E

Èyú pái fúzhuāng	鳄鱼牌服装	16

F

fāpiào	发票	12
fángdìchǎn gōngsī	房地产公司	7
fǎláng	法郎	12
Fēizhōu shìchǎng	非洲市场	14
Fēizhōubù	非洲部	4
fēnqī fùkuǎn	分期付款	14
fúzhuāng jiāoyìhuì	服装交易会	11
Fùguó Yínháng	富国银行	12
fùjīnglǐ	副经理	3
fùzǒngcái	副总裁	3

G

Guǎngzhōu Chūkǒu shāngpǐn jiāoyì huì (guǎng jiāo huì)	广州出口商品交易会(广交会)	13
Guǎngjiāohuì	广交会	11
Guǎngzhōu Guójì Lǚyóu Zhǎnxiāohuì	广州国际旅游展销会	13
guóchǎn	国产	11
Guójì Biāozhǔnhuà Zǔzhī	国际标准化组织	15
Guójì Bólǎnhuì	国际博览会	13
guójì cèlüè	国际策略	6
Guójì Fāzhǎn Yǔ Fùxīng Yínháng	国际发展与复兴银行	15
Guójì Fùnǚ Màoyì Zǔzhī	国际妇女贸易组织	15
guójì guǎnlǐ	国际管理	6
guójì guǎnlǐ yánjiū shēngyuàn	国际管理研究生院	7
Guójì Huòbì Jījīn Zǔzhī	国际货币基金组织	15
Guójì Huòbì Jījīn Zǔzhī	国际货币基金组织	12
guójì jīngjì	国际经济	6
guójì jīnróng	国际金融	6
Guójì Jìnchūkǒu Xiéhuì	国际进出口协会	15
guójì kuàijì	国际会计	6
Guójì Kāifā Xiéhuì	国际开发协会	15
Guójì Kāifā Yánjiū Zhōngxīn	国际开发研究中心	15
guójì màoyì	国际贸易	6
Guójì Màoyì Fāzhǎn Zhōngxīn	国际贸易发展中心	15
Guójì Màoyì Jiāoliú Xiéhuì	国际贸易交流协会	15
Guójì Màoyì Xiéhuì Liánhéhuì	国际贸易协会联合会	15
Guójì Nóngyè Fāzhǎn Jījīn	国际农业发展基金	15
guójì rénlì zīyuán guǎnlǐ	国际人力资源管理	6

guójì shāngwù	国际商务	6
guójì shāngwù tánpàn	国际商务谈判	6
Guójì Tóuzī Jiūfēn Jiějué Zhōngxīn	国际投资纠纷解决中心	15
guójì wùliú guǎnlǐ	国际物流管理	6
guójì yíngxiāo	国际营销	6
guójì zhèngzhì	国际政治	6
guójìmàoyìbù	国际贸易部	4
guóyíng gōngsī	国营公司	7
gāodànghuò	高档货	14
gāokējì gōngsī	高科技公司	7
gǎngbì	港币	12
gǎo jìnchūkǒu màoyì	搞进出口贸易	2
gǎo màoyì	搞贸易	2
gǎo xiāoshòu	搞销售	2
gǎo yíngxiāo	搞营销	2
Gàipǔ pái fúzhuāng	盖普牌服装	16
Gēlúnbǐyà yùndòng fúzhuāng	哥伦比亚运动服装	16
gōngguānbù	公关部	4
gōngshāng guǎnlǐ yánjiūshēngyuàn	工商管理研究生院	7
gōngwù lǚxíng	公务旅行	9
gòuhuòbù	购货部	4
gòujìn	购进	8
gòuwù (zhōngxīn)	购物（中心）	8
Gǔqí / Gǔchí tíbāo (jí qiánjiā /píjiā)	古琦/古驰提包（及钱夹/皮夹）	16

H

Huálúntiānnú fúzhuāng	华伦天奴服装	16
Huáshèngdùn Hùhuì Yínháng	华盛顿互惠银行	12
huìkuǎn	汇款	12
huìpiào	汇票	12
huòguì	货柜	14
hányuán	韩元	12
hélǐ jiàgé	合理价格	9
Héngshēng Yínháng	恒生银行	12

J

jiāgōngshāng	加工商	11
jiāyuán	加元	12
Jiànguó Fàndiàn	建国饭店	5
jièdài	借贷	12
Jīngjì Hézuò Yǔ Fāzhǎn Zǔzhī	经济合作与发展组织	15
Jīngjì Màoyì Yǔ Hézuò Zǔzhī	经济贸易与合作组织	15
jīngjì tèqū	经济特区	9
jīnglǐ	经理	3

jīnglǐ zhùlǐ	经理助理	3
jīngmào dàxué	经贸大学	7
jīngmào qiàtán	经贸洽谈	11
jīngmào tánpàn dàibiǎo	经贸谈判代表	7
jīngxiāoshāng	经销商	11
jīnróng xuéyuàn	金融学院	7
jīnróngjīgòu	金融机构	7
jíqī xìnyòngzhèng	即期信用证	14
jízhuāngxiāng	集装箱	14
jìnchūkǒu gōngsī	进出口公司	7
jìnchūkǒu xǔkězhèng	进出口许可证	14
jìnchūkǒubù	进出口部	4
jīngjì jìshù kāifāqū	经济技术开发区	9
jìnkǒubù	进口部	4

K

kuàguó gōngsī	跨国公司	7
kuàijì shìwùsuǒ	会计事务所	7
kāifā xībù	开发西部	9
kāifāqū	开发区	9
kèhù	客户	11

L

Liánhéguó	联合国	15
Liánhéguó Gōngyè Fāzhǎn Zǔzhī	联合国工业发展组织	15
Liánhéguó Kāifā Jìhuà Shǔ	联合国开发计划署	15
Liánhéguó Liángnóng Zǔzhī	联合国粮农组织	15
Liánhéguó Màofā Huìyì	联合国贸发会议	15
liètóu gōngsī	猎头公司	7
Lāměi shìchǎng	拉美市场	14
Lā'ěrfū	拉尔夫	16
Lánshēng Fàndiàn	兰生饭店	5
láodòng mìjíxíng chǎnpǐn	劳动密集型产品	14
Láolìshì shǒubiǎo	劳力士手表	16
língshòu	零售	8
língshòu gōngsī	零售公司	7
língshòu jiàgé	零售价格	9
língshòushāng	零售商	11
lí'àn jiàgé	离岸价格	14
Lǐ Níng yùndòng fúzhuāng	李宁运动服装	16
Lìdū Jiàrì Fàndiàn	丽都假日饭店	5
lúbù	卢布	12
Lùyìsī Wēidēng tíbāo	路易威登提包	16
lǜshī shìwùsuǒ	律师事务所	7

M

miǎnshuì jiàgé	免税价格	9
miǎnshuìqū	免税区	9
mǎimairén	买卖人	2
Mǎqiú	马球	16
màocùhuì	贸促会	11
màoyì dàibiǎo	贸易代表	3
màoyì qiàtán	贸易洽谈	11
Màoyì Qiàtánhuì	贸易洽谈会	13
ménwàihàn	门外汉	8
Měiguó de màoyì gōngsī	美国的贸易公司	10
Měiguó Huāqí Yínháng	美国花旗银行	12
Měiguó Mànhādùn Dàtōng Yínháng	美国曼哈顿大通银行	12
Měiguó Yínháng	美国银行	12
Měizhōu Yínháng	美洲银行	12
míngpái	名牌	11
míngpáihuò	名牌货	14
mínyíng gōngsī	民营公司	7

N

Nánměi / Lāměibù	南美／拉美部	4
Nàikè yùndòngxié hé fúzhuāng	耐克运动鞋和服装	16
nèixiāo jiàgé	内销价格	9

O

ōuyuán	欧元	12
Ōugòngtǐ	欧共体	15
Ōuméng	欧盟	15
Ōuzhōu Fùxīng Yǔ Fāzhǎn Yínháng	欧洲复兴与发展银行	15
Ōuzhōu shìchǎng	欧洲市场	14
Ōuzhōu Wěiyuánhuì	欧洲委员会	15

P

piányi jiàgé	便宜价格	9
pīfā	批发	8
pīfā gōngsī	批发公司	7
pīfā jiàgé	批发价格	9
pīfāshāng	批发商	11
píjiǔ jiāoyìhuì	啤酒交易会	11
Pí'ěrkǎdān	皮尔卡丹	16
pǐnpái	品牌	11
Pǔdōng Fāzhǎn Yínháng	浦东发展银行	12

Q

Qiánmén Fàndiàn	前门饭店	5

SUPPLEMENTARY BUSINESS EXPRESSIONS

qiàgòu	洽购	10
qiàtán hézuò	洽谈合作	10
qiàtán jiāohuò rìqī	洽谈交货日期	10
qiàtán jiāoyì	洽谈交易	10
qiàtán jiàgé	洽谈价格	10
qiàtán jìnchūkǒu yèwù	洽谈进出口业务	10
qiàtán mǎimai	洽谈买卖	10
qiàtán màoyì	洽谈贸易	10
qiàtán shēngyì	洽谈生意	10
quánqiú kěchíxù fāzhǎn	全球可持续发展	6
Qī Dà Gōngyèguó	七大工业国	15
qīhuòjià	期货价	14
Qīngdǎo Píjiǔ Jié	青岛啤酒节	13
qīngxiāo	倾销	8
Qīshíqī Guó Jítuán	77国集团	15
qǐng duō bāohán	请多包涵	10
qǐng duō cìjiào	请多赐教	10
qǐng duō guānzhào	请多关照	10
qǐng duō yuánliàng	请多原谅	10
qǐng duō zhàogù	请多照顾	10
qǐng duō zhǐjiào	请多指教	10
qìchē jiāoyìhuì	汽车交易会	11

R

Ruìbù yùndòngxié	锐布运动鞋	16
Ruìshì fǎláng	瑞士法郎	12
rénshìbù	人事部	4
rìyuán	日元	12

S

shuǒfùkuǎn	首付款	12
shāngmào qiàtán	商贸洽谈	11
shāngwù cānguān	商务参观	9
shāngwù kǎochá	商务考察	9
shāngwù qiàtán	商务洽谈	11
shāngwù tánpàn dàibiǎo	商务谈判代表	7
shāngxuéyuàn	商学院	7
shēngchǎn chǎngjiā	生产厂家	11
shēngyìrén	生意人	2
Shēnzhèn Wénhuà Chǎnyè Guójì Bólǎnhuì	深圳文化产业国际博览会	13
shípán / shíjià	实盘／实价	14
shìchǎngxiāoshòubù	市场销售部	4
Shìjiè Màoyì Zhōngxīn Xiéhuì	世界贸易中心协会	15

Shìjiè Màoyì Zǔzhī	世界贸易组织	15
Shìjiè Shānghuì	世界商会	15
Shìjiè Yínháng	世界银行	15
Shìjiè Zhīshi Chǎnquán Zǔzhī	世界知识产权组织	15
shìxiāo	试销	8
shìxiāo	适销	8
shìxiāo jiàgé	试销价格	9
shǒuxí tánpàn dàibiǎo	首席谈判代表	7
shòuchū	售出	8
shòuhuò	售货	8
shòuhòu fúwù	售后服务	8
sānzī qǐyè	三资企业	7
sīchóu jiāoyìhuì	丝绸交易会	11
sīyíng gōngsī	私营公司	7

T

tuīxiāo	推销	8
tuīxiāoshāng	推销商	11
Tāngmǐ	汤米	16
tánpàn dàibiǎo	谈判代表	3
tàizhū	泰铢	12
tèbié xíngzhèngqū	特别行政区	9

W

Wángfǔ Fàndiàn	王府饭店	5
wǎngshàng gòuwù	网上购物	8
wàibāo	外包	8
wàichū	外出	8
wàiguó shāngrén	外国商人	2
wàiháng	外行	8
wàimài	外卖	8
wàimào xuéyuàn	外贸学院	7
wàiqǐ	外企	8
wàishāng	外商	11
wàixiāo	外销	14
wàixiāo jiàgé	外销价格	9
wàizī	外资	8
Wéiduōlìyà de mìmì nèiyī xìliè	维多利亚的秘密内衣系列	16
Wǔzhōu Dàjiǔdiàn	五洲大酒店	5
wùliúbù	物流部	4
wùzī liútōng xuéyuàn	物资流通学院	7

X

Xiānggǎng Huìfēng Yínháng	香港汇丰银行	12

Xiānggélǐlā Fàndiàn	香格里拉饭店	5
Xiāngjiāo Gònghéguó	香蕉共和国	16
Xiāngshān Fàndiàn	香山饭店	5
xiāoshòu	销售	8
xiāoshòu jiàgé	销售价格	9
xiǎojiāohuì	小交会	11
xiànchāo	现钞	12
xiànhuòjià	现货价	14
xiànkuǎn	现款	12
xiémào jiāoyìhuì	鞋帽交易会	11
xiūxián gòuwù	休闲购物	8
xībù kāifā	西部开发	9
xīn chǎnpǐn	新产品	9
xīn gōngyì	新工艺	9
xīn jìshù	新技术	9
Xīn Pínghéng yùndòngxié	新平衡运动鞋	16
xīn shèbèi	新设备	9
xīntáibì	新台币	12
Xīyà shìchǎng	西亚市场	14
Xī'ěrdùn Fàndiàn	希尔顿饭店	5
xíngzhèng zhǔguǎn	行政主管	3
Xí'ōu shìchǎng	西欧市场	14
Xǐláidēng Fàndiàn	喜来登饭店	5
xìnyòngkǎ	信用卡	14
xìnyòngzhèng	信用证	14
xūpán / xūjià	虚盘／虚价	14
xúnjiàdān	询价单	14
xúnpán / xúnjià	询盘／询价	14
yuǎnqī xìnyòngzhèng	远期信用证	14
chéngduì xìnyòngzhèng	承兑信用证	14

Y

yājīn	押金	12
yánqī fùkuǎn xìnyòngzhèng	延期付款信用证	14
Yàtài Cáijīng Fāzhǎn Xiéhuì	亚太财经发展协会	15
Yàtài jīngjì	亚太经济	6
Yàtài Jīngjì Hézuò Zǔzhī	亚太经济合作组织	15
Yàtài màoyì	亚太贸易	6
Yàtài shídài	亚太时代	6
Yàtài shìchǎng	亚太市场	14
Yàtài yíngxiāo	亚太营销	6
Yàtàibù	亚太部	4
Yàzhōu Fāzhǎn Yínháng	亚洲发展银行	15

Yàzhōu shìchǎng	亚洲市场	14
yèwù dàibiǎo	业务代表	3
yèwù qiàtán	业务洽谈	11
yèwù tánpàn dàibiǎo	业务谈判代表	7
yīngbàng	英镑	12
yíngxiāo dàibiǎo	营销代表	3
yíngxiāobù	营销部	4
yíngxiāoshāng	营销商	11
yǐnjìn tóuzī	引进投资	9
yōuhuì jiàgé	优惠价格	9
yōuhuì zhèngcè	优惠政策	9
yóugòu	邮购	8
yǒu xiāolù	有销路	14
Yǒuyì Bīnguǎn	友谊宾馆	5
yùnfèi	运费	14

Z

zhāo shāng	招商	9
zhǎnmàihuì	展卖会	11
Zhījiāgē Dì-yī Guómín Yínháng	芝加哥第一国民银行	12
zhīpiào	支票	12
zhíxiāo jiàgé	直销价格	9
zhìxiāo	滞销	8
zhìzàoshāng	制造商	11
zhōngdànghuò	中档货	14
Zhōngguó Chūkǒu Shāngpǐn Jiāoyìhuì	中国出口商品交易会	13
Zhōngguó Diànzǐ Jìnchūkǒu Zǒnggōngsī	中国电子进出口总公司	5
Zhōngguó Fǎngzhīpǐn Jìnchūkǒu Zǒnggōngsī	中国纺织品进出口总公司	5
Zhōngguó Guāngdà Yínháng	中国光大银行	12
Zhōngguó Guójì Lǚyóu Wǎngshàng Bólǎnhuì	中国国际旅游网上博览会	13
Zhōngguó Guójì Nóng chǎnpǐn Jiāoyìhuì	中国国际农产品交易会	13
Zhōngguó Guójì Pǐnpái Fúzhuāng Fúshì Jiāoyìhuì	中国国际品牌服装服饰交易会	13
Zhōngguó Guójì Rìyòng Xiāofèipǐn Bólǎnhuì	中国国际日用消费品博览会	13
Zhōngguó Gōngshāng Yínháng	中国工商银行	12
Zhōngguó Gōngyìpǐn Jìnchūkǒu Zǒnggōngsī	中国工艺品进出口总公司	5

SUPPLEMENTARY BUSINESS EXPRESSIONS

Zhōngguó Huàgōng Jìnchūkǒu Zǒnggōngsī	中国化工进出口总公司	5
Zhōngguó Jiāotōng Yínháng	中国交通银行	12
Zhōngguó Jiànshè Yínháng	中国建设银行	12
Zhōngguó Jīxiè Jìnchūkǒu Zǒnggōngsī	中国机械进出口总公司	5
Zhōngguó Liángyóu Jìnchūkǒu Zǒnggōngsī	中国粮油进出口总公司	5
Zhōngguó Nóngfù Chǎnpǐn Jìnchūkǒu Zǒnggōngsī	中国农副产品进出口总公司	5
Zhōngguó Nóngyè Yínháng	中国农业银行	12
Zhōngguó Qīnggōngyèpǐn Jìnchūkǒu Zǒnggōngsī	中国轻工业品进出口总公司	5
Zhōngguó Rénmín Yínháng	中国人民银行	12
Zhōngguó Shāngpǐn Jīngmào Zhǎnxiāohuì	中国商品经贸展销会	13
Běijīng Guójì Qìchē Bólǎnhuì	北京国际汽车博览会	13
Zhōngguó Shāngyè Yínháng	中国商业银行	12
Zhōngguó Sīchóu Zhǎnxiāohuì	中国丝绸展销会	13
Zhōngguó Xībù Guójì Bólǎnhuì	中国西部国际博览会	13
Zhōngguó Xībù Guójì Měishí Bólǎnhuì	中国西部国际美食博览会	13
Zhōngguó Yīyào Jìnchūkǒu Zǒnggōngsī	中国医药进出口总公司	5
Zhōngguó Yíqì Jìnchūkǒu Zǒnggōngsī	中国仪器进出口总公司	5
Zhōngguó Zhāoshāng Yínháng	中国招商银行	12
zhōngjiānshāng	中间商	11
Zhōngměizhōu Fāzhǎn Yínháng	中美洲发展银行	15
Zhōngwài hézī gōngsī	中外合资公司	7
Zhōngxìn Shíyè Yínháng	中信实业银行	12
Zhōng'ōu shìchǎng	中欧市场	14
zhùlǐ jīnglǐ	助理经理	3
zuò mǎimai	做买卖	2
zuò shēngyi	做生意	2
zǒngcái zhùlǐ	总裁助理	3
zǒngguǎn	总管	10
zǒnggōng	总工	10
zǒngjīnglǐ	总经理	3
zǒngjīnglǐ zhùlǐ	总经理助理	3
(Zhōngguó) Guójiā Wàihuì Guǎnlǐ jú	(中国)国家外汇管理局	12

BIBLIOGRAPHY

A Practical Chinese Grammar 实用汉语语法（1999）. Cheung, Hung-nin Samuel, et al. Hong Kong: The Chinese University Press.

Business Chinese 商业汉语（1990）. Lin-nei Li, et al. Beijing: Sinolingua Press.

Business Chinese 500 商务中文500句（1989）. Beijing Language Institute, Beijing Institute for Foreign Trade. Beijing: Sinolingua Press.

Chinese Basic Course 汉语基础教程（1989）Monterey, CA: Defense Language Institute.

Chinese Business Culture 中国商务文化（2004）. Yang, Dongsheng. Beijing: Beijing Language and Cultural University Press.

*Business Chinese（Elementary）*经贸初级汉语口语（1999）. Huang, Weizhi. Beijing: Sinolingua Press.

Chinese For Today. 今日汉语 Huang, Zhengcheng et al. （1991）. San Francisco, CA: China Books and Periodicals, Inc.

Colloquial Chinese 中文日常会话 by Kan Qian（1999）. New York: Routledge.

Integrated Chinese 中文听说读写（1997）. Tao-chung Yao, Yuehua Liu et al. Boston: Cheng & Tsui Company.

Pronunciation of all Chinese Syllables 中文音节及发音（1998）. A web site created by Yin, Jinghua John with actual pronunciation: www.uvm.edu／~Chinese／pinyin.htm.